Aneignen, orientieren, auswählen

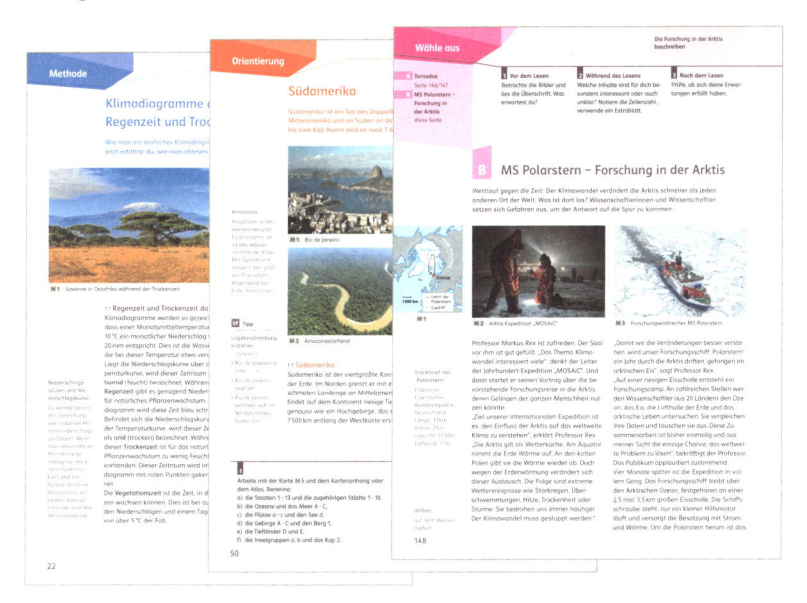

Auf den **Methodenseiten** lernst du Schritt für Schritt wichtige Methoden.

Auf den **Orientierungsseiten** kannst du die Themen mit einem Raum verbinden.

Auf den **Wahlseiten** kannst du nach deinem Interesse zwischen Themen auswählen.

Üben

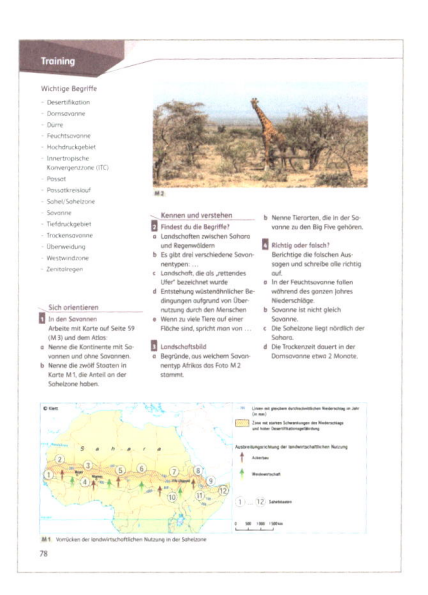

Mit den **Trainingsseiten** kannst du deine neuen Kenntnisse und Fertigkeiten üben und anwenden.

Symbole im Buch

👥	Partnerarbeit	
👥👥	Gruppenarbeit	
MB	kennzeichnet Aufgaben und Seiten zum Thema Medienbildung	
SP	kennzeichnet Aufgaben und Seiten zur Sprachbildung	
AFB I, II, III	kennzeichnen die Anforderungsbereiche, siehe auch Seite 242/243	
○ ◐ ●	kennzeichnen die Niveaus G, M, E der wichtigen Begriffe	

Medien zum Schulbuch

D 📄	Dokumente, z.B. Kopiervorlagen	
V ▶	Videos, z.B. Erklärvideos	
A 🔊	Audios, z.B. Hörspiele	
W 🌐	Weblink	

Audios, Videos und Dokumente zum Schulbuch online und in der App verfügbar!

1. Auf **schueler.klett.de** anmelden
2. Nutzer-Schlüssel oder QR-Code einlösen
3. Digitale Medien online nutzen oder in die **Klett Lernen App** laden

🌐 Nutzer-Schlüssel
MD5k-WM6v-oAn8

1. Auflage   1 5 4 3 2 1 | 28 27 26 25 24

Alle Drucke dieser Auflage sind unverändert und können im Unterricht nebeneinander verwendet werden.
Die letzte Zahl bezeichnet das Jahr des Druckes.
Das Werk und seine Teile sind urheberrechtlich geschützt. Das Gleiche gilt für die Software und das Begleitmaterial. Jede Nutzung in anderen als den gesetzlich zugelassenen Fällen bedarf der vorherigen schriftlichen Einwilligung des Verlages. Hinweis §60a UrhG: Weder das Werk noch seine Teile dürfen ohne eine solche Einwilligung eingescannt und/oder in ein Netzwerk eingestellt werden. Dies gilt auch für Intranets von Schulen und sonstigen Bildungseinrichtungen. Fotomechanische, digitale oder andere Wiedergabeverfahren nur mit Genehmigung des Verlages.
Jede öffentliche Vorführung, Sendung oder sonstige gewerbliche Nutzung oder deren Duldung sowie Vervielfältigung (z. B. Kopieren, Herunterladen oder Streamen) und Verleih und Vermietung ist nur mit ausdrücklicher Genehmigung des Ernst Klett Verlages erlaubt.
Nutzungsvorbehalt: Die Nutzung für Text und Data Mining (§ 44b UrhG) ist vorbehalten. Dies betrifft nicht Text und Data Mining für Zwecke der wissenschaftlichen Forschung (§ 60d UrhG).
An verschiedenen Stellen dieses Werkes befinden sich Verweise (Links) auf Internet-Adressen. Haftungshinweis: Trotz sorgfältiger inhaltlicher Kontrolle wird die Haftung für die Inhalte der externen Seiten ausgeschlossen. Für den Inhalt dieser externen Seiten sind ausschließlich die Betreiber verantwortlich. Sollten Sie daher auf kostenpflichtige, illegale oder anstößige Inhalte treffen, so bedauern wir dies ausdrücklich und bitten Sie, uns umgehend per E-Mail an info@klett.support davon in Kenntnis zu setzen, damit bei der Nachproduktion der Verweis gelöscht wird.
Lehrmedien/Lehrprogramm nach § 14 JuSchG

© Ernst Klett Verlag GmbH, Stuttgart 2024. Alle Rechte vorbehalten. www.klett.de
Das vorliegende Material dient ausschließlich gemäß §60b UrhG dem Einsatz im Unterricht an Schulen.

Autorinnen und Autoren: Karin Arndt, Wäschenbeuren; Christina Hala-Lenz, Kißlegg; Thomas Lenz, Waldstetten; Sabine Schmidt-Mast, Benningen
Mit Beiträgen von: Dr. Egbert Brodengeier, Ulrich Bünstorf, Rainer Kalla, Ruth Kersting, Britta Klingenburg, Christian Klotz, Peter Kraus, Thomas Labusch, Hans Lammersen, Jürgen Leicht, Tobias Litz, Günter Nau, Paul Palmen, Georg Pinter, Kathleen Renz, Anne Schminke, Rene Terzic, Kai Zimmermann

Entstanden in Zusammenarbeit mit dem Projektteam des Verlages.

Gesamtgestaltung: normaldesign, Jens-Peter Becker, Schwäbisch Gmünd
Satz: Markus Schmitz, Büro für typographische Dienstleistungen, Altenberge
Reproduktion: Druckmedienzentrum Gotha GmbH, Gotha; Meyle + Müller GmbH + Co. KG, Pforzheim
Druck: PASSAVIA Druckservice GmbH & Co. KG, Passau

Printed in Germany
ISBN 978-3-12-105306-3

Terra 7/8

Geographie
Differenzierende Ausgabe

Karin Arndt
Christina Hala-Lenz
Thomas Lenz
Sabine Schmidt-Mast

Ernst Klett Verlag
Stuttgart · Leipzig · Dortmund

Inhalt

1 Die Erde verstehen, gestalten und bewahren — 6

Unsere Erde – ein komplexes System — 8
Nachhaltiges Handeln – (k)ein Problem?! — 10
Die Erde, die wir uns wünschen — 12
Die Zukunft nachhaltig gestalten — 14

2 Klima- und Vegetationszonen der Erde — 16

Licht und Wärme – ungleich verteilt — 18
Den Jahreszeiten auf der Spur — 20
Methode Klimadiagramme auswerten: Regenzeit und Trockenzeit erklären — 22
Klima und Vegetation zwischen Pol und Äquator — 24
Orientierung Klima- und Vegetationszonen der Erde — 26
Training — 28
Wähle aus A „5 000 Meter vom Äquator zum Pol?" — 30
Wähle aus B Auf der Panamericana — 32

3 Im Tropischen Regenwald – ein beeindruckendes Ökosystem — 34

Faszination Regenwald — 36
Ein Tag in den Inneren Tropen — 38
Den Regenwald angepasst nutzen — 40
Palmölplantagen statt Regenwald — 42
Der Regenwald wird vernichtet — 44
Methode Ein Gruppenpuzzle durchführen — 46
Gruppenpuzzle Der Regenwald und ich — 48
Orientierung Südamerika — 50
Training — 52
Wähle aus A Angepasstes Leben — 54
Wähle aus B Wenn Kakao kein süßes Leben bedeutet — 56

4 In den Savannen – der Niederschlag macht den Unterschied — 58

Tierparadies Savanne	60
Savanne ist nicht gleich Savanne	62
Winde wehen mit System	64
Gruppenpuzzle Im Sahel wächst die Wüste	66
Gruppenpuzzle A Zu wenig Niederschlag?	
B Zu viele Tiere?	68
Gruppenpuzzle C Zu hoher Holzverbrauch?	
D Zu viel Ackerbau?	70
Methode Ein Wirkungsgefüge erstellen	72
Der Wüstenbildung entgegenwirken	74
Orientierung Afrika	76
Training	78

5 In der Wüste – und trotzdem Leben! — 80

Die Sahara – Gesichter der Wüste	82
Gruppenpuzzle Die Trockenwüsten der Erde	84
Oasen – grüne Inseln in der Wüste	86
Methode Einen Erklärfilm erstellen	88
Oasen im Wandel	90
Dubai – in den Sand gesetzt?!	92
Orientierung Australien	94
Training	96
Wähle aus A Meister der Anpassung	98
Wähle aus B Die Wüste „rockt"	100

6 In der Kalten Zone – Leben mit der Kälte — 102

Arktis und Antarktis	104
Helle Nächte – dunkle Tage	106
Methode Planen und entscheiden	108
Methode Eine Pipeline quer durch Alaska	110
Wirtschaften im Borealen Nadelwald	112
Orientierung Asien	114
Training	116
Wähle aus A Leben in Nunavut	118
Wähle aus B Neumayer III – Forschung in der Antarktis	120

Inhalt

7 Herausforderung Klimawandel — 122

- Die Atmosphäre unserer Erde — 124
- Hurrikans – Wirbel in der Wetterküche Atmosphäre — 126
- Wetterextreme oder Klimawandel? — 128
- Der Treibhauseffekt — 130
- **Methode** Satellitenbilder auswerten — 132
- Klimawandel in den Polargebieten — 134
- Der Meeresspiegel steigt — 136
- **Orientierung** Nord- und Mittelamerika — 138
- Klimawandel bei uns — 140
- Aktiv gegen den Klimawandel — 142
- **Training** — 144
- **Wähle aus** A Tornados — 146
- **Wähle aus** B MS Polarstern – Forschung in der Arktis — 148

8 Kräfte aus dem Inneren der Erde — 150

- Feuerwerk aus der Tiefe — 152
- Leben mit dem Vulkan — 154
- Der Schalenbau der Erde — 156
- Die Erde – ein Riesenpuzzle — 158
- Platten driften auseinander — 160
- Platten treffen aufeinander oder gleiten aneinander vorbei — 162
- Wenn die Erde bebt … — 164
- Die Erde bebt und das Meer macht mit — 166
- **Methode** Ein WebQuest durchführen — 168
- **Orientierung** Vulkan- und Erdbebengebiete der Erde — 170
- Vulkanismus in Deutschland — 172
- Hotspots — 174
- **Training** — 176
- **Wähle aus** A Blick in die Erdgeschichte — 178
- **Wähle aus** B Kreislauf der Gesteine — 180

9 Arbeitsanhang — 182

Klimastationen — 184
Strukturdaten ausgewählter Staaten — 186
Wichtige Begriffe — 188
Sachregister — 194
Lösungshilfen — 196
Methoden im Überblick — 208
Abbildungs- und Textquellenverzeichnis — 216

10 Haack-Kartenteil — 220

Baden-Württemberg — 222
Deutschland — 223
Europa — 224
Asien — 226
Afrika — 228
Australien/Antarktis — 229
Nord- und Mittelamerika — 230
Südamerika — 231
Erde — 232
Erde (Staaten) — 234
Register Haack-Kartenteil — 236
Mit Operatoren arbeiten — 242

1

Die Erde verstehen, gestalten und bewahren

Die Geographie untersucht die Zusammenhänge zwischen den natürlichen Grundlagen der Erde und dem menschlichen Leben in verschiedenen Räumen. Dabei geht es auch um aktuelle Herausforderungen wie z. B. den Klimawandel oder die Ausbreitung der Wüsten. Geographinnen und Geographen erforschen diese Probleme, versuchen sie zu verstehen und konkrete Lösungen anzubieten.

Unsere Erde – ein komplexes System

Geographinnen und Geographen erforschen unseren Planeten. Sie untersuchen dabei vor allem die Wechselbeziehungen zwischen Mensch und Umwelt. Dabei stellen sie zentrale Fragen, die für uns Menschen und die Zukunft unseres Planeten wichtig sind.

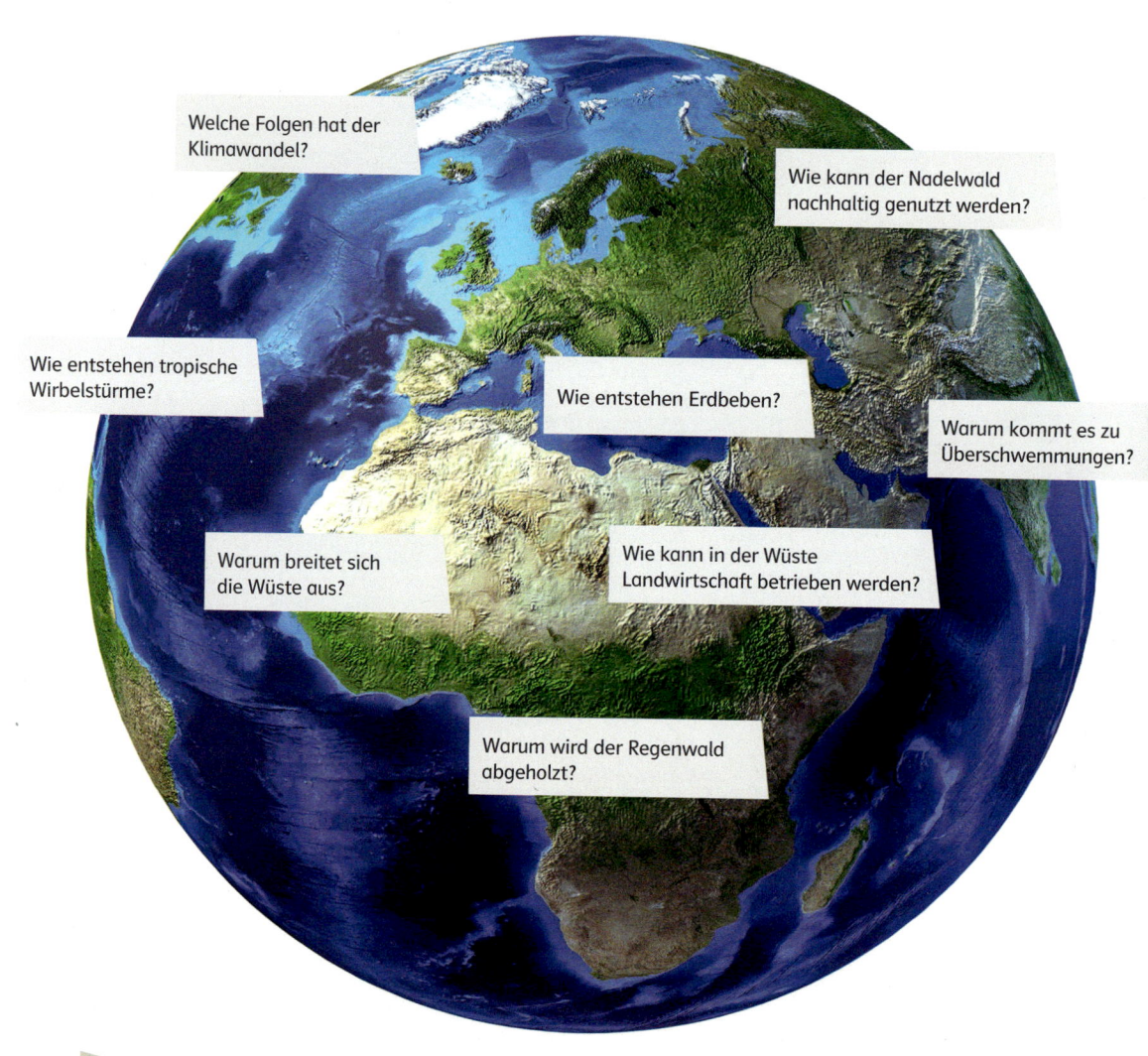

- Welche Folgen hat der Klimawandel?
- Wie kann der Nadelwald nachhaltig genutzt werden?
- Wie entstehen tropische Wirbelstürme?
- Wie entstehen Erdbeben?
- Warum kommt es zu Überschwemmungen?
- Warum breitet sich die Wüste aus?
- Wie kann in der Wüste Landwirtschaft betrieben werden?
- Warum wird der Regenwald abgeholzt?

M1 Zentrale Fragen der Geographie (eine Auswahl)

T1 **Fünf Sphären – ein komplexes System**
Auf der Erde gibt es viele unterschiedliche Lebensräume: Gebirge, Meere, Seen, Wüsten, Wälder und viele andere. In der Geographie wird die Erde als ein **System** mit fünf verschiedenen Hüllen betrachtet, die auch als **Sphären** bezeichnet werden. Das sind die Atmosphäre, die Hydrosphäre, die Pedosphäre, die Lithosphäre und die Biosphäre.

Wenn du aus dem Fenster blickst, dann siehst du einzelne Elemente wie Bäume, Wolken oder einen Fluss. Diese kannst du den unterschiedlichen Sphären zuordnen. Die fünf Sphären sind untereinander verbunden. Das erkennt man gut am vereinfacht dargestellten Wasserkreislauf in M2.

V 01 ▶ Erklärvideo Wasserkreislauf

Die Erde verstehen, gestalten und bewahren 1

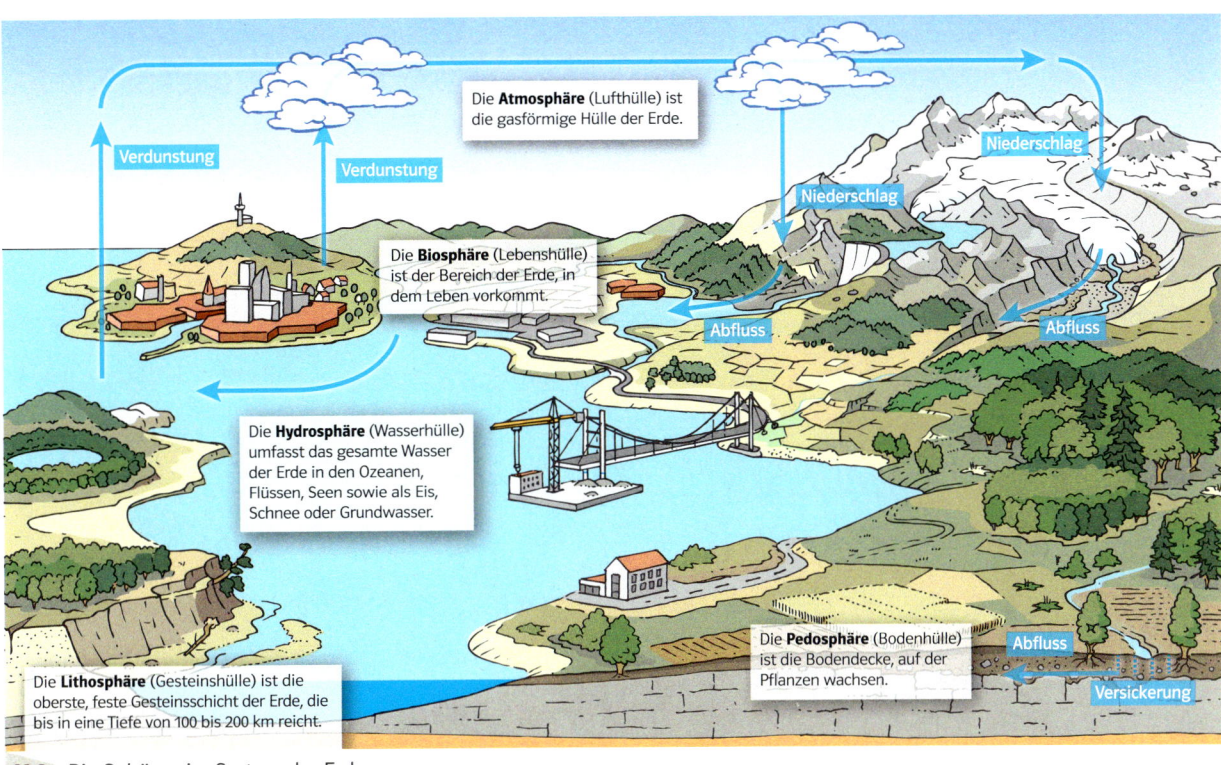

Die **Atmosphäre** (Lufthülle) ist die gasförmige Hülle der Erde.

Verdunstung · Verdunstung · Niederschlag · Niederschlag · Abfluss · Abfluss · Abfluss · Versickerung

Die **Biosphäre** (Lebenshülle) ist der Bereich der Erde, in dem Leben vorkommt.

Die **Hydrosphäre** (Wasserhülle) umfasst das gesamte Wasser der Erde in den Ozeanen, Flüssen, Seen sowie als Eis, Schnee oder Grundwasser.

Die **Pedosphäre** (Bodenhülle) ist die Bodendecke, auf der Pflanzen wachsen.

Die **Lithosphäre** (Gesteinshülle) ist die oberste, feste Gesteinsschicht der Erde, die bis in eine Tiefe von 100 bis 200 km reicht.

M 2 Die Sphären im System der Erde

T 2 Die Sphäre des Menschen
Der Mensch beeinflusst alle Sphären sehr stark, einerseits durch die Nutzung des Raumes wie z. B. Landwirtschaft, Bergbau und Industrie, andererseits durch seine Aktivitäten wie z. B. Wohnen, Ernähren, Arbeiten oder Sich-Erholen. Die vom Mensch geprägte Sphäre wird daher als Anthroposphäre gesondert ausgewiesen.

In den folgenden Schuljahren wirst du im Geographieunterricht verschiedene Lebensräume mit ihrem jeweiligen Zusammenspiel der verschiedenen Sphären genauer kennenlernen. Denn das Zusammenwirken der Sphären ist für die Untersuchung von Räumen sehr wichtig.

Anthroposphäre
griechisch:
anthropos = Mensch;
sfära = Kugel

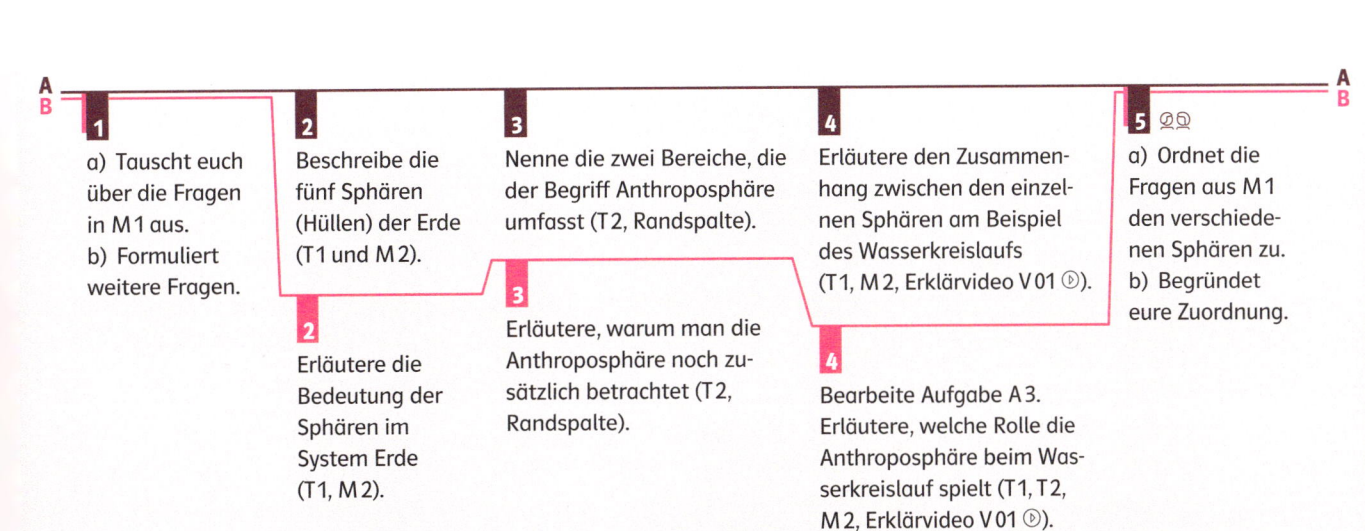

A / B

1
a) Tauscht euch über die Fragen in M1 aus.
b) Formuliert weitere Fragen.

2
Beschreibe die fünf Sphären (Hüllen) der Erde (T1 und M 2).

3
Nenne die zwei Bereiche, die der Begriff Anthroposphäre umfasst (T 2, Randspalte).

4
Erläutere den Zusammenhang zwischen den einzelnen Sphären am Beispiel des Wasserkreislaufs (T1, M 2, Erklärvideo V 01 ▶).

5
a) Ordnet die Fragen aus M1 den verschiedenen Sphären zu.
b) Begründet eure Zuordnung.

2
Erläutere die Bedeutung der Sphären im System Erde (T1, M 2).

3
Erläutere, warum man die Anthroposphäre noch zusätzlich betrachtet (T 2, Randspalte).

4
Bearbeite Aufgabe A3. Erläutere, welche Rolle die Anthroposphäre beim Wasserkreislauf spielt (T1, T 2, M 2, Erklärvideo V 01 ▶).

AFB I: 1, 2, 3 II: 4, 5   AFB I: 1 II: 2–5   → Lösungshilfen ab S. 196

Die Bedeutung einer nachhaltigen Entwicklung erläutern

Nachhaltiges Handeln – (k)ein Problem?!

Wir Menschen stehen vor großen Herausforderungen: dem Klimawandel, dem übermäßigen Verbrauch von Ressourcen sowie Armut und Hunger in vielen Teilen der Erde. Um diese großen Herausforderungen zu bewältigen, ist es wichtig, dass wir eine nachhaltige Entwicklung anstreben. Aber was genau ist Nachhaltigkeit?

M1 Probleme, die die Erde und uns Menschen belasten

T1 Nachhaltig handeln – (k)ein Problem?
Der Verbrauch von Rohstoffen steigt ständig an. Doch viele Ressourcen sind endlich und unser Planet kann diese nicht vermehren. Wir haben die Verantwortung dafür, dass auch zukünftige Generationen auf der Erde gut leben können. Experten sind sich darüber einig, dass eine nachhaltige Entwicklung nur möglich ist, wenn die drei Dimensionen (Bereiche) der Nachhaltigkeit – Ökologie, Ökonomie und Soziales – gleichermaßen berücksichtigt werden und sorgfältig gegeneinander abgewogen werden.
Ein Beispiel: Die Abholzung des Regenwaldes nützt der Wirtschaft (Ökonomie) und schafft Arbeitsplätze und damit Einkommen für die Menschen vor Ort (Soziales). Gleichzeitig wird durch die Abholzung der Lebensraum vieler Tierarten vernichtet und der Boden unfruchtbar (Ökologie). Verschiedene Interessen und Bedürfnisse, die sich zum Teil widersprechen, treffen hier aufeinander.

Nachhaltige Entwicklung bedeutet, die Bedürfnisse der heutigen Generation zu erfüllen, ohne die Bedürfnisse zukünftiger Generationen zu gefährden. Dies basiert auf der Erkenntnis, dass der Schutz natürlicher Ressourcen, die soziale Gerechtigkeit und die wirtschaftliche Effizienz gleichwertig und lebenswichtig sind.

M2

Die Erde verstehen, gestalten und bewahren

V 02 ▶ Erklärvideo Nachhaltigkeit

Ökologie: die natürlichen Lebensgrundlagen schützen und erhalten

Soziales: gute Arbeits- und Lebensbedingungen schaffen

Ökonomie: so wirtschaften, dass die Unternehmen sich langfristig tragen

M 3 Dreieck der Nachhaltigkeit

T 2 Geographie und Nachhaltigkeit

Das Fach Geographie steht in einer besonderen Verantwortung. Nahezu alle angesprochenen Probleme (M 1) weisen räumliche und damit geographische Aspekte auf. Bei vielen Themen des Schulbuches, aber auch darüber hinaus, kannst du das Nachhaltigkeitsdreieck (M 3) anwenden, wenn du
– geographische Sachverhalte und Räume analysieren willst (z. B.: Warum breitet sich die Wüste aus? Gibt es dafür soziale, wirtschaftliche oder durch die Umwelt bedingte Gründe?);
– die Nachhaltigkeit von Entwicklungen beurteilen willst (z. B.: Wurden bei dem Bau eines Staudamms alle Dimensionen gleichrangig berücksichtigt, oder stand eine im Vordergrund?);
– nachhaltig handeln willst (Wie wirkt sich mein Handeln in den drei Bereichen aus?).
Zur Umsetzung einer nachhaltigen Entwicklung ist jeder Einzelne mitverantwortlich. Jeder kann durch sein Handeln, z. B. beim Einkaufen, beim Reisen oder durch politische Mitbestimmung, zu einer nachhaltigen Entwicklung beitragen.

A/B 1
Betrachtet die Fotos in M 1.
a) Benennt die dargestellten Probleme.
b) Sprecht darüber, welche Herausforderungen sich daraus ergeben.

2 Erkläre den Begriff „nachhaltige Entwicklung" und nenne die Ziele (T 1, M 2, Erklärvideo 02 ▶).

2 Nachhaltiges Handeln führt häufig zu Interessenskonflikten (T 1, M 2, Erklärvideo 02 ▶). Erläutere.

3 Erläutere das Dreieck der Nachhaltigkeit (T 1, M 3).

3 Bearbeite Aufgabe A 3. Formuliere zu jeder der drei Dimensionen je zwei weitere Beispiele (T 1, M 3).

4 Nachhaltiges Handeln:
a) Begründet, warum im Fach Geographie das Thema Nachhaltigkeit von besonderer Bedeutung ist (T 2).
b) Sammelt Beispiele, wie ihr durch euer eigenes Verhalten, das Verhalten in der Familie oder im Freundeskreis einen Beitrag zu nachhaltigem Handeln leisten könnt.

AFB I: 1 II: 2, 3, 4   AFB I: 1 II: 2, 3, 4   → Lösungshilfen ab S. 196

Konkrete Maßnahmen nachhaltigen Handelns beschreiben und bewerten

Die Erde, die wir uns wünschen

Viele Menschen setzen sich aktiv für den Schutz unserer Erde ein. Die Gruppe, die bislang viele junge Menschen für den Klimaschutz mobilisiert hat, ist „Fridays for Future". Hervorgegangen war sie aus der schwedischen Bewegung „Schulstreiks für das Klima".

M 1 Demonstration „Fridays for Future"

→ Kapitel Klimawandel Seite 122 ff.

Klimaschutz
Maßnahmen, die der durch den Menschen verursachten globalen Erwärmung entgegenwirken. Experten sagen, dass eine Erwärmung um 1,5 °C nicht überschritten werden darf. Nur so können katastrophale Auswirkungen auf das Ökosystem der Erde verhindert werden.

T1 Fridays for Future
Die damalige Schülerin Greta Thunberg aus Schweden hatte im Sommer 2018 damit angefangen, freitags nicht mehr in die Schule zu gehen. Stattdessen setzte sie sich vor das schwedische Parlament, um zu demonstrieren. So wollte sie erreichen, dass in Schweden mehr für den Schutz des Klimas unternommen wird. In den folgenden Jahren gab sie viele Interviews und sprach auf großen Konferenzen zu wichtigen Politikerinnen und Politikern aus verschiedenen Ländern. Sie forderte sie auf, Maßnahmen zum Klimaschutz in ihren Ländern umzusetzen. Durch ihr Handeln wurden junge Menschen auf der ganzen Welt motiviert, sich ebenfalls für den Klimaschutz einzusetzen. So sind die „Fridays for Future"-Demonstrationen entstanden.

T2 Nachhaltiges Handeln entwickeln
Neben dem Klimaschutz gibt es viele andere Bereiche, in denen nachhaltiges Handeln wichtig ist. Manchmal ist die Gemeinde oder die Stadt gefordert, ein andermal die Industrie oder der Handel. Doch wichtig ist, dass auch jeder Einzelne von uns sein eigenes Handeln überdenkt, verantwortungsvolle Entscheidungen trifft und somit einen Beitrag zu nachhaltigem Handeln leistet.
Viele Schülerinnen und Schüler engagieren sich auch im Fachunterricht oder im Rahmen von Projekten für nachhaltiges Handeln. Ob „Kleidertauschbörse", „Fair kaufen!", „Verpackungsmüll vermeiden" oder „Virtuelles Wasser" – unter Stichworten wie z. B. „Nachhaltigkeit", „Projektideen", „Schule" findet ihr im Internet zahlreiche Anregungen.

Die Erde verstehen, gestalten und bewahren

M 2 Ausstellung an einer Fairtrade-School

T 3 Fairtrade-Schools

Die Kampagne Fairtrade-Schools bietet Schulen in ganz Deutschland die Möglichkeit, sich aktiv für eine nachhaltige Entwicklung einzusetzen und ganz konkret Verantwortung zu übernehmen. Hierzu wird das Thema fairer Handel verbindlich im Schulalltag verankert. Dadurch wird zum einen ein Bewusstsein für die Notwendigkeit nachhaltiger Entwicklung geschaffen. Zum anderen setzt sich die Schulgemeinschaft kreativ mit dem Thema fairer Handel auseinander. Und das wirkt über die Schule hinaus.
Um den Titel Fairtrade-School zu erhalten, müssen fünf Kriterien (M 3) erfüllt sein.

1. Gründung eines Schulteams, das Treffen und Aktivitäten zum fairen Handel organisiert.
2. Formulierung von Zielen der Schule im Hinblick auf eine faire Entwicklung.
3. Verkauf und Verzehr von fair gehandelten Produkten an der Schule.
4. intensive Auseinandersetzung mit dem Thema fairer Handel im Unterricht in mindestens zwei Fächern.
5. Schulaktionen, um andere Menschen über fairen Handel zu informieren und Interesse zu wecken.

M 3 Fünf Kriterien für den Titel Fairtrade-School

Fair Trade (= gerechter Handel) Menschen in meist ärmeren Ländern bekommen beim Verkauf ihrer Waren einen fairen (= gerechten) Anteil vom Gewinn und können unter guten Bedingungen arbeiten.

1
„Die Erde, die wir uns wünschen"
a) Notiere auf einem Blatt mindestens fünf Dinge, die dir wichtig sind.
b) Bildet Zweierteams und vergleicht eure Vorstellungen.
c) Stellt eine Rangfolge her und begründet diese.

2
Beschreibt die Ziele, die „Fridays for Future" verfolgt (M 1, T 1, Randspalte S. 12).

2
Bearbeite Aufgabe A 2. Nimm Stellung zu der Frage, ob Schulstreiks eine geeignete Maßnahme zum Schutz des Klimas sind.

3
Nenne Ziele der Kampagne Fairtrade-Schools (T 3, M 3).

3
Erläutere die Chancen, wenn sich eine Schule der Kampagne Fairtrade-Schools anschließt (T 3, M 3).

4 MB
a) Informiert euch über Projekte an eurer Schule oder sucht nach Projektideen im Internet (T 2).
b) Diskutiert darüber, ob diese Projekte Beiträge zum nachhaltigen Handeln darstellen.
c) Entwickelt Ideen für ein eigenes Projekt.

AFB I: 1a, 1b, 2, 3 III: 4   AFB I: 1 II: 3 III: 2, 4   → Lösungshilfen ab S. 196

Die Zukunft nachhaltig gestalten

2015 wurden von den Vereinten Nationen 17 Ziele für eine nachhaltige Entwicklung verabschiedet – die sogenannten Sustainable Development Goals (SDGs). Welche Ziele hat sich die Staatengemeinschaft gesetzt und wie können diese umgesetzt werden?

M 1 Aktion „Die gute Schokolade"

17 Ziele zum Naschen

2011 hatten Kinder die Idee, durch den Verkauf eines Produkts Bäume zu pflanzen und somit etwas für unsere Zukunft zu tun. Das war die Geburtsstunde der Initiative „Plant for the Planet". Dabei kann jede und jeder mithelfen, den Kampf gegen die Klimakrise zu unterstützen. Für fünf verkaufte Tafeln Schokolade wird ein Baum gepflanzt. Nach elf Monaten war es die am meisten verkaufte Fairtrade-Schokolade in Deutschland. 2020 wurde sie auch im 17-Ziele-Look verkauft. Trotz des Erfolgs gibt es auch kritische Stimmen, z. B. in Bezug auf die Menge der gepflanzten Bäume.

Agenda
Tagesordnung, Programm, Leitlinie

Sustainable Development Goals
nachhaltige Entwicklungsziele

T1 Entwicklungsziele 2030

Mit der **Agenda 2030** hat sich die internationale Staatengemeinschaft verpflichtet, Verantwortung für zukünftige Generationen zu übernehmen. Hierzu wurden 17 Ziele – die sogenannten **Sustainable Development Goals** (SDGs) – für eine sozial, wirtschaftlich und ökologisch nachhaltige Entwicklung aufgestellt. Alle 193 Mitgliedsstaaten der **Vereinten Nationen** stimmten dem umfassenden Programm zu. Unser Planet soll geschützt werden, damit auch künftige Generationen in einer intakten Umwelt leben können.

Das Programm trägt den Namen „Agenda 2030", weil seine Ziele bis zum Jahr 2030 verwirklicht sein sollen. Die SDGs sollen dazu beitragen, die Ungleichheiten in den Lebensbedingungen weltweit zu verringern. Ein zentrales Anliegen ist es, allen Menschen der Erde gute Lebensbedingungen zu ermöglichen. Das Leben soll weder von Krieg oder Angst noch von vermeidbaren Krankheiten oder Hunger geprägt sein. Der Schutz der Umwelt ist dabei ebenso wichtig wie wirtschaftlicher Erfolg, das respektvolle gesellschaftliche Miteinander und eine gute Regierungsführung.

Die Vereinbarung legt fest, dass jedes Land im Rahmen seiner jeweiligen Zuständigkeitsbereiche diese Ziele verwirklichen muss. Jeder Staat, jede Gemeinde, jede gesellschaftliche Gruppierung und jeder Einzelne soll gleichberechtigt an diesem revolutionären Weiterentwicklungsprogramm teilnehmen und dazu beitragen, dass dies gelingt.

Die Vereinten Nationen (UN)

Die Vereinten Nationen (United Nations) sind eine internationale Organisation. Mit 193 Ländern gehören heute fast alle Staaten der Welt den UN an. Die Mitgliedsstaaten verpflichten sich, durch internationale Zusammenarbeit für die Sicherung des Weltfriedens, die Einhaltung des Völkerrechts, den Schutz der Menschenrechte und die Förderung der internationalen Zusammenarbeit einzutreten. Ferner bieten die UN Unterstützung bei wirtschaftlichen, sozialen, humanitären und ökologischen Fragen.

M 2

Die Erde verstehen, gestalten und bewahren

V 03 Erklärvideo: Die 17 Ziele für nachhaltige Entwicklung

Die 17 Ziele für nachhaltige Entwicklung (UN-Icons)

1. Keine Armut
2. Kein Hunger
3. Gesundheit und Wohlergehen
4. Hochwertige Bildung
5. Geschlechtergleichheit
6. Sauberes Wasser und Sanitäreinrichtungen
7. Bezahlbare und saubere Energie
8. Menschenwürdige Arbeit und Wirtschaftswachstum
9. Industrie, Innovation und Infrastruktur
10. Weniger Ungleichheiten
11. Nachhaltige Städte und Gemeinden
12. Nachhaltige/r Konsum und Produktion
13. Maßnahmen zum Klimaschutz
14. Leben unter Wasser
15. Leben an Land
16. Frieden, Gerechtigkeit und starke Institutionen
17. Partnerschaften zur Erreichung der Ziele

ZIELE FÜR NACHHALTIGE ENTWICKLUNG

M 3 Die offiziellen Icons der UN für die 17 Ziele für nachhaltige Entwicklung

SDG 12 – Nachhaltiger Konsum und Produktion:
- natürliche Ressourcen (Rohstoffe) nachhaltig und wirtschaftlich effizient nutzen
- Abfallaufkommen reduzieren und Abfälle recyceln
- Nahrungsmittelverschwendung verringern
- Verbraucherinnen und Verbraucher besser über nachhaltigen Konsum informieren
- nachhaltige Produktionsprozesse in der Industrie sicherstellen

SDG 13 – Maßnahmen zum Klimaschutz:
- globalen Temperaturanstieg auf der Erde auf 1,5 °C begrenzen
- Maßnahmen zur Bekämpfung des Klimawandels verstärken
- Schutz gegenüber klimabedingten Gefahren ausbauen
- Rahmenbedingungen für den Klimaschutz erhöhen
- privates Engagement für Klimaschutz und nachhaltige Entwicklung stärken

M 4 SDG 12: Nachhaltiger Konsum und nachhaltige Produktion sowie SDG 13: Maßnahmen zum Klimaschutz

---

1
a) Erläutere das Ziel der Aktion „Die gute Schokolade" (M 1).
b) MB Recherchiert andere Aktionen mit einer ähnlichen Zielsetzung.

2 Beschreibe die zentralen Zielsetzungen der Agenda 2030 (T 1).

Bearbeite Aufgabe A 2. Begründe, warum es sich um ein herausragendes Programm der UN handelt (T 1, M 2).

3 MB „Die gute Schokolade"
a) Informiert euch im Internet über die Geschichte und eventuelle Kritik.
b) Diskutiert, ob die Aktion ein gelungener Beitrag zu nachhaltiger Entwicklung ist.

Arbeite einen Zusammenhang zwischen M 1 und M 4 heraus.

4 MB
a) Entscheidet euch für ein weiteres Ziel der SDGs (M 3).
b) Recherchiert im Internet über die Zielvorgaben. Benutzt auch das Erklärvideo V 03.
c) Stellt die Ziele stichwortartig zusammen.
d) Präsentiert euer Ergebnis in der Klasse.

AFB I: 2 II: 1, 3, 4 AFB II: 1–4 → Lösungshilfen ab S. 196

2 Klima- und Vegetationszonen der Erde

M 1 Siedlung in Ostgrönland

M 2 In der Wüste Namib in Namibia

Von den eisigen Polarregionen bis zu den warmen Gebieten am Äquator verändern sich Temperaturen und Niederschlagsmengen. Wie lässt sich das erklären? Welche Folgen hat das für die Vegetation? Auf den nächsten Seiten erfährst du mehr darüber.

M 3 Im Tropischen Regenwald von Costa Rica

M 4 Herbstlandschaft in Rumänien

Die Entstehung und Merkmale der vier Klimazonen beschreiben

Licht und Wärme – ungleich verteilt

Die Sonne liefert uns Energie. Dadurch erhalten wir Licht und Wärme, ohne die ein Leben auf der Erde nicht möglich wäre. Aber die Sonne erwärmt die Erde nicht überall gleich. Das hat Folgen für das Klima und die Pflanzenwelt.

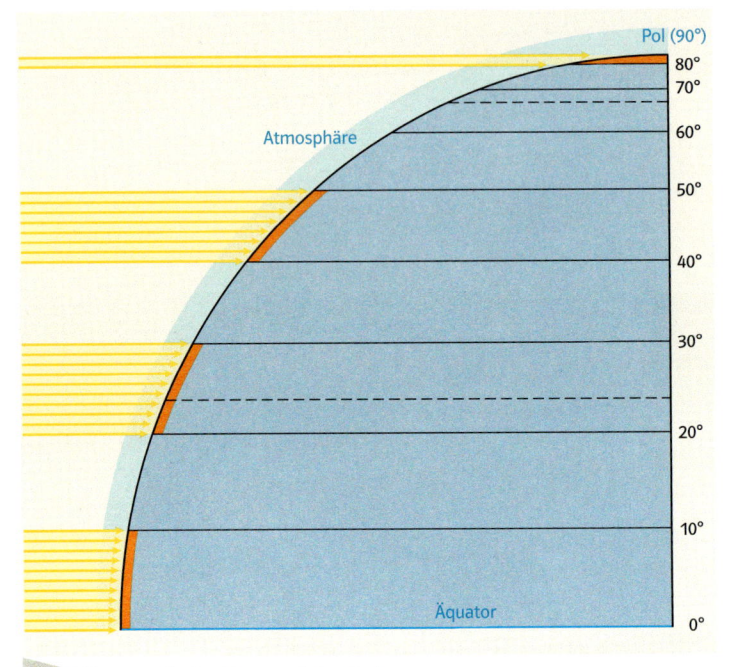

M1 Sonneneinstrahlung auf der Erde

Kalte Zone
- Jahresdurchschnittstemperatur meist unter 0 °C
- kalte, oft schneereiche Winter
- ganzjährig geringe Niederschläge

Gemäßigte Zone
- Jahresdurchschnittstemperatur um 8 °C
- Temperaturunterschiede zwischen Gebieten in Meeresnähe und im Landesinneren
- gemäßigte Sommer und Winter
- Niederschläge gleichmäßig über das Jahr verteilt

Subtropische Zone
- Jahresdurchschnittstemperatur um 18 °C
- milde Winter und heiße Sommer
- Westseiten der Kontinente: Niederschläge gering, oft lange Trockenzeiten

Tropische Zone
- Jahresdurchschnittstemperatur um 25 °C
- ganzjährig warm
- Niederschläge im Bereich des Äquators sehr hoch, zu den Wendekreisen hin abnehmend

M2 Merkmale der Klimazonen

SP Tipp

→ Aufgabe 2
- Die am Äquator auftreffenden Sonnenstrahlen …
- Die im Bereich der Pole …
- Je größer die von der Sonne beschienene Fläche ist, desto …
- Je kleiner …

T1 Wenn Strahlen auf eine Kugel treffen …

Du kannst es im Sommer gut beobachten: Mittags steht die Sonne viel höher am Himmel als morgens und abends. Ihre Strahlen treffen dann fast senkrecht auf die Erde. Gleichzeitig wird es viel wärmer. Ähnlich ist es am Äquator das ganze Jahr: Durch die Kugelgestalt der Erde treffen die Sonnenstrahlen hier viel steiler auf als weiter davon entfernt (siehe M1). Die Gebiete am Äquator erhalten deshalb viel mehr Energie in Form von Licht und Wärme als die Gebiete weiter nördlich und südlich davon.
Am wenigsten Energie erhalten die Polargebiete. Dort treffen wegen der Krümmung der Erdoberfläche die Sonnenstrahlen in einem flachen Winkel auf. Die Erdoberfläche wird deshalb ganzjährig weniger erwärmt als z. B. in der Gemäßigten Zone.

Außerdem müssen die Sonnenstrahlen zu den Polen einen längeren Weg durch die **Atmosphäre** zurücklegen. Dadurch geht mehr Energie verloren.

T2 Vier große Klimazonen

Weil die Erdoberfläche unterschiedlich erwärmt wird, lässt sie sich grob in vier **Klimazonen** einteilen (M3). Das sind Gebiete, in denen das Klima ziemlich ähnlich ist. Die Abfolge der Zonen vom Äquator zu den Polen hin ist auf der Nordhalbkugel und Südhalbkugel gleich. Daher kommt jede Klimazone bis auf die Tropen zweimal vor. Eigentlich müssten die Klimazonen parallel zu den Breitenkreisen verlaufen. Unter anderem durch den Einfluss von Höhenlage und Entfernung zum Meer verschieben sie sich jedoch.

Klima- und Vegetationszonen der Erde 2

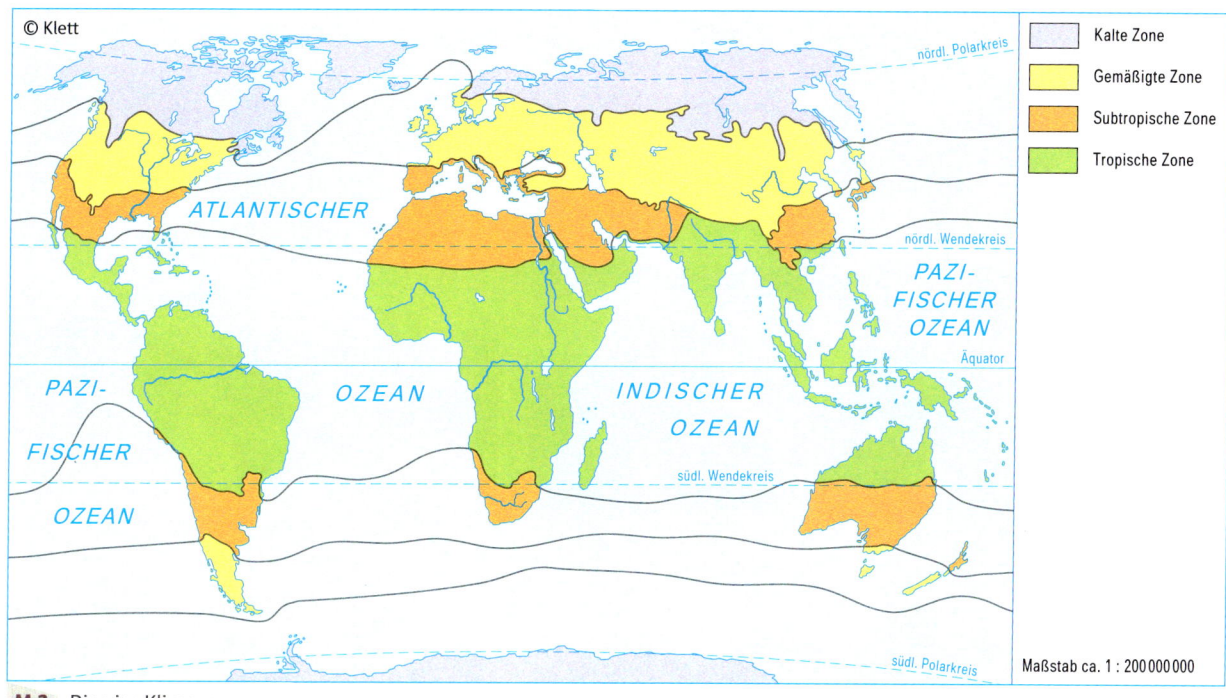

M 3 Die vier Klimazonen

Legende:
- Kalte Zone
- Gemäßigte Zone
- Subtropische Zone
- Tropische Zone

Maßstab ca. 1 : 200 000 000

Versuch

Material: zwei gleiche Taschenlampen, Maßband, Globus

Durchführung:
Richtet eine Taschenlampe auf den Äquator, die zweite auf den Breitenkreis bei 66,5° N. Achtet darauf, dass beide Lampen parallel und in gleicher Entfernung vom Globus gehalten werden.

Auswertung:
Messt mit dem Maßband die Ausdehnung der beiden beleuchteten Flächen und vergleicht. Erklärt den Zusammenhang zwischen Sonneneinstrahlung und Verteilung von Licht und Wärme auf der Erde.

M 4 Versuch zur Sonneneinstrahlung

1
a) Führt den Versuch M 4 durch.
b) Beschreibt eure Beobachtungen und formuliert Vermutungen.

2 SP
Erkläre, weshalb es auf der Erde nicht überall gleich warm ist (M 1, T 1). Nutze dazu den Sprachtipp.

2 SP
a) Begründe, warum es nicht überall auf der Erde gleich warm ist (M 1, T 1).
b) Stelle einen Zusammenhang zum Versuch M 4 her.

3
a) Beschreibt euch gegenseitig Lage und Merkmale der vier Klimazonen in ganzen Sätzen (M 2, M 3).
b) Erklärt, warum die Klimazonen nicht überall parallel zu den Breitenkreisen verlaufen (T 2, M 2, M 3).

3
Bearbeitet Aufgabe A 3.
Prüft anhand der Merkmale in M 2, in welchen Klimazonen Pflanzen gut wachsen können.

4
Arbeite mit M 3 und dem Kartenanhang S. 234.
a) Ordne die folgenden Staaten den Klimazonen zu: Australien, Brasilien, Deutschland, Indien, Russland, Türkei, USA.
b) Nenne die beiden Kontinente mit Anteil an allen vier großen Klimazonen.

AFB I: 3a II: 1, 2, 3b, 4   AFB II: 1–4   → Lösungshilfen ab S. 196

Die Entstehung der Jahreszeiten erklären

Den Jahreszeiten auf der Spur

Frühling, Sommer, Herbst und Winter – die vier Jahreszeiten begleiten uns jedes Jahr. Für uns in der Gemäßigten Zone sind sie selbstverständlich, doch es gibt die Jahreszeiten nicht überall auf der Erde.

M1 Burg Hohenzollern im Sommer

… und im Winter

M2 Tikal (Guatemala) im Juli

… und im Dezember

T1 Die Erdachse steht schräg!

Ein Globus und die Zeichnung M3 machen es deutlich: Die Erdachse steht schräg zur Umlaufbahn der Erde um die Sonne. Deshalb erhält in der einen Jahreshälfte die Nordhalbkugel, in der anderen die Südhalbkugel mehr Sonnenenergie.

Am 21. Juni steht die Sonne über dem nördlichen **Wendekreis** im **Zenit**, das heißt genau senkrecht auf 23,5° Nord (M4: A). Die Sonne erreicht damit ihren nördlichsten Punkt und bei uns ist Sommer. Genau ein halbes Jahr später, am 21. Dezember, erreicht sie den südlichen Wendekreis bei 23,5° Süd (M4: B). Bei uns ist Winter. Das Sonnenlicht erreicht an diesem Tag nur noch den nördlichen **Polarkreis**, weiter nördlich bleibt es dunkel. Die Sonne scheint also in einem Jahr zwischen den Wendekreisen hin und her zu wandern. Durch die unterschiedlichen Sonnenhöchststände entstehen die **Jahreszeiten**.

Zenit
Die Sonne steht im Zenit, wenn ihre Strahlen genau senkrecht auf einen Punkt auf der Erdoberfläche treffen.

T2 Kein Winter in den Tropen

Die Sonne erwärmt die Tropische Zone zwischen den Wendekreisen das ganze Jahr über nahezu gleichmäßig. Es gibt kaum Temperaturunterschiede und damit keine Jahreszeiten wie bei uns. Am 21. März (M4: C) und am 23. September (M4: D) steht die Sonne über dem Äquator im Zenit. Diese beiden Zeitpunkte bezeichnet man als Tagundnachtgleiche, weil dann Tag und Nacht gleich lang sind.

A
B

1

Den Jahreszeiten auf der Spur:
a) Vergleiche die Fotopaare M1 und M2. Welche Unterschiede stellst du fest?
b) Erkläre, was es bedeutet, wenn die Sonne „im Zenit" steht (T1, Randspalte).

V 04 Erklärvideo
Die Jahreszeiten

Klima- und Vegetationszonen der Erde 2

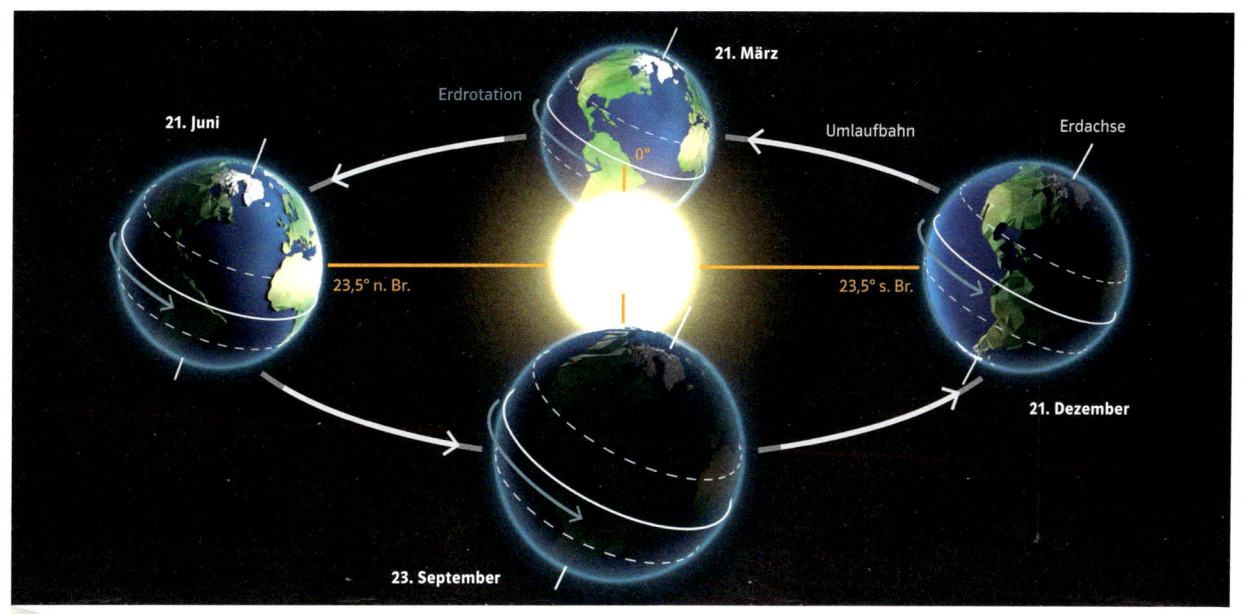

M 3 Vier wichtige Stationen der Erde auf ihrer Bahn um die Sonne

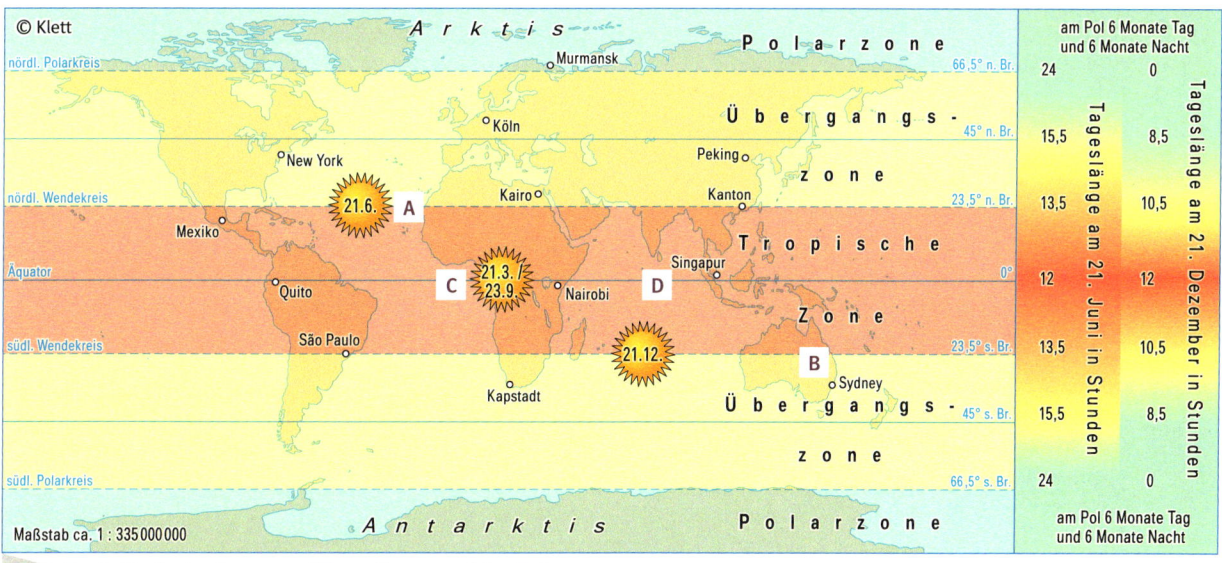

M 4 Zenitstände der Sonne und Tageslängen auf der Erde

2

Arbeite mit M 3, M 4, T 1 und T 2. Übernimm die Tabelle und vervollständige sie:

Sonne steht im Zenit	Nordhalbkugel	Südhalbkugel
am 21. Juni über dem nördlichen Wendekreis	Sommeranfang	…
am 23. September …	…	…
am 21. Dezember …	…	…
am 21. März …	…	…

3

Erkläre, warum es bei uns Jahreszeiten gibt und in den Tropen nicht (T 2, M 3, Erklärvideo V 04).

3

Bearbeite Aufgabe A 3. Erläutere die Konsequenzen, wenn die Erdachse nicht geneigt wäre.

4

Tageslängen auf der Erde (M 4)

a) Vergleiche die Tageslängen auf der Nord- und Südhalbkugel im Juni und Dezember.

b) Vergleiche die Tageslängen an den Polarkreisen im Juni und Dezember.

AFB I: 2 II: 1, 3, 4   AFB I: 2 II: 1, 3, 4   → Lösungshilfen ab S. 196

Methode

> Ein Klimadiagramm auswerten: Regenzeit und Trockenzeit erklären

Klimadiagramme auswerten: Regenzeit und Trockenzeit erklären

Wie man ein einfaches Klimadiagramm zeichnet und auswertet, hast du bereits gelernt. Jetzt erfährst du, wie man ablesen kann, wann Pflanzen wachsen können und wann nicht.

M 1 Savanne in Ostafrika während der Trockenzeit

M 2 Savanne in Ostafrika während der Regenzeit

Niederschlagssäulen und Niederschlagskurve

Du kennst bereits die Darstellung des mittleren Monatsniederschlags als Säulen. Wenn man den mittleren Monatsniederschlag nur mit einem Punkt markiert und die Punkte mit einer blauen Linie verbindet, dann erhält man eine Niederschlagskurve.

T 1 Regenzeit und Trockenzeit darstellen

Klimadiagramme werden so gezeichnet, dass einer Monatsmitteltemperatur von 10 °C ein monatlicher Niederschlag von 20 mm entspricht. Dies ist die Wassermenge, die bei dieser Temperatur etwa verdunstet. Liegt die Niederschlagskurve über der Temperaturkurve, wird dieser Zeitraum als **humid** (feucht) bezeichnet. Während dieser **Regenzeit** gibt es genügend Niederschlag für natürliches Pflanzenwachstum. Im Klimadiagramm wird diese Zeit blau schraffiert. Befindet sich die Niederschlagskurve unter der Temperaturkurve, wird dieser Zeitraum als **arid** (trocken) bezeichnet. Während dieser **Trockenzeit** ist für das natürliche Pflanzenwachstum zu wenig Feuchtigkeit vorhanden. Dieser Zeitraum wird im Klimadiagramm mit roten Punkten gekennzeichnet.
Die **Vegetationszeit** ist die Zeit, in der Pflanzen wachsen können. Dies ist bei ausreichenden Niederschlägen und einem Tagesmittel von über 5 °C der Fall.

T 2 Ein Klimadiagramm auswerten

1. Schritt: Sich orientieren
Lies den Namen (1) und die Höhenlage (2) der Klimastation ab. Suche den Ort auf einer Atlaskarte. Beschreibe seine Lage im Gradnetz (3).

> El-Obeid (12° N/30° O) liegt im Land Sudan in Ostafrika, 574 m über dem Meeresspiegel.

2. Schritt: Jahreswerte bestimmen
Lies die mittlere Jahrestemperatur (4) ab und ermittle den kältesten und den wärmsten Monat.
Berechne die Jahresschwankung, also den Unterschied zwischen dem wärmsten und dem kältesten Monat.
Lies den Jahresniederschlag (5) ab und ermittle die Monate mit dem höchsten und dem niedrigsten Niederschlag.

> Die mittlere Jahrestemperatur beträgt in El-Obeid 26,4 °C. Der wärmste Monat ist der ... mit ... °C. Der kälteste Monat ... Der mittlere Jahresniederschlag beträgt ...

22

Klima- und Vegetationszonen der Erde 2

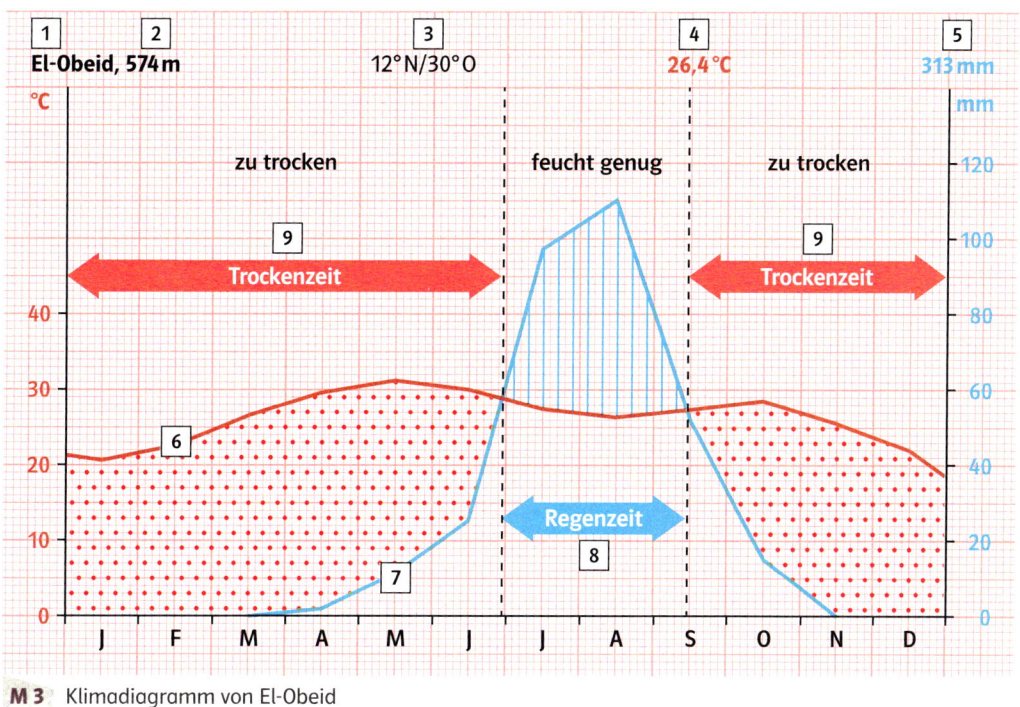

Klimadiagramm-Beschriftungen:
- 1 El-Obeid, 574 m
- 2
- 3 12°N/30°O
- 4 26,4 °C
- 5 313 mm
- 6 (Temperaturkurve)
- 7 (Niederschlagskurve)
- 8 Regenzeit
- 9 Trockenzeit
- zu trocken | feucht genug | zu trocken

Niederschlagstypen:
- feucht (humid): 10–12 feuchte Monate
- halbfeucht (semihumid): 6–9 feuchte Monate
- halbtrocken (semiarid): 3–5 feuchte Monate
- trocken (arid): 0–2 feuchte Monate

M 3 Klimadiagramm von El-Obeid

3. Schritt: Jahresverlauf von Temperatur und Niederschlag beschreiben

Beschreibe den Verlauf der Temperaturkurve (6) und der Niederschlagskurve (7).

Die Temperaturkurve im Klimadiagramm der Stadt El-Obeid verläuft nie unter dem Gefrierpunkt. Die Temperaturen steigen von Dezember bis … an und sinken dann in den Monaten … und … leicht ab. Bis … nehmen die Temperaturen wieder leicht zu und sinken dann bis … wieder.

Von November bis … fällt so gut wie kein Niederschlag. Im April fängt es an zu regnen. Die höchsten Niederschläge mit bis zu 110 mm fallen in den Monaten … und … . Danach regnet es bis zum … jeden Monat weniger.

4. Schritt: Niederschlagstyp erkennen

Stelle fest, wie viele Monate die Regenzeit (8) und die Trockenzeit (9) jeweils dauern. Ordne dann das Klima einem Niederschlagstyp zu. Erläutere die Auswirkungen des Klimas auf das Pflanzenwachstum.

Die Regenzeit dauert in El-Obeid von Ende Juni bis Mitte September, also … Monate. Daran schließt sich die Trockenzeit von etwa … Monaten Dauer an. In den Monaten … bis … herrscht ein humides Klima. In den Monaten … bis … ist das Klima arid, also zu trocken für natürliches Pflanzenwachstum. In dieser Zeit wachsen Pflanzen nur mit künstlicher Bewässerung.

SP Tipp

Begründen
→ Aufgabe 4

- Foto M 1 zeigt die Vegetation während der …, Foto M 2 während der …
- Weil in der … kaum … fällt, …
- Deswegen sieht die Vegetation …
- Dagegen fällt in der … viel …
- Aus diesem Grund …

---

1 Beschreibe die Fotos M 1 und M 2.

2 Erkläre die Begriffe arid und humid (T 1).

3 Ergänze die Auswertung des Klimadiagramms von El-Obeid. Wende die Schritte 1 bis 4 an (T 2).

4 SP Begründe die Unterschiede in M 1 und M 2. Nutze dazu den Sprachtipp.

5 EXTRA Begründe, woran man erkennt, ob der Ort zu einem Klimadiagramm auf der Nordhalbkugel oder auf der Südhalbkugel liegt.

Zusammenhänge zwischen Klima und Vegetation erläutern

Klima und Vegetation zwischen Pol und Äquator

Bei einem Flug vom Nordpol bis zum Äquator ändert sich die Vegetation fortwährend. Woran liegt das?

T1 Pflanzen haben unterschiedliche Ansprüche

Licht, Wärme, Wasser und Nährstoffe – das brauchen Pflanzen zum Wachsen. Doch nicht alle Pflanzen haben dieselben Ansprüche. Einige Arten können eisige Kälte, andere große Hitze aushalten. Manche Pflanzen brauchen sehr viel Wasser, andere kommen mit sehr wenig Wasser aus. Für das Wachstum der Pflanzen sind neben dem Boden also vor allem Temperatur und Niederschlag entscheidend. Sie sind auch die wichtigsten Elemente des Klimas.

T2 Klima- und Vegetationszonen

Das Aussehen unserer Erdoberfläche wird durch das Zusammenwirken von Klima und Vegetation bestimmt. Innerhalb der vier großen Klimazonen unterscheidet man daher verschiedene **Vegetationszonen**. Darunter versteht man Gebiete der Erde, in denen ähnliches Klima und ähnliche Vegetation zu finden sind.

Gebiete mit einem bestimmten Klima weisen also eine typische zugehörige Vegetation auf. Durch die Eingriffe des Menschen in die Natur, z. B. durch die Landwirtschaft oder den Bau von Siedlungen, wurde die natürliche Vegetation jedoch stark zurückgedrängt.

Kalte Zone — Eiswüste | Tundra | Borealer Nadelwald (Taiga)
Gemäßigte Zone — Laub-/Mischwald
Subtropische Zone — Hartlaubgewächse

M1 Klima- und Vegetationszonen

A
B

1 Beschreibe die Vegetation der verschiedenen Klimazonen (M1).

2 Erläutere den Zusammenhang zwischen Klima und Vegetation (T1, T2).

3 a) Werte die Klimadiagramme aus (M2).
b) Schlage im Atlas nach, in welchen Ländern die Klimastationen liegen.

Klima- und Vegetationszonen der Erde 2

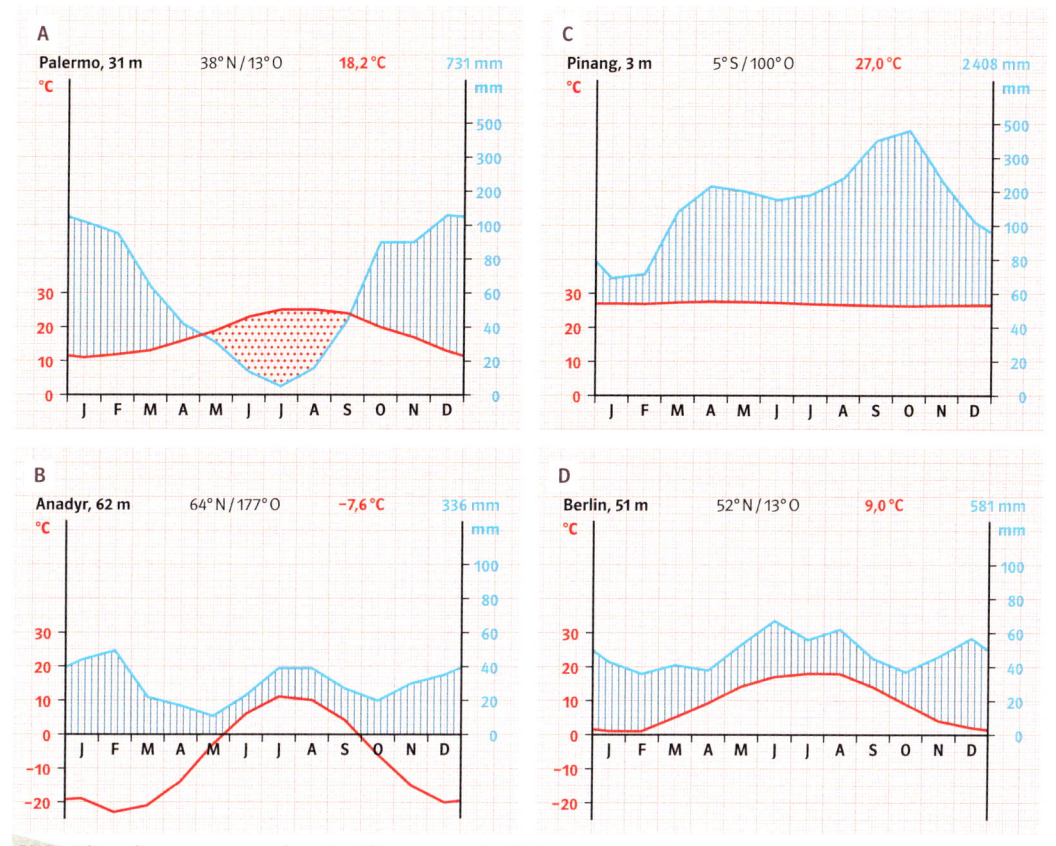

A Palermo, 31 m — 38° N / 13° O — 18,2 °C — 731 mm

B Anadyr, 62 m — 64° N / 177° O — −7,6 °C — 336 mm

C Pinang, 3 m — 5° S / 100° O — 27,0 °C — 2408 mm

D Berlin, 51 m — 52° N / 13° O — 9,0 °C — 581 mm

M 2 Klimadiagramme aus den vier Klimazonen der Erde

Tropische Zone

Steppen und Wüsten | Savannen | Tropischer Regenwald

4
a) Ordne die Klimadiagramme A – D (M 2) den Fotos in M 1 zu.
b) Begründe deine Entscheidung.

5 Ordne die Fotos M 1 – M 4 auf S. 16/17 jeweils einer Klimazone zu.

4 Bearbeite Aufgabe A 3 und verorte die Klimastationen auf der Karte S. 26/27.

AFB I: 1, 3b, 5 II: 2, 3a, 4   AFB I: 1, 3b, 5 II: 2, 3a, 4   → Lösungshilfen ab S. 196

Orientierung

Die Klima- und Vegetationszonen der Erde beschreiben

Klima- und Vegetationszonen der Erde

Es gibt unterschiedliche Gliederungsmöglichkeiten der Erde, z. B. nach dem Klima (Klimazonen), nach der Vegetation (Vegetationszonen) oder nach der Wirtschaftskraft. Dieser Karte liegen die Klima- und Vegetationszonen zugrunde. Die Karte wird dich jetzt und in den folgenden Jahren immer wieder begleiten.

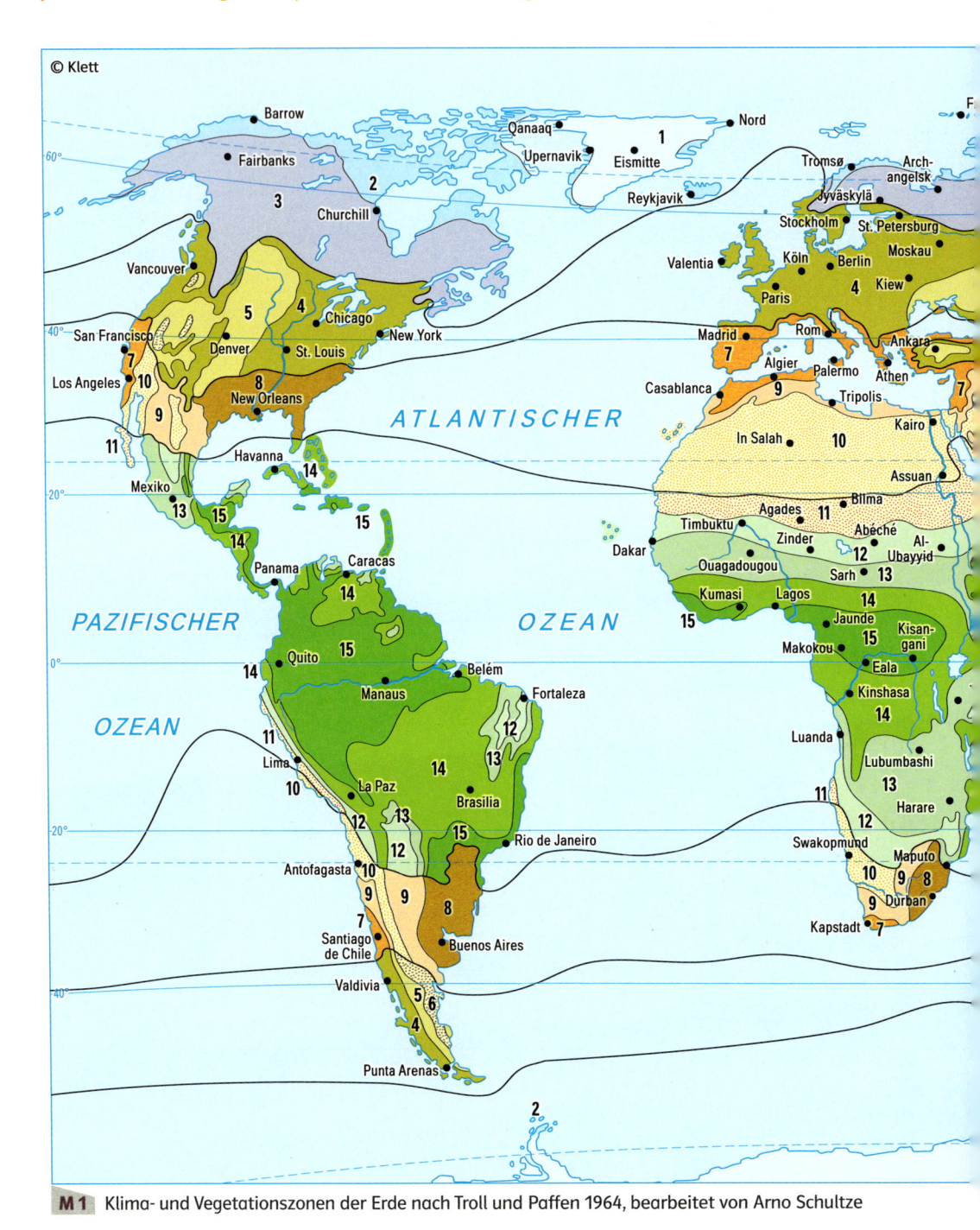

M1 Klima- und Vegetationszonen der Erde nach Troll und Paffen 1964, bearbeitet von Arno Schultze

Klima- und Vegetationszonen der Erde 2

1 Nenne die vier großen Klimazonen der Erde.

2 Benenne die Vegetationszonen Europas von Norden nach Süden.

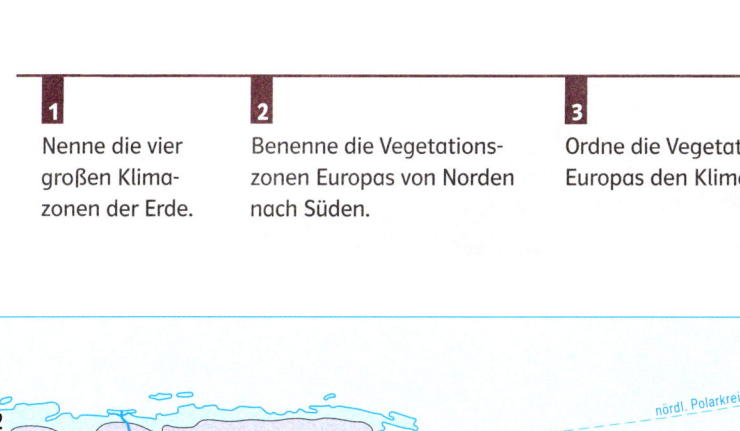

3 Ordne die Vegetationszonen Europas den Klimazonen zu.

4 Betrachte die Vegetationszonen in Afrika vom Äquator aus nach Norden und Süden. Was fällt auf?

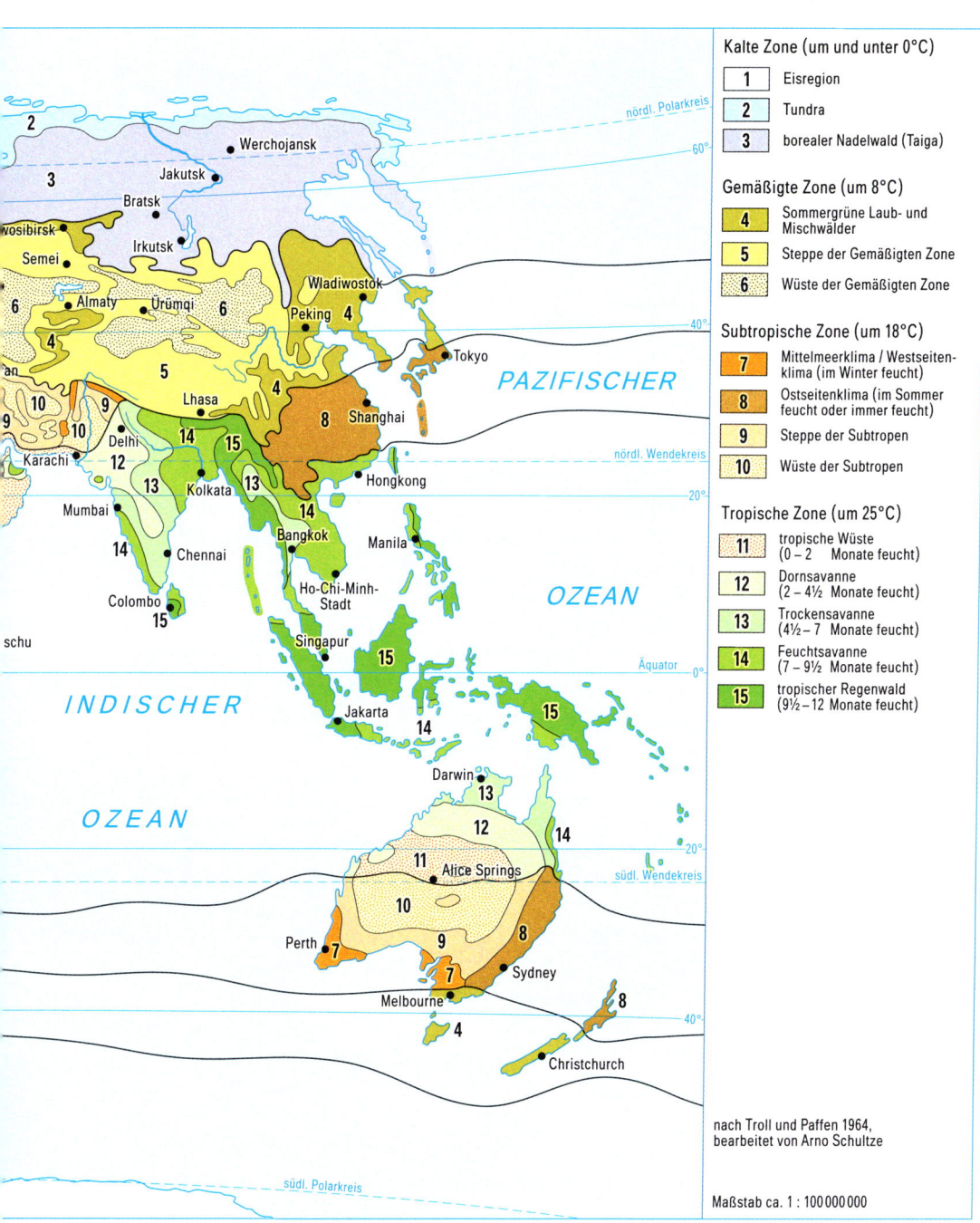

Kalte Zone (um und unter 0°C)
- 1 Eisregion
- 2 Tundra
- 3 borealer Nadelwald (Taiga)

Gemäßigte Zone (um 8°C)
- 4 Sommergrüne Laub- und Mischwälder
- 5 Steppe der Gemäßigten Zone
- 6 Wüste der Gemäßigten Zone

Subtropische Zone (um 18°C)
- 7 Mittelmeerklima / Westseitenklima (im Winter feucht)
- 8 Ostseitenklima (im Sommer feucht oder immer feucht)
- 9 Steppe der Subtropen
- 10 Wüste der Subtropen

Tropische Zone (um 25°C)
- 11 tropische Wüste (0–2 Monate feucht)
- 12 Dornsavanne (2–4½ Monate feucht)
- 13 Trockensavanne (4½–7 Monate feucht)
- 14 Feuchtsavanne (7–9½ Monate feucht)
- 15 tropischer Regenwald (9½–12 Monate feucht)

nach Troll und Paffen 1964, bearbeitet von Arno Schultze

Maßstab ca. 1 : 100 000 000

AFB I: 1, 2 II: 3, 4 → Lösungshilfen ab S. 196

Training

Wichtige Begriffe

- arid
- humid
- Jahreszeiten
- Klimazone
- Polarkreis
- Regenzeit
- Trockenzeit
- Tropische Zone
- Vegetationszone
- Wendekreis
- Zenit

① … ⑦ Klimazonen

Ⓐ … Ⓔ Breitenkreise

Maßstab ca. 1 : 230 000 000

M 1

Sich orientieren

1 Wer kennt sich aus?
Arbeite mit M 1 und einer Karte im Anhang oder dem Atlas.
a Benenne die Breitenkreise A – E und die Klimazonen 1 – 7.
b Was fällt dir auf?
c Wie viele Klimazonen gibt es tatsächlich?
d Ordne den folgenden Städten die entsprechenden Länder und Klimazonen wie im Beispiel zu: Buenos Aires, Kairo, Kapstadt, Los Angeles, Moskau, Mumbai, Peking (Beijing), Rio de Janeiro, Sydney, Tokyo.

Stadt	Land	Klimazone
New York	USA	Gemäßigte Zone
…	…	…

Kennen und verstehen

2 Findest du die Begriffe?
a Klimazone, in der es ganzjährig gleich warm ist
b Senkrechtstand der Sonne über einem Beobachter
c Klimazone, in der wir leben
d Gebiet, in dem ähnliche klimatische Bedingungen herrschen
e Klimazone, die sich im Norden an die Gemäßigte Zone anschließt
f Pflanzengürtel der Erde mit einer bestimmten Zusammensetzung der Vegetation
g Hier steht die Sonne am 21. Dezember im Zenit
h Klimazone zwischen den Wendekreisen

3 Richtig oder falsch?
Verbessere die falschen Aussagen und schreibe sie richtig auf.
a Am Äquator sind Tag und Nacht stets gleich lang.
b In der Gemäßigten Zone gibt es fast nur Nadelwald.
c Zwischen Klima- und Vegetationszonen besteht ein enger Zusammenhang.
d Die Jahreszeiten entstehen durch die Schrägstellung der Erdachse.
e Je flacher der Einfallwinkel der Sonnenstrahlen ist, umso größer ist die Erwärmung.
f Die Sonne steht am Polarkreis nur einmal im Jahr im Zenit.

4 Beleuchtungsverhältnisse
Grafik M 3 stellt vier Positionen dar, die die Erde beim Umlauf um die Sonne in einem Jahr einnimmt. Die Sonne ist in der Zeichnung natürlich viel zu klein dargestellt.
a Ordne den Positionen 1 und 3 ein Datum und eine Jahreszeit zu.
b Ordne Position 2 ein Datum zu.
c Beschreibe für jede Position einen Tag am nördlichen Polarkreis.

D 01 Arbeitsblatt Selbsteinschätzung
D 02 Arbeitsblatt Lösungen

Klima- und Vegetationszonen der Erde 2

M 2 Vegetation in verschiedenen Klimazonen

Methoden anwenden

5 Klimadiagramm
a Werte das Klimadiagramm M 4 aus. Nutze dazu die Seite 22/23.
b Ordne Manaus einer der großen Klimazonen zu.
c Beschreibe die dort vorkommende Vegetation.

Beurteilen und bewerten

6 Beurteile folgenden Sachverhalt: In Deutschland wird Wein möglichst am Hang angebaut. In Südeuropa dagegen liegen viele Weingebiete in Ebenen.

Vernetzen

7 Ordne den Fotos A – D in M 2 die passenden Klimazonen zu. Begründe deine Zuordnung.

8 Innerhalb der vier großen Klimazonen der Erde werden 15 Vegetationszonen (Karte S. 26/27) unterschieden. Nenne diejenigen, die besonders günstig für die Landwirtschaft sind. Begründe deine Entscheidung.

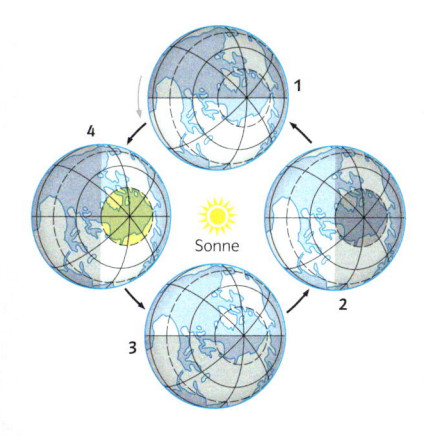

M 3 Beleuchtung der Erde (Ansicht von oben)

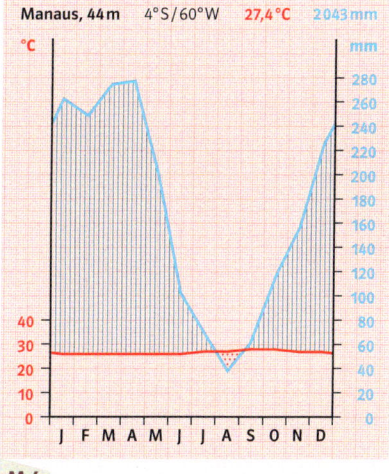

Manaus, 44 m 4°S/60°W 27,4 °C 2043 mm

M 4

29

Wähle aus

A „5 000 Meter vom Äquator zum Pol"
diese Seite

B Auf der Panamericana
Seite 32/33

Erklären, wie sich Temperatur und Vegetation in den Tropen mit zunehmender Höhe ändern

1 Fasse den Text über die Besteigung des Kilimandscharo mit eigenen Worten zusammen.

2 Berechne den Temperaturunterschied zwischen Marangu und der Kibo-Hütte. Um wieviel Grad sinkt die Temperatur pro 100 Höhenmeter?

A „5 000 Meter vom Äquator zum Pol"

Der höchste Berg Afrikas, der Kilimandscharo, heißt in der ostafrikanischen Sprache Swahili „Kilima Njar", was übersetzt „Schneeberg" bedeutet. Schnee im tropisch-heißen Afrika – ist das möglich?

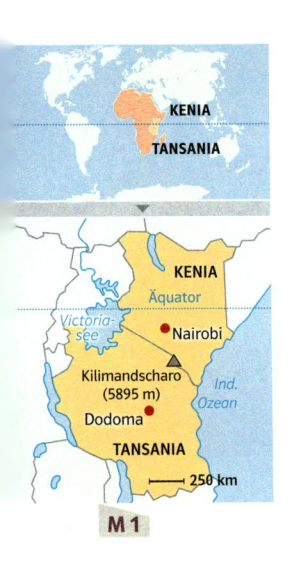

M 1

M 2 Am Kilimandscharo

Auf dem Weg vom Kilimandscharo Airport nach Marangu liegt majestätisch das Ziel unserer Reise vor uns: der Kilimandscharo, der höchste Berg Afrikas. Hoch über der Savanne erblicken wir den noch tätigen Vulkankegel des Kibo, während Shira und Mawenzi bereits erloschen sind und stark verwitterte Gipfel aufweisen. In vier Tagen wollen wir das Bergmassiv ersteigen.

1. Tag: Marangu ist der am häufigsten gewählte Ausgangspunkt der Besteigung. Zwischen üppigen Pflanzungen und Feldern mit Mais und Bohnen liegen verstreut die Häuser der Bauern. Der mächtige Kegel des Kibo mit seinen nach Süden herunter reichenden Eisfeldern zeigt sich imposant zwischen den Baumwipfeln und scheint wegen der trockenen, klaren Luft zum Greifen nahe. Das Thermometer zeigt 20 °C.

Am Tor zum Nationalpark treffen wir den einheimischen Bergführer, die Träger und den Koch, die uns begleiten werden. Der Weg führt von hier aus durch eine fantastische Vegetation, die sich rings um den Berg erstreckt. Riesige Farne, mit Epiphyten besetzte und von Lianen umwucherte Baumriesen säumen den Weg. Moos hängt von den Bäumen herunter. Zirpen und unbekannte Tierlaute begleiten uns, Affen streifen durch das Dickicht. Um uns an die Höhe zu gewöhnen, müssen wir langsam gehen. Für acht Kilometer brauchen wir dreieinhalb Stunden. Der Weg ist leicht ansteigend, die Witterung schwül und feucht, wir kommen ins Schwitzen. Im oberen Teil der Tropischen Bergwaldzone erreichen wir nachmittags die Mandara-Hütten. Die Träger schlagen unsere Zelte auf und nutzen eine der Hütten zum Kochen. Wir sind zu erschöpft dazu!

2. Tag: Am frühen Morgen steigen wir die letzten 300 Höhenmeter im Tropischen Bergwald auf. Schlagartig endet der dichte Bewuchs und wir laufen durch eine mit Heidekraut bewachsene Landschaft. Nach fünf Stunden Fußmarsch erreichen wir die Horombo-Hütten.

3. Tag: Die Nacht im Zelt war kalt. Bei unserem Aufbruch um 6 Uhr zeigt das Thermometer –2 °C an. An der letzten Wasserstelle wer-

D 03 📄 Arbeitsblatt Lösung

A 01 🔊 Audio Ein beschwerlicher Weg zum Glück

Klima- und Vegetationszonen der Erde 2

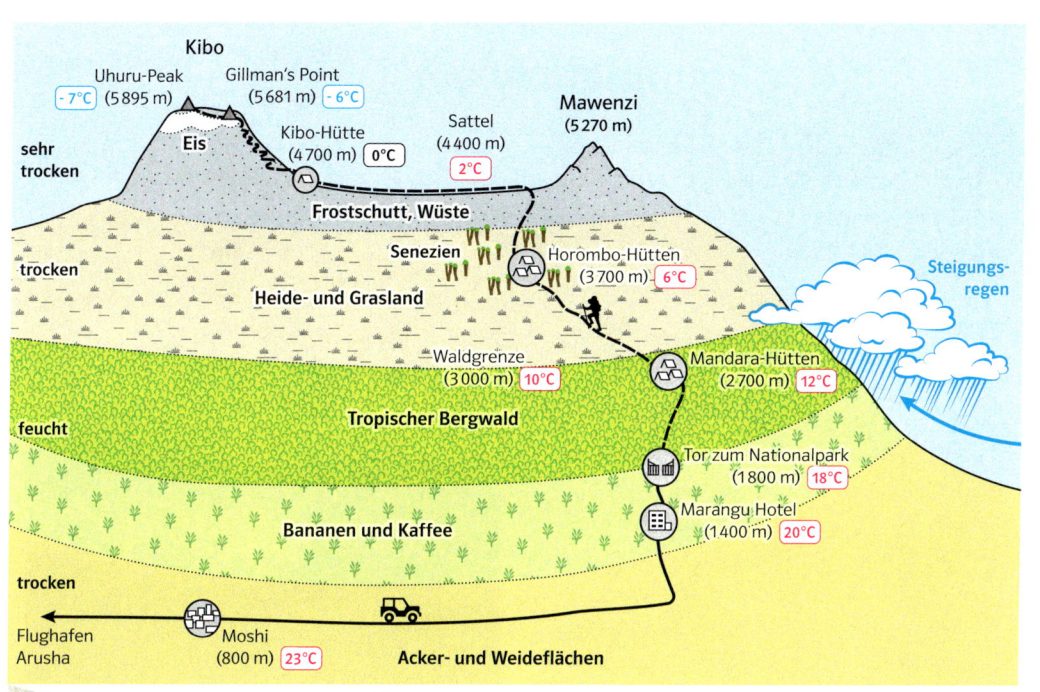

3
Erkläre, was mit der Überschrift gemeint ist.

AFB II: 1–3 → Lösungshilfen ab S. 196

M 3 Höhenstufen der Vegetation am Äquator

Kibo
Uhuru-Peak −7 °C (5 895 m)
Gillman's Point (5 681 m) −6 °C
Kibo-Hütte (4 700 m) 0 °C
Sattel (4 400 m) 2 °C
Mawenzi (5 270 m)
Eis
sehr trocken
Frostschutt, Wüste
Senezien
Horombo-Hütten (3 700 m) 6 °C
trocken
Heide- und Grasland
Steigungs- regen
Waldgrenze (3 000 m) 10 °C
Mandara-Hütten (2 700 m) 12 °C
Tropischer Bergwald
feucht
Tor zum Nationalpark (1 800 m) 18 °C
Marangu Hotel (1 400 m) 20 °C
Bananen und Kaffee
trocken
Flughafen Arusha
Moshi (800 m) 23 °C
Acker- und Weideflächen

den die Wasserkanister gefüllt. Neben dem Heidekraut finden wir in dieser Höhe die merkwürdigen Senezien. Sie werden bis zu 4 m hoch und schützen sich durch alte Blätter vor den Nachtfrösten. Hier zweigt der Weg zum Mawenzi ab, der über uns in den Himmel ragt. Das Heidekraut wächst immer spärlicher. Nach zwei Stunden mühsamen Aufstiegs erreichen wir ein völlig kahles Hochplateau, den Kibosattel. Niederschläge fallen in dieser Höhe kaum noch. Der Sattel muss durchquert werden und endlich taucht die Kibo-Hütte auf, versteckt hinter Basaltblöcken vulkanischen Ursprungs.
4. Tag: Durch die Sauerstoffarmut in dieser Höhe treten Kopfschmerzen und Appetitlosigkeit auf. Nachts können wir kaum schlafen, denn unser Ruhepuls liegt bei 140! Um den Sonnenaufgang am Kraterrand mitzuerleben, muss man gegen 1 Uhr nachts losmarschieren. Wir haben −6 °C. Der Aufstieg über die Geröllhänge ist anstrengend. Mir ist zum Erbrechen übel, das Zeitgefühl setzt aus. Schritt für Schritt geht es weiter. Die Sonne ist schon aufgegangen, als wir Gillman's Point am Kraterrand erreichen. Weitere zwei Stunden kämpfen wir uns gegen den eisigen Wind über den Gipfelgrat an Schnee- und Eisfeldern vorbei und werden endlich am Uhuru-Peak mit fantastischer Fernsicht belohnt. Erschöpft fallen wir uns in die Arme. Wir stehen am höchsten Punkt des afrikanischen Kontinents!
Der Abstieg zu den Horombo-Hütten scheint nicht enden zu wollen. Als wir sie erreichen, sind wir 18 Stunden unterwegs.

Wähle aus

A „5 000 Meter vom Äquator zum Pol"
Seite 30/31

B Auf der Panamericana
diese Seite

1 Beschreibe die Landschaften entlang der Panamericana (Fotos M1–M4).

2 Arbeite mit M5 sowie den Karten auf S. 26/27 und mit dem Kartenanhang. Notiere in der Tabelle rechts, durch welche Länder sowie Klima- und Vegetationszonen die Panamericana führt.

Den Verlauf der Panamericana durch alle Klimazonen beschreiben

B Auf der Panamericana

Vom äußersten Norden bis zur Südspitze des amerikanischen Doppelkontinents verläuft die längste Straße der Welt, die Panamericana. Die abenteuerliche Strecke führt durch sämtliche Klima- und viele Vegetationszonen der Erde. Für viele Abenteurer ist sie die Traumstraße der Welt.

1. Streckenabschnitt: Von Alaska nach Mexiko

Die Reise auf der Panamericana beginnt in dem kleinen Ort Circle in Alaska (USA) und führt durch Nadelwald und an Gletschern vorbei bis zur Grenze nach Kanada. Von dort geht es entlang der Rocky Mountains nach Seattle in den Vereinigten Staaten. An San Francisco vorbei führt die Straße stellenweise direkt an der Pazifikküste entlang bis nach San Diego. Hier zweigt die Straße ostwärts nach Tucson ab und durchquert die kakteenbewachsenen Wüsten im Südwesten der USA. Bei Nogales wird die Grenze zu Mexiko passiert.

Alaska

M 1

2. Streckenabschnitt: Von Mexiko nach Kolumbien

Durch die Wüste Sonora führt die Route an die Pazifikküste und dann ins Hochland nach Mexiko-Stadt. Über die Landenge von Tehuantepec erreicht man die Landesgrenze nach Guatemala. Durch die kleinen mittelamerikanischen Staaten El Salvador, Honduras, Nicaragua und Costa Rica führt die Straße nach Panama. Hier endet die Panamericana im Sumpfgebiet des Tropischen Regenwalds von Darien. Für die Weiterfahrt nach Kolumbien in Südamerika benötigt man eine Fähre.

In der Wüste Sonora

M 2

D 04
Arbeitsblatt
Lösung

Klima- und Vegetationszonen der Erde 2

Land	Klimazone	Vegetationszone
USA (Alaska)	Kalte Zone	Borealer Nadelwald
…	…	…

AFB I: 1 II:2 → Lösungshilfen ab S. 196

3. Streckenabschnitt: Von Kolumbien nach Peru

Die Reise entlang der Panamericana Südamerikas beginnt in der kolumbianischen Hafenstadt Turbo. Von der karibischen Küste aus führt die Route durch die Anden zu den Großstädten Medellín und Cali. Bei Ipiales wird die Grenze nach Ecuador erreicht. Über die Hauptstadt Quito geht es vorbei an den rund 6 000 Meter hohen Vulkanen Cotopaxi und Chimborazo bis zur Grenze nach Peru.

M 3 Vulkan Cotopaxi in Ecuador

M 5 Verlauf der Panamericana

4. Streckenabschnitt: Von Peru nach Feuerland

In Peru verläuft die Panamericana über weite Strecken als Küstenstraße direkt am Pazifik entlang bis nach Lima. Im Süden Perus führt die Route durch die extrem trockene Wüste Atacama nach Chile. Südlich der Hauptstadt Santiago führt die Route nun über die Anden nach Argentinien. Durch die Grassteppe der Pampa gelangt man nach Buenos Aires. Nun führt die Panamericana am Atlantischen Ozean entlang bis zur Magellanstraße. Diese Wasserstraße, die die Insel Feuerland vom südamerikanischen Festland trennt, muss mit einer Fähre überquert werden. Von hier aus ist es nicht mehr weit bis nach Ushuaia, der südlichsten Stadt der Welt und dem Endpunkt der Panamericana.

M 4

Der Hafen von Ushuaia

3 Im Tropischen Regenwald – ein beeindruckendes Ökosystem

M1 Morgen im Tropischen Regenwald von Borneo

Der Tropische Regenwald ist ein geheimnisvoller Lebensraum mit einer faszinierenden Pflanzen- und Tierwelt. Doch diese einzigartige Naturlandschaft ist in Gefahr. Warum wird der Regenwald vernichtet und wie kann man ihn schützen?

M 2 Faultier in den Bäumen des Tropischen Regenwaldes

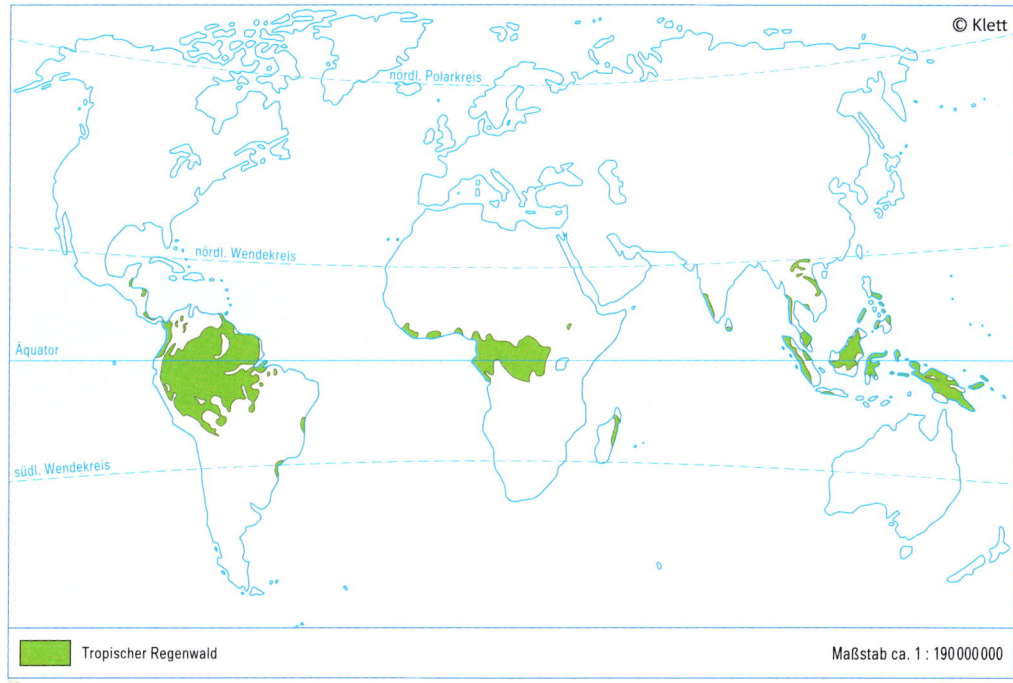

Tropischer Regenwald

Maßstab ca. 1 : 190 000 000

M 3 Die Tropischen Regenwälder der Erde

> Die Artenvielfalt, den Stockwerkbau und den Nährstoffkreislauf beschreiben

Faszination Regenwald

Der Tropische Regenwald ist ein Lebensraum der Superlative: Er ist ein Ökosystem mit einer einzigartigen Tier- und Pflanzenwelt, so bunt und artenreich wie sonst nirgendwo auf der Erde. Was macht den Wald so faszinierend?

M 1 A Brettwurzel eines Baumriesen, B Orchidee, C Pfeilgiftfrosch

Schon gewusst?

Das Gift eines Pfeilgiftfrosches kann 20 000 Mäuse töten. Auch für den Menschen ist es tödlich.

Ökosystem
Wirkungsgefüge von verschiedenen Umweltfaktoren

Epiphyten
Pflanzen, die nicht im Boden wurzeln, sondern auf Bäumen oder Stämmen.

Humus
Humus ist die unbelebte, obere Schicht des Bodens aus abgestorbenen Pflanzen- und Tierresten.

T1 Artenvielfalt

Das Klima des Regenwaldes ermöglicht eine erstaunliche Artenvielfalt. So befinden sich auf einem Hektar bis zu 200 Baumarten. In unseren natürlichen Wäldern sind es nur etwa zehn. In den Astgabeln der Bäume findet man sogenannte Aufsitzerpflanzen, auch Epiphyten genannt, wie zum Beispiel Orchideen und Bromelien. Sie versorgen sich durch Luftwurzeln mit Wasser und Nährstoffen. Armdicke Lianen klettern an den Baumstämmen empor, bis sie die Baumkronen erreichen. Hier, wo Blüten, Früchte und Blätter in Fülle vorhanden sind, leben die meisten Tiere: Vögel, Affen, Schlangen, leuchtend bunte Pfeilgiftfrösche sowie unzählige Insektenarten.

T2 Der Stockwerkbau des Regenwaldes

Der Tropische Regenwald gleicht einem Wohnhaus mit mehreren Stockwerken. Da nur wenig Licht bis zum Waldboden dringt, wachsen im Erdgeschoss, der Krautschicht, Pilze, Moose und Farne. Oberhalb dieser Krautschicht findet man junge Bäume und Sträucher. Darüber spannt sich das geschlossene Blätterdach, die Kronenschicht in 30 bis 40 Meter Höhe. Nur die hohen Baumriesen ragen als Superlative vereinzelt über das Dachgeschoss hinaus. Sie werden bis zu 60 Meter hoch. Brettwurzeln geben diesen Riesen Halt und verhindern, dass Stürme diese Bäume leicht umwerfen können.

T3 Der Nährstoffkreislauf

Die tropischen Böden enthalten nur wenige Nährstoffe und verfügen deshalb über eine geringe Bodenfruchtbarkeit. Fast alle vorhandenen Nährstoffe (Mineralstoffe) sind in den Pflanzen gespeichert. Abgestorbene Pflanzenteile fallen auf den Boden und werden dort von Insekten und Bakterien zersetzt. Die enthaltenden Mineralstoffe lagern sich in der obersten dünnen Bodenschicht, dem Humus, an. Millionen von Pilzfäden führen sie den flachen Baumwurzeln zu. So entsteht ein ständiger **Mineralstoffkreislauf.** Man sagt: Der Tropische Regenwald lebt nicht vom Boden, sondern von sich selbst.

V 05
Erklärvideo
Stockwerkbau und Nährstoffkreislauf

Im Tropischen Regenwald – ein beeindruckendes Ökosystem 3

SP Tipp

Ein Schaubild erläutern
→ Aufgabe 1

- Die meisten Tiere leben in der …, weil …
- Am Boden gibt es den geringsten Lichteinfall, daher …

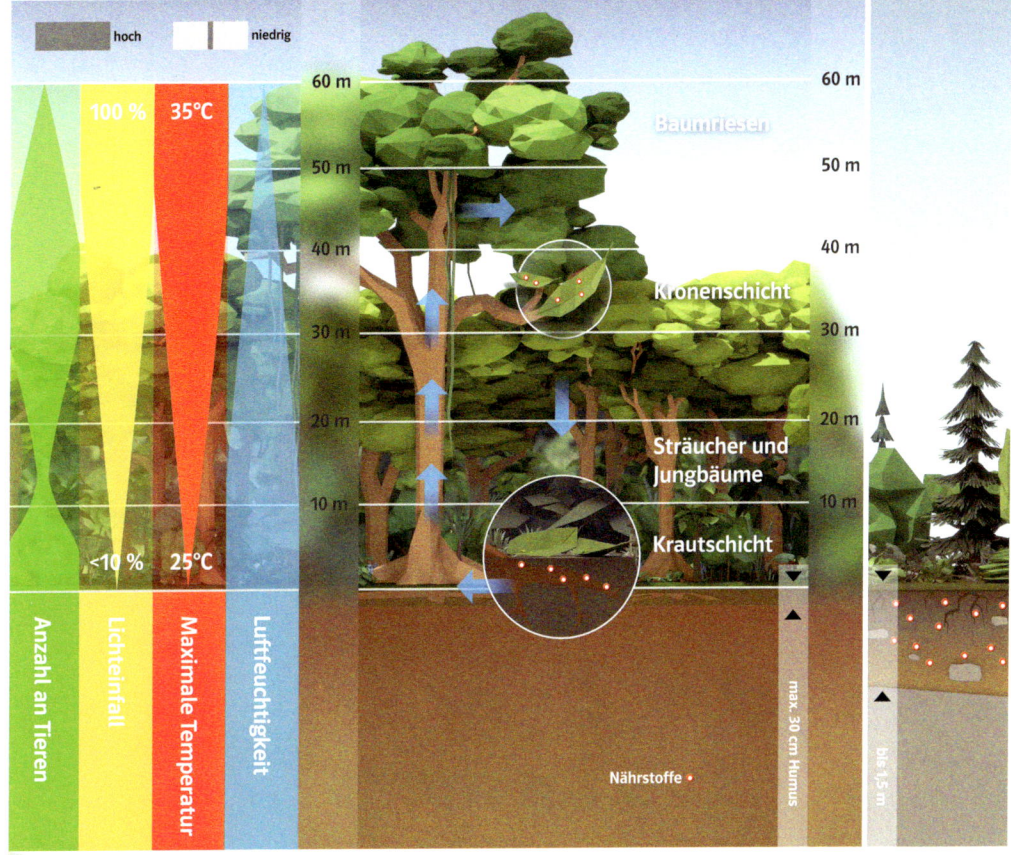

M 2 Stockwerkbau im Tropischen Regenwald im Vergleich mit dem Mischwald der Gemäßigten Zone

Schon gewusst?

Die Bäume im Tropischen Regenwald haben aufgrund der fehlenden Jahreszeiten keine Jahresringe. Deshalb sind zum Beispiel Teak oder Mahagoni auf der ganzen Welt sehr begehrte Hölzer.

T 4 Ein empfindliches System

Alle Lebewesen im Tropischen Regenwald sind Teil einer Lebensgemeinschaft, die zusammen mit Wasser, Boden, Temperatur und Licht ein **Ökosystem** bildet. Seit Jahrtausenden hält sich dieses selbst im Gleichgewicht und reagiert empfindlich auf Einflüsse von außen. Ein übermäßiger Holzeinschlag und die großflächige industrielle Bewirtschaftung des Regenwaldes führen zu einer Unterbrechung des Mineralstoffkreislaufs und damit zur Zerstörung des Regenwaldes. Unter sorgfältiger Beachtung aller Regeln kann auch der Mensch Teil dieses Ökosystems sein.

1 SP Beschreibe die Artenvielfalt des Tropischen Regenwaldes im Vergleich zu unserem Wald (M1, M2, T1, Erklärvideo V 05).

2 Erstelle eine Skizze zum Stockwerkbau im Regenwald (M 2 und T 2). Füge die Höhengrenzen 15 m, 40 m, 60 m und Stockwerksbezeichnungen hinzu.

2 a) Bearbeite Aufgabe A 2.
b) Erkläre, wie sich der Lichteinfall, die maximale Temperatur, die Luftfeuchtigkeit und die Anzahl an Tieren in den Stockwerken ändern (T1, T2 und M 2).

3 Beschreibe den Nährstoffkreislauf im Tropischen Regenwald (M 2, T 3). Verwende folgende Begriffe: Humusschicht, Mineralstoffe, Wurzeln, abgestorbene Pflanzenteile.

3 „Der Tropische Regenwald lebt nicht von Boden, sondern von sich selbst". Erläutere diese Aussage (M 2, T 3).

4 Erkläre, warum der Tropische Regenwald ein besonders empfindliches Ökosystem ist (T1, T3, T4).

AFB I: 1, 3 II: 2, 4   AFB I: 1 II: 2–4   → Lösungshilfen ab S. 196   37

Merkmale des Tageszeitenklimas beschreiben

Ein Tag in den Inneren Tropen

Entlang des Äquators erstreckt sich der Tropische Regenwald. Vom Wetterablauf her gleicht fast ein Tag dem anderen. Nahezu jeden Nachmittag zieht ein Gewitter auf. Was ist der Grund dafür?

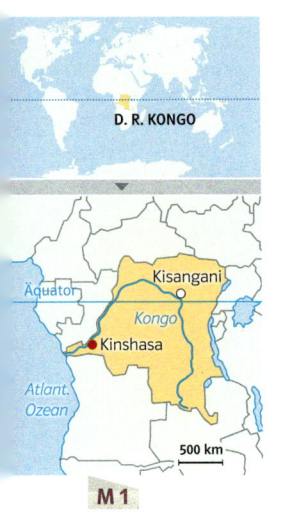

M 1

M 2 Tropischer Regenwald in der Demokratischen Republik Kongo

Fast jeden Tag Regen

„Es ist 6 Uhr morgens in Kisangani (Demokratische Republik Kongo). Nach kurzer Dämmerung erscheint die Sonne. Der Himmel ist wolkenlos. Die 20 °C empfinden wir als angenehm kühl. Dann wird es wärmer und die Wälder zu beiden Seiten des Flusses Kongo beginnen zu dampfen. Gegen Mittag zeigt das Thermometer fast 30 °C. Die feucht-heiße Luft steht unbeweglich. Eine drückende Schwüle treibt uns den Schweiß aus allen Poren. Wir fühlen uns wie in einem Treibhaus. Am Himmel entstehen aus den ersten weißen Wolken bald riesige Wolkentürme. Mit der Zeit werden sie immer dunkler und überziehen schließlich den ganzen Himmel. Gegen 14 Uhr kommt heftiger Wind auf. Dann bricht das Unwetter los: Blitze zucken, Donner grollt, es schüttet wie aus Kübeln. Im Nu sind wir bis auf die Haut durchnässt. Der Boden verwandelt sich in Morast. Und genauso plötzlich, wie das Gewitter begonnen hat, endet es auch. Die Sonne erscheint wieder. Doch die Luftfeuchtigkeit bleibt weiterhin sehr hoch. Gegen 18 Uhr bricht sehr schnell die Dunkelheit herein. Vor uns liegen zwölf Stunden Tropennacht.

M 3

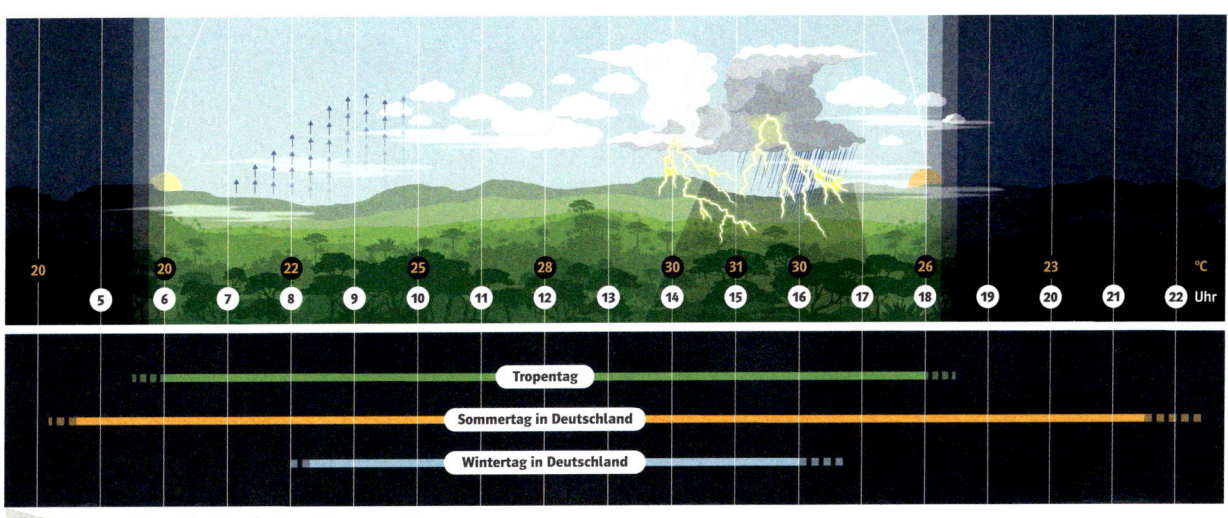

Im Tropischen Regenwald – ein beeindruckendes Ökosystem 3

M 4 Tagesablauf im Tropischen Regenwald

T1 Immer warm und feucht

Im Tropischen Regenwald wiederholt sich der Wetterablauf an jedem Tag des Jahres. Es gibt dort keine Jahreszeiten. Die Temperaturschwankungen zwischen Tag und Nacht sind größer als die Schwankungen im Laufe eines Jahres. Es herrscht ein **Tageszeitenklima**. Bei uns sind die Temperaturunterschiede im Jahresverlauf sehr viel größer. Man spricht von einem **Jahreszeitenklima**.

← Den Jahreszeiten auf der Spur
Seite 20/21

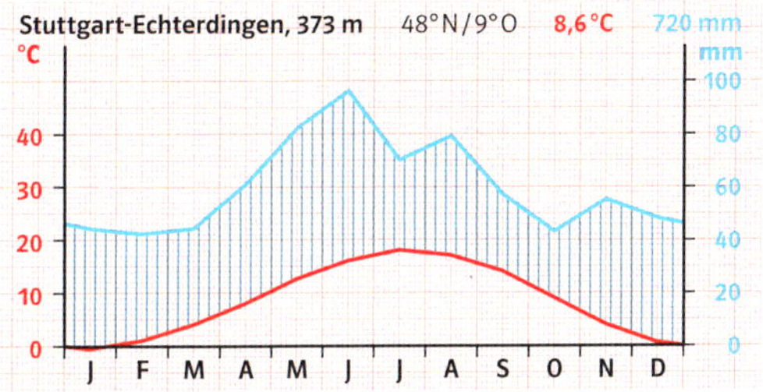

M 5 Klimadiagramm Stuttgart-Echterdingen

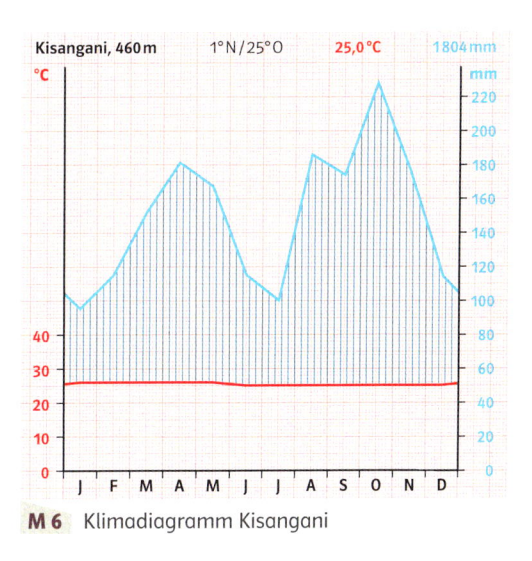

M 6 Klimadiagramm Kisangani

1
a) Beschreibe M 2.
b) Verorte die Demokratische Republik Kongo mithilfe des Atlas oder Kartenanhangs.

2 Erstelle mithilfe von M 3 und M 4 eine Tabelle zum Tagesablauf und trage zu den jeweiligen Uhrzeiten das Wetter ein: 6 Uhr, 7–10 Uhr, 10–13 Uhr, 13–17 Uhr und 18 Uhr.

2 SP
a) Bearbeite Aufgabe 2.
b) Zu welcher Tageszeit wurde das Foto M 2 aufgenommen? Begründe.

3 Erkläre den Unterschied zwischen Tageszeitenklima im Tropischen Regenwald und Jahreszeitenklima bei uns (T1).

3
a) Erkläre den Unterschied zwischen Tages- und Jahreszeitenklima mithilfe von T1 und den Klimadiagrammen M 5 und M 6.
b) Erläutere die Auswirkungen auf die Vegetation.

4 EXTRA
a) Vergleiche die Tageslänge im Tropischen Regenwald mit der Tageslänge am 21.6. und 21.12. in Deutschland (M 4).
b) Begründe die Unterschiede (M 3).
Tipp: Denke an die Schrägstellung der Erdachse.

Nachhaltige Landnutzungsformen im Tropischen Regenwald beschreiben

Den Regenwald angepasst nutzen

Wie können im Tropischen Regenwald Nahrungsmittel erzeugt werden – bei diesem Klima und bei der geringen Fruchtbarkeit der Böden? Die einheimische Bevölkerung löst dieses Problem auf ihre Weise.

M1 Brandrodung

M2 Mischkultur einer Kleinbäuerin

Brache
Zeit, in der Böden nicht genutzt werden und sich erholen können

Selbstversorgungswirtschaft
So nennt man die Wirtschaftsweise, die hauptsächlich Nahrungsmittel zum Selbstverbrauch erzeugt.

Food Crop
food = engl. Essen
landwirtschaftliche Produkte, die vorwiegend der Selbstversorgung dienen und nur in kleinen Mengen auf dem Markt verkauft werden

T1 Vom Wanderfeldbau zur Landwechselwirtschaft
Menschen leben schon seit Jahrtausenden im Tropischen Regenwald. Sie entwickelten eine dem Klima und Boden angepasste Landnutzung und betreiben **Wanderfeldbau.** Dazu befreiten die Menschen eine kleine Fläche vom Unterholz, sammelten das geschlagene Holz, trockneten es und zündeten es an. Nach der **Brandrodung** begann der Feldbau. Doch nach ein bis zwei Jahren sanken die Erträge der Böden. Sie überließen die Felder sich selbst und auf der Brache wuchs langsam wieder Wald. Die Bauern rodeten neue Flächen und zogen mit ihren Familien in ein neues Brandrodungsgebiet. Inzwischen hat die **Landwechselwirtschaft** den Wanderfeldbau aber weitgehend abgelöst. Das heißt, es wird alle paar Jahre ein neues Feld angelegt, aber die Familien behalten ihren Wohnsitz bei. Durch Naturdünger wie Holzkohle und Kompost können die Familien die Böden länger nutzen und mit ertragreicheren Sorten höhere Ernten erzielen.

T2 Anbau in Mischkultur
Bei der Bepflanzung der Felder haben die Bäuerinnen und Bauern dem Regenwald etwas abgeschaut, nämlich den Stockwerkbau. In der unteren Stufe bauen sie Getreide, Knollenfrüchte und Gemüse an, z. B. Weizen, Maniok, Mais und Bohnen. Darüber wachsen mehrjährige Pflanzen wie zum Beispiel Bananen. Das oberste Stockwerk bilden höhere Bäume, z. B. der Avocado-Baum. Die Bäume bringen nicht nur Früchte, sie spenden den anderen Pflanzen auch den wichtigen Schatten. Man nennt diese Anbauform **Mischkultur.** Sie hat den großen Vorteil, dass die Pflanzen die Nährstoffe des Bodens nicht einseitig verbrauchen. Die Mischkultur kann deshalb als eine nachhaltige Nutzung bezeichnet werden.
Die Familien bauen alle Produkte an, die sie zum Leben brauchen und versorgen sich damit selbst. Dies nennt man auch **Selbstversorgungswirtschaft.** Da die Produkte vorwiegend für die eigene Ernährung angebaut werden, spricht man von **Food Crops.** Nur das, was übrig bleibt, wird auf dem nahe gelegenen Markt verkauft.

Im Tropischen Regenwald – ein beeindruckendes Ökosystem 3

M 3 Mischkultur im Agroforst

T 3 Agroforstwirtschaft

In der **Agroforstwirtschaft** werden Bäume und Sträucher des Regenwaldes bewusst in die landwirtschaftliche Nutzfläche miteinbezogen. Neben den Baumriesen, die Holz liefern, werden Obstbäume und Nahrungsmittel gepflanzt, selbst die Haltung von Nutztieren ist möglich.

Im Schatten der Bäume werden Staudengewächse wie Bananen, aber auch Kaffee, Kakao oder Avocados angebaut, darunter folgen Mais oder Ananas. Der Boden wird von Süßkartoffeln, Sojabohnen und auch von Tomaten bewachsen. Die angepasste Nutzung sorgt für eine gute Ernte über Jahre hinweg.

Die Agroforstwirtschaft speichert das Regenwasser und erhält den natürlichen Mineralstoffkreislauf. Durch den Anbau in Mischkultur können sich Krankheiten bei den Pflanzen nicht so schnell ausbreiten. Schädlinge sind selten, weil sich die Pflanzen gegenseitig schützen. Pflanzenschutzmittel sind daher nicht notwendig. Auch auf Düngemittel kann verzichtet werden, denn der Mist aus dem Stall der Nutztiere ist ein wichtiger Dünger für die Pflanzen. Je vielfältiger die Fläche bepflanzt ist, desto mehr ähnelt sie dem artenreichen Wald. Es muss also kein Regenwald für neue Felder gerodet werden, denn der Wald ist ein Teil der Landwirtschaft. Die Agroforstwirtschaft dient auch dem Klimaschutz, denn jeder nicht gerodete Baum und jede Pflanze speichert das schädliche Treibhausgas CO_2.

Durch die verschiedenen Pflanzen lässt sich die Anbaufläche allerdings schlechter bewirtschaften. Maschineneinsatz ist sehr kompliziert. Der Arbeitsaufwand und damit verbunden auch der Preis für die Produkte ist daher höher als bei Monokulturen.

M 4 Vor- und Nachteile der Agroforstwirtschaft

A / B

1
a) Beschreibe das Foto M 1.
b) Erkläre, warum die Menschen das geschlagene und getrocknete Holz verbrennen.

2 Beschreibe den Unterschied zwischen Wanderfeldbau und Landwechselwirtschaft (T 1 und T 2).

3
a) Beschreibe den Anbau eines Feldes in Mischkultur (M 2, T 2).
b) Erkläre den Begriff Selbstversorgungswirtschaft.

4 „Die Agroforstwirtschaft hilft den Regenwald zu schützen." Erkläre (T 3, M 3).

5 Erstellt ein Werbeplakat für das Agroforst-Konzept. Erläutert, warum die Menschen mit dieser Methode die beste Nutzung der Felder erzielen und die Fruchtbarkeit des Bodens dauerhaft sichern (T 3, M 4).

2
a) Bearbeite Aufgabe A 2.
b) Erläutere, welches Problem bei der Nutzung der Böden im Tropischen Regenwald entsteht und wie es gelöst wird (T 1).

3
a) Begründe, warum der Anbau in Mischkultur die Bodennutzung verbessert (M 2, T 2).
b) Erkläre, warum es sinnvoll ist, wenn die Familien mehr produzieren, als sie selbst verbrauchen.

4 Zwei Familien (eine betreibt Landwechselwirtschaft, die andere Agroforstwirtschaft) unterhalten sich über die Vor- und Nachteile der Anbaumethoden. Schreibt das Gespräch auf und spielt es der Klasse vor.

AFB I: 1a, 2, 3a II: 1b, 3b, 4, 5   AFB I: 1a II: 2, 3, 5 III: 4   → Lösungshilfen ab S. 196

> Die Gefährdung des Tropischen Regenwaldes durch den Anbau von Ölpalmen erläutern

Palmölplantagen statt Regenwald

Orang-Utans und die Nuss-Nugat-Creme auf unserem Frühstückstisch haben auf den ersten Blick nichts miteinander zu tun. Schaut man aber genauer hin, werden die Zusammenhänge klarer.

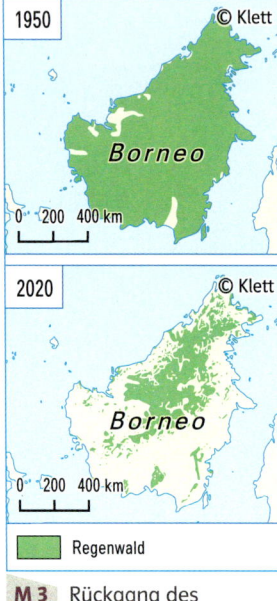

M 1

M 2 Palmölplantage im Tropischen Regenwald

M 3 Rückgang des Regenwaldes auf Borneo

SP Tipp

Stellung nehmen
→ Aufgabe 5

- Meiner Meinung nach …
- Ich denke …, deshalb …
- Es spricht vieles dafür, dass …

Zertifizierung zeigt dem Konsumenten an, dass ein Produkt mit dem Nachweis der Nachhaltigkeit versehen ist.

T 1 Starke Nachfrage nach Palmöl

Die Ölpalme ist Lieferant für zwei unterschiedliche Öle: Aus den Früchten der Ölpalme wird das Palmöl gewonnen, aus den Kernen der Früchte stammt das sogenannte Palmkernöl. Palmöl wird vor allem für Nahrungsmittel verwendet. Es steckt z. B. in Nuss-Nugat-Creme, Eis, Margarine, Tütensuppen und Tiefkühlpizza. Außerdem lässt sich Palmöl zu Biosprit verarbeiten. Palmkernöl dagegen ist ein ist ein wichtiger Rohstoff für Putzmittel oder Duschgels. Palmöl und Palmkernöl sind im Vergleich zu Öl aus anderen Pflanzen billiger, gut zu verarbeiten und äußerst vielseitig zu verwenden. Die Nachfrage steigt und steigt: Wurden 1970 knapp zwei Millionen Tonnen Öl aus Palmfrüchten produziert, so sind es heute fast 60 Millionen Tonnen. Die Anbaufläche hat sich seit 1985 um etwa das Zehnfache vergrößert.

T 2 Plantagenwirtschaft

Indonesien und Malaysia sind die größten Palmölproduzenten der Welt. Die Ölpalmen werden auf riesigen Plantagen angebaut. Plantagen sind landwirtschaftliche Großbetriebe, auf denen meist nur ein einziges landwirtschaftliches Produkt angebaut wird. Man nennt das **Monokultur.** Monokulturen nutzen die Nährstoffe des Bodens einseitig und laugen ihn schnell aus. Dies muss durch den Einsatz von künstlichem Dünger ausgeglichen werden. Pflanzenschädlinge treten in Monokulturen häufiger auf und werden mit Pflanzenschutzmitteln bekämpft. Diese Gifte schädigen die Umwelt und den Menschen.

Bei der Plantagenwirtschaft werden die angebauten Produkte nur für den Export angebaut, um Gewinne zu erzeugen. Daher werden diese Produkte auch als **Cash Crops**, also als „Geldfrüchte" bezeichnet.

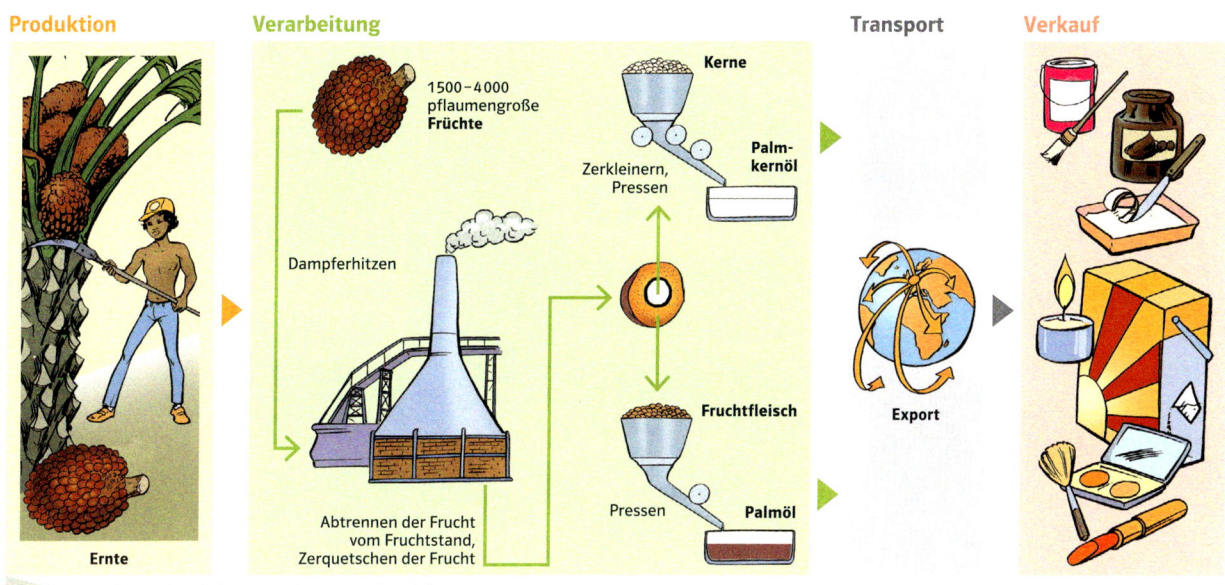

3 Im Tropischen Regenwald – ein beeindruckendes Ökosystem

Produktion — **Verarbeitung** — **Transport** — **Verkauf**

1500–4000 pflaumengroße **Früchte**

Zerkleinern, Pressen → **Kerne** → **Palmkernöl**

Dampferhitzen

Abtrennen der Frucht vom Fruchtstand, Zerquetschen der Frucht

Fruchtfleisch → Pressen → **Palmöl**

Export

Ernte

M 4 Von der Palmölplantage bis zum Produkt

T 3 Was kann jeder von uns tun?

Jeder kann den Verbrauch von Palmöl verringern, z. B. indem wir weniger Süßes und Fettiges essen. Auch der Verzicht auf Fleisch trägt dazu bei, denn Palmöl ist in Futtermitteln für die Massentierhaltung enthalten. Auch das pflanzliche Öl im Autobenzin lässt sich einsparen, wenn man statt dem Auto andere umweltfreundlichere Verkehrsmittel nutzt. Auf jeden Fall sollte man beim Einkauf darauf achten, ob es nicht auch palmölfreie Alternativen gibt, z. B. bei der Nuss-Nugat-Creme. Außerdem gibt es auch Palmöl, das aus nachhaltigem und zertifiziertem Anbau stammt.

Jeden Tag wird eine Fläche von ca. 300 Fußballfeldern für die Plantagenwirtschaft abgebrannt. Die Waldverluste sind enorm. Dadurch verkleinert sich der Lebensraum für Pflanzen und Tiere dramatisch. Besonders gefährdet sind die Orang-Utans auf Borneo und Sumatra, da Orang-Utans eine große Fläche zum Leben benötigen. Durch die Plantagenwirtschaft verlieren die Tiere also ihren Lebensraum, ihre Nahrungsquelle und ihren Schutz.

M 5 Orang-Utans – vom Aussterben bedroht

A / **B**

1 a) „Palmöl ist ein begehrter und vielseitiger Rohstoff." Erkläre diese Aussage.
b) Beschreibe mithilfe von M 2, wie sich der Anbau auf die Landschaft auswirkt.

2 Beschreibe den Rückgang des Regenwalds auf Borneo (T 1, M 3).

3 Erkläre die Begriffe „Plantage" und „Monokultur" und nenne die Nachteile (T 2, M 5).

4 a) „Es ist nicht einfach, Palmöl zu ersetzen." Erkläre diese Behauptung (T 3 und M 4).
b) Nenne Möglichkeiten, den Palmölverbrauch zu verringern (T 3).

5 SP „Die großflächige Rodung von Regenwald ist Raubbau an Natur und Mensch." Nimm Stellung zu dieser Aussage (M 2, M 3, M 5, T 2, Sprachtipp) und begründe deine Meinung.

2 a) Bearbeite Aufgabe A 2.
b) Vergleiche die beiden Karten M 3 und schätze, um welchen Anteil der Regenwald auf Borneo zurückgegangen ist. Verwende den Maßstab.

3 a) Erläutere die Nachteile von Palmölplantagen (T 2, M 5).
b) Recherchiere weitere Produkte, die im Regenwald auf Plantagen angebaut werden.

4 Bearbeite Aufgabe A 4 und recherchiere im Internet über palmölfreie oder zertifizierte Produkte. Berichte deiner Klasse die Ergebnisse.

AFB I: 2, 4b II: 1, 3, 4a III: 5   AFB II: 1–4 III: 5   → Lösungshilfen ab S. 196

Ursachen und Folgen der Zerstörung des Tropischen Regenwaldes erläutern

Der Regenwald wird vernichtet

Pro Minute wird im Tropischen Regenwald etwa eine Fläche von 40 Fußballfeldern gerodet. Warum vernichtet der Mensch diesen faszinierenden Lebensraum?

M1 Ursachen für die Zerstörung des Tropischen Regenwaldes

Schon gewusst?

Der Tropische Regenwald wird auch als grüne Lunge der Erde bezeichnet, weil die Bäume und Pflanzen das Gas CO_2 (Kohlenstoffdioxid) aus der Luft aufnehmen und daraus Sauerstoff produzieren.

Tagebau
oberflächennahe Gewinnung von Rohstoffen

Indigen
von lateinisch indigenus = eingeboren, einheimisch

T1 Begehrtes Tropenholz
Einige Großunternehmen haben sich auf den Verkauf von Tropenholz spezialisiert. Hölzer wie Mahagoni oder Teakholz erzielen hohe Preise auf dem Weltmarkt. Werden sie gefällt und abtransportiert, so werden auch große Teile des umliegenden Waldes vernichtet. Zudem greifen die schweren Maschinen der Holzfäller den Boden stark an. Dadurch können junge Bäume nicht nachwachsen. Aus Mahagoni werden hochwertige Möbel hergestellt, aus Teakholz vor allem Gartenmöbel.

T2 Nahrungsmittel für den Weltmarkt
Nationale und internationale Konzerne kaufen Regenwaldflächen, um Plantagen anzulegen. Diese landwirtschaftlichen Großbetriebe haben sich darauf spezialisiert, ein bestimmtes Produkt anzubauen. Sie produzieren für den Weltmarkt z. B. Kaffee, Bananen, Palmöl oder Kautschuk. Weitere Flächen werden für die Viehwirtschaft gerodet. Brasilien ist einer der größten Rindfleischproduzenten weltweit. Um die riesigen Viehherden zu ernähren, baut man Soja an. Die nicht auf Nachhaltigkeit ausgerichtete Nutzung des Regenwaldes wird als **Raubbau** bezeichnet.

T3 Rohstoffe
In Amazonien haben Geologen große Mengen Rohstoffe wie z. B. Eisenerz und Aluminiumerz gefunden. Um diese Rohstoffe abzubauen, wird ebenfalls Regenwald vernichtet. Die Erze werden im Tagebau gewonnen. Vorher aber müssen große Waldflächen gerodet werden. Außerdem werden Straßen und Siedlungen für die Arbeiter gebaut.

T4 Energie aus dem Regenwald
Über zwei Drittel des brasilianischen Stroms stammt aus Wasserkraftwerken. Für diese wurden im Regenwald riesige Stauseen angelegt. Weitere sind geplant. Das bedeutet einen starken Eingriff in das empfindliche Ökosystem. Umweltschützer und **indigene** Völker, die im Gebiet der geplanten Stauseen leben, wehren sich gegen diese Bauvorhaben.

T5 Verstärkte Nutzung durch Siedler
In vielen Staaten im Bereich des Äquators wächst die Bevölkerung stark. Daher wird z. B. in Brasilien der Tropische Regenwald gezielt besiedelt. Die Regierung lässt Straßen bauen und verschenkt Land an Siedler. Auf den Feldern gehen die Erträge schon bald zurück, weil die Fruchtbarkeit tropischer Böden schnell nachlässt. Die Siedler geben die Flächen auf und roden weitere Waldstücke.

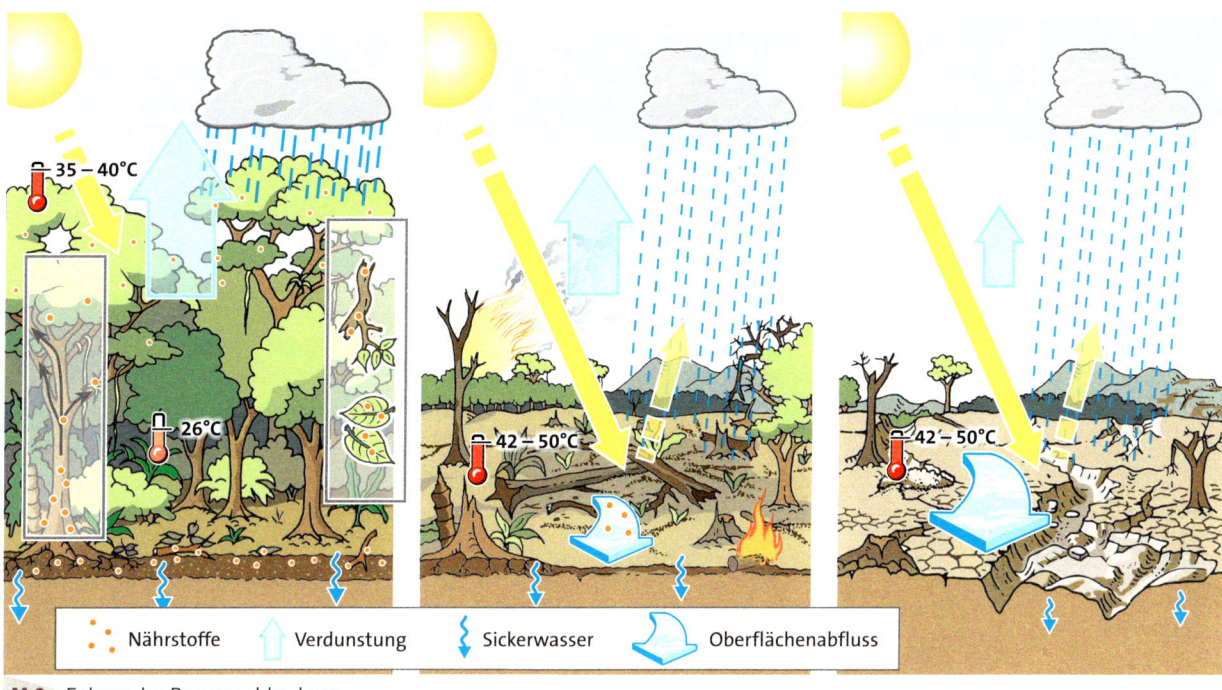

Im Tropischen Regenwald – ein beeindruckendes Ökosystem   3

M 2 Folgen der Regenwaldrodung

Legende: Nährstoffe | Verdunstung | Sickerwasser | Oberflächenabfluss

T 6 Folgen für den Regenwald

Mit der Rodung des Regenwaldes werden nicht nur wertvolle Pflanzen, sondern auch Lebensräume von Tieren und Menschen zerstört. Die tropischen Böden sind besonders gefährdet. Der kahle Boden wird vom Regenwasser leicht weggespült, es kommt zur Erosion. Das Wasser reißt tiefe Gräben in den Boden und schwemmt die Nährstoffe weg. Das Land ist dann sowohl für den Regenwald als auch für die Nutzung durch den Menschen verloren.

T 7 Folgen für das Klima

Ist der Regenwald beseitigt, fließt das Regenwasser schneller ab und es verdunstet weniger. Dadurch fehlt die Feuchtigkeit für die Wolkenbildung. Es fällt weniger Regen. Auch ist die Temperatur auf den kahlen Flächen viel höher, weil der Schatten der Bäume fehlt.
Darüber hinaus verändert der Waldverlust sowohl das regionale Klima als auch das globale Klima. Wenn klimaschädliches Kohlenstoffdioxid (CO_2) nicht von Bäumen und Pflanzen aufgenommen wird, verstärkt das die globale Erwärmung der Erde.

Erosion

Abtragung von Gestein und Boden und damit auch Zerstörung durch z. B. fließendes Wasser und Wind

→ Klimawandel Seite 122 ff

→ Im Internet recherchieren Seite 211

1
a) Beschreibe die Fotos M 1.
b) Stelle einen Zusammenhang zwischen den Fotos M 1 und der Überschrift dieser Seite dar.

2 Arbeite mit M 1 und T 1–T 5.
a) Nenne die fünf Ursachen für die Zerstörung des Tropischen Regenwaldes.
b) Ordne die Bilder A–C der jeweiligen Ursache zu.

3 Beschreibe die Folgen der Regenwaldrodung in M 2 für:
a) den Regenwald (T 6),
b) das Weltklima (T 7).

4 EXTRA „Auch wir haben etwas mit der Zerstörung des Regenwaldes zu tun." Diskutiert diese Aussage.

2 „Die Abholzung des Regenwaldes hat vielfältige Ursachen." Erläutere (M 1, T 1–T 5).

3 Bearbeite Aufgabe A 2. Begründe, warum es sich meist um eine dauerhafte Zerstörung handelt.

AFB I: 1a, 2a, 3 II: 1b, 2b III: 4   AFB I: 1a II: 1b, 2, 3 III: 4   → Lösungshilfen ab S. 196   45

Methode

Ein Thema in Form eines Gruppenpuzzles erarbeiten

Ein Gruppenpuzzle durchführen

Viele Inhalte bestehen aus unterschiedlichen Teilthemen. Diese können oft besser bearbeitet werden, wenn man sich die Arbeit in der Gruppe aufteilt. Beim Gruppenpuzzle werden alle Gruppenmitglieder zu Experten für ein bestimmtes Teilthema, das sie an ihre Mitschülerinnen und Mitschüler weitergeben.

1 Vorbereitung
Macht euch mit der Methode des Gruppenpuzzles (Schritte 1 bis 4) vertraut.

2 Durchführung
Erarbeitet das vorgegebene Thema, das in verschiedene Teilthemen aufgeteilt wurde, mit der Methode des Gruppenpuzzles.

3 Nachbereitung
Denkt über eure Arbeit in den Stamm- und Expertengruppen nach. Was lief gut? Was könnte man beim nächsten Mal verbessern?

Gruppenpuzzle
→ Tropischer Regenwald
Seite 48/49
→ Savannen
Seite 66
→ Wüsten
Seite 84

M1 Vorbereitung im Klassenzimmer

M2 Stammgruppen

Gruppenpuzzle
Viele Themen sind so vielfältig und komplex, dass sie in verschiedene Teilthemen aufgeteilt werden und sich dann gut in einem Gruppenpuzzle bearbeiten lassen. Jedes Mitglied der Stammgruppe eignet sich zunächst als Experte das Wissen zu einem Teilthema an. Dieses bringen die Experten dann zurück in ihre Stammgruppen und erklären es den anderen Gruppenmitgliedern. Abschließend werden alle Ergebnisse der verschiedenen Experten zusammengefasst.

1. Schritt: Stammgruppen bilden und Experten bestimmen
Setzt euch in Gruppen mit mindestens drei und maximal sechs Schülerinnen und Schülern zusammen und bildet die Stammgruppe.
Verschafft euch einen Überblick über die Teilthemen und macht euch mit dem Arbeitsauftrag vertraut. Bestimmt dann jeweils einen oder auch zwei Experten für jedes Teilthema.

Im Tropischen Regenwald – ein beeindruckendes Ökosystem

M 3 Expertengruppen

M 4 Stammgruppen

2. Schritt: In den Expertengruppen sich Wissen erarbeiten

Setzt euch nun mit den anderen Experten eures Teilthemas zusammen. Wenn eine Gruppe zu groß ist, könnt ihr auch zwei Expertengruppen bilden. Erarbeitet euch Expertenwissen, indem ihr den Arbeitsauftrag gemeinsam bearbeitet. Haltet die Ergebnisse schriftlich fest. Nach der Erarbeitung des Expertenwissens löst ihr die Expertengruppe auf und setzt euch wieder mit eurer Stammgruppe zusammen.

3. Schritt: In der Stammgruppe das erworbene Expertenwissen weitergeben

Jeder Experte trägt in seiner Stammgruppe sein in der Expertengruppe erworbenes Wissen möglicht frei vor. Der Experte/die Expertin verwendet dabei seine bzw. ihre eigenen Notizen. Die anderen Gruppenmitglieder hören aufmerksam zu und fragen bei Bedarf nach, wenn Dinge unklar sind.

4. Schritt: In der Stammgruppe die Ergebnisse zusammenfassend darstellen

Wenn alle Stammgruppenmitglieder über die unterschiedlichen Teilthemen informiert sind und alles verstanden haben, werden die Ergebnisse zusammengefasst. Das kann über eine anschauliche Darstellung (z. B. Plakat, Skizze, Tabelle) erfolgen, über ein Arbeitsblatt, das ihr von eurer Lehrerin oder eurem Lehrer bekommt, oder durch die Erstellung eines Wirkungsgefüges.

→ Ein Wirkungsgefüge erstellen Seite 72/73

Vergleicht abschließend die Ergebnisse aller Stammgruppen und diskutiert über mögliche Unterschiede in den Arbeitsergebnissen der einzelnen Stammgruppen.

AFB II: 1–3   → Lösungshilfen ab S. 196

Ein Gruppenpuzzle zum Thema Produkte aus dem Tropischen Regenwald bearbeiten

Gruppenpuzzle

Der Regenwald und ich

Der Regenwald ist weit von uns entfernt. Er hat aber mehr mit dir und deinem Leben zu tun, als du denkst. In unserem Alltag verbrauchen wir ständig Produkte aus dem Regenwald. Aber kann jeder von uns mehr tun als nur verbrauchen? Diese Frage sollt ihr mit der Methode Gruppenpuzzle beantworten.

1

Schritt 1: Stammgruppe
a) Überlegt, was ihr für den Regenwald tun könnt.
b) Vermutet, was die einzelnen Fotos in den Beispielen A – D mit dem Regenwald zu tun haben.
c) Bildet Expertengruppen, um eure Vermutungen zu überprüfen.

2

Schritt 2: Expertengruppe
Beantworte die Fragen für deine Expertengruppe:

A:
a) Unter welchen Bedingungen wird Coltan abgebaut?
b) Wofür wird Coltan verwendet?
c) Welche Staaten sind die größten Produzenten und Verbraucher?
d) Stelle ein Projekt vor, das Handys und Smartphones sammelt.

B:
a) Woher kommen die Bananen in unseren Supermärkten?
b) Warum ist die Banane krumm?
c) Wie werden Bananen nach Europa transportiert?
d) Informiere dich über das Siegel BanaFair.

C:
a) Wofür wird das meiste Papier verarbeitet und genutzt?
b) Wie entwickelt sich der Papierverbrauch in Deutschland seit 2000?
c) Wie kannst du den Papierverbrauch reduzieren?
d) Informiere dich über nachhaltige Papier-Siegel.

D:
a) In welchen Ländern gibt es große Sojaplantagen?
b) Wofür wird Soja verwendet?
c) Finde weitere Produkte, in denen Soja enthalten ist.
d) Informiere dich über das Soja-Projekt der Universität Stuttgart-Hohenheim.

3

Schritt 3: Stammgruppe
Berichtet in der Stammgruppe von eurem Beispiel.

Schritt 4: Stammgruppe
Stellt eure Ergebnisse zu den Beispielen anschaulich dar.

← Methode Gruppenpuzzle Seite 46/47

A Coltan aus dem Regenwald

Was gibt der Regenwald mir?
Aus Coltanerz wird Tantal gewonnen, welches in Smartphones, Computern und Spielekonsolen verarbeitet wird. Die Abbauregionen des Erzes liegen in unzugänglichen Regenwaldgebieten in Zentralafrika, Ruanda, Brasilien und Australien. 2015 lagen etwa 100 Millionen ungebrauchter Smartphones in deutschen Schubladen. In jedem Smartphone steckt das wertvolle Metall, das man durch Recycling für neue Geräte wiederverwenden kann.

Coltanerz

Was kann ich tun?
Ich kann die Nachfrage nach Coltan beeinflussen, indem ich mein Gerät (z. B. Handy, Laptop oder Fernseher) länger benutze. Gebrauchte Geräte kann ich weiterverkaufen und defekte Handys kann ich an Regenwaldprojekte spenden.

Im Tropischen Regenwald – ein beeindruckendes Ökosystem

B Bananen aus dem Regenwald

Was gibt der Regenwald mir?
Bananen wachsen nicht an Bäumen, sondern an Stauden. Der Fruchtstand der Bananenstaude wird Büschel genannt und hat viele einzelne Blüten. Aus jeder Blüte entwickelt sich eine Bananenfrucht. Die einzelne Bananenfrucht nennt man Finger. 10–20 Finger stehen am Büschel zusammen. Die Banane ist eine Beere. Wenn ihr Samen auf den Boden fällt, wächst daraus eine neue Staude. Man unterscheidet Kochbananen, die man nicht roh essen kann, und Obstbananen, die man bei uns im Supermarkt kaufen kann. Die Bananen in unseren Supermärkten kommen z. B. aus Costa Rica, Ecuador und Panama.

Bananenstaude

Was kann ich tun?
Mit dem Kauf von Fairtrade-Bananen verbessere ich die Lebens- und Arbeitsbedingungen von Arbeiterinnen und Arbeitern auf einer Bananenplantage. Braune, überreife Bananen kann ich noch zu Bananenmilch oder Bananenshakes verwerten statt sie wegzuwerfen.

C Papier aus dem Regenwald

Was gibt der Regenwald mir?
Papier besteht aus Zellstoff, der aus Holzfasern gewonnen wird. Brasilien ist der größte Lieferant von Zellstoff für uns. Deshalb wird der Regenwald gerodet. Oft werden Eukalyptusplantagen angelegt, da diese Pflanze besonders schnell viel Zellstoff liefert. Der Regenwald wird also genutzt, um Papier zu produzieren.

Was kann ich tun?
Einschränkung beim eigenen Verbrauch und Recycling können helfen, den Regenwald und die Wälder weltweit zu schützen. Ich kann z. B. Schulhefte und Toilettenpapier aus Recyclingpapier nutzen. Papier gehört in den Papiermüll, damit es recycelt werden kann.

Artikel aus Zellstoff

D Soja aus dem Regenwald

Was gibt der Regenwald mir?
Die Sojabohne ähnelt unserer heimischen Bohne. Sie erreicht eine Wuchshöhe von bis zu 80 cm. Die in den Hülsen enthaltenen Samen haben einen hohen Eiweißgehalt und sind vielfältig verwendbar.
Neben der Herstellung von Tofu, Sojamilch und Sojaöl werden die Sojabohnen bei uns vorwiegend als Futtermittel in der Massentierhaltung verwendet. Um 1 kg Fleisch zu produzieren, werden knapp 12 kg Sojaschrot verfüttert. Ein hoher Fleischkonsum fördert also den Anbau von Soja. Dafür werden vor allem im brasilianischen Regenwald riesige Flächen gerodet.

Was kann ich tun?
Ich verzichte auf Fleisch aus Massentierhaltung. Für die Produktion von Billigfleisch wird meist Soja aus dem Regenwald verfüttert. Ich genieße ökologische oder in Europa produzierte Sojaprodukte wie Tofu oder Sojadrinks.

Sojabohne

Orientierung

Sich in Südamerika orientieren

Südamerika

Südamerika ist ein Teil des Doppelkontinents Amerika. Es grenzt im Norden an Mittelamerika und im Süden an das Südpolarmeer. Von der Nordwestgrenze Kolumbiens bis zum Kap Hoorn sind es rund 7 600 km.

Amazonas
Hauptader eines weitverzweigten Flusssystems, es ist das wasserreichste der Erde. Das System entwässert den größten Tropischen Regenwald der Erde: Amazonien.

M 1 Rio de Janeiro

M 2 Amazonastiefland

M 3 Torres del Paine in Chile

M 4 Perito-Moreno-Gletscher in Argentinien

SP Tipp

Lagebeschreibung erstellen
→ Aufgabe 3
- Rio de Janeiro ist eine … in …
- Rio de Janeiro liegt am …
- Rio de Janeiro befindet sich im Norden/Osten/Süden von …

T1 Südamerika
Südamerika ist der viertgrößte Kontinent der Erde. Im Norden grenzt er mit einer schmalen Landenge an Mittelamerika. Man findet auf dem Kontinent riesige Tiefländer, genauso wie ein Hochgebirge, das sich über 7500 km entlang der Westküste erstreckt.

Etwa 420 Millionen Menschen leben in Südamerika, davon allein 206 Millionen in Brasilien. In nahezu allen Ländern Südamerikas wird Spanisch oder Portugiesisch gesprochen. Dies ist eine Folge der Eroberung des Kontinents durch Spanier und Portugiesen im 15. und 16. Jahrhundert.

1
Arbeite mit der Karte M 5 und dem Kartenanhang oder dem Atlas. Benenne:
a) die Staaten 1–13 und die zugehörigen Städte 1–10,
b) die Ozeane und das Meer A–C,
c) die Flüsse a–c und den See d,
d) die Gebirge A–C und den Berg 1,
e) die Tiefländer D und E,
f) die Inselgruppen a, b und das Kap 2.

2
Ordne die Fotos M 1 und M 2 einem Staat zu. Welchen weiteren Staaten könnte man M 2 noch zuordnen?

3 SP
Wähle aus den Städten 1–10 drei aus, zu denen du jeweils eine Lagebeschreibung erstellst.

3 Im Tropischen Regenwald – ein beeindruckendes Ökosystem

Politische Gliederung
① ... ⑬ Staaten

Orte
•1 ... •10 Städte

Gewässer
Ⓐ ... Ⓒ Ozeane, Meer
a ... d Flüsse, See

Landmassen
Ⓐ ... Ⓔ Gebirge, Hochländer, Tiefländer
▲ 1 Berg
• 2 Kap
a ... b Inselgruppen

Landhöhen
- Tiefland (0–200 m)
- Hügelland (200–500 m)
- Mittelgebirge (500–2000 m)
- Hochgebirge (über 2000 m)

0 – 500 – 1000 km

M 5 Lernkarte Südamerika

AFB II: 1–3 → Lösungshilfen ab S. 196

Training

Wichtige Begriffe

- Agroforstwirtschaft
- Artenvielfalt
- Brandrodung
- Jahreszeitenklima
- Landwechselwirtschaft
- Mischkultur
- Monokultur
- Nährstoffkreislauf/ Mineralstoffkreislauf
- Ökosystem
- Plantage
- Raubbau
- Selbstversorgungswirtschaft
- Stockwerkbau
- Tageszeitenklima
- Tropischer Regenwald
- Wanderfeldbau

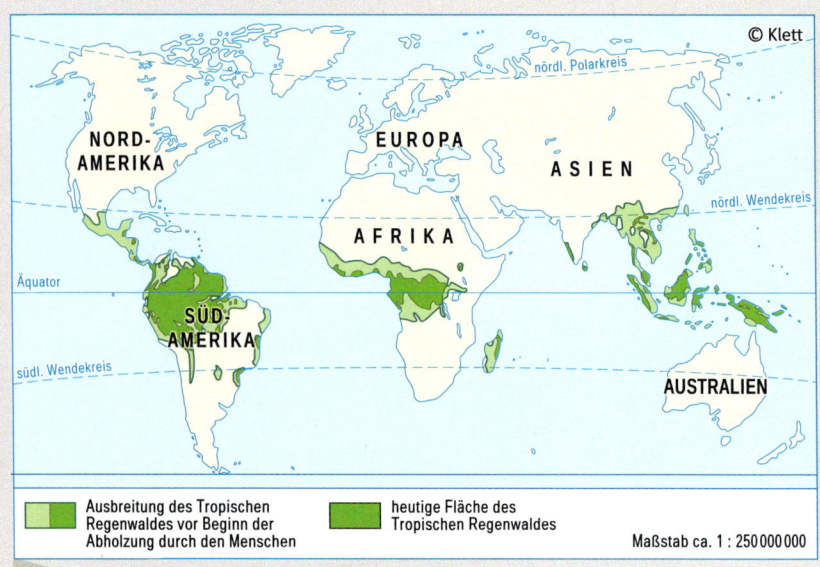

M 1 Tropische Regenwälder der Erde

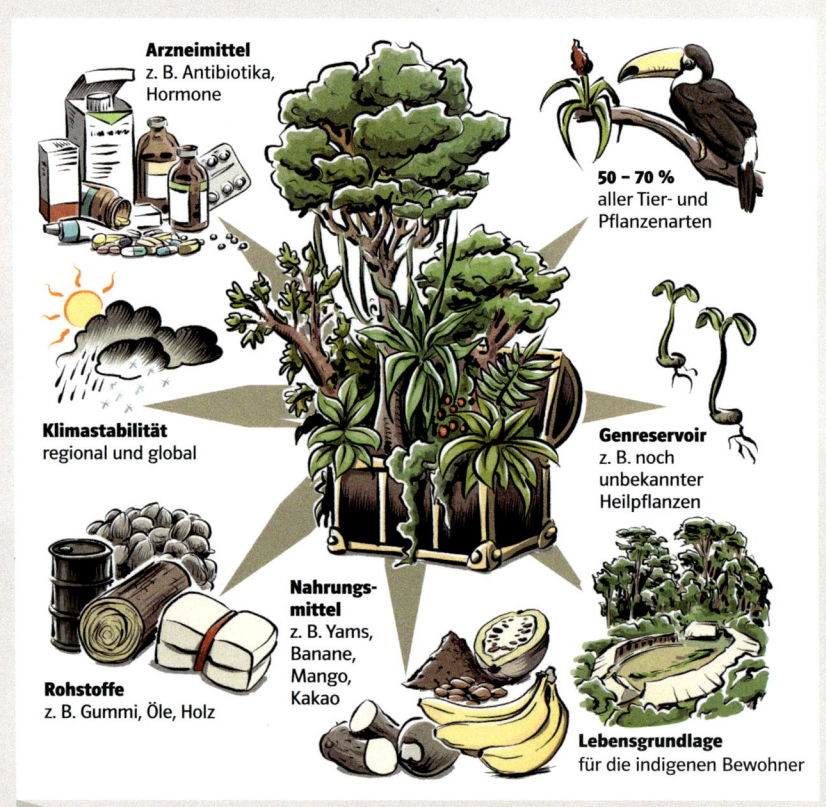

M 2 „Schatztruhe" Regenwald

Sich orientieren

1 Tropischer Regenwald

a Arbeite mit M 1 und einer Karte im Atlas oder Kartenanhang: Stelle fest, welche der folgenden Staaten Anteil am Tropischen Regenwald haben: Argentinien, Brasilien, Chile, Demokratische Republik Kongo, Gabun, Indonesien, Japan, Kolumbien, Malaysia, Myanmar, Namibia, Panama, Papua-Neuguinea, Peru, USA.

b Ordne die Staaten den Kontinenten zu und erstelle eine Tabelle wie folgt:

Kontinent	Staaten mit Tropischem Regenwald
…	…

c Unterstreiche die Staaten rot, die sehr große Anteile am Tropischen Regenwald haben.

Kennen und verstehen

1 Findest du die Begriffe?

a Klima, das keine Jahreszeiten kennt
b Austausch der Nährstoffe zwischen Pflanzenwelt und Boden
c Betrieb mit großflächigem Anbau einer einzigen Nutzpflanze
d Feldbau auf einer abgebrannten Waldfläche
e Einbeziehung von Bäumen und Viehzucht in die Landwirtschaft

D 05 Arbeitsblatt Selbsteinschätzung

D 06 Arbeitsblatt Lösungen

Im Tropischen Regenwald – ein beeindruckendes Ökosystem 3

3 Außenseiter gesucht
Welcher Begriff passt nicht in die Reihe? Begründe warum.
a Stockwerkbau – Plantage – Nährstoffkreislauf – Artenvielfalt
b Mischkultur – Kleinbauern – Selbstversorgungswirtschaft – Raubbau
c Baumriesen – Regenzeit – Kronenschicht – Krautschicht

4 Richtig oder falsch?
Berichtige die falschen Aussagen und schreibe alle richtig auf.
a Der Tropische Regenwald befindet sich überwiegend im Bereich des Äquators.
b Die fruchtbare Humusschicht ist im Regenwald sehr dick.
c Im Regenwald ist die Artenvielfalt gering.
d Ein Ökosystem besteht nur aus Tieren und Pflanzen.
e Der Regenwald ist stockwerkartig aufgebaut.

5 Bilderrätsel
Löse das Bilderrätsel und erkläre den gesuchten Begriff.

G = K

6 Der Regenwald schwindet
Erläutere mithilfe von M 3, warum die Regenwaldfläche weltweit immer kleiner wird.

7 Palmölplantagen
Vervollständige die Sätze.
a Palmöl ist so beliebt, weil …
b Palmöl ist bei uns …
c Palmöl lässt sich nicht so einfach ersetzen, denn …
d Palmölplantagen anzulegen, ist problematisch, weil …

M 3 Die Gefährdung des Tropischen Regenwaldes hat viele Ursachen

Methoden anwenden

8 Eine Karte auswerten
Werte die Karte M 1 mithilfe des Atlas oder des Kartenanhangs aus.
a An welchem Fluss liegt das größte Regenwaldgebiet der Erde?
b Welche beiden Kontinente haben den größten Anteil am Regenwald?
c Für welchen Kontinent weist die Karte die größten Regenwaldverluste aus?

Beurteilen und bewerten

9 Umstrittenes Palmöl
Bewerte Saras Aussage: „Ob da Palmen stehen, wo früher Regenwald war, ist doch egal. Bäume sind Bäume."

Vernetzen

10 „Schatztruhe" Regenwald
„Die Tropischen Regenwälder der Erde bergen unermessliche und teilweise einzigartige Schätze."
Belege diese Aussage mithilfe der Grafik M 2.

Wähle aus

Anpassungsformen an Beispielen beschreiben

A Angepasstes Leben
diese Seite

B Wenn Kakao kein süßes Leben bedeutet
Seite 56/57

1 Was bedeutet „artenreich" bzw. „Artenvielfalt"? Erläutere, inwieweit diese Begriffe auf den Tropischen Regenwald zutreffen.

2 Blattschneiderameisen bezeichnet man als Pilzzüchter des Regenwaldes. Begründe (M 6).

3 SP MB Wähle ein weiteres Beispiel für angepasstes Leben aus M1–M5.
a) Erstelle dazu einen Steckbrief.
b) Recherchiere fehlende Angaben im Internet.

A Angepasstes Leben

Nirgendwo gibt es so viele verschiedene Pflanzen und Tiere wie im Tropischen Regenwald. Diese Artenvielfalt ist einzigartig. Doch um sich im extremen Klima behaupten zu können, benötigen die Tiere und Pflanzen besondere Eigenschaften.

Der Orang-Utan gehört zur Familie der Menschenaffen. Er lebt in den Regenwäldern der Inseln Borneo und Sumatra. Der Orang-Utan ist weltweit das größte Säugetier, das auf Bäumen lebt. Am Tag hangelt und schwingt er von Baum zu Baum. Seine kräftigen Arme können eine Spannweite von bis zu 2,20 m erreichen. Er ernährt sich von Früchten, Sprossen, Blättern und Baumrinden. Der Orang-Utan hat nur wenige natürliche Feinde. Ausgewachsene Tiere fürchten nur den Menschen, der die Regenwälder abholzt.

M 1 Orang-Utan

Seinen Namen hat es von seinen langsamen Bewegungen, fast in Zeitlupe. Dadurch und durch seine niedrige Körpertemperatur von 33 °C ist das Tier Meister im Energiesparen. Seine Krallen sind etwa 10 cm lang.
Das Faultier ernährt sich überwiegend pflanzlich, von Knospen, Blättern, kleinen Zweigen und – kaum zu glauben – von „Untermietern" in seinem Fell: Käfer, Zecken, Motten, Algen. Durch seine langsamen Bewegungen wird das Tier von seinen Feinden häufig übersehen. Wird es dennoch einmal von einem Greifvogel angegriffen, verteidigt sich das Faultier durch kräftige Klauenhiebe.

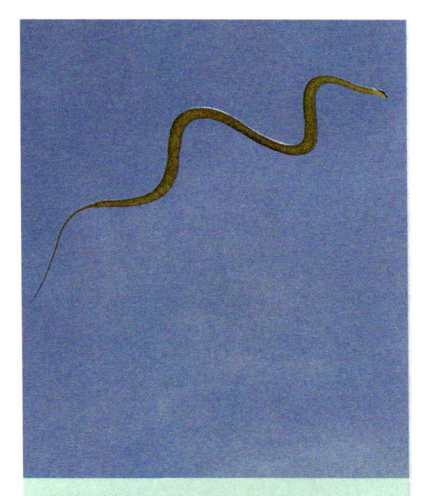

M 2 Faultier

Die Schmuckbaum-Natter ist ebenfalls ein Baumbewohner. Sie hat die Fähigkeit, von Ast zu Ast zu fliegen. Um fliegen zu können, spreizt die Natter beim Absprung ihre Rippen. Der runde Körper nimmt dadurch eine gewölbte, halbmondförmige Form an. Er gleicht damit der Tragfläche eines Gleitschirms. Auf diese Weise kann sie bis zu 30 m weit fliegen.
Die Schlange ernährt sich von Vogeleiern, Echsen, Baumfröschen, Jungvögeln, aber auch von Insekten. Lebende Beutetiere betäubt sie mit ihrem Gift und verschlingt sie dann.

M 3 Die fliegende Schlange

D 07
Arbeitsblatt
Lösung

Im Tropischen Regenwald – ein beeindruckendes Ökosystem 3

4 EXTRA MB

Sammle Informationen über eine Tier- oder Pflanzenart des Regenwaldes, die dich besonders interessiert. Erstelle ein Porträt wie auf dieser Seite (Foto mit kurzem Informationstext).

→ Im Internet recherchieren Seite 211

AFB I: 1 II: 2–4   → Lösungshilfen ab S. 196

Andere Regenwaldbewohner, wie das Okapi, leben am Waldboden. Das Okapi, auch Waldgiraffe genannt, ist ein scheuer Einzelgänger, der nur im afrikanischen Regenwald lebt. Die Nahrung besteht aus Blättern, Farnen, Früchten und Pilzen. Das Okapi schläft pro Tag nur 5 Minuten. Dösen tut es jedoch gerne stundenlang. Die Zunge eines Okapis wird 35–45 cm lang. Es kann sich damit die Ohren und die Augen lecken und von Schmutz befreien.

Schon gewusst?

Chamäleons können ihre Farben wechseln. Das tun sie, um mit Artgenossen zu kommunizieren. So zeigen sie z. B., ob sie angriffslustig sind. Auch können sie sich vor Feinden tarnen, indem sie ihre Farbe der Umgebung anpassen. Sie leben in Bäumen und Sträuchern und gehören zu den Leguanen.

M 4 Okapi

Auf den Ästen der Baumkronen bis ins oberste Stockwerk siedeln sich häufig sogenannte Aufsitzerpflanzen an, z. B. Orchideen, Würgefeigen und Bromelien. Bromelien sind Ananasgewächse. Wie überleben diese Pflanzen auf dem Dach des Waldes bei Temperaturen, wie sie sonst nur in der Wüste herrschen?
Die Pflanzen sammeln in ihren trichterförmig angeordneten Blättern Regenwasser, so wie es auch viele Wüstenpflanzen tun. Dem Wasser entnehmen sie Nährstoffe, ebenso aus der Luft. Im gesammelten Wasser bilden sich Algen. Von diesen ernähren sich Kleintiere, z. B. Einzeller, Würmer und kleine Schnecken. Diese dienen wiederum Vögeln und Kleinsäugetieren als Nahrung. Dies ist ein Beispiel für Lebensgemeinschaften im Tropischen Regenwald.

M 5 Die Bromelie

Auf Ästen oder dem Waldboden marschieren oft ganze Kolonnen von Ameisen hintereinander, schwer beladen mit Teilen von Blättern, die sie sich auf Bäumen zurechtgeschnitten haben. Was machen sie mit diesen Blättern?
Sie schleppen sie in ihren Bau, der bis zu fünf Meter tief im Boden liegt. Dort zerkauen sie die Blattstücke zu einem Brei und fügen diesem Pilzsporen hinzu. Auf dieser Masse wachsen Pilze, die den Ameisen als Nahrung dienen. Blattschneiderameisen sind also „Pilzzüchter des Regenwaldes". Kaum zu glauben: Ein Volk von 2 Millionen Blattschneiderameisen trägt im Jahr 1,76 Millionen Tonnen Blattstücke in ihren Bau, pro Ameise also 880 Kilogramm.

Schon gewusst?

Lianen sind wahre Kletterkünstler. Sie wurzeln im Boden. Mit ihren dünnen Stängeln klettern sie an Bäumen empor, bis sie in der Lichtregion der Kronenschicht ankommen. Von dort hängen sie herab, teilweise bis zum Boden.

M 6 Die Blattschneiderameise

Wähle aus

A Angepasstes Leben
Seite 54/55

B Wenn Kakao kein süßes Leben bedeutet
diese Seite

Den Anbau und den Handel mit Kakao beschreiben

1
a) Benenne mindestens vier Anbauländer von Kakao (M1).
b) Erkläre, warum es keine gute Idee ist, Kakao bei uns anzubauen (T1).

2
Du kaufst eine Schokolade für 150 Cent. Berechne mithilfe von M2, wie viel Cent an den Kakaobauern gehen.

3
Beschreibe, warum Kakao für viele Kinder in den Anbauregionen kein süßes Leben ist (T3).

4
Erläutere die Vorteile, die der Faire Handel den Kleinbauern und ihren Familien bietet (M5).

B   Wenn Kakao kein süßes Leben bedeutet

Durchschnittlich isst jeder von uns ca. 11 kg Schokolade im Jahr. Kakao ist der Rohstoff für die Herstellung von Schokolade. Aber warum ist Kakao für viele Kinder kein süßes Leben?

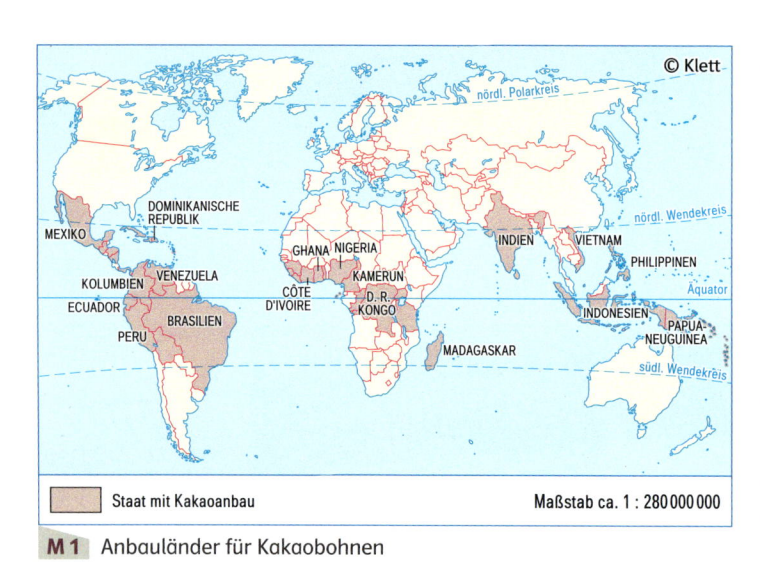

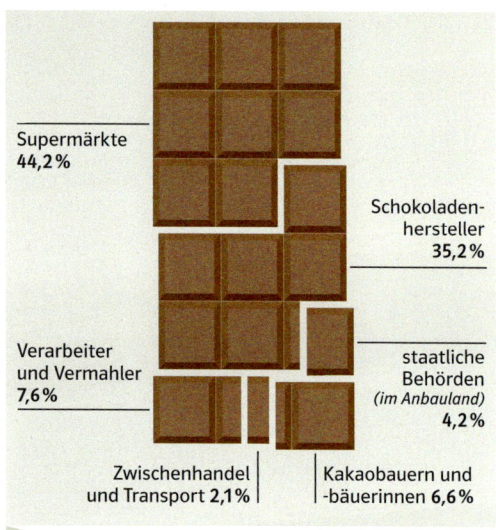

M1 Anbauländer für Kakaobohnen

M2 Kostenanteile des Rohkakaos in einer Tafel
- Supermärkte 44,2 %
- Schokoladenhersteller 35,2 %
- Verarbeiter und Vermahler 7,6 %
- staatliche Behörden (im Anbauland) 4,2 %
- Zwischenhandel und Transport 2,1 %
- Kakaobauern und -bäuerinnen 6,6 %

Schon gewusst?

Bei den Azteken wurde Kakao als bitteres Getränk zubereitet, das Xocolatl (von xoco ‚bitter' und atl ‚Wasser') genannt wurde. Von Xocolatl wurde unser Wort Schokolade abgeleitet.

T1 Der Kakaobaum

Der Kakaobaum ist ein immergrüner Baum und wächst gern im Schatten von Bananenstauden, da er direkte Sonneneinstrahlung nicht verträgt. Er trägt außerhalb von 20° nördlicher und südlicher Breite keine Früchte, denn er braucht stets Temperaturen um die 25 °C. Kälter als 20 °C darf es nie werden. Der Jahresniederschlag sollte mindestens 1250 mm betragen, optimal sind aber 2000 mm. Außerdem braucht der Baum Böden ohne harte Schichten oder Gestein. Leider ist er sehr anfällig für Krankheiten und Pilze.
Die Früchte haben eine ledrige Schale und sind gelb, rot oder braun, 15 bis 20 cm groß und wiegen bis zu 500 g. Unter einer harten Schale befinden sich in fünf Reihen angeordnet, 30–60 weißliche Samen, die Kakaobohnen. Sie sind von einem weißen und schleimigen Fruchtfleisch umgeben sind.

T2 Wer verdient am Kakao?

Im Supermarkt kostet eine Tafel Schokolade etwa 1,00 bis 1,50 Euro. Tatsächlich erhalten die Kleinbauern nur etwa 6 Prozent des Preises, den wir in Deutschland für eine Tafel Schokolade bezahlen. Die Mehrheit der Kakaobauern lebt unterhalb der Armutsgrenze von zwei US-Dollar pro Tag und Person. Im Schnitt verdient ein Kleinbauer oder eine Kleinbäuerin rund 0,76 Euro am Tag.

D 08
Arbeitsblatt
Lösung

Im Tropischen Regenwald – ein beeindruckendes Ökosystem 3

5 EXTRA
Erstellt ein Werbeplakat für fair gehandelte Schokolade. Überzeugt damit die Käufer, dass der Einkauf von fair gehandelter Schokolade das Leben der Kleinbauern verbessert.

AFB I: 1–3 II: 4, 5   → Lösungshilfen ab S. 196

M 3 Junge auf einer Kakaoplantage in Côte d'Ivoire

M 4 Kakaofrucht mit Kakaobohnen

T 3 Kinderarbeit
Armut ist die Hauptursache für Kinderarbeit. Um das Familieneinkommen zu sichern, müssen oft die eigenen Kinder der Kleinbauern mitarbeiten. Kinder werden aber auch von Plantagenbesitzern gezwungen für wenig Geld auf ihren Plantagen zu arbeiten. Die Arbeit ist anstrengend und gefährlich. Die Kinder erleiden oft Verletzungen, wenn sie mit scharfen Geräten wie einer Machete arbeiten. Der Einsatz von Chemikalien zur Schädlingsbekämpfung führt häufig zu Erkrankungen der Atemwege. Auch Rückenschmerzen aufgrund der schweren körperlichen Arbeit treten auf. Die Kinder arbeiten meist bis zu 12 Stunden am Tag und können daher nicht in die Schule. Sie lernen nicht lesen, schreiben oder rechnen. Damit fehlt Ihnen die notwendige Bildung, um später einen Beruf zu erlernen, der ihnen ein besseres Leben ermöglichen würde.

Der Faire Handel setzt sich für bessere Arbeitsbedingungen und eine gerechte Bezahlung z. B. von Kakaobauern in den Anbauländern ein. Die Preise und Arbeitsbedingungen werden von Fair-Trade-Organisationen wie zum Beispiel Fairtrade, GEPA oder UTZ festgelegt. Dabei haben die Organisationen unterschiedlich strenge Vorgaben.
Diese Kakaopreise sollen den Bauern ein gesichertes Einkommen ermöglichen. Dafür müssen die Schokoladen-Unternehmer und die Kunden bereit sein mehr für den Kakao oder die Schokolade zu bezahlen.
Um ein Siegel einer Fair-Trade-Organisation zu bekommen, müssen bestimmte Bedingungen erfüllt werden: So ist zum Beispiel Kinderarbeit verboten. Für die Umwelt besonders gefährliche Pflanzenschutzmittel dürfen nicht benutzt werden. Manche Fair-Trade-Organisationen unterstützen Projekte, wie den Bau von Schulen oder die Anschaffung von Geräten und Maschinen. Sie setzen sich auch für Verbesserungen im Gesundheitswesen ein.

M 5 Fairer Handel

4 In den Savannen – der Niederschlag macht den Unterschied

M1 Im Amboseli-Nationalpark in der Trockensavanne Kenias

Graslandschaften, so weit das Auge reicht, dazwischen einzelne
Bäume – das sind die Savannen. Hier ist es nicht feucht genug für
große Wälder, aber auch nicht so trocken, dass nichts wachsen kann.
Die größten und schnellsten Wildtiere leben in den Savannen.
Sie sind auch wichtige Lebens- und Wirtschaftsräume für ein Drittel
der Weltbevölkerung.

M 2 Bäuerin bearbeitet ein Maniokfeld in Malawi

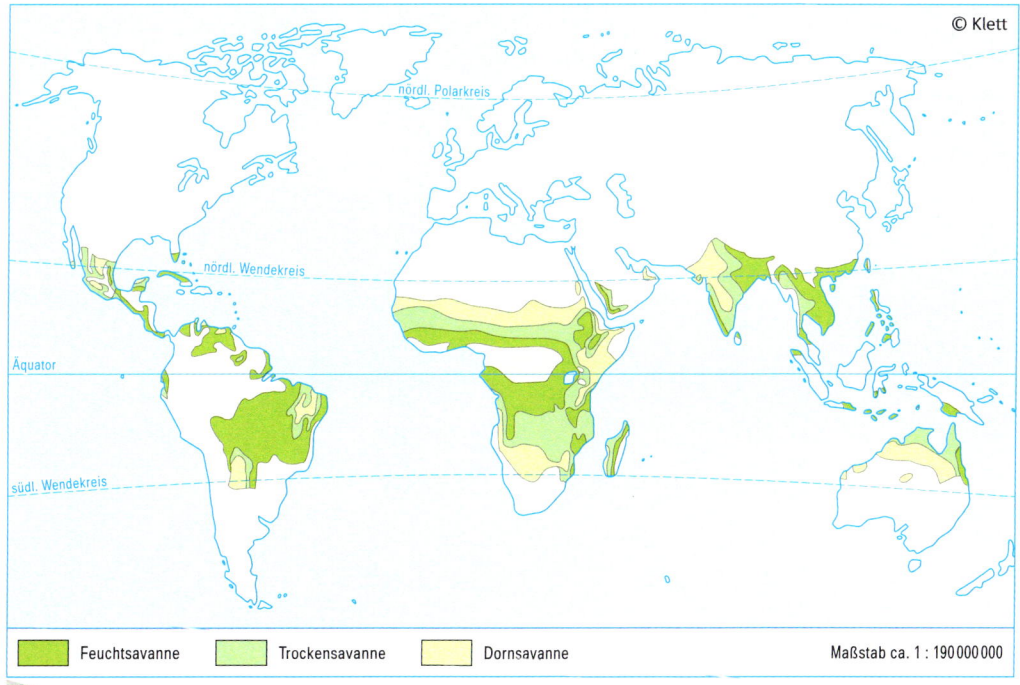

Feuchtsavanne   Trockensavanne   Dornsavanne   Maßstab ca. 1 : 190 000 000

M 3 Savannen in der Tropischen Zone

Die Bedeutung der Savannen als Lebensraum für seltene Tierarten erläutern

Tierparadies Savanne

Die Savannen Afrikas sind bedeutende Lebensräume für seltene Wildtiere. Auf einer Safari kannst du die Big Five hautnah erleben: Büffel, Elefant, Nashorn, Löwe und Leopard. Ein beeindruckendes Naturschauspiel sind die größten Tierwanderungen der Erde.

M 1

M 2 Wildtiere in der Savanne

Serengeti
30 000 km² große Savanne. „Serengeti" bedeutet in der Sprache der Massai „endlose Ebene".

Masai Mara
Naturschutzgebiet in der Serengeti im Südwesten von Kenia

SP Tipp

Lage beschreiben
→ Aufgabe 1b
- … befindet sich in …
- … liegt südlich des …
- liegt in den Ländern …

T1 In den Nationalparks

Ein Wasserloch in einem afrikanischen Nationalpark lockt viele Tiere an. Elefanten, Zebras, Gazellen, Strauße und andere imposante Tierarten stillen dort ihren Durst. Der Masai-Mara-Nationalpark liegt im Südwesten Kenias und ist das tierreichste Reservat in Afrika. Im benachbarten Tansania grenzt der Nationalpark an den berühmten Serengeti-Nationalpark. Zusammen bilden sie ein einmaliges Ökosystem. Bei einer Safari kann man dort die sogenannten Big Five in ihrem natürlichen Lebensraum bestaunen. Dies sind Löwen, Leoparden, Elefanten, Nashörner und Büffel.

Die Bezeichnung Big Five bedeutet nicht, dass es die größten Tiere im Reservat sind, sondern meint die Tiere, die früher am schwierigsten zu jagen waren. Beeindruckend sind die Tierwanderungen, die größten der Erde. Wenn im Juni das Futter im Süden der Serengeti zu karg wird, ziehen die Herden nordwärts in Richtung Masai-Mara-Reservat. Im Oktober wandern sie wieder zurück, stets verfolgt von Raubtieren wie z. B. Löwen, Hyänen und Leoparden. Von dieser Wanderschaft profitiert auch das Ökosystem. Der auf der Wanderung produzierte Dung ist ein natürlicher Dünger und lässt die Vegetation stärker gedeihen.

M 3 Die „Big Five" im Serengeti-Nationalpark

4 In den Savannen – der Niederschlag macht den Unterschied

M 4 Gnus überqueren den Fluss Mara

T2 Gnus auf Wanderschaft

1,3 Millionen Gnus, begleitet von 200 000 Zebras, bahnen sich ihren Weg durch die Savannenlandschaft. Sie folgen bei ihrer Nahrungssuche dem Regen und dem frischen Gras. Auf ihrer ca. 3 200 km langen Wanderschaft, auch Great Migration genannt, legen die Gnus nur einmal eine längere Pause ein: In der Regenzeit zwischen Dezember und Juni bringen sie nach einer Tragezeit von neun Monaten ihren Nachwuchs zur Welt, rund eine halbe Million Neugeborene auf einen Schlag. Das ist eine trickreiche Überlebensstrategie der Gnus, denn ganz frisch auf der Welt ist der Nachwuchs eine leichte Beute für Löwen und Geparden. Je mehr Nachkommen, desto höher die Chance, dass trotzdem viele überleben.

Ein besonderes Naturschauspiel ist die Überquerung des Flusses Mara. Im Wasser lauern Krokodile, von denen die Gnus unters Wasser gezogen werden. Wenn die Gnus das andere Ufer erreichen, finden sie üppige Weiden vor. Doch das Gras auf der anderen Uferseite hat einen großen Nachteil: Ihm fehlt es vor allem an Phosphor, dem Mineral, das die Weibchen dringend für die Milchbildung brauchen. Und so ziehen sie zur Regenzeit wieder zurück in den südlichen Teil der Serengeti. Durch die klimatischen Veränderungen überschreiten die Gnus auf ihrer Wanderschaft die Grenzen der Schutzgebiete. Hier leben traditionelle Jäger, die nicht nur für den Eigenbedarf jagen. Die organisierte Wilderei nimmt immer mehr zu.

A B 1
a) Nenne die Tiere, die du auf dem Foto M 2 erkennst.
b) **SP** Beschreibe die Lage der Nationalparks Masai Mara und Serengeti (M 1 und Atlas). Verwende die Sprachtipps in der Randspalte.

2
Beschreibe die große Wanderung der Tiere (T 1).

2
Bearbeite Aufgabe A 2. Erstelle eine Skizze der Wanderbewegung (T 1, M 1).

3
Nenne die Gefahren, die den Gnus auf ihrer Wanderung drohen (T 2, M 4).

3
Bearbeite Aufgabe A 3. Erläutere, wie die Gnus ihre Überlebenschancen sichern (T 2).

4 SP EXTRA
Wähle ein Tier der Big Five aus und erstelle einen Kurzbericht über dieses Tier.

AFB I: 1–3 II: 4   AFB I: 1 II: 2–4   → Lösungshilfen ab S. 196

Savanne ist nicht gleich Savanne

Die Savannen schließen sich nördlich und südlich an die Zone des Tropischen Regenwaldes an. Doch sie können ganz unterschiedlich aussehen. Warum ist das so?

M1 Affenbrotbaum (Baobab)

Savanne
Hauptmerkmal der Savanne sind ihre ausgedehnten Graslandschaften mit einzeln stehenden Büschen und Bäumen.

extensiv
räumlich ausgedehnt

T1 Savannentypen

Savannen sind Landschaften der Tropischen Zone zwischen Regenwald und Wüste. Sie sind geprägt vom Wechsel zwischen Regenzeit und Trockenzeit. Je weiter man sich vom Äquator entfernt, desto kürzer fällt dabei die Regenzeit aus und desto geringer sind die Niederschläge. Dadurch entstehen drei unterschiedliche Savannentypen, die sich durch Art und Wuchshöhe der Vegetation unterscheiden.

In der **Feuchtsavanne** fällt reichlich Niederschlag, den die Menschen gut für den Ackerbau nutzen können. In der **Trockensavanne** sind die Regenzeiten kürzer. Hier besteht die Gefahr von Dürreperioden. In der sich anschließenden **Dornsavanne** fallen noch weniger Niederschläge. Die dornigen Sträucher und kargen Grasflächen lassen dann nur noch extensive Weidewirtschaft zu.
Savannen gibt es auf der Nordhalbkugel und auf der Südhalbkugel und nicht nur in Afrika.

1
In den Savannen
a) Beschreibe das Aussehen der drei Savannentypen (T1, M2, M5, M8).
b) Nenne Staaten in Afrika, die Anteile an den Savannen haben (S. 26/27, Kartenanhang, Atlas).

2
Arbeite mit den Klimadiagrammen M4, M7, M10:
a) Vergleiche die Temperaturkurven und den Niederschlagsverlauf.
b) Erkläre, in welchem wesentlichen Punkt sich die drei Diagramme voneinander unterscheiden (T1).

2
Bearbeite Aufgabe A2. Wähle ein Klimadiagramm aus und werte es vollständig aus (Methodenschritte auf Seite 22/23).

3 SP
Beschreibe, wie sich die Vegetation an das Klima anpasst (M3, M6, M9). Beispiel: „In der Feuchtsavanne wachsen … mit großen … Das Gras ist …"

3
Erläutere die Auswirkungen des Klimas auf die Vegetation (M1–M10).

4 SP MB
Du machst eine Reise in eine der drei Savannen. Schreibe einen kurzen Reisebericht über deine Eindrücke von der Landschaft und den Pflanzen und Tieren. Nutze die Fotos M2, M5 und M8 und informiere dich auch im Internet.

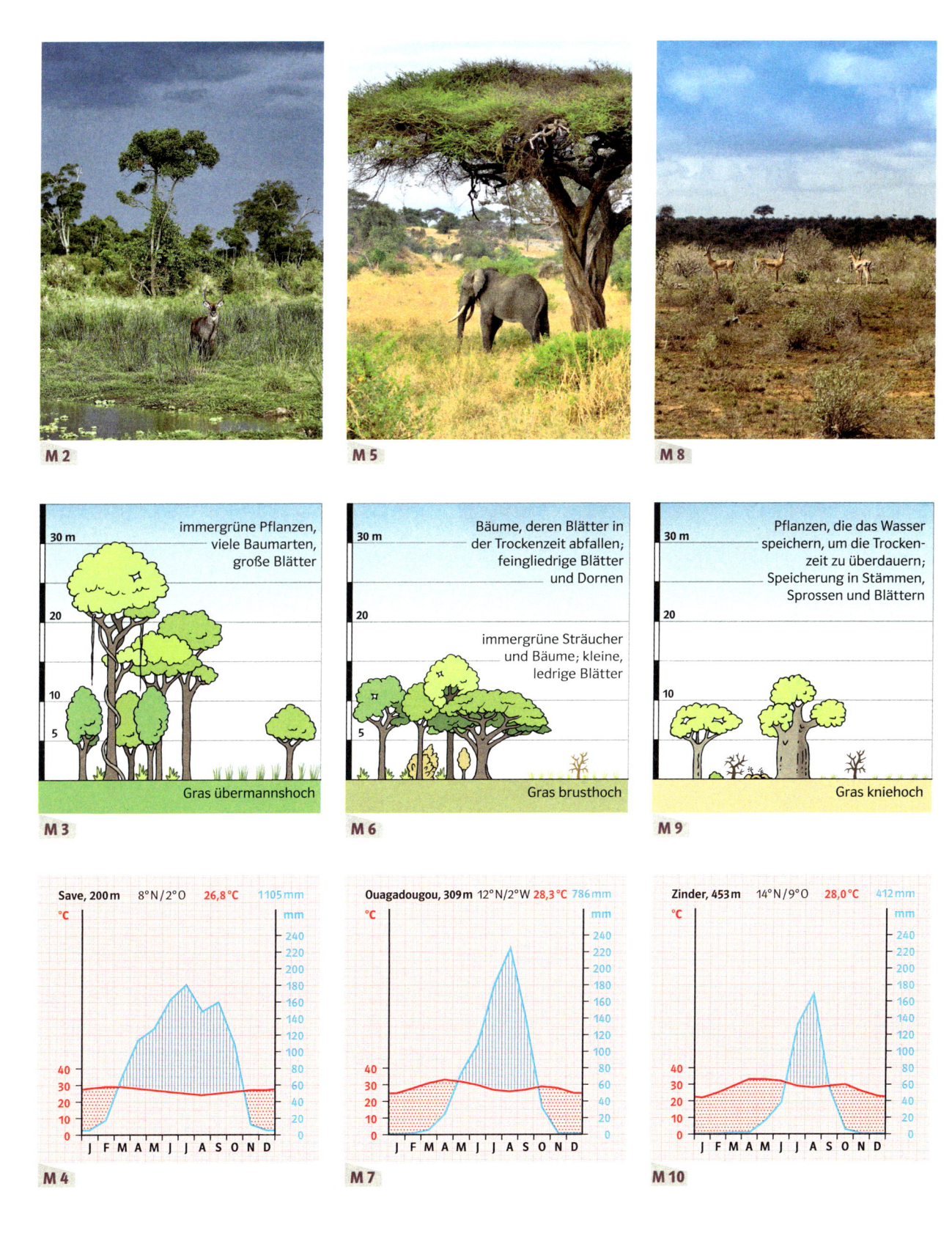

In den Savannen – der Niederschlag macht den Unterschied 4

M 2

M 5

M 8

M 3 immergrüne Pflanzen, viele Baumarten, große Blätter — Gras übermannshoch

M 6 Bäume, deren Blätter in der Trockenzeit abfallen; feingliedrige Blätter und Dornen; immergrüne Sträucher und Bäume; kleine, ledrige Blätter — Gras brusthoch

M 9 Pflanzen, die das Wasser speichern, um die Trockenzeit zu überdauern; Speicherung in Stämmen, Sprossen und Blättern — Gras kniehoch

M 4 Save, 200 m 8°N/2°O 26,8 °C 1105 mm

M 7 Ouagadougou, 309 m 12°N/2°W 28,3 °C 786 mm

M 10 Zinder, 453 m 14°N/9°O 28,0 °C 412 mm

AFB I: 1, 3 II: 2, 4   AFB I: 1 II: 2–4   → Lösungshilfen ab S. 196

> Folgen der Luftbewegung in den Tropen (Passatkreislauf) und die Windgürtel der Erde erklären

Winde wehen mit System

Auf der Erde beeinflussen hauptsächlich Winde das Wettergeschehen. Manche bringen Hitze und Trockenheit, andere Wolken und Niederschlag. Auch die Regen- und Trockenzeiten entstehen durch Winde, aber warum?

M1 Satellitenbild der Erde am 6. Juli 2014

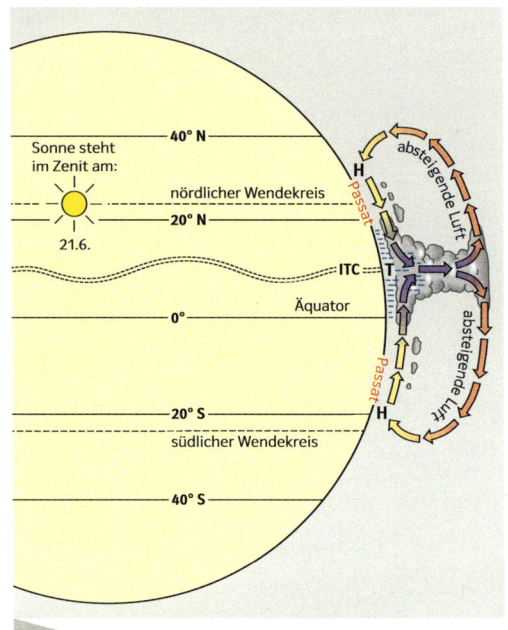

M2 Luftbewegungen in den Tropen im Juli

Zenit
Punkt senkrecht über dem Beobachter. Nur zwischen den Wendekreisen kann die Sonne im Zenit stehen.

T1 **Von Hochs und Tiefs**
Den Wechsel von Regenzeit und Trockenzeit gibt es nur in den Tropen. Wenn die Sonne am Äquator im Zenit steht und die Sonnenstrahlen senkrecht auf die Erdoberfläche auftreffen, ist es dort sehr heiß. Warme, feuchte Luft steigt auf. Mit zunehmender Höhe kühlt sie sich wieder ab. Der Wasserdampf in der feuchten Luft kondensiert und riesige Wolken bilden sich. Aus diesen fallen ergiebige Niederschläge – der sogenannte **Zenitalregen**.
Wo die Luft aufsteigt, entsteht in Bodennähe ein **Tiefdruckgebiet**, kurz Tief. In großer Höhe kann die Luft nur nach Norden oder Süden strömen. Sie kühlt ab und sinkt im Bereich der Wendekreise ab. Dort entsteht ein **Hochdruckgebiet**, kurz Hoch. Die absinkende Luft erwärmt sich. Sie kann wieder Wasser speichern. Die Wolken lösen sich auf und die Niederschläge bleiben aus. Von diesen Hochdruckgebieten wehen Bodenwinde, **Passate** genannt, zum Tiefdruckgebiet am Äquator. Weil sich die Erde dreht, werden die Winde abgelenkt. Sie kommen deshalb auf der Nordhalbkugel aus Nordosten (Nordost-Passat) und auf der Südhalbkugel aus Südosten (Südost-Passat). Der Bereich, in dem der Nordost- und der Südost-Passat zusammentreffen wird als **Innertropische Konvergenzzone (ITC)** bezeichnet. Die gesamte Zirkulation der Luftmassen nennt man **Passatkreislauf**.

T2 **Immer dem Stand der Sonne nach**
Mit dem „Wandern" des Zenitstandes der Sonne verschiebt sich das Tiefdruckgebiet und damit auch der Zenitalregen. Er ist verantwortlich für die Regenzeit. So gibt es in den Savannen auf der Nordhalbkugel im Juli und auf der Südhalbkugel im Dezember eine Regenzeit. In gleicher Weise verschieben sich die Hochdruckgebiete und somit die Bereiche mit trockener Luft. Dort herrscht dann Trockenzeit.

4 In den Savannen – der Niederschlag macht den Unterschied

V07 Erklärvideo Passatkreislauf

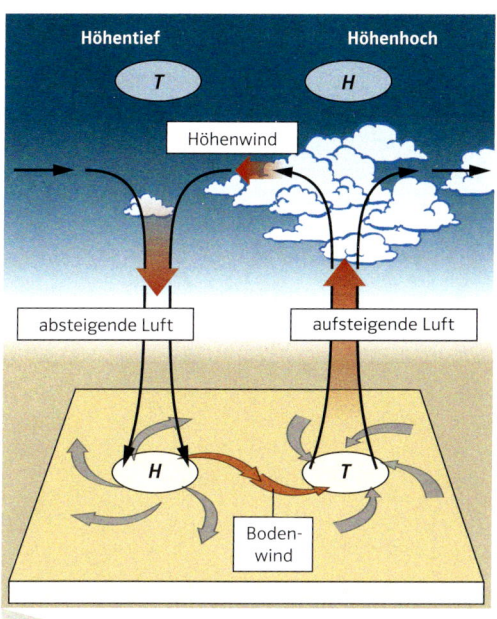

M 3 Entstehung von Hoch- und Tiefdruckgebieten

M 5 Windgürtel der Erde

Windgürtel der Erde

In den Tropen kommt es durch die intensive Sonneneinstrahlung zu einem Überschuss an Wärme. In den Polarregionen hingegen herrscht durch die geringe Sonneneinstrahlung ein Mangel an Wärme. Die hohen Temperaturunterschiede bewirken auch große Luftdruckunterschiede. Diese führen zu Ausgleichsbewegungen der Luft, den Winden. Ohne die Drehbewegung der Erde würden sich die Luftmassen direkt zwischen den Polargebieten und der Tropenzone austauschen. Doch die Winde werden durch die Drehung der Erde in ganz unterschiedliche Richtungen abgelenkt (siehe M 5), und es entstehen drei globale Windgürtel auf der Erde:

1. die polare Ostwindzone zwischen dem 90. und dem 70. Breitenkreis der jeweiligen Halbkugel,
2. die **Westwindzone** zwischen dem 30. und dem 70. Breitenkreis der jeweiligen Halbkugel,
3. die Passatzone zwischen 30° Süd und 30° Nord.

Die Windgürtel verschieben sich im Laufe eines Jahres mit dem Zenitstand der Sonne.

Was sind Jetstreams?

Der größte Teil der Luftmassen bewegt sich in den oberen Schichten der Troposphäre mit Geschwindigkeiten von bis zu 500 km/h in west-östlicher Richtung. Diese kräftigen Höhenwinde werden als Jetstreams bezeichnet.

M 4

1
a) Beschreibe das Satellitenbild M 1. Achte auf die Verteilung der Wolken.
b) Vermute, wie diese Wolken entstehen.

2
Beschreibe die Luftbewegungen in den Tropen (M 2) mithilfe von T 1 und M 3. Nutze folgende Begriffe: Luft, Äquator, aufsteigen, absteigen, Wolken, Wendekreis, Hochdruckgebiet, Tiefdruckgebiet, Wind, Passat, Passatkreislauf.

2
Erläutere den Passatkreislauf (T 1, M 2, M 3, Erklärvideo V 07).

3
Im Dezember befindet sich das Wolkenband aus M 1 südlich des Äquators. Begründe mithilfe von T 2.

3
Erläutere die Ursachen für den Wechsel von Regen- und Trockenzeiten in Afrika (T 2, M 2, M 3).

4
a) Beschreibe die Lage der Windgürtel (M 4, M 5).
b) Von welchem Windgürtel wird unser Wetter beeinflusst?

AFB I: 1, 2, 4 II: 3   AFB I: 1, 4 II: 2, 3   → Lösungshilfen ab S. 196

Den Prozess der Desertifikation beschreiben

Im Sahel wächst die Wüste

Gruppenpuzzle

A Niederschlag
Seite 68

B Tiere
Seite 69

C Holzverbrauch
Seite 70

D Ackerbau
Seite 71

Sahel – das bedeutete für die Karawanen das rettende „Ufer". Wer die lebensfeindliche Sahara durchquert hatte, fand nun wieder Wasser und Weiden vor. Warum sich die Wüste ausbreitet, werdet ihr mit einem Gruppenpuzzle herausfinden.

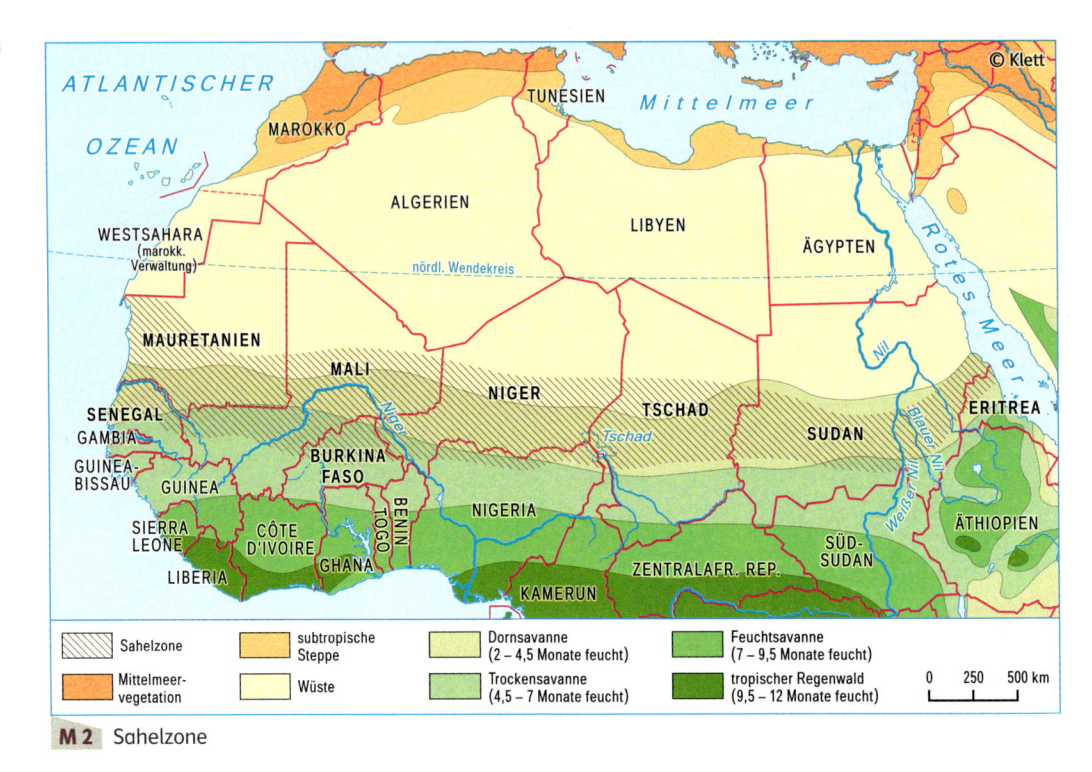

Sahel
arabisch: Ufer

Karawane
eine Gruppe von Reisenden durch die Wüste

desert
englisch: Wüste

M 2 Sahelzone

← Gruppenpuzzle
Seite 46/47

→ Ein Wirkungsgefüge erstellen
Seite 72/73

T1 Leben in der Sahelzone

Südlich der Sahara liegt die Sahelzone. Weil die Trockenzeit dort bis zu zehn Monate dauert, gibt es hauptsächlich Dornsavannen. Regenfeldbau, bei dem die Pflanzen nur mit Niederschlägen auskommen müssen, ist nur schwer möglich. Die Menschen können hier nur überleben, wenn sich ihre Wirtschaftsweise der Natur anpasst und sie diese nachhaltig nutzen.

T2 Die Wüste wächst

In den letzten Jahrzehnten ist die Wüste Sahara allein an ihrer 5 000 km langen Südgrenze etwa 200 km weit nach Süden vorgedrungen und hat große Teile der Dornsavanne verdrängt. Rund eine Million Quadratkilometer Weide- und Ackerland konnten nicht mehr landwirtschaftlich genutzt werden. Hunger in der Bevölkerung war die Folge. Dieser vom Menschen gemachte Prozess der Wüstenausbreitung wird als **Desertifikation** bezeichnet.

Aber wie konnte es zu der Wüstenausbreitung in der Sahelzone kommen? Und welche Folgen hat dieser Prozess?

Diese Fragen werdet ihr anhand der Materialien der nächsten Seiten beantworten. In einem Gruppenpuzzle erarbeitet ihr euch das nötige Wissen, um anschließend gemeinsam ein Wirkungsgefüge zu den Ursachen und Folgen der Desertifikation zu erstellen.

M 1 Viehherde an einer der wenigen Wasserstellen im Sahel

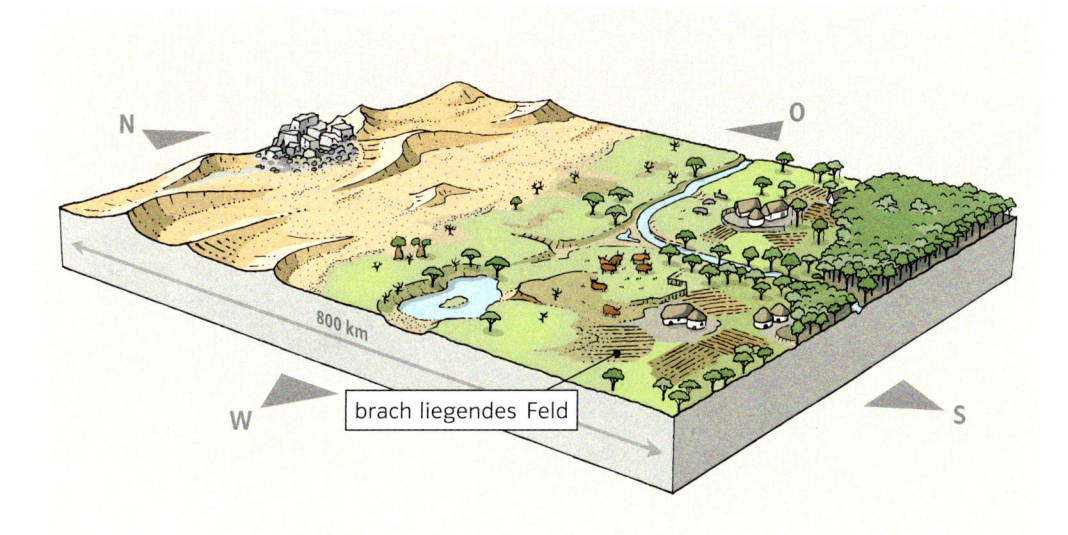

In den Savannen – der Niederschlag macht den Unterschied 4

M 3 Vor der Wüstenausbreitung

(Beschriftung: brach liegendes Feld)

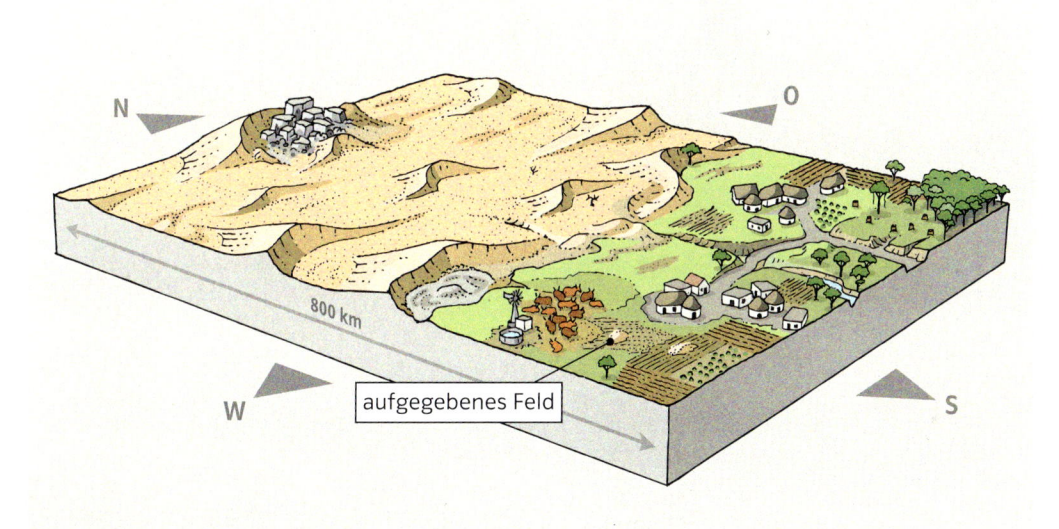

M 4 Nach der Wüstenausbreitung

(Beschriftung: aufgegebenes Feld)

SP Tipp

Etwas vergleichen
→ Aufgabe 1c

- Im Gegensatz zu …
- Anders als …
- Im Unterschied zu …
- … ist vergleichbar mit …

1
Schritt 1: Stammgruppe
a) Beschreibt die Sahelzone und deren Lage (T1, M 2).
b) Nennt sechs Staaten, die in der Sahelzone liegen (M 2).
c) **SP** Vergleicht die beiden Blockbilder M 3 und M 4 und beschreibt die Veränderungen.
d) Erklärt den Begriff Desertifikation.
e) Die Ursachen für die Desertifikation sind vielfältig. Entscheidet, wer Experte für die Ursachen A – D sein möchte.

2
Schritt 2: Expertengruppe
a) Bearbeitet in der Expertengruppe die jeweilige Ursache. Löst dazu die Aufgaben der Themenseiten A – D auf den Seiten 68 – 71 des Schulbuches.
b) Notiert Stichpunkte zur späteren Präsentation eures Wissens in der Stammgruppe.

3
Schritt 3: Stammgruppe
a) Tragt euren Mitschülerinnen und Mitschülern der Stammgruppe die Ergebnisse vor, die ihr in der Expertengruppe erarbeitet habt. Diskutiert sie.
b) Erstellt gemeinsam ein Wirkungsgefüge, wie auf den Seiten 72 – 73 beschrieben.

AFB I: 1a II: 1b–e, 2, 3 → Lösungshilfen ab S. 196

Ursachen und Auswirkungen der Desertifikation im Sahel beschreiben

Gruppenpuzzle

A Niederschlag
Seite 68

B Tiere
Seite 69

C Holzverbrauch
Seite 70

D Ackerbau
Seite 71

A Zu wenig Niederschlag?

Die Trockenheit dauert im Niger wie in der gesamten Sahelzone fast das ganze Jahr. Sie wird von einer kurzen Regenzeit unterbrochen. Die Regenmenge ist jedoch von Ort zu Ort und von Jahr zu Jahr unterschiedlich. Durch den anthropogenen, also den vom Menschen verursachten Klimawandel nehmen die Niederschlagsschwankungen zu. Welche Auswirkungen hat das für Mensch und Tier?

1 Schritt 2: Expertengruppe
a) Beschreibt die Niederschlagsmengen und -schwankungen im Sahel (M 2 und M 3).
b) SP Nennt Ursachen für die zunehmende Wasserknappheit und erläutert die damit einhergehenden Auswirkungen.

2 Schritt 3: Stammgruppe
Stellt der Stammgruppe eure Ergebnisse vor.

M 1 Feldarbeit während der Regenzeit (A) und zur Trockenzeit (B)

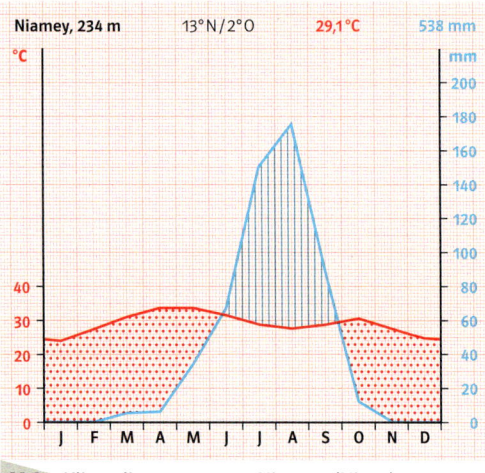

M 3 Klimadiagramm von Niamey (Niger)

Pflanzenwachstum und Boden

Durch die hohen Temperaturen verdunstet ein Teil des Niederschlags, bevor ihn die Pflanzen aufnehmen können. So wächst nur eine spärliche Vegetation. Gehen die Niederschläge in Dürrejahren zurück, nimmt die Pflanzenbedeckung ab.

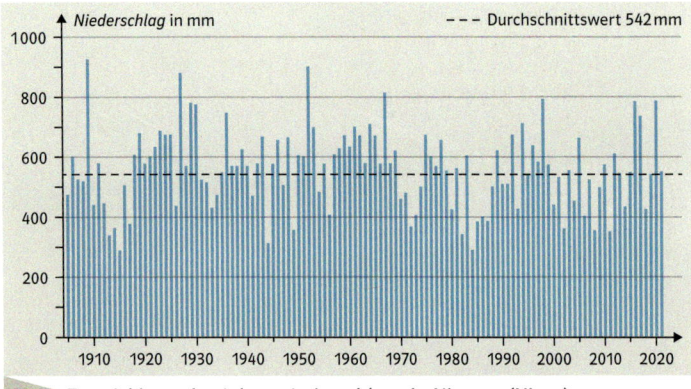

Wegen der kräftigen Niederschläge in der kurzen Regenzeit fließt das meiste Wasser an der Oberfläche ab. Dadurch wird fruchtbarer Ackerboden weggespült. Das nennt man Erosion. Grundwasser kann sich kaum bilden und die Brunnen versiegen. Während der Trockenheit kann der Boden auch durch den Wind abgetragen werden. Viele Felder werden mit Sand und Staub überdeckt und sind damit nicht mehr nutzbar.

Aufgrund der geringen und auch unterschiedlichen Niederschlagsmengen kommt es im Sahel oft zu längeren Dürreperioden. Durch den anthropogenen Klimawandel können die **Dürren** künftig noch heftiger ausfallen.

M 2 Entwicklung des Jahresniederschlags in Niamey (Niger)

AFB I: 1 II: 2

4 In den Savannen – der Niederschlag macht den Unterschied

B Zu viele Tiere?

In der Antike war die Sahelzone eine tierreiche Region. Elefanten, Löwen, Geparden, Gazellen und Strauße waren häufig anzutreffen. Der inzwischen geringen Anzahl an frei lebenden Tieren steht heute eine viel größere Zahl an Nutztieren gegenüber. Wie ist dieser Wandel zu erklären und welche Folgen hat er für die Sahelzone?

1 Schritt 2: Expertengruppe
a) Beschreibt anhand von M1 die Entwicklung der Bevölkerung und der Tierbestände in den Sahelstaaten.
b) **SP** Nennt die Ursachen für die Veränderung der Viehbestände und erläutert die damit einhergehenden Auswirkungen.

2 Schritt 3: Stammgruppe
Stellt der Stammgruppe eure Ergebnisse vor.

Staat	Bevölkerung in 1000		Schafe/Ziegen in 1000	
	1970	2020	1970	2020
Burkina Faso	5 449	21 523	412	2 726
Mali	5 484	21 224	1 125	4 795
Mauretanien	826	4 499	750	1 867
Niger	4 154	24 333	1 265	3 249

Nach (FAO): Crops an livestock/annual popolation 2020

M 1 Bevölkerung und Tierbestand im Sahel

M 2 Weidewirtschaft im Sahel

Ausgangssituation
Bis vor wenigen Jahren lebten die meisten Menschen der Region am Südrand der Sahara als Nomaden. Sie waren nicht sesshaft und wechselten mit ihren Kamel-, Rinder- und Ziegenherden regelmäßig die Weideplätze. Mit dem Beginn der Trockenzeit zogen sie in den feuchteren Süden. Das Vieh war die Lebensgrundlage der Nomaden.

Die Herden werden größer …
Aufgrund der starken Bevölkerungszunahme im Sahel wächst auch die Zahl und Größe der Herden. Hinzu kommt, dass die Nomaden für Hirse und andere lebensnotwendige Dinge Geld benötigen, das sie hauptsächlich durch den Verkauf von Vieh verdienen. Die Preise dafür schwanken stark. Um in den Dürrezeiten zu überleben, sind die Nomaden gezwungen, ihre Herden zu vergrößern.

… und die Vegetation leidet
Ein zu hoher Viehbestand führt zur **Überweidung**. Viele Tiere fressen alles Essbare ab. Die spärliche Vegetation hat kaum Zeit zum Nachwachsen.

Vor allem Ziegen reißen beim Fressen oft ganze Grasbüschel mitsamt den Wurzeln aus. Ziegen klettern auch auf Bäume. Es dauert also nicht lange, bis die Tiere die Weide kahl fressen und die Weideflächen das Aussehen einer Wüste annehmen.

M 3 Ziegen haben Bäume zum Fressen gern

Nomaden
Menschen, die mit ihren Familien und Tieren von Ort zu Ort ziehen

SP Tipp

Auswirkungen erläutern
→ Aufgabe 1b
- hat seine Ursache in …
- … führt zu …
- hat zur Folge, dass …

→ Lösungshilfen ab S. 196

Ursachen und Auswirkungen der Desertifikation im Sahel beschreiben

Gruppenpuzzle

A Niederschlag
Seite 68

B Tiere
Seite 69

**C Holzverbrauch
Seite 70**

D Ackerbau
Seite 71

C Zu hoher Holzverbrauch?

Überall auf den Straßen und Pisten im Sahel werden Holz und Holzkohle transportiert. Zu allen Tages- und Nachtzeiten erreichen die Händler mit Eseln, Kamelen, Karren und Lastkraftwagen die Städte. Der Holzverbrauch ist enorm. Die Folgen für die Umwelt sind verheerend.

1 Schritt 2: Expertengruppe
a) Beschreibt die vielfältigen Verwendungsmöglichkeiten von Holz durch die Menschen im Sahel.
b) SP Nennt die Ursachen für den hohen Holzverbrauch und erläutert die damit einhergehenden Auswirkungen.

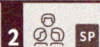

2 SP Schritt 3: Stammgruppe
Stellt der Stammgruppe eure Ergebnisse vor.

M1 Holztransport im Sahel

M2 Brennholzhacken im Sahel

SP Tipp

Auswirkungen erläutern
→ Aufgabe 1b
- hat seine Ursache in …
- … führt zu …
- hat zur Folge, dass …

Holz sichert das Überleben

Das meiste Holz und die Holzkohle werden als Brennmaterial benötigt. Immerhin nutzen noch rund 98 Prozent der ländlichen und 90 Prozent der städtischen Bevölkerung Holz als Energiequelle. Täglich verbraucht jeder Bewohner im Sahel zwischen 1,1 und 2,5 Kilogramm Holz. Aber man braucht es auch als Baumaterial für Hütten, Dächer, Türen und Fensterrahmen, zum Bau von Viehtränken und für die künstlerische Bearbeitung. Mit wachsender Bevölkerung steigt somit auch der Holzbedarf.

Für viele Menschen im Sahel ist der Verkauf von Holz und Holzkohle auf dem Markt eine wichtige oder sogar die einzige Einnahmequelle.

In Dürrejahren wird noch mehr Holz für den Verkauf benötigt, da die Preise für die Grundnahrungsmittel und Gebrauchsgüter steigen. Durch die Vergrößerung der Tierbestände reicht das Weideland als Holzquelle oft nicht aus. Besonders Ziegen fressen die Blätter der Bäume ab, die dann oft nicht weiterwachsen oder absterben. Vor allem um die Siedlungen der Menschen kommt es häufig zum Kahlschlag. Wenn stets mehr Vegetation durch Abholzung verloren geht als nachwachsen kann, trägt das entscheidend zur Wüstenausbreitung bei. Hinzu kommt, dass der Boden aufgrund der fehlenden Pflanzendecke der Einwirkung von Regen und Wind schutzlos ausgeliefert ist. So wird der Boden schnell abgetragen. Man nennt das **Erosion**.

AFB I: 1 II: 2

4 In den Savannen – der Niederschlag macht den Unterschied

D Zu viel Ackerbau?

Die Bevölkerung im Sahel nimmt jährlich um etwa drei Prozent zu. Mit dem Wachstum der Bevölkerung wird die Nahrungsmittelversorgung zwangsläufig immer schwieriger. Die intensive Bewirtschaftung bleibt jedoch nicht ohne Folgen für die Sahelzone.

1 **Schritt 2: Expertengruppe**
a) Beschreibt anhand von Tabelle M 2 die Entwicklung der Bevölkerung sowie der Anbauflächen im Staat Niger seit 1990.
b) **SP** Nennt die Ursachen für die Ausweitung des Ackerbaus und erläutert die damit einhergehenden Auswirkungen.

2 **Schritt 3: Stammgruppe**
Stellt der Stammgruppe eure Ergebnisse vor.

M 1 Ackerbau in der Sahelzone

Niger	Bevölkerung in 1 000	Ackerland in 1 000 ha	Ackerland in ha/Einwohner
1990	8 027	11 047	1,38
2000	11 332	14 000	1,24
2010	16 464	15 200	0,92
2020	24 333	17 700	0,73

Nach United Nations: World Population Prospects 2020 und Food and Agriculture Organization of the United Nations (FAO): Land Use 2020

M 2 Entwicklung von Bevölkerung und Ackerbau im Staat Niger

Mehr Menschen – mehr Nahrung

Um die Versorgung der wachsenden Bevölkerung im Sahel zu ermöglichen, müssen die Felder im Laufe der Zeit immer intensiver genutzt werden. Auch die zur Erholung der Böden notwendigen Brachezeiten können kaum eingehalten werden. Schon nach wenigen Jahren gehen die Erträge zurück, weil die Nährstoffe im Boden verbraucht sind. Als Folge dieser Übernutzung können viele Flächen inzwischen nicht mehr bewirtschaftet werden.
Die Bauern müssen sich neue Flächen suchen. Sie dringen in Gebiete ein, die aufgrund der zu geringen und unregelmäßigen Niederschläge für eine landwirtschaftliche Nutzung kaum geeignet sind. Dadurch verringert sich wiederum die Weidefläche für die vergrößerten Tierherden.

Künstliche Bewässerung schien der Ausweg aus der problematischen Situation zu sein. Aber diese führt wiederum zum Rückgang lebenswichtiger Wasserreserven. Die Brunnen versiegen schnell und der Grundwasserspiegel sinkt. Die Böden trocknen aus und werden zur Wüste.

Anbau von Exportgütern

In den letzten Jahren hat auch im Sahel der Anbau von Produkten für den Export deutlich zugenommen, beispielweise von Baumwolle und Erdnüssen. Schließlich bringt ihr Verkauf im Ausland wesentlich mehr Geld ein. Auch in diesen Anbaugebieten breitet sich die Wüste aus. Die Desertifikation schreitet voran.

SP Tipp

Auswirkungen erläutern
→ Aufgabe 1b
- hat seine Ursache in …
- … führt zu …
- hat zur Folge, dass …

→ Lösungshilfen ab S. 196

Methode

Ein Wirkungsgefüge erstellen

Ein Wirkungsgefüge erstellen

Zusammenhänge zwischen Ursachen und Auswirkungen sind häufig nicht einfach darzustellen. Hier hilft ein Wirkungsgefüge, das die Zusammenhänge veranschaulicht.

M 1

1. Schritt: Das Thema benennen
Notiere das Thema auf einer Karteikarte, z.B. „Desertifikation – Ursachen und Folgen"

2. Schritt: Materialien auswerten und Stichworte zusammenstellen
Sammelt Stichworte aus den vorgegebenen Materialien und übertragt die Stichworte in großer Schrift auf die Karteikarten. Fertigt auch Karteikarten an, auf denen Begriffe wie Ursachen und Folgen stehen. Verwendet dazu unterschiedliche Farben.

3. Schritt: Karteikarten ordnen
Legt zunächst alle Karten auf einen Stapel, die Informationen zu den Ursachen geben. Auf den anderen Stapel kommen die Karten mit den Folgen.

Jetzt könnt ihr die Karteikarten mit den Ursachen und den Folgen auf einem Tisch oder an einer Pinnwand in einer sinnvollen Reihenfolge um dein Thema herum anordnen. Verbindet die Karten zum Schluss mit Pfeilen.

4. Schritt: Ergebnis präsentieren
Präsentiert euer Wirkungsgefüge den Mitschülerinnen und Mitschülern. Erläutert dazu mit eigenen Worten die Zusammenhänge von Ursachen und Folgen, die ihr im Wirkungsgefüge dargestellt habt.
Nehmt gegebenenfalls Verbesserungen an dem Wirkungsgefüge vor.

Tipp

Nutze unterschiedliche Farben.

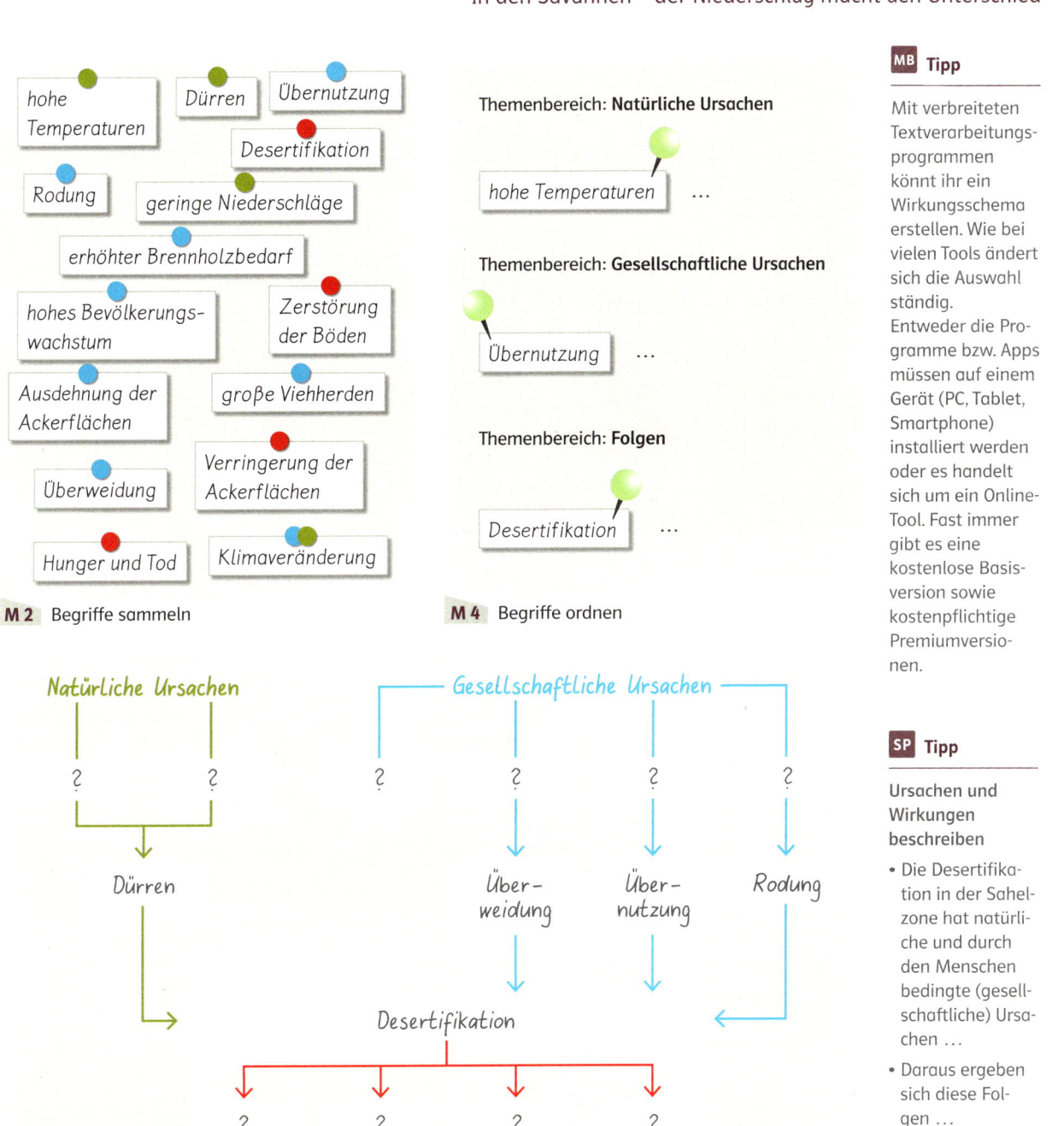

4 In den Savannen – der Niederschlag macht den Unterschied

M 2 Begriffe sammeln

- hohe Temperaturen
- Dürren
- Übernutzung
- Desertifikation
- Rodung
- geringe Niederschläge
- erhöhter Brennholzbedarf
- hohes Bevölkerungswachstum
- Zerstörung der Böden
- Ausdehnung der Ackerflächen
- große Viehherden
- Überweidung
- Verringerung der Ackerflächen
- Hunger und Tod
- Klimaveränderung

M 4 Begriffe ordnen

- Themenbereich: **Natürliche Ursachen** — hohe Temperaturen …
- Themenbereich: **Gesellschaftliche Ursachen** — Übernutzung …
- Themenbereich: **Folgen** — Desertifikation …

M 3 Begriffe anordnen und Zusammenhänge darstellen

Natürliche Ursachen: ? ? → Dürren
Gesellschaftliche Ursachen: ? ? ? ? → Überweidung, Übernutzung, Rodung
→ Desertifikation → ? ? ? ?

MB Tipp

Mit verbreiteten Textverarbeitungsprogrammen könnt ihr ein Wirkungsschema erstellen. Wie bei vielen Tools ändert sich die Auswahl ständig. Entweder die Programme bzw. Apps müssen auf einem Gerät (PC, Tablet, Smartphone) installiert werden oder es handelt sich um ein Online-Tool. Fast immer gibt es eine kostenlose Basisversion sowie kostenpflichtige Premiumversionen.

SP Tipp

Ursachen und Wirkungen beschreiben
- Die Desertifikation in der Sahelzone hat natürliche und durch den Menschen bedingte (gesellschaftliche) Ursachen …
- Daraus ergeben sich diese Folgen …

1 **Schritt 4: Stammgruppe**

Erstellt in den Stammgruppen ein Wirkungsgefüge zu den Ursachen und Folgen der Desertifikation in der Sahelzone. Nutzt dazu die Ergebnisse aus den vier Expertengruppen (Seite 66–69).
a) Bearbeitet die methodischen Schritte 1–3.
b) Präsentiert das Wirkungsgefüge in der Klasse (Schritt 4). Nutzt dazu die Sprachtipps.
c) Diskutiert die Wirkungsgefüge in der Klasse.

AFB I: II: 1a, 1b III: 1c → Lösungshilfen ab S. 196

> Verschiedene Maßnahmen zur Bekämpfung der Wüstenausbreitung beschreiben

Der Wüstenbildung entgegenwirken

Auf dem afrikanischen Kontinent sind 65 Prozent der Ackerböden so sehr zerstört, dass der Anbau von Nutzpflanzen schwer oder gar nicht mehr möglich ist.
Doch mit klugen Ideen und wirksamen Mitteln kann dem entgegengewirkt werden.

Mit Steinwällen gegen die Wüste

Dem Bau von Steinwällen hat es Emile Bineye zu verdanken, dass er auf seinen Feldern wieder Hirse ernten kann. Da der Transport der Steine und die Errichtung der Wälle nur in Gemeinschaftsarbeit zu realisieren sind, haben sich Dorfgemeinschaften zusammengeschlossen. Internationale Hilfsorganisationen haben geholfen. Ihr Tipp: In die bereits vorhandenen Erosionsrinnen sollten mit Kieselsteinen gefüllte Drahtkörbe gestellt werden. Hier sammeln sich nach den Regenfällen die ausgewaschenen Bodenbestandteile. Darauf können die Bauern jetzt Futterpflanzen anbauen. Da Emile und seine Nachbarn den Draht häufig nicht bezahlen können, helfen sie sich mit kleinen Steinbarrieren in den Wasserrinnen. Durch die Steinwälle konnte Emiles Dorf das Wasserproblem lösen. Da der Grundwasserspiegel gestiegen ist, können alle ganzjährig Wasser dem Brunnen entnehmen. Sie müssen aber sparsam damit umgehen.

Alternativ können kleine Hecken oder Grünstreifen quer zum Hang oder zum Wind angelegt werden. Die Bauern müssen darauf achten, dass sie Pflanzen wählen, die vom Vieh nicht gefressen werden. Obwohl die Methode schnellen Erfolg verspricht, ist Saatgut für viele Bauern hier zu teuer.

M 1 Mit Steinwällen …

Burkina Faso: Mit Zaï gegen die Wüste

Ein Erfolg versprechender Ansatz für bereits völlig vegetationslose und verkrustete Böden ist die Zaï-Methode. Sie wurde von Bauern in Burkina Faso entwickelt und gelangte von dort in die Nachbarländer. Das Zaï ist ein Loch im Boden mit einem Durchmesser von etwa 30 Zentimeter und einer Tiefe von 20 Zentimeter. Die Zaï werden versetzt in Reihen gegraben. An Hängen wird der Aushub auf der talwärts gerichteten Seite aufgehäuft. Auf den Boden der Vertiefung legen die Bauern etwas Mist oder Kompost und füllen sie mit dem Aushub auf. Sobald es regnet, werden die Zaï mit Hirse bepflanzt. Obwohl Anlage von Zaï im harten Boden sehr anstrengend und arbeitsintensiv ist, ist sie sehr erfolgreich, weil Kompost und kostbares Wasser gezielt an die Pflanzen gebracht werden.

M 2 Mit Zaï …

In den Savannen – der Niederschlag macht den Unterschied 4

Aufforstungsprojekt im Sahel

Viele Böden in Niger sind mittlerweile so stark geschädigt, dass Gräser oder Bäume kaum noch wachsen können. Meist handelt es sich um Weiden mit einer dornigen Strauchschicht, auf denen die Grasnarbe verschwunden ist. Hier setzt das Aufforstungsprogramm an: Zunächst werden die Böden mit Pflügen gelockert und kleine Erdwälle in Form von Halbmonden als Schutz vor Winderosion angelegt. Zu jeder Form gehört ein 30 cm tiefer Graben, um das Regenwasser zurückzuhalten. Damit kann sich die Grasschicht wieder entwickeln. In der Mitte jeder Form werden die Bäume gepflanzt. Die neu entstandene Baumschicht fördert dann das Einsickern von Regenwasser und dient zugleich als Windschutz für die Getreidefelder. Die lokale Bevölkerung entscheidet, welche Flächen wieder hergestellt werden und welche heimischen Baumarten gepflanzt werden.

M 3 Mit Aufforstung …

Heizen mit Biogas in Tansania

In Tansania wird der Energiebedarf für das Kochen vorwiegend durch Feuerholz und Holzkohle gedeckt. Die meisten Familien kochen an offenen Feuerstellen. Dafür wird nicht nur die spärliche Vegetation abgeholzt, sondern auch Holzkohle verbrannt, was zu einer gesundheits- und klimaschädlichen Rauchentwicklung (CO_2) führt. Die massive Abholzung hat auch Auswirkungen auf die Bodenqualität: Das ohnehin knappe Regenwasser fließt ungenutzt ab, weil die Böden es nicht aufnehmen können. Kleine Biogasanlagen und die Herstellung von energiesparenden Lehmöfen sollen das ändern. Mit dem Gas, das aus Kuhdung gewonnen wird, lässt sich schneller kochen. Dabei entsteht weniger Rauch, was besser für die Gesundheit der Menschen und für das Klima ist. Gleichzeitig müssen Bauern kein Holz mehr sammeln, kaufen oder schlagen, was die Abholzung bremst.

M 4 Mit Biogasanlagen …

1
a) Beschreibe das Foto in M 1.
b) „Mit Steinwällen gegen die Wüste." Erkläre, was damit gemeint ist.

2
Beschreibe die Zaï-Methode der Bauern in Burkina Faso (M 2).

2
Bearbeite Aufgabe A 2 und erstelle eine Skizze dazu.

3
Erkläre, wie das in M 3 dargestellte Aufforstungsprojekt im Sahel funktioniert.

3
Stelle dar, inwiefern das Projekt in M 3 als nachhaltig bezeichnet werden kann.

4
a) Beschreibe den Teufelskreis der Umweltzerstörung durch Feuerholz und Holzkohle (M 4).
b) Erkläre die Vorteile von Biogasanlagen für Natur und Mensch (M 4).

5 EXTRA
„Einfache Ideen – große Wirkung." Begründe die Aussage mithilfe von M 1 bis M 4.

Orientierung

Sich in Afrika orientieren

Afrika

Afrika ist der zweitgrößte und staatenreichste Kontinent und wird von über einer Milliarde Menschen bewohnt. Dort befinden sich die größte Wüste und der längste Fluss der Erde. Kennst du dich in Afrika aus?

M 1 Regenwald

M 3 Sandwüste

M 2 Kapstadt

M 4 Savanne

T1 Ein vielfältiger Kontinent

Afrika ist ein vielfältiger Kontinent. Seine Oberflächengestalt wird durch weiträumige, flache Becken und durch unterschiedlich hohe Schwellen geprägt. Becken nennt man schüsselartige Absenkungen der Erdkruste wie das riesige Kongobecken und das Tschadbecken.

Schwellen sind schwache Aufwölbungen der Erdoberfläche. Beispiele sind die Mittelsaharische Schwelle und die Zentralafrikaschwelle. Die Länder südlich der Sahara werden auch als Subsahara-Afrika bezeichnet. Sein östlicher Teil gilt als Wiege der Menschheit. Von hier aus soll sich der Mensch über die Erde verbreitet haben.

Subsahara-Afrika
bedeutet Afrika südlich der Sahara. Die Vereinten Nationen (UN) zählen alle Länder, die ganz oder teilweise südlich der Sahara liegen, zu diesem Gebiet.

1 MB
Arbeite mit der Karte M 5 und dem Kartenanhang oder dem Atlas. Benenne:
a) die Gebirge A und B sowie den Berg 1,
b) die Ozeane und Meere A – D,
c) die Flüsse und Seen a – g,
d) die Inseln a, b und das Kap 2.

2
Afrika besteht aus 50 Staaten. Benenne jeweils drei Staaten mit ihren Hauptstädten:
a) die am Mittelmeer liegen,
b) die am Äquator liegen,
c) die im Süden Afrikas liegen,
d) die vom Nil durchflossen werden,
e) die zu den Savannen gehören.

3 SP
Arbeite mit den Fotos M 1 – M 4:
a) Ordne die Namen der Staaten den Fotos zu: Marokko, Südafrika, Kenia und Kamerun.
b) Beschreibe die Lage der Staaten innerhalb Afrikas.

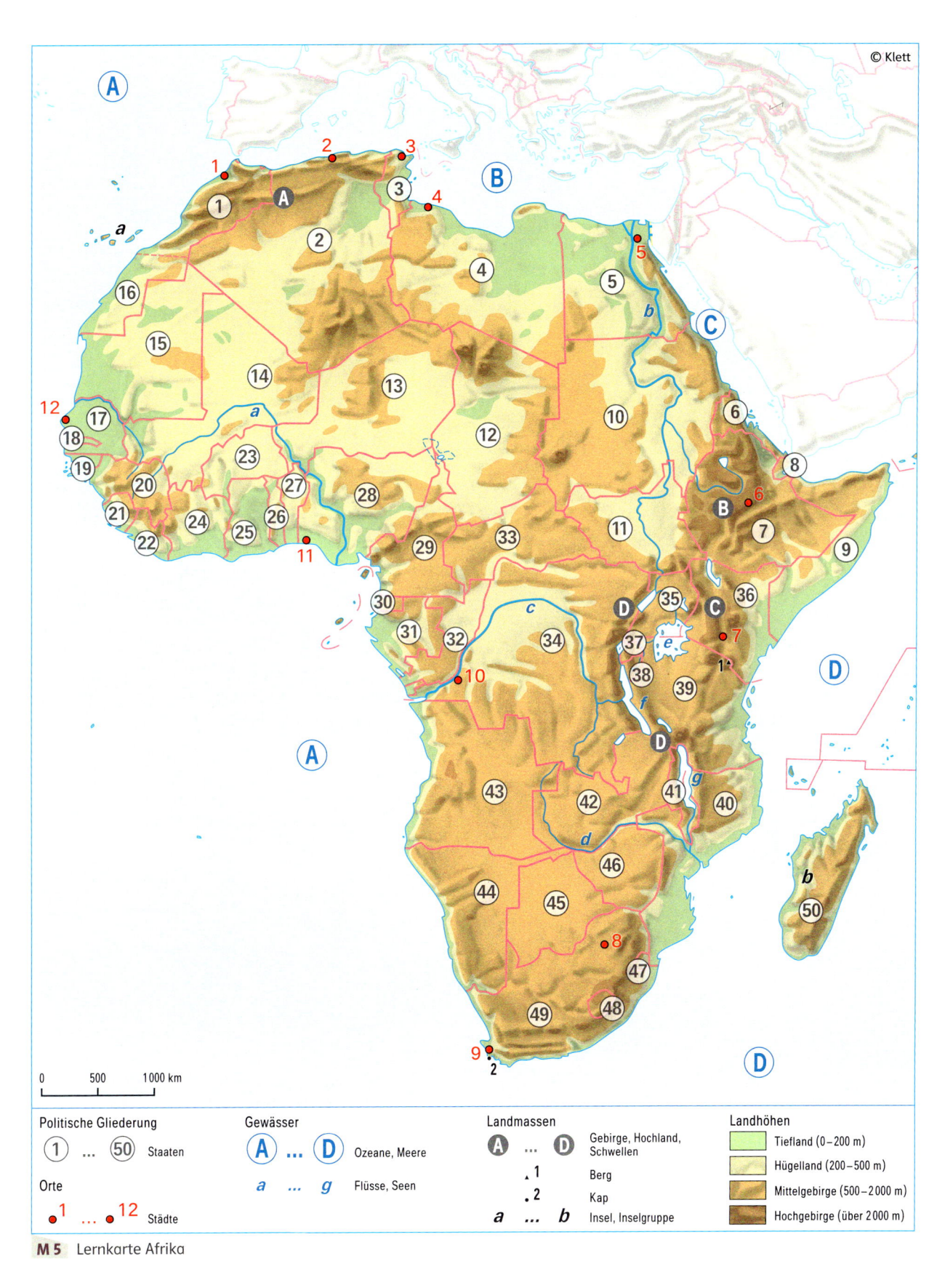

In den Savannen – der Niederschlag macht den Unterschied 4

Politische Gliederung
① ... ㊿ Staaten

Orte
•1 ... •12 Städte

Gewässer
Ⓐ ... Ⓓ Ozeane, Meere
a ... *g* Flüsse, Seen

Landmassen
Ⓐ ... Ⓓ Gebirge, Hochland, Schwellen
▲1 Berg
•2 Kap
a ... *b* Insel, Inselgruppe

Landhöhen
Tiefland (0–200 m)
Hügelland (200–500 m)
Mittelgebirge (500–2000 m)
Hochgebirge (über 2000 m)

M 5 Lernkarte Afrika

Training

Wichtige Begriffe

- Desertifikation
- Dornsavanne
- Dürre
- Feuchtsavanne
- Hochdruckgebiet
- Innertropische Konvergenzzone (ITC)
- Passat
- Passatkreislauf
- Sahel/Sahelzone
- Savanne
- Tiefdruckgebiet
- Trockensavanne
- Überweidung
- Westwindzone
- Zenitalregen

M 2

Sich orientieren

1 **In den Savannen**
Arbeite mit Karte auf Seite 59 (M 3) und dem Atlas:
a Nenne die Kontinente mit Savannen und ohne Savannen.
b Nenne die zwölf Staaten in Karte M 1, die Anteil an der Sahelzone haben.

Kennen und verstehen

2 **Findest du die Begriffe?**
a Landschaften zwischen Sahara und Regenwäldern
b Es gibt drei verschiedene Savannentypen: …
c Landschaft, die als „rettendes Ufer" bezeichnet wurde
d Entstehung wüstenähnlicher Bedingungen aufgrund von Übernutzung durch den Menschen
e Wenn zu viele Tiere auf einer Fläche sind, spricht man von …

3 **Landschaftsbild**
a Begründe, aus welchem Savannentyp Afrikas das Foto M 2 stammt.
b Nenne Tierarten, die in der Savanne zu den Big Five gehören.

4 **Richtig oder falsch?**
Berichtige die falschen Aussagen und schreibe alle richtig auf.
a In der Feuchtsavanne fallen während des ganzen Jahres Niederschläge.
b Savanne ist nicht gleich Savanne.
c Die Sahelzone liegt nördlich der Sahara.
d Die Trockenzeit dauert in der Dornsavanne etwa 2 Monate.

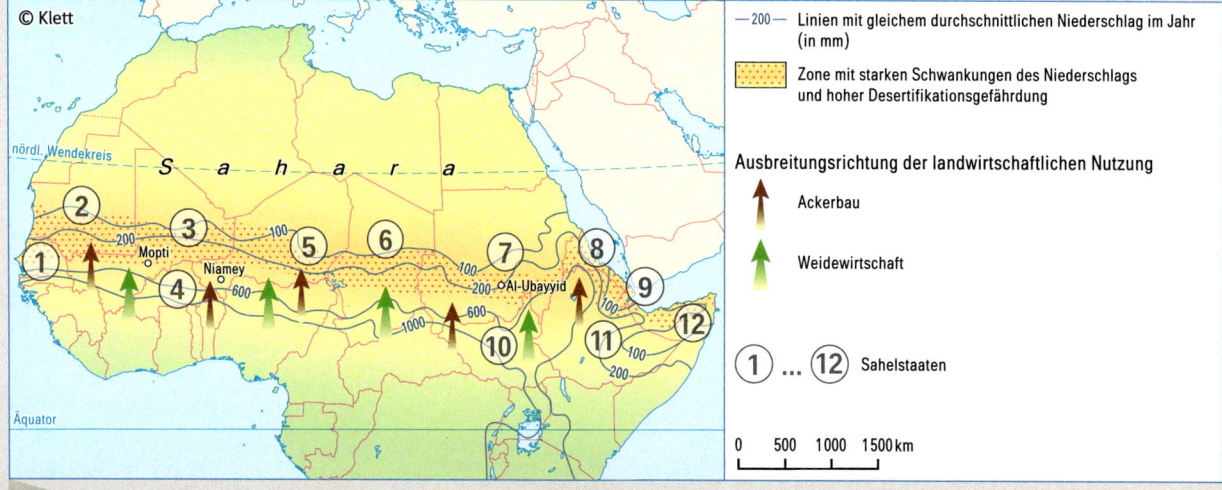

M 1 Vorrücken der landwirtschaftlichen Nutzung in der Sahelzone

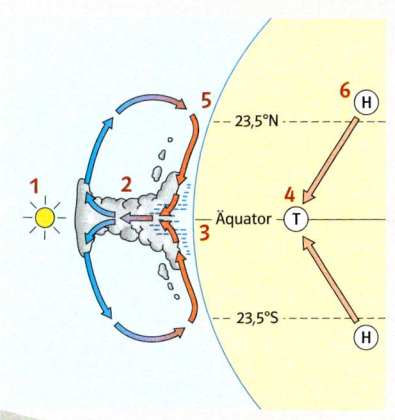

D 09 Arbeitsblatt Selbsteinschätzung

D 10 Arbeitsblatt Lösungen

In den Savannen – der Niederschlag macht den Unterschied 4

M 3 Luftbewegungen in den Tropen

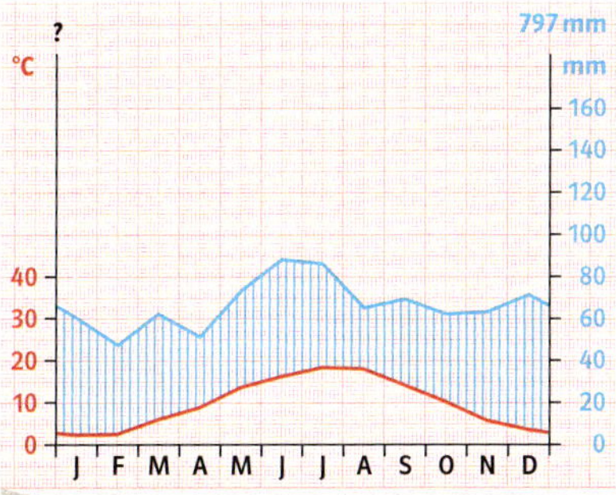

M 4

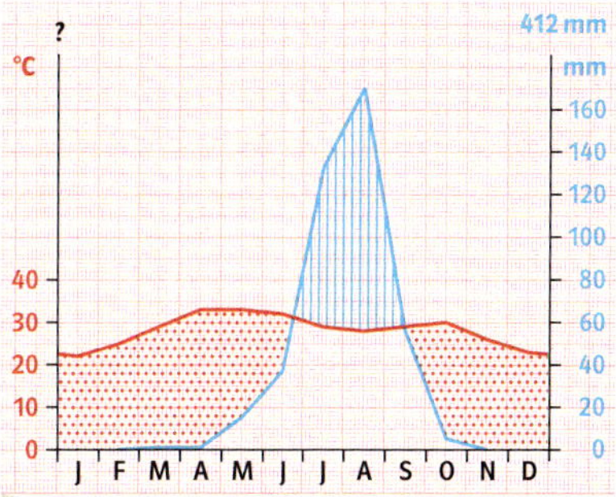

M 6

5 Passatkreislauf

a Ordne den Zahlen in M 3 folgende Begriffe und Aussagen zu:
- Feuchte Luft steigt auf
- Hochdruckgebiet
- Luft sinkt im Bereich der Wendekreise
- Tiefdruckgebiet
- Zenitalregen
- Zenitstand der Sonne

b Nenne die zur Abbildung M 3 passenden Monate. Begründe deine Entscheidung.

c Erkläre die Entstehung der Passatwinde auf der Nordhalbkugel bzw. auf der Südhalbkugel.

6 Bilderrätsel

Löse die Bilderrätsel und erkläre die gesuchten Begriffe.

a

b

Methoden anwenden

7 Klimadiagramme

a Vergleiche die beiden Klimadiagramme M 4 und M 6.

b Bestimme, welche der Klimastationen **nicht** in der Savanne liegt.

c Begründe deine Entscheidung.

Beurteilen und bewerten

8 Desertifikation

„Menschen verursachen die Wüstenausbreitung (Desertifikation) im Sahel."

a Beurteile diese Aussage. Arbeite auch mit der Karte M 1.

b Nenne Maßnahmen um der Wüstenausbreitung entgegenzuwirken.

Vernetzen

9 Savannentypen

Erstelle mithilfe der Begriffe in M 5 eine Übersicht zum Thema Savannentypen. Achte dabei auf die richtige Zuordnung der Ober- und Unterbegriffe.

7 bis 9,5 humide Monate	Feuchtsavanne	brusthohes Gras
Savannentypen	2 bis 4,5 humide Monate	Dornensträucher und Pflanzen, die Wasser speichern
Trockensavanne	Bäume mit kleinen Blättern, Laubfall zur Trockenzeit	4,5 bis 7 humide Monate
übermannshohes Gras		viele dicht belaubte immergrüne Bäume mit großen Blättern
	Dornsavanne	kniehohes Gras

M 5 Begriffe für die Übersicht

5

In der Wüste – und trotzdem Leben!

M1 Wüstencamp in der Sahara (Algerien)

Die Wüsten der Erde üben auf viele Menschen eine große Faszination aus.
Auf den ersten Blick erscheinen sie als lebensfeindliche Gebiete. Doch die Wüsten
stecken voller Leben, da sich Pflanzen und Tiere auf vielfältige Weise an die
Trockenheit angepasst haben. Auch Menschen leben in diesen Gebieten.
Wie haben sie sich an die extremen Bedingungen angepasst? Wie hat sich
das Leben der Menschen im Laufe der Zeit verändert?

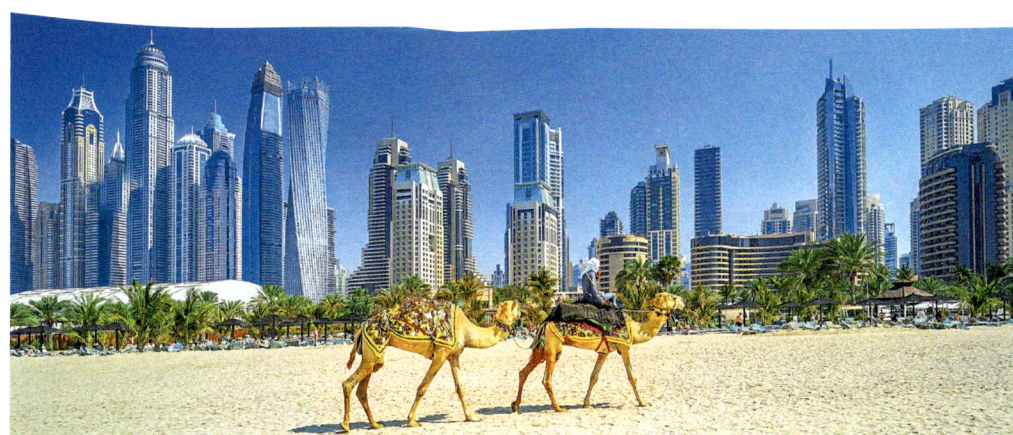

M 2 Tradition und Moderne in Dubai

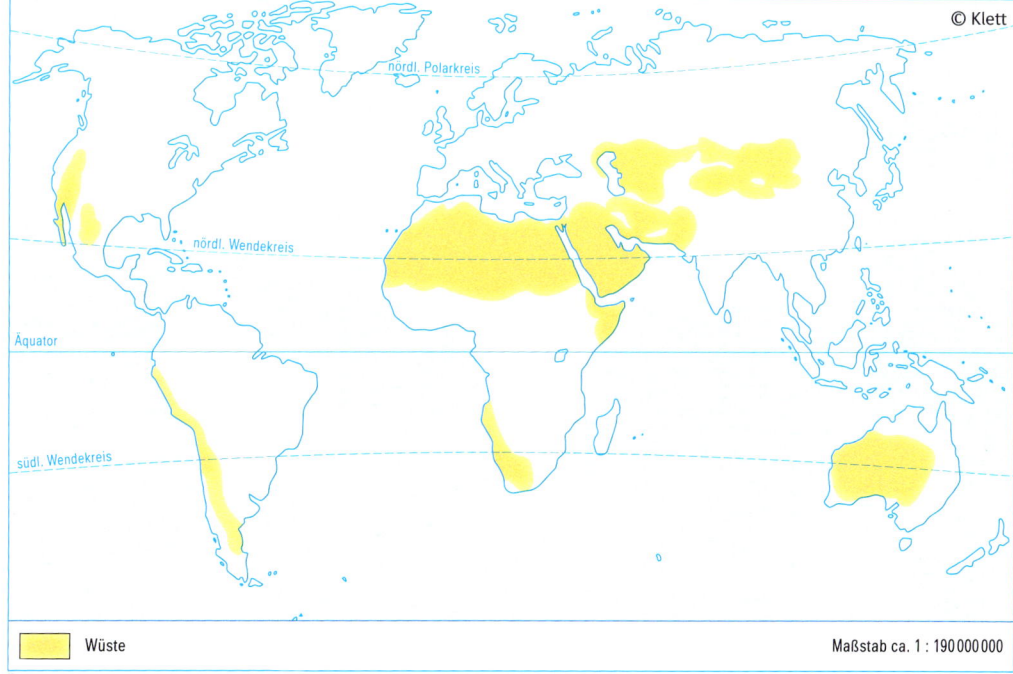

M 3 Wüstengebiete der Erde

Verschiedene Wüstenformen und ihre Entstehung beschreiben

Die Sahara – Gesichter einer Wüste

Endlos reiht sich eine Sanddüne an die andere. Die Luft flimmert über dem Boden. Es ist nicht zu unterscheiden, ob man die Wirklichkeit sieht oder eine Fata Morgana. So stellen sich viele die Wüste vor. Doch wie sieht es dort wirklich aus?

M 1

Fata Morgana
Hier treffen warme und kalte Luft aufeinander. Dadurch kann die Luft wie ein Spiegel wirken und Dinge reflektieren, die in Wirklichkeit woanders liegen.

Schon gewusst?

Die Sahara ist etwa 25-mal größer als Deutschland.

← Klimadiagramme auswerten Seite 22/23

T1 Gesichter einer Wüste

Die Sahara ist nach den polaren Eiswüsten die größte **Wüste** der Erde. Nur etwa 20 % der Sahara sind **Sandwüste**. Diese Wüstenform heißt auf Arabisch Erg. Hier lagert sich der Sand ab, der aus anderen Wüstengebieten herausgeweht wird. Die dabei entstehenden Dünen können bis zu 300 m hoch werden.

Die **Felswüste**, die arabisch Hamada genannt wird, nimmt ungefähr 70 % ein. Sie besteht aus Felsen und Felsschutt. Da die Wolkendecke fehlt, kommt es zu großen Temperaturunterschieden zwischen Tag und Nacht. Tagsüber dehnt sich das Gestein aus, nachts zieht es sich wieder zusammen. Dies führt schließlich zur Gesteinssprengung und damit zur Verwitterung des Gesteins. Im Laufe der Zeit wird es in immer kleinere, scharfkantige Gesteinsbrocken zerkleinert. Durch den Wind werden kleinere Steine und Sand abgetragen und weiter transportiert. Diesen Prozess nennt man **Erosion**.

M 2 Klimadiagramm von Tinghir

Etwa 10 % der Sahara besteht aus **Kieswüste**, die im Arabischen Serir genannt wird. Die gerundeten Kieselsteine stammen aus einer Zeit, in der ein anderes Klima herrschte. Der Transport des Gesteins erfolgte durch Wasser, das es mitgeführt, gerundet und flächenhaft abgelagert hat.

M 3 Nach einer Gesteinssprengung

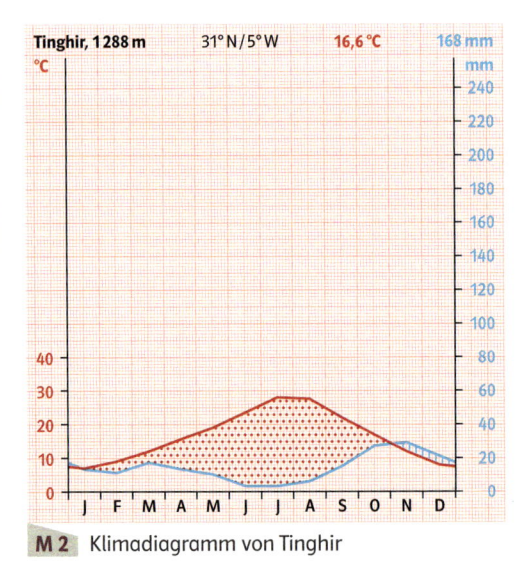

Merkmale von Wüsten

Allen Wüstenarten gemeinsam ist die Vegetationsarmut. Diese wird durch Hitze und Trockenheit (Trockenwüste) oder durch niedrige Temperaturen (Kältewüste) verursacht. In den Trockenwüsten gibt es oft jahrelang gar keinen Niederschlag. Wenn dann plötzlich Starkregen auftritt, kann der ausgetrocknete Boden die gewaltigen Wassermassen nicht aufnehmen. Trockentäler, die sogenannten Wadis, werden zu reißenden Strömen und sind eine Gefahr für Reisende, die vom Wasser überrascht werden. Nach solch heftigen Regenfällen blüht die sonst so lebensfeindlich erscheinende Wüste für kurze Zeit auf.

M 4

A 02 🔊
Hörtrack
Unterwegs in der Wüste

5 In der Wüste – und trotzdem Leben!

M 5 Felswüste

M 7 Kieswüste

M 8 Sandwüste

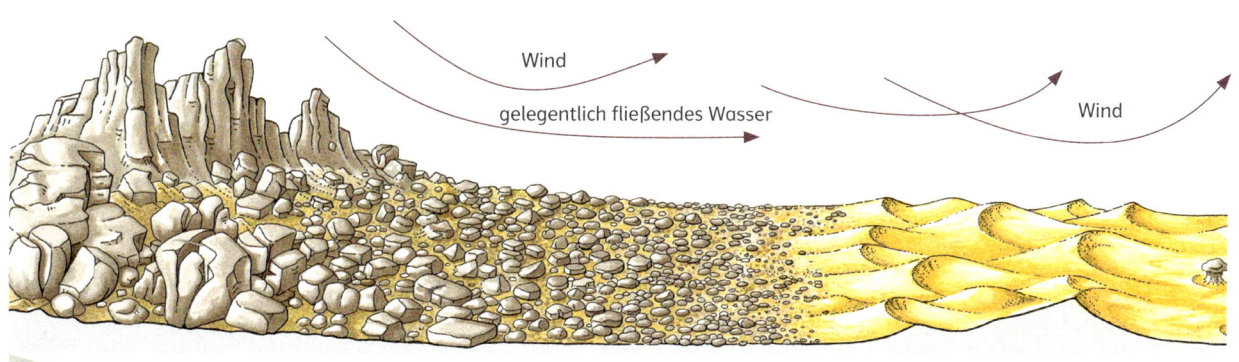

Wind

gelegentlich fließendes Wasser

Wind

M 6 Entstehung der Wüstenformen

A / B 1 Beschreibe die Fotos M 5, M 7 und M 8.

A 2 Erkläre die Entstehung der drei Wüstenformen in der Sahara (T 1, M 5 – M 8). Verwende alle im Text fettgedruckten Fachbegriffe.

A 3 Werte das Klimadiagramm aus (M 2):
a) Nenne den Jahresniederschlag und die Anzahl der trockenen Monate.
b) Beschreibe den Jahresverlauf der Temperatur.

A 4 Erläutere, warum Wüsten als „Extremräume" bezeichnet werden (M 4).

A 5 EXTRA Liste mithilfe des Kartenanhangs die Staaten auf, die Anteil an der Sahara haben (M 1).

B 2 Bearbeite Aufgabe A 2. Sonne, Wasser und Wind sind die prägenden Kräfte der Wüste. Erläutere diese Aussage (M 3, M 6).

B 3 Erkläre, warum es sich beim Klimadiagramm M 2 um einen Ort in einer Wüste handeln muss.

AFB I: 1, 3, 5 II: 2, 4   AFB I: 1, 5 II: 2–3   ↪ Lösungshilfen ab S. 196   **83**

Die Entstehung verschiedener Wüstentypen erklären

Gruppenpuzzle — Die Trockenwüsten der Erde

← Methode
Gruppenpuzzle
Seite 46/47

Wenn wir von Wüsten reden, dann meinen wir häufig die Sahara in Afrika. Doch warum hat sie sich gerade dort gebildet? Und warum gibt es Wüsten innerhalb von Kontinenten und sogar entlang von Meeresküsten?

1
Schritt 1:
Stammgruppe
a) Benennt mithilfe des Atlas die Trockenwüsten 1–10 in der Karte M1 (Nummer, Name, Kontinent).
b) Vermutet, weshalb Wüsten entlang der Wendekreise, im Landesinneren und an der Küste liegen.
c) Bildet Expertengruppen, um eure Vermutungen zu überprüfen.

2
Schritt 2:
Expertengruppe
a) Erklärt mithilfe eures Textes und Blockbilds die Entstehung eures Wüstentyps (M 6, M 7, M 9).
b) Ordnet eurem Wüstentyp das passende Klimadiagramm (M 5, M 8, M 10) zu und begründet eure Entscheidung.
c) Ordnet eurem Wüstentyp das passende Foto (M 2–M 4) zu und begründet eure Entscheidung.
d) Findet weitere Beispiele für euren Wüstentyp in der Karte M 1.

3
Schritt 3:
Stammgruppe
a) Erklärt der Stammgruppe die Entstehung eures Wüstentyps mit eigenen Worten. Verwendet dazu die Materialien dieser Doppelseite.
b) Überprüft eure Vermutungen aus Aufgabe 1b).
c) Verortet die drei verschiedenen Wüstentypen in der Karte M 1, indem ihr jeder Wüste den passenden Wüstentyp zuordnet.

Schritt 4:
Stammgruppe
Stellt eure Ergebnisse zu den drei Wüstentypen anschaulich dar.

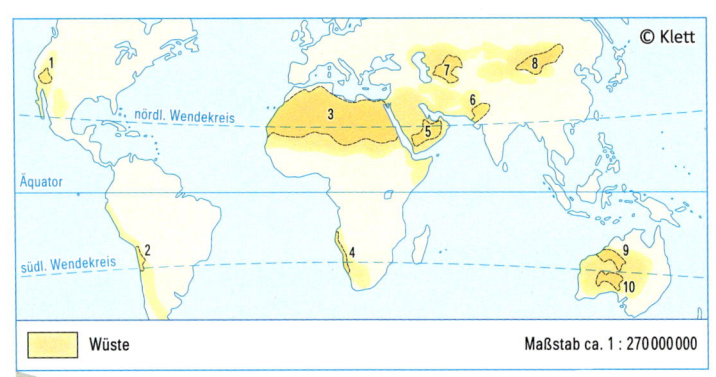

M 1 Verbreitung der großen Trockenwüsten der Erde

M 3 Wüste Taklamakan

M 2 Kieswüste in der Sahara

M 4 Namib

5 In der Wüste – und trotzdem Leben!

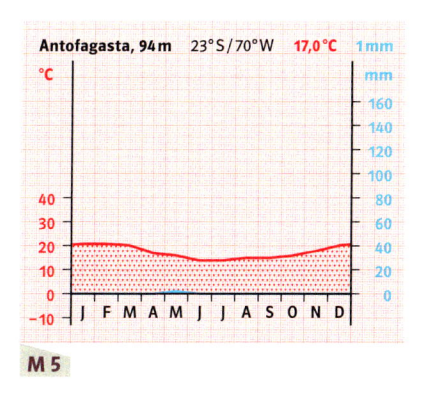

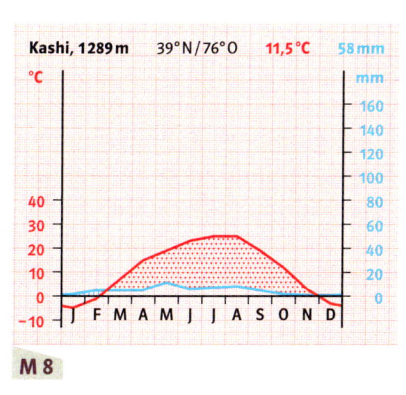

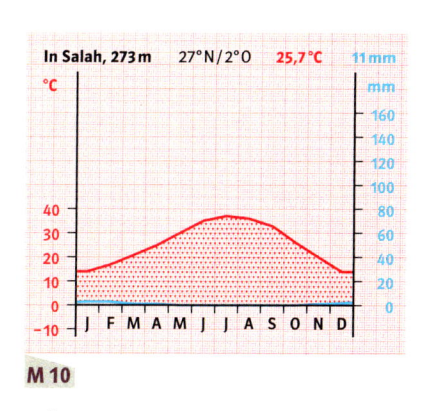

M 5 Antofagasta, 94 m   23°S/70°W   17,0°C   1 mm

M 8 Kashi, 1289 m   39°N/76°O   11,5°C   58 mm

M 10 In Salah, 273 m   27°N/2°O   25,7°C   11 mm

A Expertengruppe: Binnenwüsten

Weit im Inneren der Kontinente oder hinter hohen Gebirgsketten liegen oft große Wüstengebiete. Die Niederschlagsarmut ist durch die meerferne Lage oder durch die Lage im Regenschatten der Gebirge bedingt. Feuchte Luftmassen steigen an der Luv-Seite des Gebirges auf und es kommt zu Steigungsregen. Auf der Lee-Seite erwärmen sich die absinkenden Luftmassen wieder. Sie entziehen den Landflächen alle Feuchtigkeit, die noch vorhanden ist. So entsteht ein Wüstengebiet. Kennzeichnend sind heiße Sommer und kalte Winter. Beispiele: Wüste Gobi, Taklamakan und die Beckenwüsten im Westen der USA.

M 6

B Expertengruppe: Küstenwüsten

An der Westseite der Kontinente im Bereich kalter Meeresströmungen gibt es entlang der Küste schmale Wüstenbänder, die extrem niederschlagsarm sind. Kalte Meeresströmungen führen zu einer Abkühlung der küstennahen Luftschichten. Warme und trockene Luft vom Landesinneren überlagert diese kalten Luftschichten. Die warme Luft wirkt wie eine Sperrschicht und verhindert ein Aufsteigen der kühlen und feuchten Luftmassen. So bildet sich in Küstennähe Nebel, aber es fällt kein Niederschlag. Die Küstenwüsten sind ganzjährig warm, Schwankungen zwischen Sommer und Winter sind relativ gering. Beispiele: Namib und Atacama.

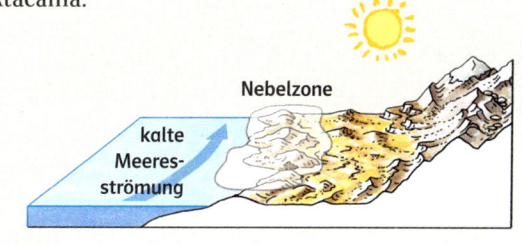

M 9

C Expertengruppe: Wendekreiswüsten

Warme und feuchte Luftmassen steigen in der Nähe des Äquators auf, kühlen ab und es kommt zur Kondensation und Wolkenbildung. Die trockenen Luftmassen wandern in Richtung der beiden Wendekreise und sinken dort ab. Beim Absinken erwärmen sich die Luftmassen und können deshalb viel Feuchtigkeit aufnehmen. Im Bereich der Wendekreise kommt es daher in Bodennähe zu extremer Trockenheit. Beispiele: die Sahara, Große Arabische Wüste, Wüste Tharr und die australischen Wüsten.

M 7

> Verschiedene Oasentypen und den Anbau in einer Oase beschreiben

Oasen – grüne Inseln in der Wüste

Wasser in der Wüste? Das gibt es wirklich, denn sonst könnten in den trockensten Gebieten der Erde keine Menschen leben. Wo es Wasser gibt, liegen grüne Inseln in der Wüste. Doch wo kommt das Wasser her?

M1 Flussoase Tinghir in Marokko

M2 Arbeit im Oasengarten

Erzeugnisse aus der Dattelpalme
- Aus den getrockneten Blättern werden Matten und Körbe hergestellt.
- Der Stamm der Palme liefert Holz.
- Reife Datteln werden frisch gegessen oder zu „Dattelbrot" gepresst.
- Von dem Saft aus dem Stamm oder aus den „Palmherzen" können Erfrischungsgetränke hergestellt werden.

T1 Im Oasengarten

Fast alles, was die Oasenbauern zum Leben brauchen, erzeugen sie selbst. Die Bepflanzung in den Oasengärten ist stockwerkartig angelegt. Die unterste Schicht bilden Gemüse wie Tomaten, Melonen, Bohnen und Zwiebeln. Auch Weizen, Gerste und Futterpflanzen werden angebaut. Alle diese Pflanzen erhalten Schatten von den Obstbäumen. Diese liefern Granatäpfel, Feigen, Orangen und Zitronen. Die Dattelpalme überragt alles und spendet Schatten.

Die Anbauflächen werden mit Bewässerungsfeldbau intensiv bearbeitet. Bei der **Grabenbewässerung** wird das Wasser über kleine Kanäle auf die Felder verteilt. Um die Verdunstung zu reduzieren, wird bei der Tröpfchenbewässerung das Wasser oft über ein Netz von Schläuchen direkt zu den Pflanzen geleitet und über kleine Düsen tröpfchenweise an den Wurzelbereich der Pflanzen abgegeben. Da der Oasengarten sehr kostbar ist, liegen die Siedlungen meist am Rand der **Oase** zur Wüste hin.

T2 Die Dattelpalme

Die wichtigste Nutzpflanze der Oase ist die Dattelpalme. Sie steht millionenfach in den Oasen Nordafrikas und der Arabischen Halbinsel. Mit bis zu 20 m Höhe überragt sie alles und spendet zusätzlich Schatten. Mit ihrer langen Pfahlwurzel erreicht sie das Grundwasser in bis zu 25 m Tiefe. Die Dattelpalme braucht viel Wasser und Wärme. Nur dann trägt sie süße Früchte. Bis zu 150 kg Datteln können die Bauern von einer Palme pro Jahr ernten. Es werden aber nicht nur die Früchte der Dattelpalme verwendet. Alle Teile der Pflanze können genutzt werden.

T3 Oasentypen

Quelloasen erhalten ihr Wasser aus zum Teil weit entfernten Gebirgen. Es sammelt sich auf einer wasserundurchlässigen Schicht und tritt an einer tieferen Stelle als Quelle hervor. Bei **Grundwasseroasen** wird Wasser, das oft in geringerer Tiefe lagert, mit Pumpen an die Oberfläche befördert. Moderne Technik ermöglicht auch Bohrungen bis 1000 m Tiefe, wo man fossiles Grundwasser erreicht. Dieses bildete sich vor Millionen Jahren, als im Gebiet der heutigen Sahara noch ein feuchtes Klima herrschte. Wenn ein Fluss, wie z. B. der Nil, Wasser aus einem regenreichen Gebiet über lange Strecken in die Wüstengebiete transportiert, bildet sich dort entlang des Flusses eine **Flussoase**.

In der Wüste – und trotzdem Leben! 5

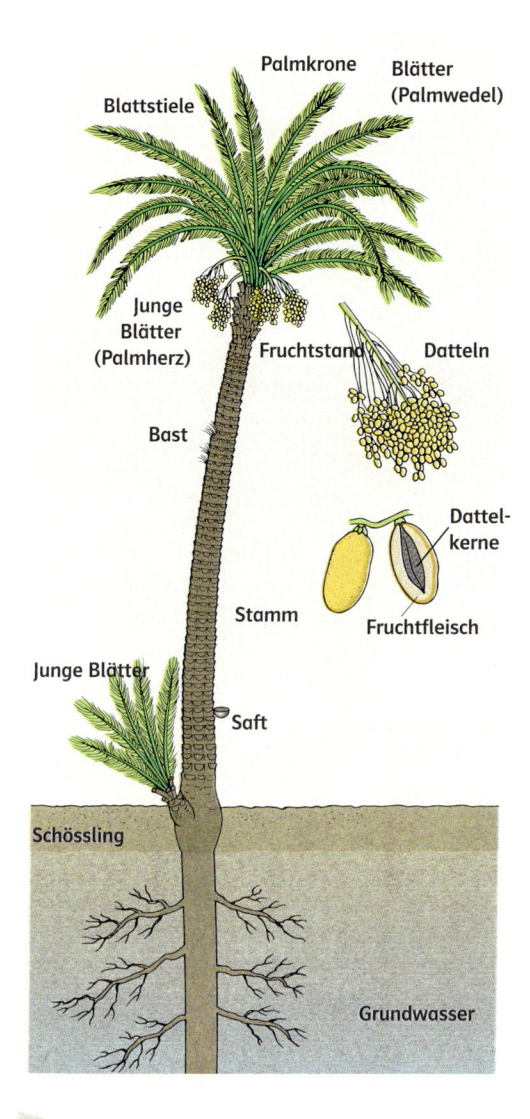

M 3 Bestandteile der Dattelpalme

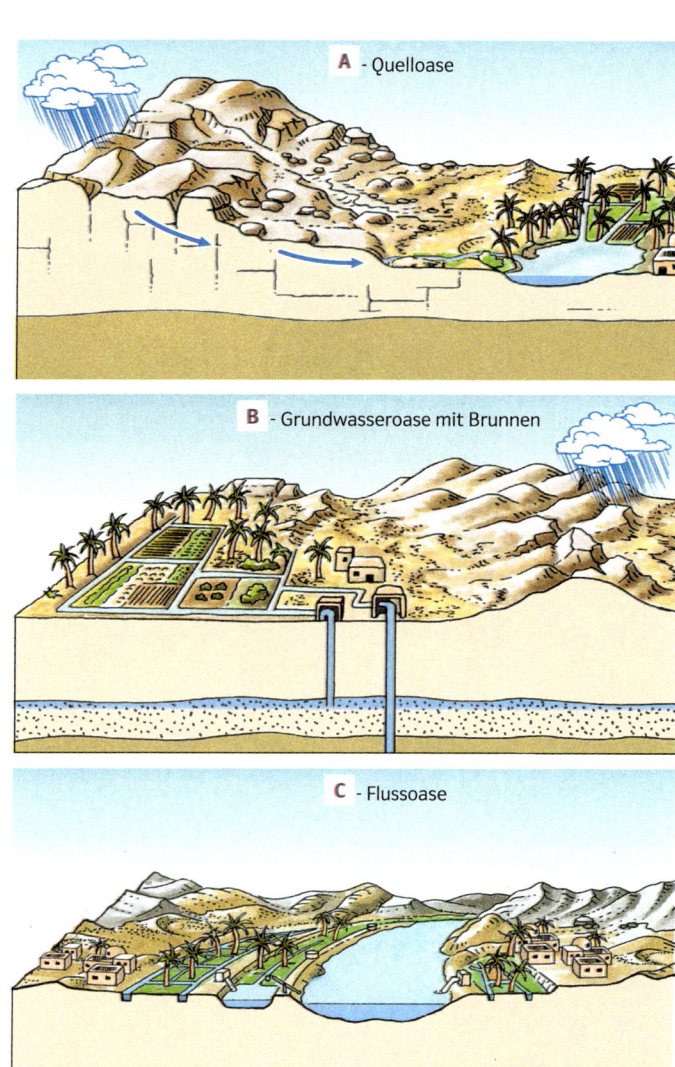

Labels: Palmkrone, Blätter (Palmwedel), Blattstiele, Junge Blätter (Palmherz), Fruchtstand, Datteln, Bast, Dattelkerne, Fruchtfleisch, Stamm, Saft, Junge Blätter, Schössling, Grundwasser

M 4 Verschiedene Oasentypen

A – Quelloase
B – Grundwasseroase mit Brunnen
C – Flussoase

1
Werte Foto M 1 aus:
a) Beschreibe das Aussehen einer Oase.
b) Erkläre die Aussage „Oasen sind grüne Inseln in der Wüste".

2
Beschreibe den Stockwerkanbau im Oasengarten (T1, M2) und erkläre seine Vorteile.

2
Bearbeite Aufgabe A 2. Erstelle eine Zeichnung zum Stockwerkanbau im Oasengarten und beschrifte sie (T1, M2).

3
Stelle in einer Tabelle dar, wie die einzelnen Teile der Dattelpalme verwendet werden (M3, T2, Randspalte).

Teil der Dattelpalme	Verwendung als
---	---

3
Erläutere die Aussage: „Die Dattelpalme ist die Königin der Oase".

4
Beschreibe, woher in den verschiedenen Oasentypen das Wasser kommt (T3, M4).

4
„Oase ist nicht gleich Oase." Erläutere, was damit gemeint ist (T3, M4).

5
Begründe die Lage der Siedlung in einer Oase (M1, M4, T1).

AFB I: 1a, 2, 4 II: 1b, 3, 5   AFB I: 1a II: 1b, 2–5   → Lösungshilfen ab S. 196   87

Methode

Einen Erklärfilm erstellen

Einen Erklärfilm erstellen

Mithilfe von selbstgedrehten Erklärfilmen kannst du Zusammenhänge anschaulich darstellen und verständlich erklären. Was du dazu brauchst? Ein interessantes Thema, ein Drehbuch und die Kamera eines Smartphones oder Tablets.

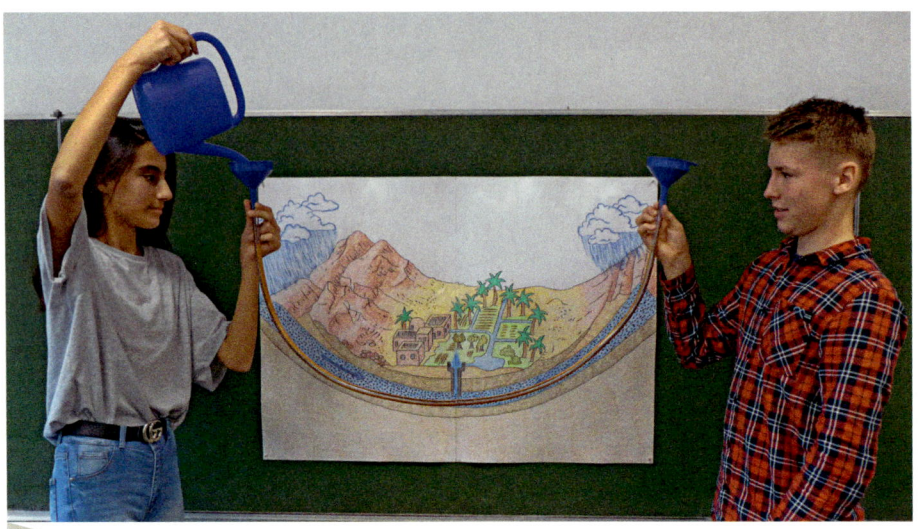

M 2 Versuch zur Funktion eines artesischen Brunnens

Artesischer Brunnen

An manchen Orten in der Wüste gibt es Wasserquellen, bei denen das Wasser von alleine an die Oberfläche gelangt. Man benötigt keine Hebeeinrichtungen oder Pumpen. Diese Quellen nennt man **artesische Brunnen.** Voraussetzung für einen artesischen Brunnen ist die Speicherung von Wasser in einer wasserführenden Schicht zwischen zwei wasserundurchlässigen Schichten. Diese müssen muldenartig im Boden gelagert sein (siehe M 2). Wenn es an einem weiter entfernten Gebirge regnet, so versickert das Wasser und sammelt sich zwischen den zwei wasserundurchlässigen Schichten. Dem natürlichen Gefälle folgend, fließt das Wasser in der wasserführenden Schicht zum tiefsten Punkt. Da ständig von beiden Seiten Wasser nachfließt, steht es unter Druck. Wenn man nun die obere wasserundurchlässige Schicht durchbohrt, steigt das Wasser von alleine nach oben und tritt springbrunnenartig aus dem Boden.

Artesischer Brunnen

M 1

1. Schritt: Das Thema bearbeiten
Am Anfang müsst ihr euch gründlich in das Thema einarbeiten. Wichtig ist, dass ihr:
- einzelne Aspekte des Themas in eine logische Reihenfolge bringt,
- den Sachverhalt mit eigenen Worten erklären könnt,
- Medien (z. B. Bilder, Querschnitte) richtig auswertet.

> Das Thema des Erklärfilmes lautet: Wie funktioniert ein artesischer Brunnen?
> – Fotos und Fachtexte zum artesischen Brunnen auswerten
> – Funktion anhand eines Querschnitts zum artesischen Brunnen erklären
> – mithilfe des Versuchs die Funktion eines artesischen Brunnens darstellen

2. Schritt: Das Drehbuch und die notwendigen Materialien erstellen
Nun erstellt ihr ein Drehbuch und schreibt die Sprechertexte (siehe M 4). Dies ist die wichtigste Phase, da hier das Thema auf das

D 11
Arbeitsblatt
Querschnitt eines artesischen Brunnens

In der Wüste – und trotzdem Leben! 5

Versuch

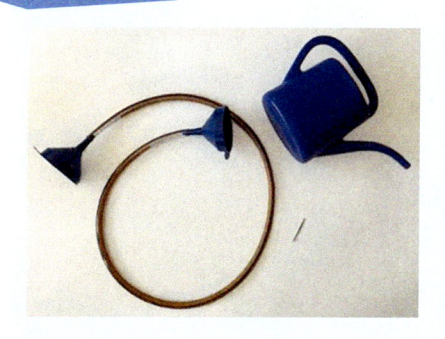

Material: Querschnitt artesischer Brunnen (M 2) als Poster, zwei Kunststofftrichter, Nagel, durchsichtiger Wasserschlauch von ca. 80 cm Länge, braunes Klebeband, kleine Gießkanne, Kunststoffwanne, Wasser

Aufbau: braunes Klebeband oben und unten auf dem Wasserschlauch entlang kleben, die beiden Trichter in die Schlauchenden stecken, den Nagel in der Mitte des Schlauches durch die Schlauchwand bohren

Durchführung: Schlauch von zwei Schüler/innen rechts und links vor dem Poster (M 2) halten lassen, Wasser mit der Gießkanne in einen der Trichter einfüllen, Nagel herausziehen, Weg des Wassers beobachten

M 3 Material und Versuchsaufbau zur Funktion eines artesischen Brunnens

Wesentliche reduziert und gleichzeitig verständlich aufbereitet werden muss. Parallel dazu überlegt ihr, welche Medien (Bilder, Karten, Diagramme, Versuche, eigene Skizzen, …) sich zur Veranschaulichung des Erklärtextes eignen und welche Materialien ihr benötigt.
Besonders wichtig ist, dass die im Film verwendeten Medien und der Sprechertext gut aufeinander abgestimmt sind und zusammenpassen. Überlegt auch, wer beim Dreh welche Texte spricht und wer welche Aufgaben der Visualisierung übernimmt.

3. Schritt: Den Erklärfilm drehen
Für das Drehen eines Erklärfilms könnt ihr ein Tablet oder Smartphone verwenden. Der Erklärfilm sollte nicht länger als drei bis fünf Minuten dauern.
Am besten ist es, wenn ihr die Sequenzen eures Drehbuchs einzeln aufnehmt und diese nachher zusammenfügt. Dies hat den Vorteil, dass ihr bei Sprech- oder Regiefehlern nur kleinere Teile neu aufnehmen müsst.

Handlungsanweisung	Sprechertext
Zum Aufbau des Versuches …	…
Der durchsichtige Plastikschlauch, der oben und unten mit braunem Klebeband beklebt ist, wird gezeigt.	„Das braune Klebeband am Wasserschlauch stellt die obere und untere wasserundurchlässige Schicht dar. Der durchsichtige Teil des Schlauchs in der Mitte stellt die wasserführende Schicht dar."
Die beiden Trichter werden rechts und links auf den Plastikschlauch gesteckt.	„Mit dem Trichter wird das Niederschlagswasser aus dem Gebirge ‚aufgefangen' und in die wasserführende Schicht geleitet."
Bei der Durchführung des Versuches …	…
Der Schlauch mit den Trichtern wird von zwei Schüler/innen so vor das Plakat gehalten, dass er genau vor der wasserführenden Schicht liegt und der Nagel nach oben zeigt. Die Trichter befinden sich auf der Seite der Gebirge, wo der Niederschlag fällt. …	„Mit einer Gießkanne gießen wir Wasser in einen der Trichter bis der Schlauch fast ganz gefüllt ist. Beim artesischen Brunnen fließt das Wasser zwischen den zwei wasserundurchlässigen Schichten entlang der wasserführenden Schicht bis zum tiefsten Punkt. Das nachfließende Wasser erhöht den Druck." …

M 4 Aus einem Drehbuch „Wie funktioniert ein artesischer Brunnen?"

---

1 Beschreibt die Funktionsweise eines artesischen Brunnens (M 1, M 2).

2 a) Besorgt euch die Materialien für den Versuch (M 3, Querschnitt artesischer Brunnen D 11).
b) Führt den Versuch probeweise durch.

3 a) Überlegt euch, in welche Sequenzen der Versuch unterteilt werden kann.
b) Schreibt dann ein Drehbuch, in dem ihr die einzelnen Handlungsanweisungen genau beschreibt und den Sprechertext dazu ergänzt (M 4).

4 a) Verteilt die Rollen (Sprecher, ausführende Personen, Regie) und dreht den Erklärfilm in einzelnen Sequenzen.
b) Präsentiert eure Filme und vergleicht sie.

AFB I: 1, 2 II: 3, 4   → Lösungshilfen ab S. 196   89

Den Wandel des Lebens und Wirtschaftens in der Wüste beschreiben

Oasen im Wandel

Dattelpalmen und Lehmhäuser, ein Palmengarten mit einem Brunnen und ein wenig Landwirtschaft – so stellen sich viele eine Oase vor. Aber diese traditionellen Oasen gibt es immer weniger. Vieles hat sich verändert.

M 1

M 2 Oasenstadt Ghardaïa (Algerien)

SP Tipp

Eine Diskussion durchführen
→ Aufgabe 4

- Ich teile die Meinung, dass Bewässerungsprojekte …
- Ich bin anderer Meinung, weil …
- Einerseits ist das Wasser in der Wüste …, andererseits …
- Vorteile des Projektes sind …/ Nachteile sind …

T1 Oasen im Wandel

Das traditionelle Bild der Oase hat sich stark gewandelt. Vor allem die junge Bevölkerung verlässt die kleinen Oasen. Auf der Suche nach besseren Verdienst- und Berufsmöglichkeiten im Handwerk, im Handel oder im Tourismus wandern viele junge Menschen in die Küstenstädte und Oasenstädte ab. Die größeren Oasenstädte, z. B. Ghardaïa, haben heute mehr als 100 000 Einwohner. Zurück bleibt die ältere Dorfbevölkerung und die kleinen Oasen sterben zunehmend aus.

T2 Erdöl – Reichtum der Wüste

In vielen Wüstenstaaten hat Erdöl das Leben stark verändert. In Libyen und Algerien z. B. haben viele Oasenbewohner ihre Dörfer verlassen und arbeiten nun auf den Ölfeldern. Doch der weitaus größte Teil der Bevölkerung profitiert nicht von diesem „schwarzen Gold" der Wüste. In den Staaten am Persisch-Arabischen Golf ist das anders. Sie verfügen über zwei Drittel der Erdölvorräte der Erde. Viele arabische Staaten wurden durch die Einnahmen aus der Erdölförderung sehr reich. Doch in absehbarer Zukunft werden die Erdölvorräte zur Neige gehen.

T3 Neue Anbauflächen in der Wüste

Riesige grüne Anbauflächen liegen in Murzuq in Libyen mitten in der Wüste. Man hatte bei Erdölbohrungen unter dem Wüstenboden fossiles Grundwasser entdeckt. Das erlaubte den Bau von riesigen Bewässerungsanlagen. 90 Bewässerungsarme mit einer Länge von 350 m drehen sich wie in einem Karussell und bewässern das Wüstenland. Wo früher nur Sand war, wachsen jetzt Mais, Weizen und Gerste. Bis zu zehnmal im Jahr ernten die Bauern. Das Getreide wird nicht nur in die nahe gelegenen Städte, sondern vor allem in die weit entfernten Küstenstädte geliefert. Probleme schafft vor allem die **Bodenversalzung**. Das Bewässerungswasser löst Salze, die sich im Boden befinden. Da bei der Bewässerung ein Teil des Wassers verdunstet, bleibt das Salz auf dem Feld als weiße Kruste zurück.

In der Wüste – und trotzdem Leben! 5

M 3 Erdölförderung im Oman

M 4 Karussellbewässerung in Libyen

M 5 Luxushotel in Abu Dhabi (Senkrechtluftbild)

T 4 Tourismus – Vor- und Nachteile

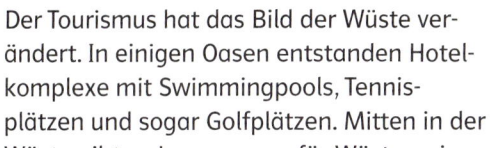

Der Tourismus hat das Bild der Wüste verändert. In einigen Oasen entstanden Hotelkomplexe mit Swimmingpools, Tennisplätzen und sogar Golfplätzen. Mitten in der Wüste gibt es Luxuscamps für Wüstenreisende. Für die einheimische Bevölkerung bietet der Tourismus viele neue Arbeitsplätze im Hotelgewerbe, als Reiseführer, als Jeepfahrer und im Handel.

Doch es gibt auch Nachteile: Der Komfort benötigt Wasser, das kostbarste Gut der Wüste. Das Verhalten mancher Urlauberinnen und Urlauber ist nicht immer angepasst an die Kultur und die natürlichen Bedingungen des Gastlandes. Und viele Oasen abseits der Touristenrouten profitieren kaum oder gar nicht vom Tourismus.

---

1 Beschreibe mithilfe der Fotos die Veränderungen in den Oasen (M 2 – M 5).

2 Nenne Beispiele für neue Arbeitsmöglichkeiten in den Wüstenstaaten (T 1 – T 4).

2 Erläutere, inwiefern der Wandel in den Oasen Vorteile für die dort lebenden Menschen bringt (T 1 – T 4).

3 Beschreibe Chancen und Probleme des Wüstentourismus (T 4, M 5).

3 Bewerte den Bau von großen Hotelanlagen in der Wüste (T 4, M 5).

4 „Bewässerungsprojekte, Erdöl, Tourismus – ein Segen für die Wüste?!" – Diskutiert diese Aussage im Rollenspiel (T 2 – T 4, M 3 – M 5, Methode „Ein Rollenspiel durchführen." S. 213).
a) Verteilt folgende Rollen: Oasenbauer, Arbeiterin in der Erdölindustrie, Hotelbesitzerin und Umweltschützer.
b) Notiert mithilfe der Materialien Argumente, die zu eurer Rolle passen.
c) Spielt das Rollenspiel vor der Klasse vor.

Den Wandel von Dubai und dessen Zukunftsfähigkeit beurteilen

Dubai – in den Sand gesetzt?!

Mitten in den Sand der Wüste gesetzt – das ist Dubai, die Stadt mit dem weltweit höchsten Wolkenkratzer, den größten künstlichen Inseln und den attraktivsten Vergnügungsparks. Doch die glitzernde Fassade des Emirats hat auch ihre Schattenseiten.

M 1

M 2 Blick auf Dubai aus der Wüste

T 1 Vom Fischerdorf zur Millionenstadt

Nomaden gründeten 1833 an einem ins Land reichenden Meeresarm das Dorf Dubai. Sie lebten vom Fischfang, der Schaf- und Ziegenzucht, dem Perlentauchen und vom Handel. 1966 stieß man bei Bohrungen vor der Küste auf Erdöl. Dieses „schwarze Gold" der Wüste löste einen gewaltigen Aufschwung in der Bauwirtschaft aus. Hoch, höher, am höchsten – so lautet das Motto der Stadt. Die Bevölkerung profitiert vom neuen Reichtum nicht nur durch billiges Benzin und Steuerfreiheit, sondern auch durch ein kostenfreies Bildungssystem.

Der Emir von Dubai hatte frühzeitig erkannt, dass das Erdöl als Basis der Entwicklung nur wenige Jahrzehnte zur Verfügung steht. Daher erschloss das Emirat alternative Einnahmequellen. Zunächst wurden der Handel und die Bauindustrie gefördert. Dann entdeckte man den Tourismus als Einnahmequelle. Seither locken Luxushotels, glitzernde Einkaufszentren, künstlich angelegte Inseln, Vergnügungsparks oder eine Indoor-Skihalle Touristen aus aller Welt an.

T 2 Dubai muss umdenken

Die Entwicklungen in Dubai haben jedoch auch ihre Schattenseiten. Weltwirtschaftliche Krisen wirkten sich immer wieder negativ auf den Bauboom aus und gefährdeten die Fertigstellung teurer Großprojekte. Während die einheimische Bevölkerung meist wohlhabend ist, erhalten die Gastarbeiter aus Indien, Pakistan und Bangladesch meist nur sehr niedrige Löhne und leben häufig unter menschenunwürdigen Bedingungen auf den Baustellen.

Bei den rasanten Entwicklungen der vergangenen Jahrzehnte wurde mit Wasser und Energie oft verschwenderisch umgegangen und die Eingriffe in den Naturraum, z. B. beim Bau der künstlichen Inseln, hatten enorme negative ökologische Auswirkungen. Um zukunftsfähig zu bleiben und weiterhin für den Tourismus attraktiv zu sein, muss Dubai in Richtung Nachhaltigkeit umdenken!

In der Wüste – und trotzdem Leben! 5

Künstliche Inseln

Vor der Küste Dubais entstand Palm Jumeirah, eine palmenförmige Insel. Riesige Mengen Sand wurden mit Spezialschiffen aus dem Meer „aufgesaugt" und vor der Küste aufgeschüttet. Auf dieser künstlichen Insel entstanden über 3 000 Luxuswohnungen und Villen, 40 Luxushotels, Shoppingzentren und mehrere Jachthäfen. Doch durch die Sandaufschüttungen wurde die natürliche Wasserzirkulation vor der Küste gestört. Im Bereich der Palmwedel steht das Meer oft tagelang. Bei dem wüstenhaften Klima mit Tagestemperaturen von über 40 °C im Sommer führt dies zu fauligem Wasser und Algenbildung.

Palm Jumeirah

M 3

Skifahren in der Wüste

Im Einkaufszentrum „Mall of the Emirates" befindet sich eine Indoor-Skihalle, in der etwa 6 000 t Schnee liegen. Hier gibt es nicht nur unterschiedlich schwierige Abfahrten von bis zu 400 m Länge, sondern auch andere Wintersportmöglichkeiten. Die Temperatur liegt ständig bei –1 °C – und das mitten in der Wüste bei einer Außentemperatur von 30 bis 40 °C. Der Energieaufwand ist riesig!

Indoor-Skihalle

M 4

Hotelprojekte

Luxuriöse und spektakulär aussehende Hotels faszinieren die Touristen. Das „Burj al Arab" ist in der Form eines Segelschiffes gebaut und mit sieben Sternen eines der teuersten Luxushotels. Im Unterwasserhotel „Hydropolis" kann man vom Bett aus die Unterwasserwelt bestaunen. Das „Burj Khalifa" ist mit 828 m zurzeit der höchste Wolkenkratzer der Welt. Doch der Boom kam mit der weltweiten Finanzkrise 2008 ins Wanken. Dubai ist stark abhängig von ausländischen Geldgebern, die Großbauprojekte finanzieren oder Luxusvillen kaufen. Diese Käufer sind inzwischen schwerer zu finden und Dubai bleibt auf Tausenden neu gebauten Häusern und Wohnungen sitzen. Durch das fehlende Geld mussten Bauprojekte gestoppt werden oder sie wurden auf Basis weiterer Schulden fertiggestellt.

Hotel Burj al Arab

M 5

---

1 a) Beschreibe das Foto M 2.
b) Verorte Dubai mithilfe von M 1 und dem Atlas oder Kartenanhang.

2 Beschreibe die Entwicklung von Dubai von 1833 bis heute (T 1).

2 „Der Emir von Dubai stellte frühzeitig die Weichen für die Entwicklung seines Landes." Bewerte diese Aussage (T 1, T 2).

3 Nenne Beispiele für Großprojekte in Dubai, die für Touristen gebaut wurden (T 1, M 3 – M 5).

3 Würde dich ein Urlaub in Dubai reizen? Begründe.

4 Erörtere die Entwicklung Dubais.
a) Sammle Argumente, die für oder gegen die vorgestellten Projekte sprechen (T 2, M 3 – M 5).
b) Beurteile die Projekte.

5 „Dubai – in den Sand gesetzt?!" – Erkläre mit deinen Worten die Doppeldeutigkeit dieser Überschrift.

Orientierung

Sich in Australien orientieren

Australien

Australien, das Land „Down Under", ist der einzige Staat, der einen ganzen Kontinent umfasst. Mit 7,7 Millionen km² gehört Australien zu den flächengrößten Staaten der Erde und besteht zu fast 20 % aus Wüsten. Aber nur etwa 26 Millionen Menschen leben dort.

M 1 Uluru – der heilige Berg der Aborigines im Outback in der zentralaustralischen Wüste

M 3 Whitsunday Islands an der australischen Ostküste im Bundesstaat Queensland

M 2 Schaffarm im Outback Australiens

M 4 Great Dividing Range

Aborigines
indigene Bevölkerung Australiens. Sie haben den Kontinent bereits vor der Eroberung durch die Europäer besiedelt.

T1 Ein einzigartiger Kontinent

Australien ist der flachste, gebirgs- und flussärmste Kontinent der Erde. Hier leben Tiere, die nirgendwo sonst auf der Welt vorkommen: Emus oder Beuteltiere wie Kängurus, Koalas und Wombats. Einzigartig ist auch die Pflanzenwelt. Der Eukalyptus mit mehr als 700 verschiedenen Arten ist typisch für Australien. Das Great Barrier Reef vor der Küste Australiens ist mit einer Größe von mehr als 200 000 km² das größte Korallenriff der Erde.

Die jüngere Geschichte Australiens wurde vor allem durch britische Einwanderer geprägt. Diese kamen ab dem 18. Jahrhundert ins Land und drängten die einheimischen Aborigines völlig zurück.

Die meisten Menschen leben in den zehn größten Städten der dichtbesiedelten Küstenzone. Die übrige Bevölkerung lebt weit verstreut im Outback, dem riesigen, fast menschenleeren Inneren des Landes. Dort liegt auch der Uluru, der heilige Berg der Aboriginal people und gleichzeitig Wahrzeichen Australiens. Inzwischen wurde er aus Rücksicht vor der Religion der Aborigines für Touristen gesperrt.

5 In der Wüste – und trotzdem Leben!

M 5 Lernkarte Australien und Neuseeland

Landhöhen
- Tiefland (0–200 m)
- Hügelland (200–500 m)
- Mittelgebirge (500–2000 m)
- Hochgebirge (über 2000 m)

Politische Gliederung
- ① … ⑨ Staaten
- Orte
- •1 … •11 Städte

Gewässer
- Ⓐ … Ⓔ Ozeane, Meere
- a … b Flüsse

Landmassen
- Ⓐ … Ⓗ Gebirge, Hochländer, Tiefländer
- a … c Inseln

0 500 1000 km

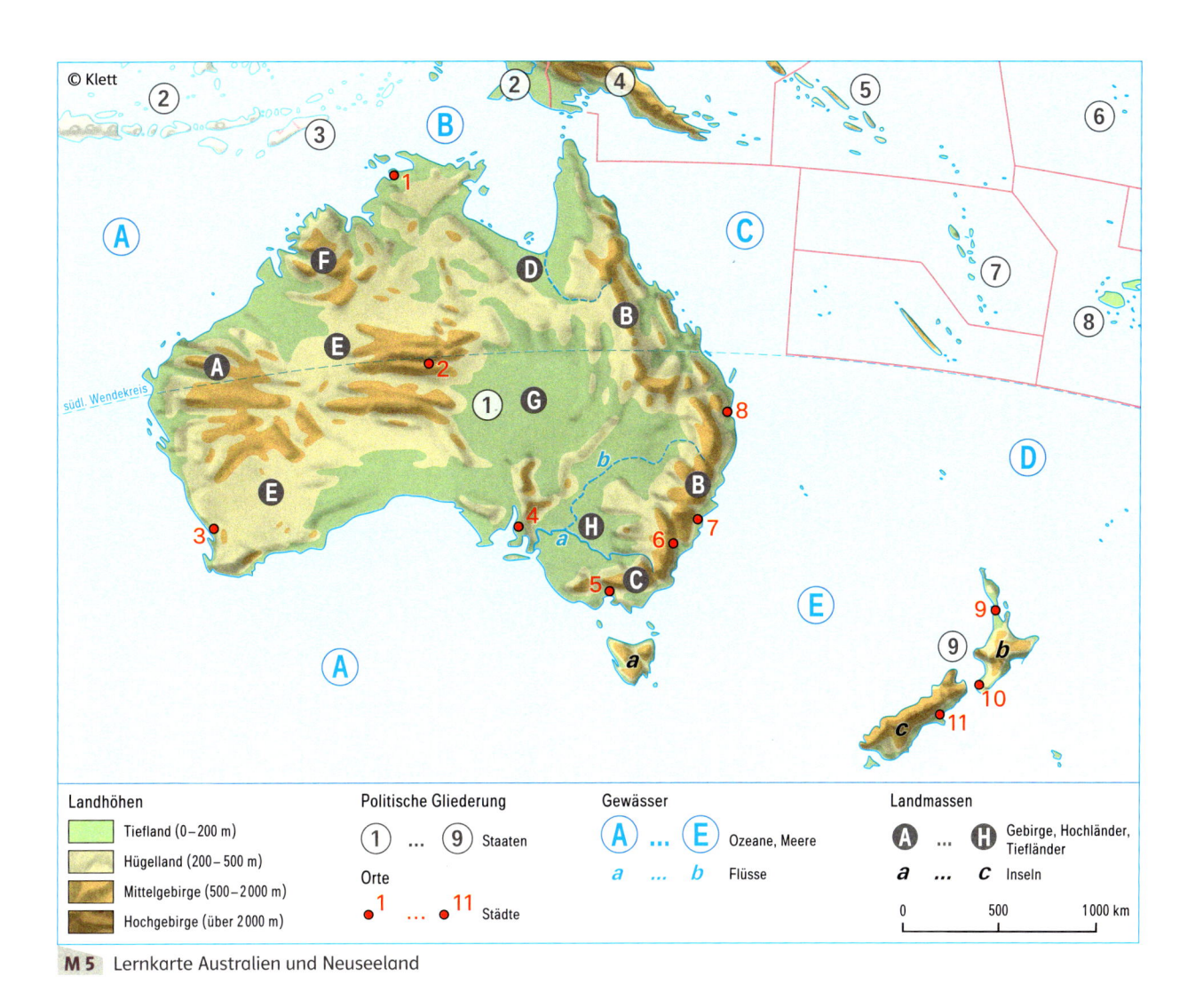

1
Arbeite mit der Karte M 5 und dem Kartenanhang oder dem Atlas. Benenne:
a) die Ozeane und Meere A–E,
b) die Flüsse a und b,
c) die Gebirge, das Hochland und die Tiefländer A–H,
d) die Inseln a–c,
e) die Städte 1–11.

2
Vervollständige folgende Sätze:
a) An der Ostküste Australiens liegen die Städte …
b) Die größte Insel Australiens liegt …
c) Die einzige größere Stadt im Outback ist …
d) Die Hauptstadt von Australien ist … und liegt …
e) Die Gebirgskette der Great Dividing Range liegt …
f) Im Nordosten vor der Küste Australiens liegt das …
g) Die Hauptstadt Neuseelands ist … und liegt …

3
a) Beschreibe die landschaftlichen Besonderheiten der Fotos M 1–M 4.
b) Verwende das Internet und den Atlas: Ordne die Fotos M 1–M 4 in die Karte M 5 ein, indem du für jede Landschaft eine Lagebeziehung formulierst, z. B.: „… liegt im Nordosten von …"

AFB I: 1, 2, 3a II: 3b → Lösungshilfen ab S. 196

Training

Wichtige Begriffe

- artesischer Brunnen
- Bodenversalzung
- Erosion
- Felswüste (Hamada)
- Flussoase
- Grabenbewässerung
- Grundwasseroase
- Kieswüste (Serir)
- Oase
- Quelloase
- Sandwüste (Erg)

Tansania, Mali, Bolivien, Chile, Brasilien, Australien, USA, Kanada, Ukraine, China

2 Wo liegt die Oase?
Ordne die Oasen mithilfe des Atlas einem Staat zu:
Oasen: Al Khufrah, Bilma, Ghardaïa, Timbuktu, Yazd
Staaten: Algerien, Iran, Libyen, Mali, Niger

Kennen und verstehen

3 Wüstenformen
a Benenne die Wüstenformen in M 2. Verwende die deutschen und die arabischen Begriffe.
b Erkläre, welche Naturkräfte für die Entstehung der Wüstenformen verantwortlich sind.

4 Welche Oase wird gesucht?
Nenne den Oasentyp.
a Sie liegt an einem Fluss.
b Das Wasser kommt aus dem Gebirge.
c Das Wasser lagert zwischen zwei wasserundurchlässigen Schichten und steht unter Druck.
d Das Wasser liegt tief unter ihr.

5 Bewässerung in Oasen
Richtig oder falsch? Berichtige die falschen Aussagen und schreibe alle richtig auf.
a Bei der Tröpfchenbewässerung ist der Wasserverlust hoch.
b Fossiles Grundwasser ist sehr altes Wasser.
c Bodenversalzung ist für Pflanzen kein Problem.

6 Stockwerkanbau
Erkläre den Begriff Stockwerkanbau und nenne je zwei Pflanzen für jedes Stockwerk.

7 Die „Königin der Oase"
Notiere zu jeder Ziffer in Zeichnung M 3 den Namen des Pflanzenteils und seinen Verwendungszweck.

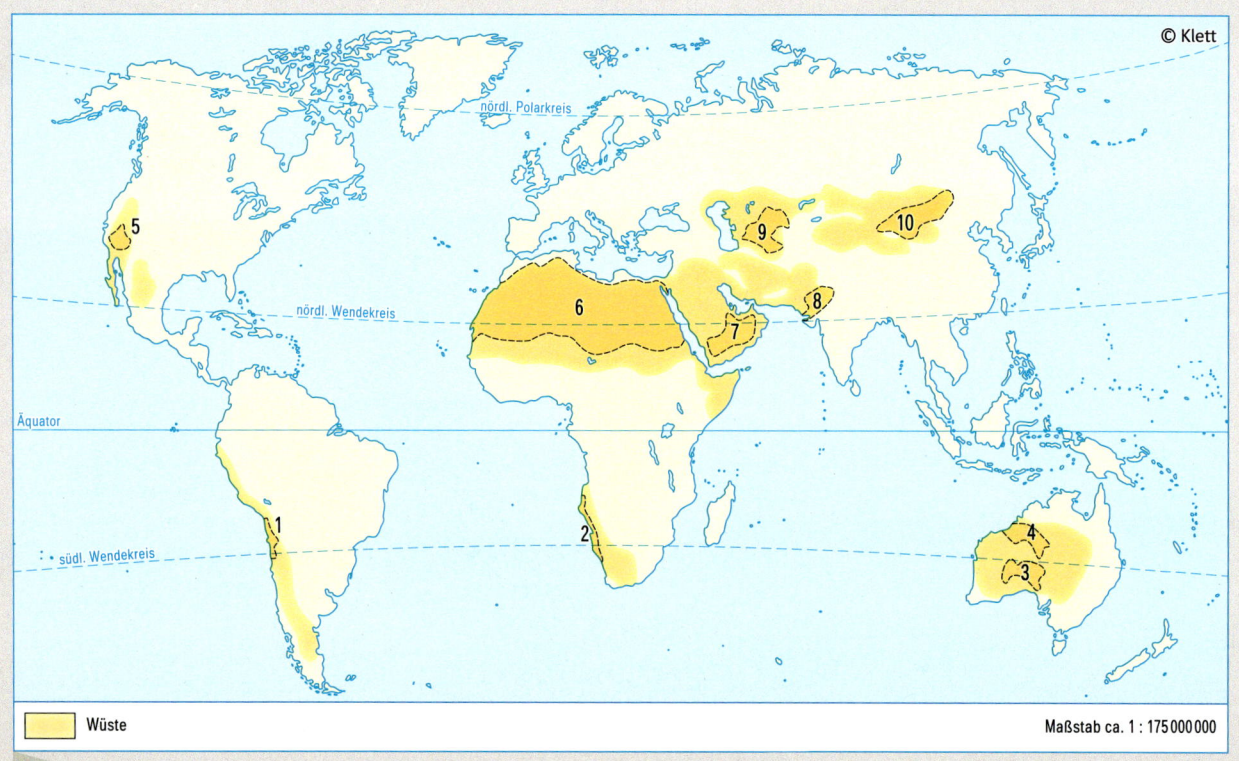

Sich orientieren

1 Wüsten der Erde
a Fülle die Tabelle zu M 1 mithilfe einer geeigneten Atlaskarte aus.

Wüste	Kontinent	Staaten
1 …	…	…

b Wüstenstaat oder nicht? Schlage im Atlas nach: Marokko,

M 1

D12 Arbeitsblatt Selbsteinschätzung
D13 Arbeitsblatt Lösungen

5 In der Wüste – und trotzdem Leben!

A **B** **C**

M2 Wüstenformen

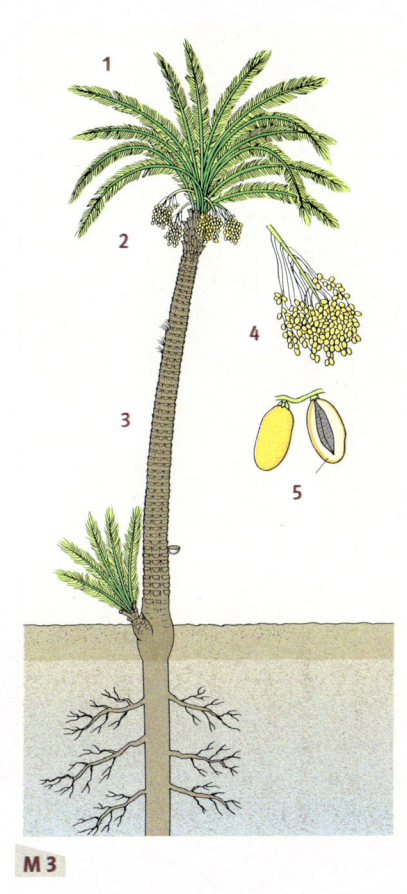

M3

M4 Agadez, 520 m 17°N/8°O 28,0°C 164 mm

b Nenne die Landschaftszone, aus der das Klimadiagramm stammt.

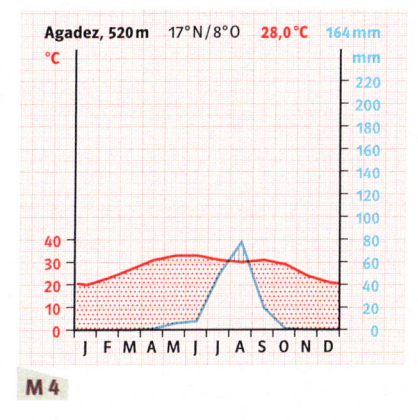

Aus dem Angebot eines Reiseunternehmens, das Abenteuerreisen anbietet: Tagsüber Trekking, abends mit einem Astronomen die Gestirne beobachten: Das sind Höhepunkte der Reise „Sand und Sterne". Angehörige von Wüstenvölkern begleiten die Gruppe, übernachtet wird im Zelt oder im Freien. Es geht durch Sanddünen und Steinwüsten, durch Wadis und Oasen.
Reisedauer 15 Tage, Preis ohne Anreise ab 1500 Euro.

M5

Vernetzen

11 Eine Reise in die Wüste
Entwirf einen Reisevorschlag zum Thema „Wüsten – mehr als nur Sand". Begründe, warum du welche Ziele bzw. Programmpunkte ausgewählt hast.

Beurteilen und bewerten

9 Bewerte eine der folgenden Aussagen.
a Landwirtschaft in der Wüste ist kein Problem.
b Wüsten sind nur ein Meer aus Sand.
c Fossiles Grundwasser ist die Bewässerungsform der Zukunft.

10 Wüstentourismus
Untersuche das Angebot aus dem Reiseprospekt M5 kritisch. Analysiere, welches Bild von der Wüste vermittelt wird, und beurteile dessen Richtigkeit.

Methoden anwenden

8 Klimadiagramm auswerten
a Werte das Klimadiagramm M4 aus. Nenne bzw. beschreibe
– den Jahresniederschlag,
– die Anzahl der ariden (trockenen) Monate,
– den Jahresverlauf der Temperatur.

97

Wähle aus

A Meister der Anpassung
diese Seite

B Die Wüste „rockt"
Seite 100/101

Die Anpassung von Pflanzen und Tieren in der Wüste an Beispielen erläutern

1
Überlebenskünstler in der Wüste:
a) Beschreibe, was die Tiere und Pflanzen in der Wüste gemeinsam haben (M7, M8).
b) Stelle die verschiedenen Strategien dar, wie Tiere und Pflanzen sich an die lebensfeindlichen Bedingungen angepasst haben (M1–M8).

A Meister der Anpassung

Die Wüsten gelten als lebensfeindlich. Trotzdem haben sich viele Tiere und Pflanzen den extremen Bedingungen angepasst. So können sie starke Sonneneinstrahlung, große Temperaturunterschiede und lange Trockenheit überstehen.

Schon gewusst?

Bei der Gattung der **Altweltkamele** lassen sich zwei Gruppen unterscheiden:

Dromedare haben nur einen Höcker. Auf ihrem langen, schlanken Hals sitzt ein lang gezogener Kopf.

Trampeltiere sind an ihren beiden Höckern zu erkennen. Auffällig sind die langen Haare am Nacken und an der Kehle. Sie sind vor allem in Asien als Last- und Nutztier verbreitet.

Das **Kamel** gehört zu den besten Überlebenskünstlern unter den Säugetieren. An den Füßen hat es dicke Hornschwielen. Sie schützen die Sohlen gegen den heißen Boden und scharfkantige Steine. Die Füße sind außerdem tellerförmig gespreizt, wodurch das Kamel nicht im weichen Sand einsinkt. Durch die langen schlanken Beine ist der Körper weit vom heißen Boden entfernt. Innerhalb von 15 Minuten kann das Kamel 200 Liter Wasser trinken. Dieses Wasser wird in einem der zwei Vormägen gelagert. Sogar Salzwasser und salzhaltige Pflanzen sind für das Kamel kein Problem. Der Höcker ist kein Wassertank, sondern ein Fettspeicher für Zeiten der Not. Wenn es extrem heiß ist, lässt das Kamel seine Körpertemperatur auf 42 °C ansteigen. Dieses kontrollierte Fieber verhindert Schwitzen und somit Wasserverlust. Durch die langen Wimpern und den starken Tränenfluss können Staub und Sand nicht in die Augen gelangen. Bei einem Sandsturm kann das Kamel seine schlitzförmigen Nüstern schließen. In der Nase befindet sich eine Art Klimaanlage. Sie kühlt das Blut, die Augen und das Gehirn.

M1 Kamel

Kakteen haben keine Blätter, sondern Stacheln. Dies verringert ihre Oberfläche, sodass bei starker Sonneneinstrahlung kaum Wasser verdunstet. Die Oberfläche der Kakteen ist mit einer dicken Wachsschicht überzogen, die den Wasserverlust gering hält. Der Stamm enthält ein Gewebe zur Wasserspeicherung. Wasser wird hauptsächlich über die flachen Wurzeln aufgenommen, die sich um die Pflanze herum in alle Richtungen ausbreiten. Es gibt auch Kakteenarten, die selbst kleinste Mengen an Luftfeuchtigkeit über die Dornen aufnehmen können. Tautropfen kondensieren, rinnen an den Dornen herab, werden durch die Haarpolster an deren Basis aufgenommen und an den Pflanzenkörper abgegeben.

M2 Orgelpfeifenkaktus

5 In der Wüste – und trotzdem Leben!

D14 Arbeitsblatt Lösungen

2 MB
Informiere dich über eine weitere Pflanze oder ein weiteres Tier in der Wüste und erläutere die Anpassung an die Trockenheit. Recherchiere dazu im Internet.

→ Im Internet recherchieren Seite 211

AFB I: 1a II: 1b, 2   → Lösungshilfen ab S. 196

Cistanchen sind Schmarotzerpflanzen, die mit ihren Wurzeln das Wasser und die Nährstoffe in den Wurzeln anderer Pflanzen anzapfen. Ihre gelbe oder violette Blüte wird bis zu 50 cm hoch, sie hat jedoch keine grünen Blätter.

M 3 Cistanche

Die **Rose von Jericho** wächst als einjährige Pflanze und wird etwa 5 bis 10 cm hoch. Ihre weißen Blüten sind nur etwa 2 mm groß. Am Ende der Wachstumsphase rollt sich die Pflanze ein. Die abgestorbenen Blätter schützen die Samen, die nach einem kräftigen Regenguss sofort zu keimen beginnen.

M 5 Rose von Jericho

Tiere in der Wüste

Bei den Tieren haben die besonderen Lebensbedingungen zu völlig unterschiedlichen Anpassungen geführt. Einige Tiere kommen mit sehr wenig Wasser aus, andere nehmen Wasser in großen Mengen auf und speichern es. Wieder andere müssen gar nicht trinken und beziehen Wasser aus der Nahrung.

M 7

Pflanzen in der Wüste

Bei den Wüstenpflanzen unterscheidet man zwei Gruppen. Einjährige Pflanzen blühen nur nach Niederschlägen auf, vertrocknen schnell wieder und lassen ihre Samen zurück. Mehrjährige Pflanzen können durch entsprechende Anpassung wie Speicherorgane und Verdunstungsschutz die Trockenheit lange überdauern.

M 8

Die **Wüstenspringmaus** hüpft mit ihren zwei Hinterbeinen mit rasender Geschwindigkeit durch die Wüste. Haarbüschel an den Füßen verhindern, dass sie in den Sand einsinkt. Das lebensnotwendige Wasser zieht die Wüstenspringmaus aus der Nahrung oder sie wandelt Körperfett um. Dank ihrer großen Augen und Ohren kann sie auch nachts gut Futter aufspüren, z. B. Wurzeln und Samen von Pflanzen.

M 4 Wüstenspringmaus

Das **Flughuhn** ist mit seinem Gefieder perfekt getarnt. Weit entfernt von Wasserstellen legt es seine Eier ab, denn dort gibt es kaum Feinde. Um die Jungvögel mit Wasser zu versorgen, fliegt der Hahn zur Wasserstelle und speichert Wasser im Brustgefieder. Von den aufgetankten 80 Gramm Wasser kommen immerhin noch 30 Gramm bei den Jungvögeln an.

M 6 Flughuhn

Wähle aus

Öffnung kultureller und historischer Traditionen am Beispiel der Tuareg beschreiben

A Meister der Anpassung
Seite 98/99

B Die Wüste „rockt"
diese Seite

1 Lege eine Tabelle an und vergleiche die Lebensbedingungen der Tuareg früher und heute (M 1, T 1).

2 SP Die Band Tamikrest (T 2):
a) Erstelle einen Steckbrief der Band.
b) Beschreibe, welche Botschaft die Musiker vermitteln möchten.

B Die Wüste „rockt"

Ihre Väter griffen zur Waffe, sie kämpfen lieber mit der Gitarre: Die Band Tamikrest vertont das Leben und die Sehnsüchte junger Tuareg mit einer musikalischen Mischung von traditionellen Klängen und internationaler Rock- und Popmusik.

M 1 Kamelkarawane der Tuareg

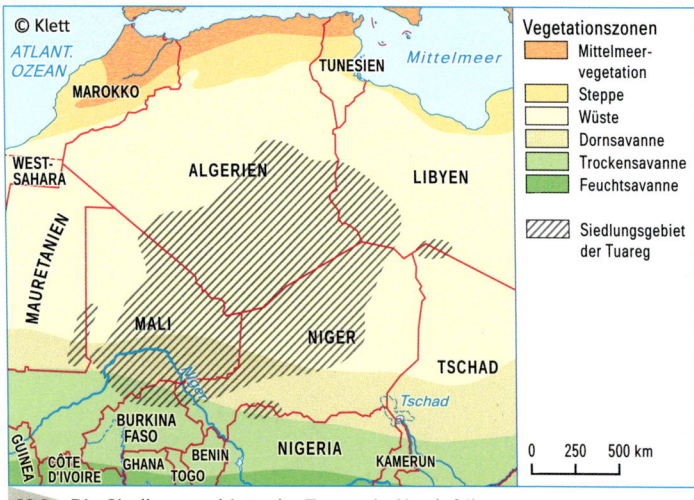

M 2 Die Siedlungsgebiete der Tuareg in Nordafrika

T 1 Das Leben der Tuareg

Die Tuareg leben im nördlichen Westafrika. Viele Jahrhunderte zogen sie mit ihren Kamelkarawanen zwischen den Oasen der Sahara und den Märkten im Sahel viele Hundert Kilometer hin und her. Sie tauschten Salz gegen Hirse, Datteln und andere Waren des täglichen Bedarfs.

Doch sie mussten immer wieder darum kämpfen, nach ihrer Tradition leben zu dürfen und als freies Volk anerkannt zu werden. Im 19. Jahrhundert leisteten sie lange Zeit heftigen Widerstand gegen die Kolonialmacht Frankreich. Erst 1917 wurde ein Friedensvertrag geschlossen. Mit dem Ende der französischen Kolonialherrschaft 1960 wurde das Siedlungsgebiet der Tuareg zwischen den seitdem unabhängigen Staaten Mali, Niger und Algerien aufgeteilt. Durch die willkürlich gezogenen Ländergrenzen wurden die nomadische Lebensweise und der Zusammenhalt der Tuareg-Gesellschaft deutlich erschwert.

Ansiedlungsprogramme zwangen die Tuareg ein sesshaftes oder halbnomadisches Leben zu führen. So hatte die jeweilige Regierung eine bessere Kontrolle über die Bevölkerung. Als sich die Tuareg dagegen wehrten, wurden sie von den Regierungen unterdrückt und verfolgt.

Neben den politischen Verfolgungen bedrohten jahrelange Dürre und wirtschaftliche Benachteiligungen die Existenz der Tuareg.

D15 Arbeitsblatt Lösungen

In der Wüste – und trotzdem Leben! 5

3 MB
Schau dir ein Musikvideo der Band Tamikrest im Internet an. Überlege, welches Bild der Wüste die Musiker mit ihren Videoclips vermitteln möchten.

AFB I: 1 II: 2, 3 → Lösungshilfen ab S. 196

M 3 Die Musiker von Tamikrest

Zum Beispiel erfolgte inzwischen der Handel in der Sahara überwiegend mit Lkws. So kam es zwischen 1990 und 1995 zu Aufständen der Tuareg in Mali und in Niger. Diese wurden zwar Mitte der 1990er-Jahre durch Friedensverträge beendet, doch immer wieder kommt es zu Konflikten.

T2 **Die Band Tamikrest**
Tamikrest bedeutet in Tamascheq, der Sprache der Tuareg, so viel wie „Bündnis" oder „Treffpunkt". Die Gründungsmitglieder der Band, Ousmane Ag Mossa und sein Schulfreund Cheick Ag Tiglia, stammen aus dem Nordosten Malis. Ihre Kindheit und Jugend waren vom Bürgerkrieg geprägt. Wie viele andere verloren sie Familienmitglieder und Freunde während der Tuareg-Aufstände in den Jahren 1990 bis 1995.

Als 2006 erneut Unruhen ausbrachen, beschlossen sie, sich dem bewaffneten Kampf nicht anzuschließen. Stattdessen gründeten sie die Band Tamikrest mit Musikern aus Mali, Niger, Algerien und Frankreich.
Unter dem Motto „Eine Wüste beherbergt uns, eine Sprache vereint uns, eine Kultur verbindet uns" macht die Band seitdem durch ihre Musik und Songtexte auf die Unterdrückung der Tuareg aufmerksam. Die Bandmitglieder sehen die Kultur und die Tradition ihres Volkes bedroht. Musikalisch drücken sie so ihren Widerstand auf friedliche Weise aus.
Im Jahr 2014 wurde Tamikrest bei den Songlines Music Awards als beste Gruppe ausgezeichnet. Auch mit dem Titel ihres Albums „Tamotait" im Jahr 2020 ist die Hoffnung auf einen positiven Wandel eine zentrale Botschaft.

6

In der Kalten Zone – Leben mit der Kälte

M 1 Siedlung im Westen Grönlands

In der Kalten Zone stoßen Menschen, Tiere und Pflanzen an ihre Grenzen. Temperaturen mit bis zu –70 °C übersteigen unser Vorstellungsvermögen. Doch Leben ist möglich, wenn es sich dem Klima anpasst. Trotz der schwierigen Bedingungen dringen immer mehr Menschen in die Kalte Zone vor, um hier zu forschen, zu arbeiten oder zu wohnen. Dadurch verändert sich der empfindliche Lebensraum.

M 2 Borealer Nadelwald (Taiga)

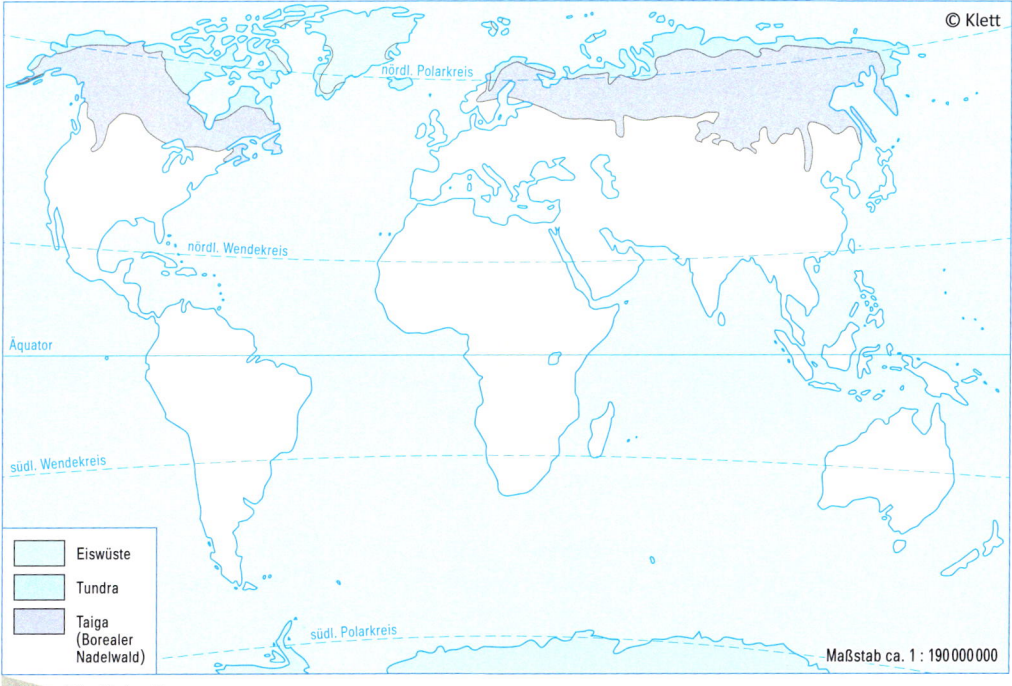

M 3 Die Kalte Zone

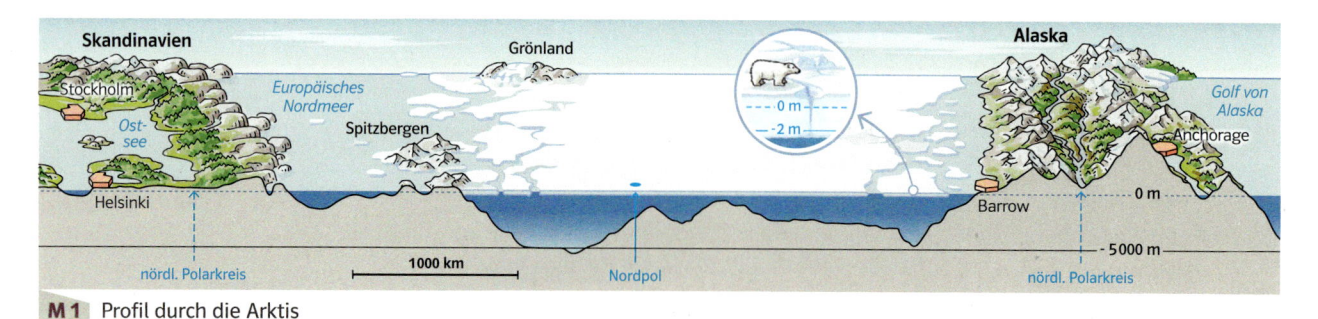

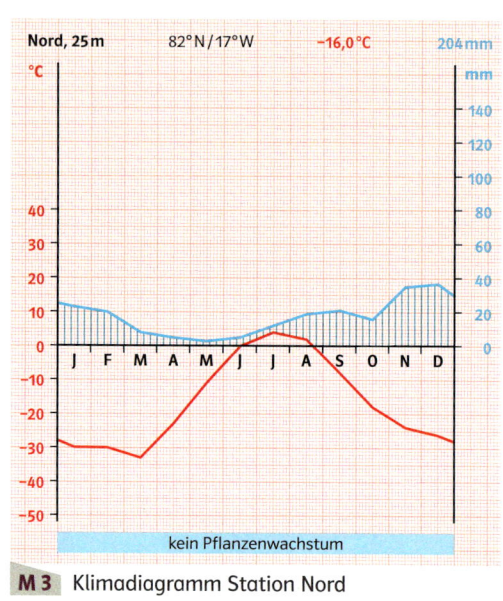

Merkmale der Arktis und der Antarktis beschreiben

M 1 Profil durch die Arktis

M 2 Die Arktis

M 3 Klimadiagramm Station Nord

Arktis und Antarktis

Rund um die beiden Pole der Erde erstrecken sich ausgedehnte Eisregionen, die Polargebiete. Sie werden durch die beiden Polarkreise begrenzt. Der Nordpol befindet sich auf einer Eisfläche auf dem Meer. Der Südpol liegt auf einem Kontinent.

→ Neumayer III – Forschung in der Antarktis
Seite 120/121

→ Klimawandel
Seite 134/135

T1 Ein Meer, von Kontinenten umgeben
Das Nordpolarmeer und Teile von Asien, Europa und Nordamerika bilden die Arktis. Über die Hälfte der Arktis besteht aus Meer. Es gefriert trotz extremer Temperaturen selbst im Winter nicht vollständig. Nur um den Nordpol bildet sich eine bis zu 3 m dicke Eisschicht. Das gefrorene Salzwasser heißt **Meereis**. Durch Strömungen, Winde und aufsteigendes Tiefenwasser zerbricht es häufig zu einzelnen Eisschollen – dem sogenannten Treibeis. Vom Festland gleiten Gletscher ins Meer, von denen Eisberge abbrechen.

T2 Ein Kontinent, von Meeren umgeben
Die Antarktis umfasst den fünftgrößten Kontinent der Erde und das ihn umgebende Südpolarmeer. Es muss somit unterschieden werden zwischen dem Kontinent Antarktika und der gesamten Kälteregion Antarktis. Antarktika ist der trockenste und kälteste Kontinent der Erde und zu 98 % von **Inlandeis** bedeckt, das bis zu 4 700 m dick ist. In Gletschern fließt das Eis an die Küste, wo es weit über den Rand des Kontinents hinaus als Schelfeis auf dem Wasser aufliegt. Dort brechen immer wieder riesige Eisberge ab.

A 03 🔊 Hörtrack Mit dem Segelschiff durchs Eis

A 04 🔊 Hörtrack Entdecker in der Antarktis

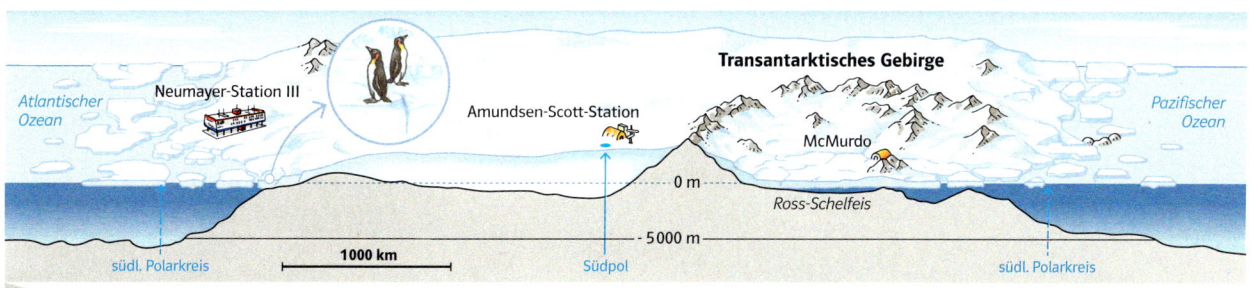

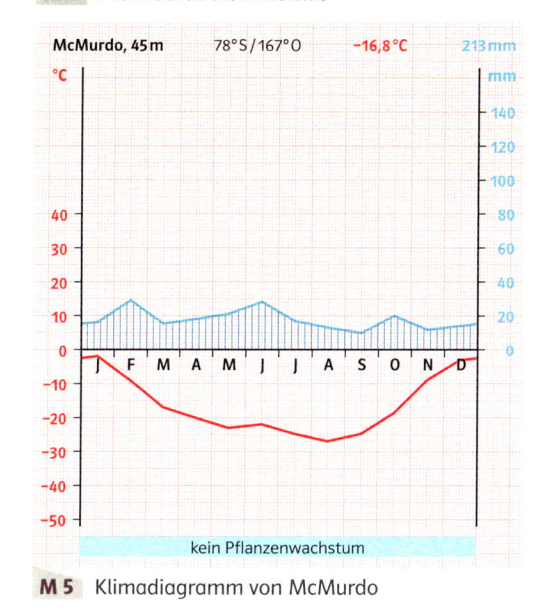

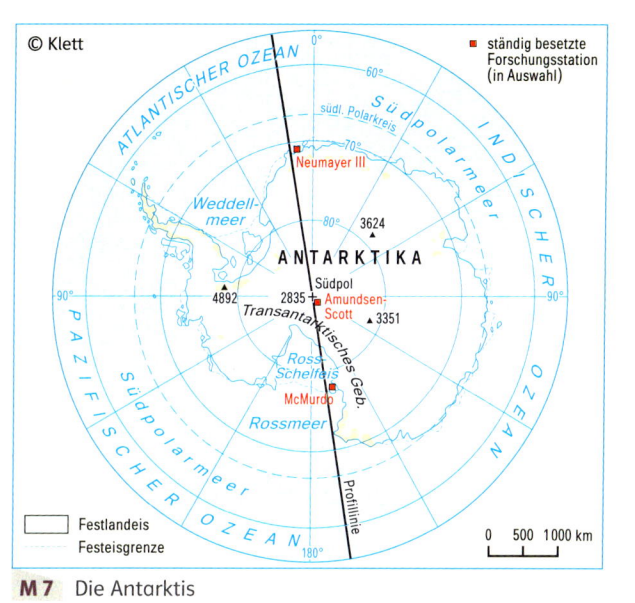

In der Kalten Zone – Leben mit der Kälte 6

M 4 Profil durch die Antarktis

M 5 Klimadiagramm von McMurdo

M 7 Die Antarktis

In der **Arktis** können im Sommer auf eisfreien Stellen Moose und Flechten entstehen. Im kalten Meerwasser bilden Kleinstlebewesen und Algen die Nahrungsgrundlage für viele Fischarten, Robben und Wale. Die Arktis ist der Lebensraum der Eisbären, die hervorragend an die Kälte angepasst sind. Auch Menschen, wie z. B. die **Inuit**, leben hier.

Die **Antarktis** ist bis auf ca. 80 zeitweise bewohnte Forschungsstationen nicht besiedelt. Auf kleinen eisfreien Flächen kommen nur Moose vor. Pinguine, Seeleoparden und Robben verbringen nur einen Teil ihrer Zeit auf dem Inlandeis, sonst leben sie im Wasser. Im Südpolarmeer leben viele Fischarten.

M 6 Das Leben in der Arktis und der Antarktis

1
a) Beschreibe die beiden Karten M 2 und M 7.
b) Nenne Kontinente und Ozeane.
c) Verorte die Klimastationen Nord (M 3) und McMurdo (M 5).

2 👁👁 SP
Listet in der Tabelle die Merkmale von Arktis und Antarktis auf. Arbeitet mit allen Materialien und Texten dieser Doppelseite.

Arktis	Antarktis
nördliches Polargebiet	südliches Polargebiet
…	…

2
Ein Lernpartner/eine Lernpartnerin arbeitet die Merkmale der Arktis (T 1, M 1–M 3, M 6) und der/die andere die Merkmale der Antarktis (T 2, M 4–M 7) heraus.
a) Tragt die Ergebnisse in eure Spalte ein.
b) Tauscht euch aus und ergänzt die Tabelle.
c) Vergleicht die beiden Polargebiete.

3 Arbeite mit dem Atlas:
a) Erstelle eine Liste der Staaten, die Anteil an der Arktis haben.
MB b) Recherchiere im Internet über die Gebietsansprüche in der Antarktis.

AFB I: 1 II: 2, 3   AFB I: 1 II: 2, 3   → Lösungshilfen ab S. 196

Die Entstehung von Polartag und Polarnacht erklären

Helle Nächte – dunkle Tage

Du bist es gewohnt, dass die Sonne abends untergeht, im Sommer später, im Winter früher. Kannst du dir vorstellen, dass es monatelang überhaupt nicht dunkel oder hell wird? Für die Menschen im hohen Norden Europas ist das normal!

M 1

M 3 Tromsø: A – an einem Junitag um Mitternacht; B – an einem Dezembertag zur Mittagszeit

T1 Polartag und Polarnacht

Im Sommer erleben die Menschen nördlich des **Polarkreises** den **Polartag**. Es wird dort nicht mehr Nacht. Am Polarkreis ist das nur an einem Tag der Fall, weiter nördlich dauert der Polartag Tage, Wochen oder Monate. Das ist davon abhängig, wie weit man sich vom nördlichen Polarkreis aus in Richtung Norden begibt. Am Nordpol dauert der Polartag ein halbes Jahr. Es ist die Zeit der Mitternachtssonne. Die Menschen in ganz Nordeuropa feiern den Beginn dieser Zeit mit dem Mittsommernachtsfest am 21. Juni. Während der **Polarnacht** im Winter ist es umgekehrt. Am nördlichen Polarkreis geht die Sonne am 21. Dezember nicht auf. Auch hier gilt: Je weiter man Richtung Nordpol kommt, desto länger dauert die Polarnacht.

T2 Entstehung von Polartag und Polarnacht

Die Neigung der Erdachse ist die Ursache für den Polartag und die Polarnacht. Wenn sich die Erde um die Sonne bewegt, ist in unserem Sommer die Nordhalbkugel ständig der Sonne zugewandt. Während des Polartages wird der Nordpol daher vom 21. März bis zum 23. September ununterbrochen von der Sonne beschienen. Im darauffolgenden Winterhalbjahr auf der Nordhalbkugel ist der Nordpol von der Sonne abgewandt. Er wird nicht von der Sonne beschienen, es herrscht dort Polarnacht.

Auch im Polargebiet auf der Südhalbkugel gibt es Polartag und Polarnacht – aber zu den umgekehrten Jahreszeiten wie bei uns.

M 2 Beleuchtung der Erde

21. Juni | 24 Stunden Tag | 0 Stunden Tag | 21. Dezember
12 Stunden Tag | Sonne | 12 Stunden Tag
0 Stunden Tag | 24 Stunden Tag

6 In der Kalten Zone – Leben mit der Kälte

Versuch

Material: Globus, freistehende Lichtquelle (z. B. Taschenlampe, die an einem Stativ befestigt ist), Klebestreifen

Durchführung: Markiert die Polarkreise auf dem Globus mit einem Klebestreifen. Ein Schüler/eine Schülerin bedient die Lichtquelle (= Sonne) auf einem Tisch in der Mitte. Eine andere/ein anderer lässt den Globus in Tischhöhe um die Sonne kreisen, wobei die Sonne immer auf den Globus ausgerichtet ist. Die Erdachse muss dabei in der gleichen Schrägstellung und Ausrichtung bleiben. Für die Positionen des 21. Juni, 23. September, 21. Dezember und 21. März helfen vier weitere Tische, um den Globus abzustellen. Beachtet, dass sich die Erde nicht nur um die Sonne, sondern auch um ihre eigene Achse dreht. Ihr müsst sie gegen den Uhrzeigersinn bewegen.

Auswertung: Beobachtet, wie unterschiedlich die Polarregionen je nach Stellung zur Sonne beleuchtet werden.

SP Tipp

→ Versuch M 4

- Die Sonne beleuchtet … ganz/zum Teil/ gar nicht …
- Die Erdachse neigt sich zur Sonne hin/ von … weg
- Die Beleuchtung … wechselt je nach Stellung der Erdachse …

M 4 Versuch: Wie entstehen Polartag und Polarnacht?

Im finnischen Tampere ist es im Winter lange dunkel. Doch von düsterer Stimmung keine Spur. „Das wichtigste Mittel gegen die Dunkelheit ist Geselligkeit!", findet Matti, ein Einwohner der Stadt. Es gibt hier viele Restaurants, Cafés und Museen. „Manchmal nehme ich eine Lichtdusche, ich lasse mich von einer besonders hellen Lampe bescheinen." Dies hilft, um den Vitamin-D-Mangel zu beheben, denn Vitamin D bildet die Haut fast nur bei Licht.
Ein Highlight im Winter ist das Lichterfest in Tampere. „Fast drei Monate lang ist unsere Stadt bunter und schillernder als Las Vegas!"

M 5 Mit Freude durch die Dunkelheit

A B

1
a) Verorte Tromsø (M 1).
b) Stelle Vermutungen an, warum es in Tromsø im Juni um Mitternacht taghell und im Dezember um die Mittagszeit dunkel ist (M 1, M 3).

2 👥 SP
a) Führt den Versuch M 4 in der Klasse durch.
b) Schreibt die Beobachtungen auf.
c) Überprüft eure Beobachtungen aus M 4 mithilfe von T 1 und M 3.

3 👥 SP
Arbeitet mit T 2 und M 2 und erklärt euch gegenseitig die Entstehung von Polartag und Polarnacht:
Die Ursache für Polartag und -nacht ist … Die Nordhalbkugel neigt sich im Sommer …, das bedeutet … Im Winter dagegen …

3
Erläutere die Entstehung von Polartag und Polarnacht (T 2, M 2).

4
Arbeite mit M 5 und erläutere, wie die Menschen in Tampere mit den Auswirkungen der Polarnacht umgehen.

AFB I: 1a II: 1b, 2–4   AFB I: 1a II: 1b, 2–4   → Lösungshilfen ab S. 196   **107**

Methode

Die Methode „Planen und Entscheiden" an einem Beispiel erläutern

Planen und Entscheiden

Tagtäglich planen und entscheiden wir über kleine und große Gegebenheiten, wägen die Konsequenzen ab und handeln entsprechend. So ist es auch, wenn der Mensch Entscheidungen fällt, die Auswirkungen auf die Umwelt haben.

M 1 Wohin geht die Reise: Städtetrip nach Stockholm oder Urlaub an der Schärenküste Schwedens?

Schäre
Vom Inlandeis abgeschliffene Felsinsel vor der Küste Norwegens, Schwedens und Finnlands.

T1 Entscheidungen im Alltag

Jeden Tag treffen wir viele Entscheidungen, die mal mehr, mal weniger wichtig sind: Ziehe ich heute die blauen oder die roten Socken an? Nehme ich das Rad oder den Bus? Machen wir dieses Jahr einen Städtetrip nach Stockholm oder Urlaub an Schwedens Schärenküste? Bei jeder getroffenen Entscheidung wägen wir vorher ab, welche Auswirkungen sie haben könnte. Auch diese sind mal mehr, mal weniger bedeutend: Die Sockenfarbe ist vermutlich egal, die Fortbewegung mit dem Rad oder dem Bus muss genauer reflektiert werden (Zeit, Geld, Wetter, Umwelt, etc.). Die Frage nach dem Familienurlaub ist weitreichend und daher nicht leicht zu beantworten, weil mehrere Personen betroffen sind und jeder/jede eine eigene Meinung hat. Bevor etwas entschieden werden kann, müssen Argumente ausgetauscht und Pläne entworfen werden.

T2 Die Methode „Planen und Entscheiden"

Eine hohe Tragweite für Mensch und Umwelt haben Entscheidungen, die den Naturraum betreffen. Dies ist z. B. bei Großprojekten wie dem Bau einer Erdöl-Pipeline der Fall.
Im Unterricht könnt ihr anhand der Methode „Planen und Entscheiden" wichtige Beschlüsse selbst treffen. In kleinen Gruppen von bis zu fünf Personen schlüpft ihr in die Rolle der Verantwortlichen. Ihr setzt euch mit der Planung auseinander und trefft dann eine Entscheidung, die oft erhebliche Folgen hat. Dabei geht ihr folgendermaßen vor:

1. Schritt: Informieren

Zu Beginn informiert ihr euch über die Situation bzw. die Ausgangslage. Dabei wird klar, worum es geht.

Familie Demir überlegt, wohin es dieses Jahr in den Urlaub gehen soll. Zur Auswahl steht ein Städtetrip nach Stockholm oder Urlaub in einem Ferienhaus an Schwedens Küste.

In der Kalten Zone – Leben mit der Kälte 6

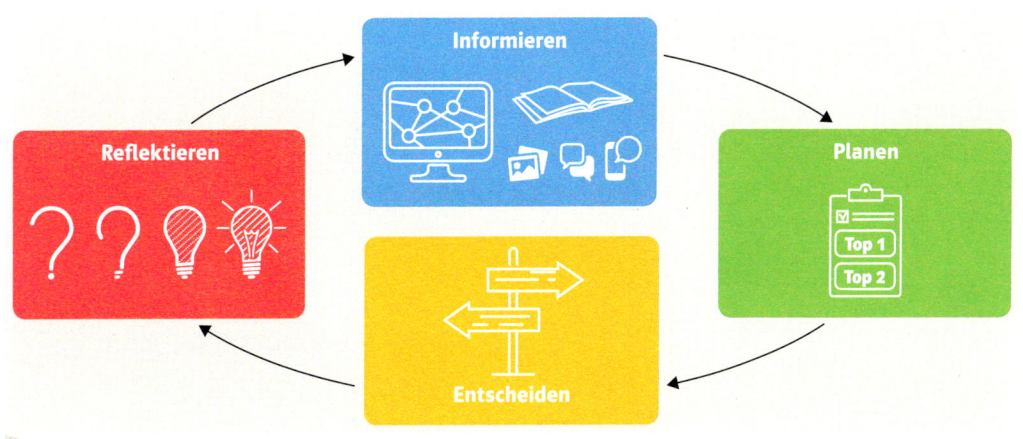

M 2 Die Methode „Planen und Entscheiden"

2. Schritt: Planen
Bildet Gruppen und macht euch mit dem Arbeitsauftrag vertraut. Setzt euch mit allen Informationsmaterialien auseinander. Hierbei kann es sich um Infotexte, Bilder und Karten, aber auch Meinungen oder Rollenbeschreibungen von verschiedenen Personen handeln. Bearbeitet den Arbeitsauftrag gemeinsam und notiert eure Ergebnisse.

Aufgeteilt in Gruppen sollen die Schülerinnen und Schüler Familie Demir bei ihrer Entscheidung über den Urlaubsort helfen. Dazu erhält jede Gruppe dasselbe Materialpaket: Rollenkarten mit Informationen zu den Familienmitgliedern, eine Karte von Schweden sowie zwei Flyer mit Informationen zu Stockholm und der Schärenküste. Jede Gruppe listet ihre Ergebnisse in einer Tabelle auf.

3. Schritt: Entscheiden
Tauscht euch aus und trefft eine Entscheidung. Damit ihr diese gut begründen könnt, müsst ihr auch die Folgen eurer Entscheidung berücksichtigen. Je nach Aufgabe kann dieser Vorgang ein mehrmaliges Entscheiden erfordern.

Jede Gruppe diskutiert ihre Ergebnisse. Die jeweiligen Pro- und Kontra-Argumente werden ausgetauscht. Anschließend einigen sich die Gruppenmitglieder auf einen Urlaubsort und begründen ihre Entscheidung.

4. Schritt: Reflektieren
Stellt euch gegenseitig eure Gruppenentscheidung vor. Besprecht in der Klasse, wie ihr beim Entscheiden vorgegangen seid: Wie seid ihr zu einer Einigung gekommen? Was ist euch innerhalb der Gruppe schwer- oder leichtgefallen?

Jede Gruppe präsentiert ihre Entscheidung als Kurzvortrag und begründet diese. Anschließend wird die Vorgehensweise innerhalb der Gruppe besprochen.

SP Tipp

Reflektieren
- Mir hat gut/ nicht gut gefallen, dass …
- Mir ist aufgefallen, dass …
- Innerhalb der Gruppe war es …
- Schwierig fand ich …
- Gut war, dass …
- Nächstes Mal werden wir …

1
a) Arbeite mit T1 und zähle wichtige und weniger wichtige Entscheidungen in deinem Alltag auf.
b) Lies T2. Fallen dir weitere wichtige Entscheidungen ein, die Mensch und Umwelt betreffen? Recherchiere auch im Internet.

2
Bildet Kleingruppen und führt die Methode „Planen und Entscheiden" am Beispiel von Doppelseite 110/111 durch.

Methode

Die Methode „Planen und Entscheiden" an einem Beispiel durchführen

Eine Pipeline quer durch Alaska

← Methode „Planen und Entscheiden" Seite 108/109

Im Jahr 1867 kauften die USA Alaska von Russland für die damals hohe Summe von 7,2 Millionen Dollar ab. Viele Amerikaner glaubten an ein schlechtes Geschäft: zu abgelegen, zu kalt und wertlos erschien ihnen das Land. Doch es kam ganz anders.

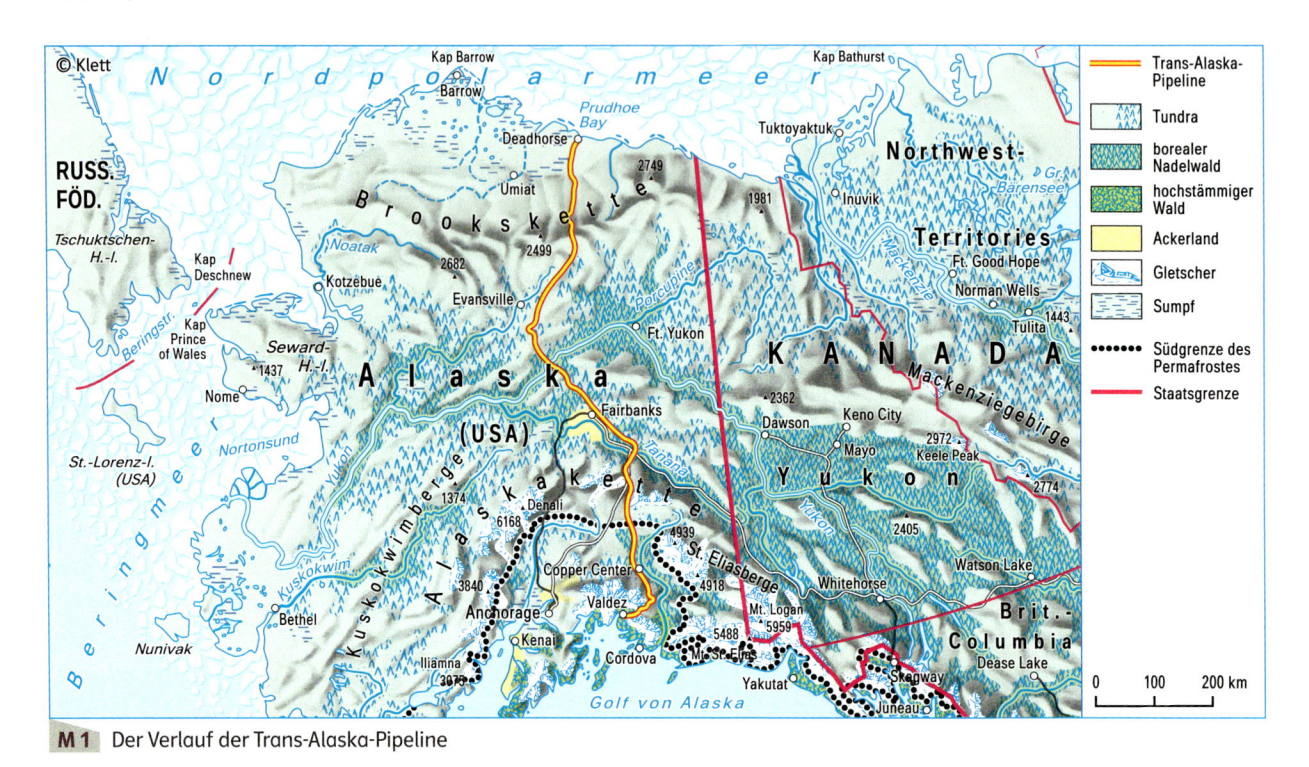

M 1 Der Verlauf der Trans-Alaska-Pipeline

Schon gewusst?

Pro Stunde fließen 84 000 Liter Öl durch die Pipeline. Das Öl benötigt für die gesamte Strecke 12 Tage.

Heute ist Alaska unbezahlbar und gilt wegen der vielen Bodenschätze als Schatzkammer der USA. Im Jahr 1968 entdeckte man an der Prudhoe Bay das drittgrößte Erdölfeld der Welt. Doch wie sollte man das Öl aus dem entlegenen Alaska in die übrigen Staaten der USA transportieren? Gegen das Tankschiff sprach das Packeis im Nordpolarmeer.

Der Transport mit Lkw wäre zu aufwendig gewesen. So entschied man sich für den Bau einer 1287 Kilometer langen Pipeline durch Alaska zum eisfreien Hafen Valdez. Von dort aus kann das Öl auf Tankschiffe umgeladen und transportiert werden. Die Planung und der Bau der Trans-Alaska-Pipeline stellte die Ingenieure vor große Herausforderungen.

1
Schritt 1: Informieren
a) Lest euch den Text auf S. 110 durch.
b) Beschreibt den Verlauf der Trans-Alaska-Pipeline (M 1).

2
Schritt 2: Planen
Schlüpft in die Rolle des damaligen Ingenieurteams und plant den Bau der Trans-Alaska-Pipeline.
Bildet Gruppen und arbeitet aus den Materialien dieser Doppelseite mögliche Probleme heraus, die sich bei der Planung der Pipeline ergeben könnten.

3
Schritt 3: Entscheiden
a) Entwickelt für jedes Problem eine Idee, wie man es durch bautechnische Maßnahmen beheben könnte.
b) Notiert in einer Tabelle die Probleme und eure Lösungsvorschläge.

4
Schritt 4: Reflektieren
a) Stellt in der Klasse eure Ergebnisse vor (z. B. Computerpräsentation).
b) Erläutert eure Vorgehensweise.

In der Kalten Zone – Leben mit der Kälte 6

Landschaftsprofil entlang des Trassenverlaufs der Trans-Alaska-Pipeline

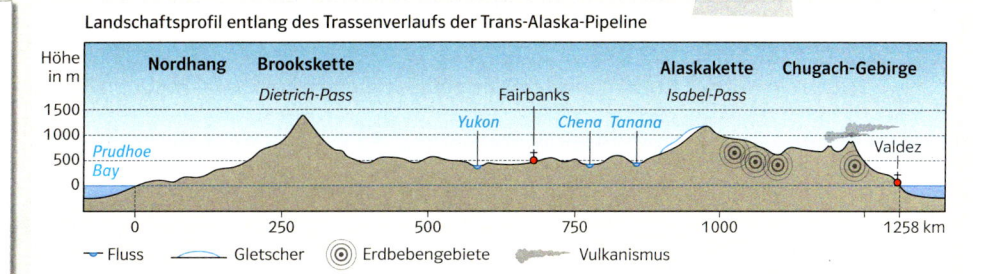

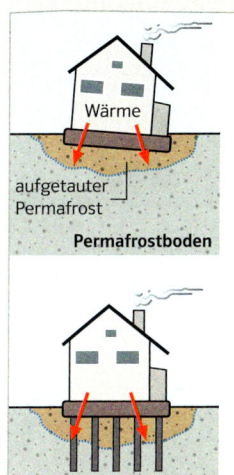

In Alaska sind Erdbeben nicht selten. Bebt die Erde, würde eine „normale" Pipeline wie ein Streichholz umknicken und Leck schlagen. In den letzten 100 Jahren wurden über 80 Erdbeben registriert, davon 20 größere.

Eines der größten Probleme, die es beim Bau der Pipeline zu lösen gilt, betrifft den Boden. Normalerweise verlaufen Pipelines unterirdisch. In der Tundra und damit auch in weiten Teilen Alaskas ist der Boden bis in große Tiefen jedoch gefroren. Solche Permafrostböden tauen im kurzen Sommer oberflächlich auf. Das getaute Wasser kann im Boden nicht versickern und verwandelt im Sommer große Flächen Alaskas in Sumpfgebiete. Damit Häuser und andere Bauten nicht im Schlamm versinken, werden diese auf Pfählen errichtet, die tief im Permafrostboden verankert sind.

Das Erdöl kommt mit ca. 80 °C aus den Bohrlöchern. Um das Öl möglichst ohne großen Kraftaufwand oder Widerstand durch die 1287 km lange Pipeline zu transportieren, wird die Öltemperatur auf konstante 60 °C gebracht. Wird das Öl zu kalt – in den langen Wintern können in Alaska durchaus Temperaturen von unter –60 °C erreicht werden – wäre das Öl zu zäh und zu dickflüssig.

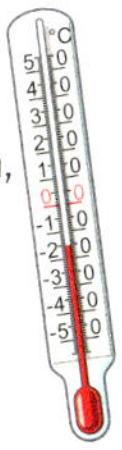

Die Wahrscheinlichkeit, dass die Pipeline bricht oder reißt, hängt auch von den täglichen oder jährlichen Temperaturunterschieden ab. Denn nahezu alle Materialien dehnen sich bei Erwärmung aus und ziehen sich bei sinkenden Temperaturen zusammen. Je größer der Temperaturunterschied, desto größer auch die Längenveränderung des Materials.

Karibus, so heißen die Rentiere Nordamerikas, leben in großen Herden von mehreren Hunderttausend Tieren. Sie sind ständig in Bewegung. Mit bis zu 6 000 Kilometern wandern sie jährlich weiter als alle anderen Landsäugetiere. Den Winter verbringen Karibus in südlicher gelegenen Nadelwäldern, im Frühjahr ziehen sie für den Sommer nach Norden in die baumlose Tundra. Hier finden sie saftige Weiden. Kehren im Herbst Schnee und Eis zurück, geht es für die Karibus wieder zurück in ihr südliches Winterquartier. Auf ihrem Weg folgen sie meist festen Wanderrouten. Dabei überqueren sie Berge und durchschwimmen Flüsse. Umweltschützer fürchten, dass ihre Wanderwege durch die Pipeline unterbrochen werden.

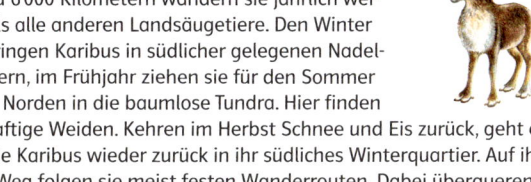

Die Natur reagiert empfindlich auf jeden Eingriff, besonders in der Kalten Zone. Dort laufen alle Prozesse aufgrund der ungünstigen klimatischen Bedingungen nur im Zeitlupentempo ab. So dauert es beispielsweise viele Jahrzehnte, bis der Stamm einer Zwergweide so dick wie ein Finger gewachsen ist. Niedergetretenes Moos benötigt etwa zehn Jahre, um sich wieder aufzurichten. Fahrspuren sind in der Tundra noch nach Jahrzehnten sichtbar. Tritt Öl aus einem Leck in der Pipeline noch aus, ist die umgebende Natur über Jahrzehnte vergiftet. Es muss also unbedingt verhindert werden, dass bei einem Leck größere Mengen Öl austreten!

	Fairbanks, Alaska			Stuttgart (zum Vergleich)	
Monat	Temp. (°C)	Nied. (mm)	Monat	Temp. (°C)	Nied. (mm)
Jan.	–25	19	Jan.	1	38
Feb.	–18	12	Feb.	2	35
Mrz.	–12	21	Mrz.	5	39
Apr.	–2	7	Apr.	9	54
Mai	8	14	Mai	13	84
Jun.	15	36	Jun.	16	93
Jul.	16	47	Jul.	18	63
Aug.	13	42	Aug.	18	76
Sep.	6	40	Sep.	15	53
Okt.	–3	19	Okt.	10	41
Nov.	–16	17	Nov.	5	48
Dez.	–22	17	Dez.	2	41
Temp.-Jahresmittel –3 °C			Temp.-Jahresmittel 10 °C		
Niederschlagssumme 291 mm			Niederschlagssumme 665 mm		

M 2

AFB I: 1 II: 2, 4 III: 3   → Lösungshilfen ab S. 196

Die Raumnutzung in der Kalten Zone erläutern

Wirtschaften im Borealen Nadelwald

In der Kalten Zone mit ihren kurzen Sommern und langen Wintern können nur wenige Pflanzenarten wachsen. Doch auch hier versucht der Mensch, die Natur zu nutzen – und gefährdet sie dabei.

M 1 Kahlschlag in Kanada

M 3 Getreidesilo nahe Edmonton

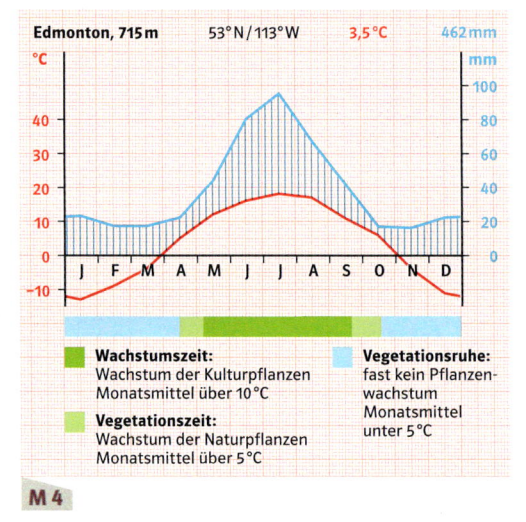

M 4 Edmonton, 715 m · 53° N / 113° W · 3,5 °C · 462 mm

Wachstumszeit: Wachstum der Kulturpflanzen Monatsmittel über 10 °C

Vegetationszeit: Wachstum der Naturpflanzen Monatsmittel über 5 °C

Vegetationsruhe: fast kein Pflanzenwachstum Monatsmittel unter 5 °C

M 2

boreal
lateinisch „borealis" = nördlich

T1 Borealer Nadelwald

Wald, soweit das Auge reicht! Der Boreale Nadelwald ist ein Wald der Superlative: als südlichster Teil der Kalten Zone handelt es sich hierbei sowohl um den nördlichsten als auch um den größten Wald der Erde! Der Boreale Nadelwald, der in Russland auch Taiga genannt wird, stellt mit ca. 15 Millionen km² rund ein Drittel der Waldfläche der Erde. Kanada und Russland besitzen daran den größten Anteil. Hier wachsen hauptsächlich Fichten, Kiefern, Tannen und Lärchen, von den Laubbäumen ist in manchen Regionen nur die Birke vertreten. Doch der artenarme Wald ist vor allem durch rücksichtslosen Holzeinschlag in Gefahr.

T2 Wirtschaftliche Nutzung des Waldes

Die Industriestaaten haben einen gewaltigen Bedarf an Holz und Papier. Deshalb fällen internationale Unternehmen in sibirischen und kanadischen Wäldern Bäume auf riesigen Flächen. Kanada hat sich aufgrund des großen Waldbestandes zum größten Papierhersteller der Welt entwickelt. Der Holzeinschlag findet ohne Rücksicht auf den Bestand und die Erneuerung des Waldes statt. Die Vegetationszeit der Bäume beträgt nur vier bis fünf Monate pro Jahr, weswegen der Wald sehr langsam nachwächst. Neben dem Holzeinschlag bedroht die Ausbeutung von Bodenschätzen wie der Abbau von Ölsand in Kanada den Borealen Nadelwald.

6 In der Kalten Zone – Leben mit der Kälte

M 5 Verbreitung und Nutzung des Borealen Nadelwaldes sowie Nordgrenze des Weizenanbaus

Legende:
- - - - polare Waldgrenze
- borealer Nadelwald
- ausbeutende Holzwirtschaft seit 1850, gelegentliche Wiederaufforstung
- Raubbau mit totaler Waldzerstörung
- Nordgrenze des Weizenanbaus

Anteile am borealen Nadelwald (in Mio. km²):
- Kanada/Vereinigte Staaten 4,0
- Russische Föderation 8,1
- Finnland, Schweden und Norwegen 0,5
- China und Japan 0,4

T 3 Naturschonende Nutzung

Wegen des Raubbaus ist der Boreale Nadelwald genauso bedroht wie der Tropische Regenwald. Darum fordern Naturschützer eine nachhaltige Forstwirtschaft, d.h., dass nicht mehr Holz gefällt wird als nachwachsen kann. Erntereife Bäume sollen einzeln gerodet und durch Jungbäume ersetzt werden. Noch fällt es den Regierungen schwer, dieser Aufforderung nachzukommen. Holzkäufer können dabei helfen, indem sie einen Nachweis für nachhaltige Holzproduktion verlangen, z.B. durch das FSC-Siegel.

T 4 Grenzen des Weizenanbaus

In Kanada setzt die Kälte dem Ackerbau zwar Grenzen, dennoch wird der Weizenanbau weiter nach Norden ausgedehnt. Wegen des kurzen Sommers wird dazu Weizen benötigt, der viel schneller reift als die Sorten in Mitteleuropa. Durch intensive Züchtung fand man eine Sommerweizensorte, die nur 100 Tage bis zur Reife braucht. In Kanada konnten die Anbauflächen für Weizen so immer weiter in die Zone des Borealen Nadelwaldes ausgeweitet werden. Kanada wurde dadurch ein großer Weizenexporteur.

Weizenarten

Sommerweizen wird im Frühjahr ausgesät und im Spätsommer geerntet. Winterweizen wird dagegen im Herbst ausgesät und im Hochsommer des Folgejahres geerntet. Winterweizen ist deutlich ertragreicher als Sommerweizen.

---

1 a) Beschreibe die Verbreitung des Borealen Nadelwaldes (M 5).
b) „Der Boreale Nadelwald ist ein Wald der Superlative." Erkläre mit T 1.

2 a) Erkläre, weshalb die wirtschaftliche Nutzung des Borealen Nadelwaldes eingeschränkt ist (T 2, M 4).
b) Nenne Gründe für die Bedrohung des Waldes (T 2, M 1).

Erkläre, weshalb der Boreale Nadelwald bedroht ist (T 2, M 1, M 5).

3 Erläutere die nachhaltige Nutzung des Borealen Nadelwaldes (T 3).

4 a) „Der Weizenanbau wurde dem Klima angepasst." Erkläre (T 4, M 4).
b) Beurteile die Folgen einer Ausdehnung des Weizenanbaus bis zu seiner Nordgrenze (M 5).

a) Erläutere Probleme des Weizenanbaus in der Kalten Zone (T 4, M 4, M 5).
b) Nenne positive und negative Folgen des Weizenanbaus.

5 Erkläre mithilfe von M 3 auf S. 103 sowie der Karte M 1 auf S. 26/27, warum der Boreale Nadelwald nur auf der Nordhalbkugel vorkommt.

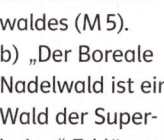

AFB I: 1a, 2b II: 1b, 2a, 3, 4a, 5 III: 4b   AFB I: 1a, 4b II: 1b, 2, 3, 4a, 5   → Lösungshilfen ab S. 196

Orientierung

Sich in Asien orientieren

Asien

Asien ist mit Abstand der größte und bevölkerungsreichste Kontinent der Erde. Daher gibt es in Asien zahlreiche Staaten. Aber auch riesige Ebenen und die höchsten Gebirge der Welt befinden sich hier.

Schon gewusst?

Auf dem größten Kontinent der Erde lebt mehr als die Hälfte der Menschheit. China und Indien sind mit jeweils über einer Milliarde Menschen die bevölkerungsreichsten Staaten der Erde. Auch Russland, der mit über 17 000 000 km² flächengrößte Staat, liegt zum größten Teil in Asien.

M1 Dorf im Himalaya-Gebirge

M2 Der Fluss Lena in Russland

1
Arbeite mit der Karte M3 und dem Kartenanhang oder dem Atlas. Benenne:
a) die Staaten 1, 10, 11, 18, 26, 34, 40, 42, 44, 45, 47, 48, 49 und die zugehörigen Städte,
b) die Gebirge, Tiefländer und Becken A – P sowie den Berg 1,
c) die Ozeane und Meere A – E,
d) die Flüsse und Seen a – n,
e) die Inseln a – e.

2
Beschreibe die Lage des Himalaya-Gebirges und des Deltas der Lena (M1 und M2), indem du für beide Orte jeweils drei Lagebeziehungen formulierst.

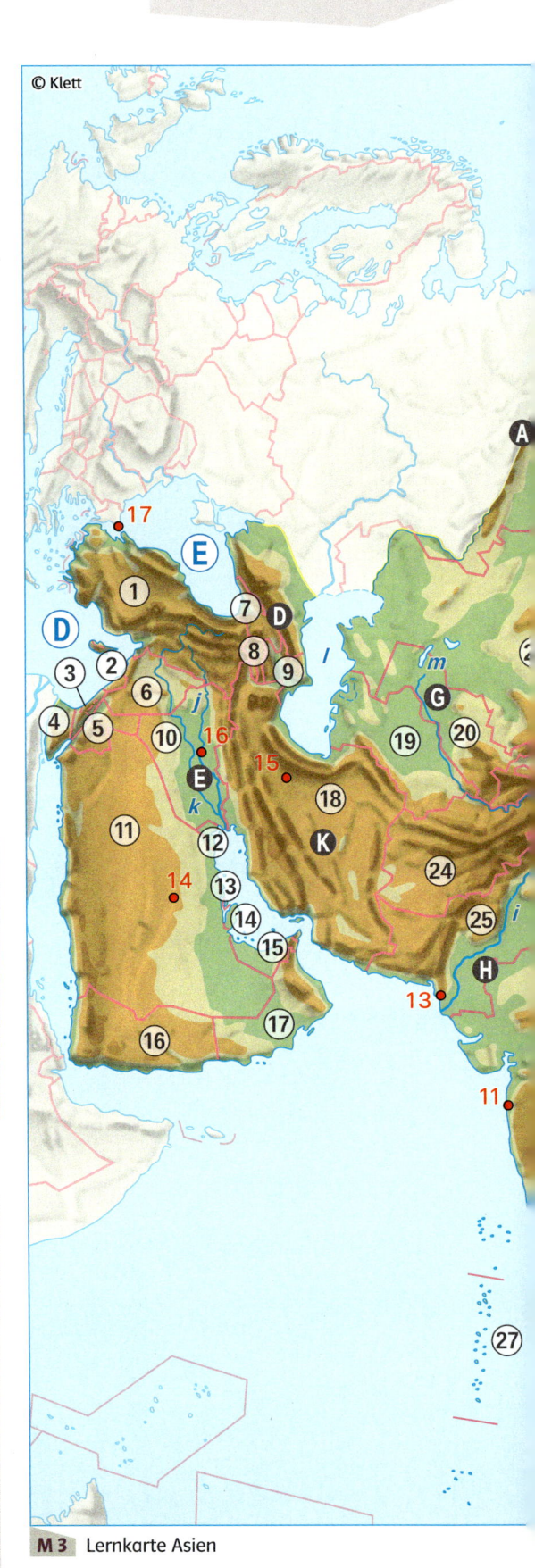

M3 Lernkarte Asien

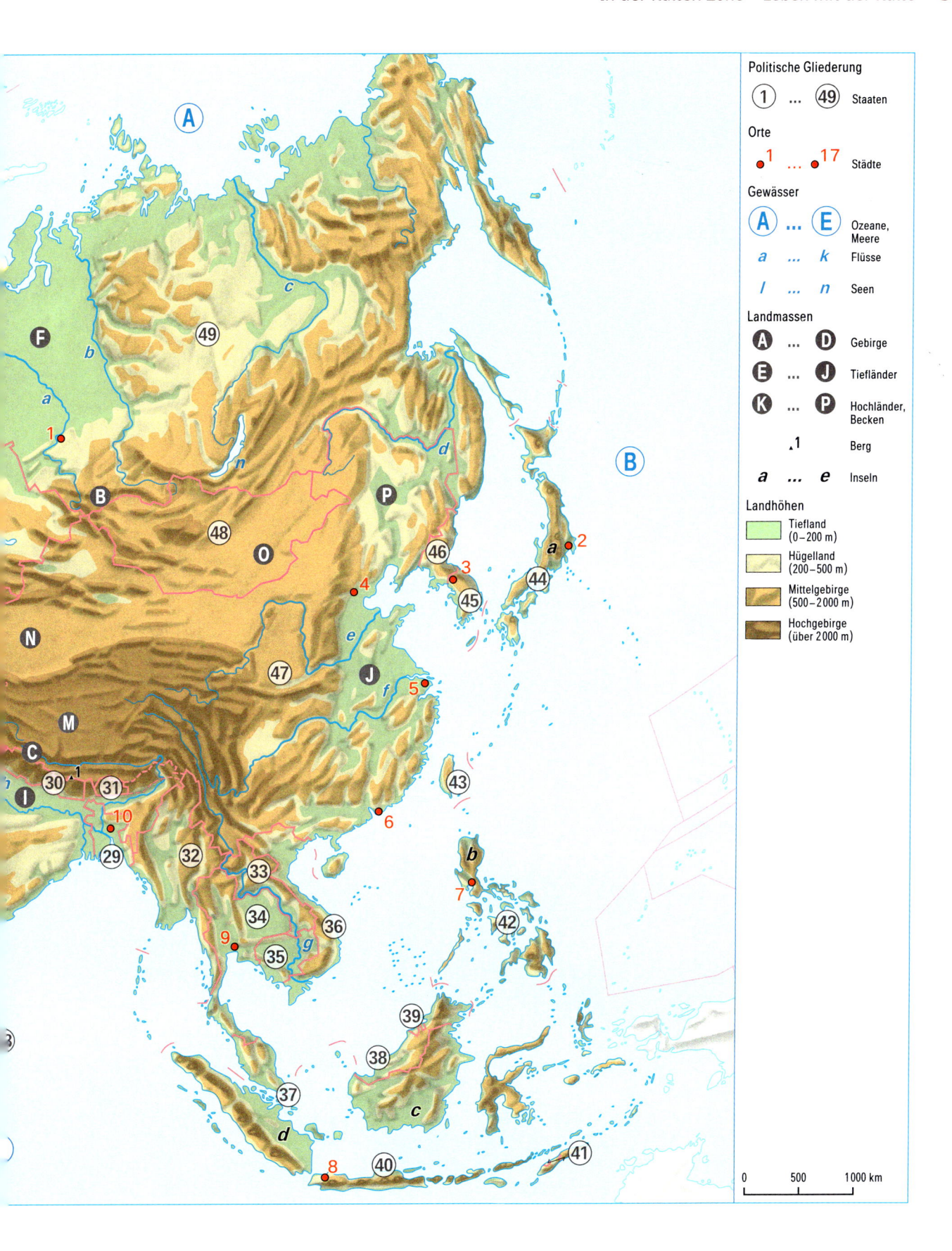

In der Kalten Zone – Leben mit der Kälte 6

Politische Gliederung
① … ㊾ Staaten

Orte
•1 … •17 Städte

Gewässer
Ⓐ … Ⓔ Ozeane, Meere
a … k Flüsse
l … n Seen

Landmassen
Ⓐ … Ⓓ Gebirge
Ⓔ … Ⓙ Tiefländer
Ⓚ … Ⓟ Hochländer, Becken
▲1 Berg
a … e Inseln

Landhöhen
- Tiefland (0–200 m)
- Hügelland (200–500 m)
- Mittelgebirge (500–2 000 m)
- Hochgebirge (über 2 000 m)

AFB I: 1, 2   → Lösungshilfen ab S. 196   115

Training

Wichtige Begriffe

- Antarktis
- Arktis
- Inlandeis
- Inuit
- Meereis
- Permafrostboden
- Polarkreis
- Polarnacht
- Polartag

M 1 Lernkarte Arktis

Kennen und verstehen

1 Topografisches Grundwissen
Arbeite mit M 1 und dem Atlas. Benenne:
a den Breitenkreis 1 und die Kontinente 1 bis 3,
b die Ozeane A, B und das Meer C,
c die Inseln, Halbinseln und Landschaften a bis d.

2 Beleuchtung der Erde
a Benenne die Punkte und Linien 1 bis 8 in M 2.
b Ergänze die Sätze: Im Nordpolargebiet ist am 21. Juni …, im Südpolargebiet ist am …

3 Findest du die Begriffe?
a Name des Breitenkreises 66,5° S
b anderes Wort für Nordpolargebiet
c riesiger, artenarmer Wald in der Kalten Zone der Nordhalbkugel der Erde

4 Richtig oder falsch?
Verbessere die falschen Aussagen und schreibe sie richtig auf.
a Im Borealen Nadelwald wachsen nur sehr wenige Baumarten.
b Die Mitternachtssonne kann man auch am Äquator erleben.
c Am Nordpol dauert die Polarnacht ein halbes Jahr.
d Der Weizenanbau in Kanada wurde nach Norden bis in die Tundra ausgedehnt.

5 Tageslängen und Nachtlängen
In Diagramm M 5 sind die Orte Norilsk, Nordpol, Südpol und Mitteleuropa nicht eingetragen. Ordne sie den Buchstaben A – D richtig zu.

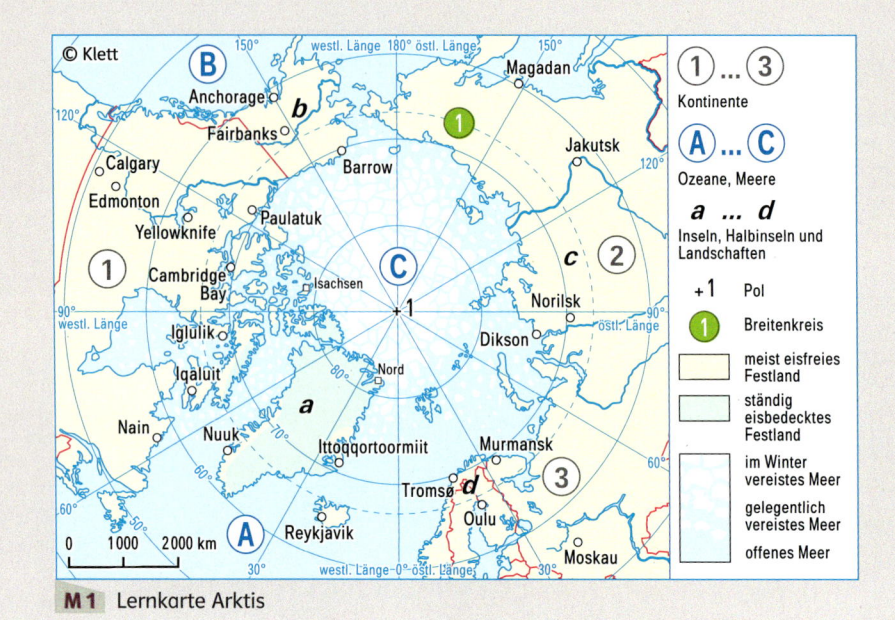

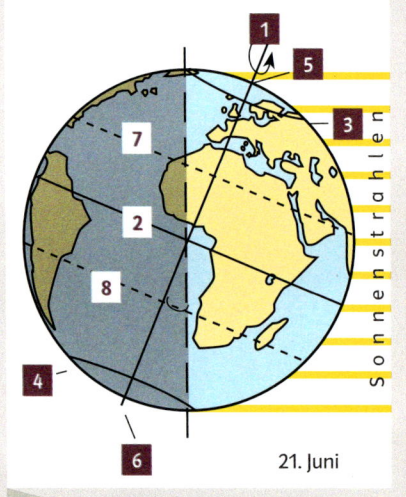

M 2 Die Erdstellung bei Polartag auf der Nordhalbkugel

6 Bilderrätsel
Löse die Bilderrätsel und erkläre die gesuchten Begriffe.

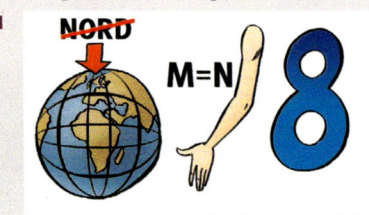

Methoden anwenden

7 Temperaturdiagramm auswerten
a Begründe, zu welchem der beiden Polargebiete das Temperaturdiagramm M 4 gehört.
b Zeichne ein passendes Diagramm für das andere Polargebiet (Klimastationen S. 184/185).

D 16	D 17	
Arbeitsblatt Selbsteinschätzung	Arbeitsblatt Lösungen	In der Kalten Zone – Leben mit der Kälte **6**

M 3 In der Provinz Alberta (Kanada)

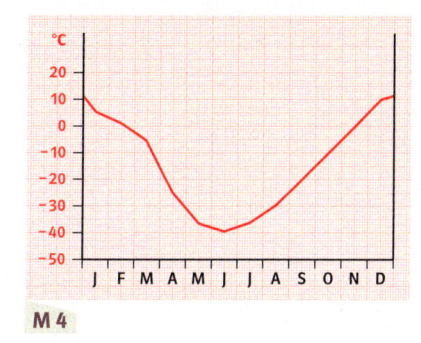

M 4

M 5 ■ Nachtlänge ■ Tageslänge

Beurteilen und bewerten

8 Kahlschlag – und dann?
a Beschreibe das Foto M 3.
b Beurteile die Folgen dieser Art der Forstwirtschaft für die dort vorkommenden Tiere.
c Beschreibe eine nachhaltige Nutzung des Waldes.

9 Eine Pipeline durch Alaska
a Beschreibe das Foto M 6.
b Liste verschiedene Hindernisse auf, die beim Bau der Trans-Alaska-Pipeline bewältigt werden mussten. Gehe dabei auch auf die Eingriffe in die Natur ein.

Vernetzen

10 Kapitel im Überblick
Schreibe zur Überschrift „In der Kalten Zone – Leben mit der Kälte" eine kurze Zusammenfassung. Verwende dabei die wichtigen Begriffe.

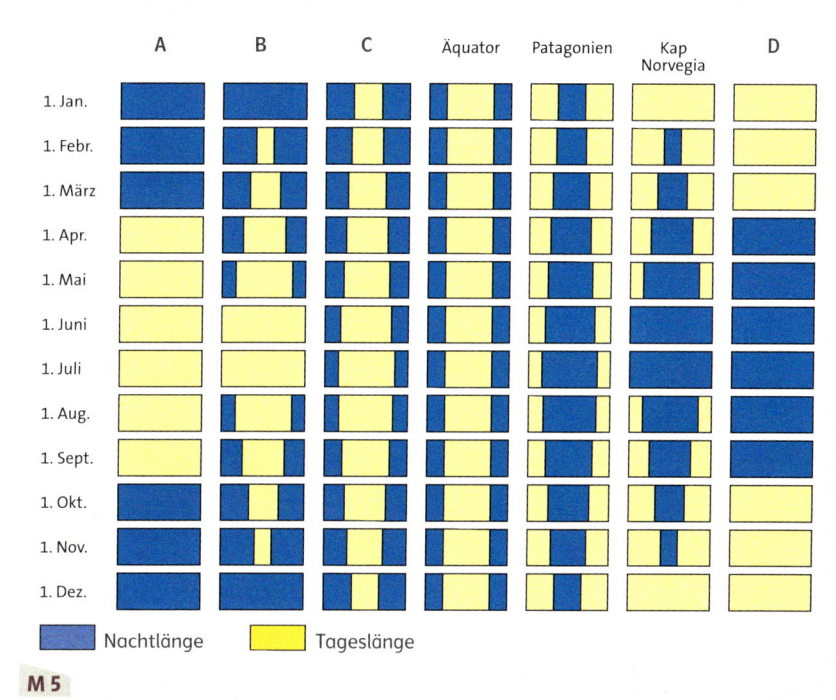

M 6 Pipeline in Alaska

Wähle aus

Das Leben der Inuit im Norden Kanadas beschreiben

A Leben in Nunavut
diese Seite

B Neumayer III – Forschung in der Antarktis
Seite 120/121

1 Beschreibe die Lage der Siedlung Iglulik (M 2, M 3).

2 Vergleiche Fläche und Einwohnerzahl von Nunavut (rechte Randspalte) mit Deutschland (S. 186/187).

3 MB Stelle die Lebensbedingungen von Silas dar. Versuche sie mit deinen eigenen zu vergleichen. Lege eine Tabelle an und betrachte z. B. Wohnung, Ernährung, Freizeit, Natur (M 6, Internet).

A Leben in Nunavut

M 1 Flagge von Nunavut

Silas lebt mit seinen Eltern, seiner Schwester und seinen zwei Brüdern in Iglulik. Die Familie gehört zur indigenen Bevölkerung im Norden Kanadas, den Inuit. Ihr Leben hat sich in den letzten Jahrzehnten sehr verändert.

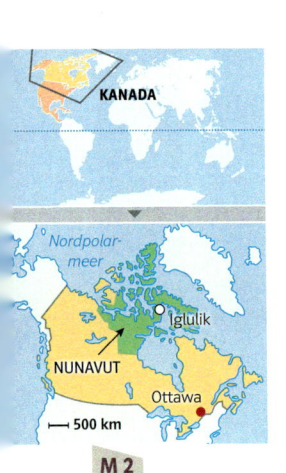

M 2

M 3 Winter in Iglulik, einem Ort nördlich des Polarkreises mit 1600 Einwohnern

Inuit

Die Inuit (Einzahl: Inuk) leben im nördlichen Kanada, auf Grönland und auf der Tschuktschen-Halbinsel in Sibirien. Das Wort „Inuit" bedeutet „Menschen".

Reichtum in Nunavut

Nunavut bedeutet „Unser Land". Es ist eines von drei Territorien in Nordkanada mit einem eigenen Parlament. Dafür hatten die Inuit jahrelang gekämpft. Seit dem 1. April 1999 wird dieses Gebiet von den Inuit selbst verwaltet. Die Reichtümer des Landes sind seine einzigartige Naturlandschaft und die Bodenschätze, wie z. B. Erdgas, Blei, Zink und Gold. Die kanadische Regierung fördert die Erschließung der Bodenschätze in einer gemeinsamen Behörde mit den Inuit. Dadurch entstehen Arbeitsplätze im Bergbau, in Gewerbe- und Dienstleistungsbetrieben und in der Verwaltung – doch längst nicht für alle Inuit.

M 4

M 5 Fischen am Eisloch

D18 Arbeitsblatt Lösungen

6 In der Kalten Zone – Leben mit der Kälte

4 Leben zwischen Tradition und Moderne: Werte die Texte M 4 und M 7 aus.

5 Arbeite mit M 1 und M 8:
a) Beschreibe die Flagge von Nunavut.
b) Erkläre deren Bedeutung.

AFB I: 1, 5a II: 2–4, 5b → Lösungshilfen ab S. 196

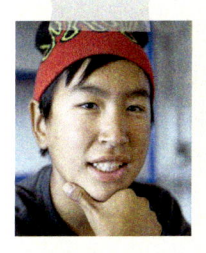

Silas erzählt aus seinem Leben

„Seit meinem sechsten Lebensjahr besuche ich die Schule. Neben Englisch lerne ich auch die Sprache der Inuit – das Inuktitut. Ich interessiere mich sehr für die frühere Lebensweise meiner Volksgruppe, für die Wanderungen zwischen den Sommer- und Winterquartieren und für die alten Bräuche. Die traditionelle Jagd findet heute kaum noch statt. Wenn ich mit meinem Vater zum Jagen gehe, benutzen wir ein Schneemobil. Mit diesem Motorschlitten kann man die weite Strecke bis zum Eisrand schneller zurücklegen als mit dem Hundeschlitten.

Häufig essen wir das Fleisch roh. Früher war dies notwendig, da es kaum Brennholz fürs Feuer gab und rohes Fleisch wichtige Vitamine liefert. Auch in meiner Familie isst man aus Tradition noch rohen Fisch, aber viel lieber mag ich Hotdogs und Pizza. Fast alles, was wir im hohen Norden Kanadas zum Leben brauchen, kommt heute mit dem Flugzeug, vom Apfel bis zum Benzin.

Unsere Siedlungen liegen weit verstreut meist an der Küste. Die Verkehrswege sind nicht gut ausgebaut, wir sind nicht an das Straßennetz von Kanada angeschlossen. Für einen Arztbesuch benötigen viele sogar das Flugzeug. Iglulik bietet wenig Abwechslung für uns Jugendliche. Wir nutzen natürlich auch Social Media und Messenger-Dienste, um zu sehen, was außerhalb von Nunavut so passiert. Manchmal fühlt man sich allerdings trotzdem etwas abgeschnitten.

Mein Vater arbeitet als Künstler. Er stellt Skulpturen aus Stein her, die er an Touristen verkauft. Davon kann unsere Familie gut leben. Wir sind nicht, wie viele andere Familien, auf staatliche Unterstützung angewiesen. Denn viele Inuit finden trotz guter Ausbildung oft keine Arbeit. Deshalb ist der Tourismus für unseren Ort Iglulik sehr wichtig. Den Touristen wird einiges geboten: vom Beobachten der Polarbären bis hin zu Schlittenhund-Fahrten und Übernachtungen im Iglu.

Aber ich habe andere Pläne für die Zukunft. Nach der Schule möchte ich das Arctic College in der Hauptstadt Iqaluit besuchen und mehr über die Kultur meines Volkes lernen. Eine Arbeitsstelle im Inuit-Forschungszentrum wäre mein Traum."

M 6

Probleme in Nunavut

Längst nicht alle Erwartungen der Inuit seit der Gründung Nunavuts haben sich erfüllt. Die Wirtschaft in Nunavut entwickelt sich wegen der Abgeschiedenheit, der riesigen Entfernungen und des kalten Klimas im hohen Norden Kanadas nur langsam. Es gibt nach wie vor nicht genug Arbeitsplätze. Viele Inuit fühlen sich zerrissen zwischen ihrem traditionellen und dem sesshaften Leben. Deshalb gibt es große soziale Probleme. Dazu gehören Alkoholismus, Depressionen, häusliche Gewalt und eine hohe Selbstmordrate.

M 7

M 8 Inuksuk – ein Wegweiser in der Arktis

Nunavut in Zahlen (2019)
- Fläche: 2,1 Mio km²
- Einwohner: 39 000 davon Inuit: 32 000
- Arbeitslosenquote der Inuit: 47 %
- Staatshaushalt Nunavut: ca. 666 Mio. US-$, davon nur 10 % in Nunavut erwirtschaftet

119

Wähle aus

A Leben in Nunavut
Seite 118/119

B Neumayer III – Forschung in der Antarktis
diese Seite

Bedingungen für die Erforschung der Antarktis beschreiben

1 Arbeite mit dem Atlas:
a) Beschreibe die Lage der Forschungsstation Neumayer III in der Antarktis.
b) Bestimme die Strecke zur nächsten Forschungsstation.

2 Beurteile die Bedeutung des Antarktisvertrags (M 2).

3 Die Forschungsstation Neumayer III ist speziell an die Bedingungen der Antarktis angepasst. Erläutere diese Aussage mithilfe von M 1, M 3 und M 4.

B Neumayer III – Forschung in der Antarktis

Das letzte Flugzeug bringt im März nochmals Vorräte. Dann ist die Forschungsstation Neumayer III über ein halbes Jahr von der Außenwelt abgeschnitten und es beginnt die Einsamkeit. Lediglich über Funk ist die Besatzung der Forschungsstation noch zu erreichen.

Schon gewusst?

Jedes Jahr bewegt sich die Station Neumayer III 157 m mit dem Schelfeis in Richtung Antarktisches Meer.

Internationaler Antarktisvertrag

Seit 1961 gilt der Antarktisvertrag. Er wurde zunächst von zwölf Staaten unterzeichnet, 47 weitere folgten bis heute. Er regelt eine friedliche und rein wissenschaftliche Nutzung der Antarktis. In über 30 Forschungsstationen wird heute geforscht.
Der Vertrag beinhaltet den Verzicht auf Gebietsansprüche, jeglichen Rohstoffabbau und die militärische Nutzung. Stattdessen sieht der Vertrag eine friedliche Nutzung für die Forschung und den Austausch der Forschungsergebnisse vor.

M 2

Die Forschungsstation Neumayer III

Die deutsche Forschungsstation liegt im nördlichen Teil der Antarktis und ist seit Februar 2009 in Betrieb. Von der Schiffsanlegestelle bis zur Station dauert die Fahrt mit der Pistenraupe über das Eis 90 Minuten. Die holprige Piste ist durch Fahnen markiert, sonst würde man hier schnell vom Weg abkommen. Das Gebäude steht auf einer Plattform und wird von 16 Stelzen getragen. Es ist mit einer hydraulischen Hebevorrichtung ausgestattet. Diese dient dazu, das Gebäude einmal im Jahr anzuheben, damit es nicht im Schnee versinkt.

M 1

Das Leben auf der Station

Wer auf Neumayer III überwintern möchte, wird auf alle Extremsituationen vorbereitet, denn die Winter in der Antarktis sind hart. Ohne Handschuhe treten bei Temperaturen um –40 °C bereits nach wenigen Sekunden die ersten Erfrierungen auf. Während des langen antarktischen Winters wird der Betrieb der Forschungsstation durch neun Personen aufrechterhalten. Darunter sind Wissenschaftler, Techniker und ein Arzt. In dieser Zeit kann kein Schiff das Packeis durchdringen und aufgrund der vielen Schneestürme kann kein Flugzeug landen. Die Station ist abgeschnitten vom Rest der Welt.
In dieser Zeit fallen zahlreiche Aufgaben an: Die Wissenschaftler/innen betreuen die Forschungsprogramme, die Techniker/innen sorgen für Heizung, Strom und Kommunikation und der Koch/die Köchin kümmert sich um gutes Essen. Ein Plan regelt den wöchentlichen Putzdienst, denn für die Sauberkeit der Station muss jeder seinen Beitrag leisten. In regelmäßigen Abständen gibt es Sicherheitstrainings, denn von Feuer bis Eis müssen die Überwinterer alles bewältigen können.

M 3

D 19 Arbeitsblatt Lösungen

6 In der Kalten Zone – Leben mit der Kälte

4 Beschreibe die Bedingungen, unter denen die Besatzung überwintert (M 3, M 4).

5 Forschungsaufgaben der Neumayer III (M 5)
a) Nenne drei Aufgaben.
b) Beschreibe die Ergebnisse der Magnetfeld-Forschung.

6 MB Erstelle mithilfe des Internets einen Steckbrief zu Georg von Neumayer.

AFB I: 1, 4, 5 II: 3, 6 III: 2 → Lösungshilfen ab S. 196

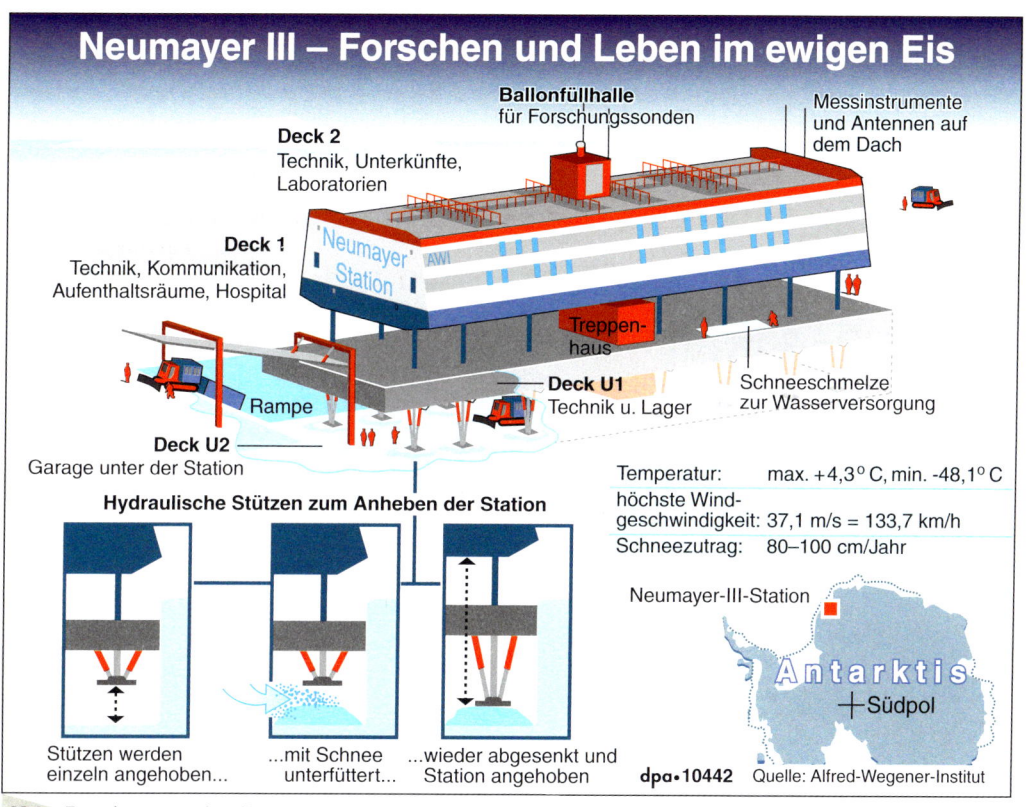

Neumayer III – Forschen und Leben im ewigen Eis

Deck 2 Technik, Unterkünfte, Laboratorien
Deck 1 Technik, Kommunikation, Aufenthaltsräume, Hospital
Ballonfüllhalle für Forschungssonden
Messinstrumente und Antennen auf dem Dach
Treppenhaus
Deck U1 Technik u. Lager
Schneeschmelze zur Wasserversorgung
Rampe
Deck U2 Garage unter der Station

Hydraulische Stützen zum Anheben der Station
Stützen werden einzeln angehoben... ...mit Schnee unterfüttert... ...wieder abgesenkt und Station angehoben

Temperatur: max. +4,3 °C, min. -48,1 °C
höchste Windgeschwindigkeit: 37,1 m/s = 133,7 km/h
Schneezutrag: 80–100 cm/Jahr

Neumayer-III-Station
Antarktis
+Südpol

dpa·10442 Quelle: Alfred-Wegener-Institut

M 4 Forschungsstation Neumayer III

Schon gewusst?
Die Station Neumayer III wurde nach Georg von Neumayer, einem deutschen Geophysiker, benannt.

Observatorium
lateinisch „observare" = beobachten. Beobachtungsstation. Auch Sternwarten und Wetterwarten sind z.B. Observatorien.

Die Forschungsaufgaben

Die Baukosten der Neumayer III lagen bei 39 Millionen Euro. Um von der Station zum Magnetobservatorium zu kommen, müssen die Forscher 1,5 km zu Fuß zurücklegen – und das bei jedem Wetter. Bei schlechter Sicht hilft eine Handleine, die den Forschern den Weg zum Schacht zeigt. Doch wozu dieser Aufwand? Im ewigen Eis erforschen die Wissenschaftler die Veränderungen des Klimas und des Magnetfeldes der Erde oder zeichnen auf, wann und wo Erdbeben vorkamen. Ziel aller Forschungsarbeiten ist die Gewinnung von Informationen, mit denen Vorhersagen zu weltweiten Prozessen getroffen werden können.

Ein Beispiel: Um das Magnetfeld der Erde zu erforschen, wurde ein Magnetobservatorium 15 m tief in einen unterirdischen Schneeschacht gebaut. Es zeichnet die magnetische Strahlung der Erde auf und zeigt den Forschern deren Veränderung.
Alle aufgezeichneten Daten schicken die Forscher an einen zentralen Computer, der in Bremerhaven in Deutschland steht. Mit ihren Messungen haben die Forscher herausgefunden, dass das Magnetfeld der Erde seit einigen Jahren schwächer wird. Welche Auswirkungen das auf unser Leben hat, ist jedoch noch unklar. Sicher ist, dass das Magnetfeld uns vor gefährlicher Strahlung aus dem Weltraum schützt. So liefern die Forscher im ewigen Eis einen wichtigen Beitrag für unsere Zukunft.

M 5

7 Herausforderung Klimawandel

M1 A: Eisbär im Blütenmeer (Arktis); B: Trockener Rhein in Köln; C: Überflutung nach Starkniederschlag in Deutschland; D – Demonstration „Fridays for Future" in München

Der Lebensraum für die Eisbären wird kleiner, extreme Wetterereignisse wie Hitzewellen, Dürren, Starkregen und Stürme nehmen zu, weltweit finden Demonstrationen statt. Über den Klimawandel habt ihr bestimmt schon einiges gehört. Was wisst ihr über das Thema? Wo ist euch der Begriff schon begegnet? Welche Rolle spielen wir dabei? Erfahrt auf den nächsten Seiten mehr zum Klima und warum es sich ändert.

Aufbau und Funktion der Atmosphäre der Erde beschreiben

Die Atmosphäre unserer Erde

Die Erde ist bislang der einzige uns bekannte Himmelskörper, der von einer Lufthülle umgeben ist. Diese Atmosphäre und das Wasser ermöglichen erst das Leben auf der Erde.

M1 Polarlichter über Island

M3 Ein Astronaut, unter sich die Erde

T1 Aufbau und Funktion der Atmosphäre
Die Erde ist von der **Atmosphäre**, einer dünnen Gashülle, umgeben. Dank dieser hat der Planet Erde ideale Bedingungen für Leben, wie wir es kennen.
Die Atmosphäre ist keine einheitliche Gashülle. Sie besteht aus mehreren Schichten.

In der untersten Schicht, der **Troposphäre**, findet das Wettergeschehen statt. Hier gibt es reichlich Sauerstoff zum Atmen. Die Gase Wasserstoff, **Kohlenstoffdioxid** und Methan sorgen dafür, dass die Erdoberfläche nicht so stark auskühlt. Dadurch herrscht auf der Erde eine Durchschnittstemperatur von etwa 15 °C. Auch die darüberliegende **Stratosphäre** schützt uns. Denn in ihr befindet sich die Ozonschicht. Sie filtert die gefährliche UV-Strahlung des Sonnenlichts heraus.

Spurengase
Zu den Spurengasen zählen natürliche Treibhausgase wie Kohlenstoffdioxid oder Methan. Sie haben einen großen Einfluss auf das Klima, denn im Gegensatz zu Sauerstoff und Stickstoff können sie Wärmestrahlung aufnehmen.

Auf der Jagd nach dem Polarlicht

Das Polarlicht oder die Aurora borealis ist ein Naturphänomen, das viele Menschen fasziniert. Es handelt sich um eine Leuchterscheinung in der Atmosphäre der Polargebiete. Hervorgerufen wird sie durch das Auftreffen geladener Teilchen des sogenannten Sonnenwindes auf das Erdmagnetfeld. Am besten zu sehen sind die Polarlichter zwischen Oktober und März auf der Nordhalbkugel und nachts zwischen 21 und 2 Uhr. Ob man das unvergessliche Naturschauspiel auch wirklich erleben kann, hängt von verschiedenen Faktoren wie einem wolkenlosen Himmel oder dem richtigen Standort ab.

M2

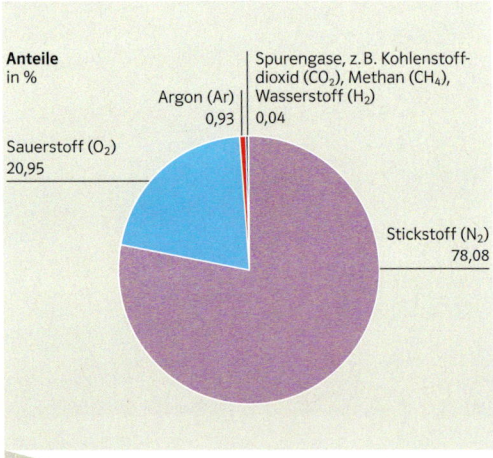

Anteile in %
Sauerstoff (O_2) 20,95
Argon (Ar) 0,93
Spurengase, z. B. Kohlenstoffdioxid (CO_2), Methan (CH_4), Wasserstoff (H_2) 0,04
Stickstoff (N_2) 78,08

M4 Zusammensetzung der Luft

7 Herausforderung Klimawandel

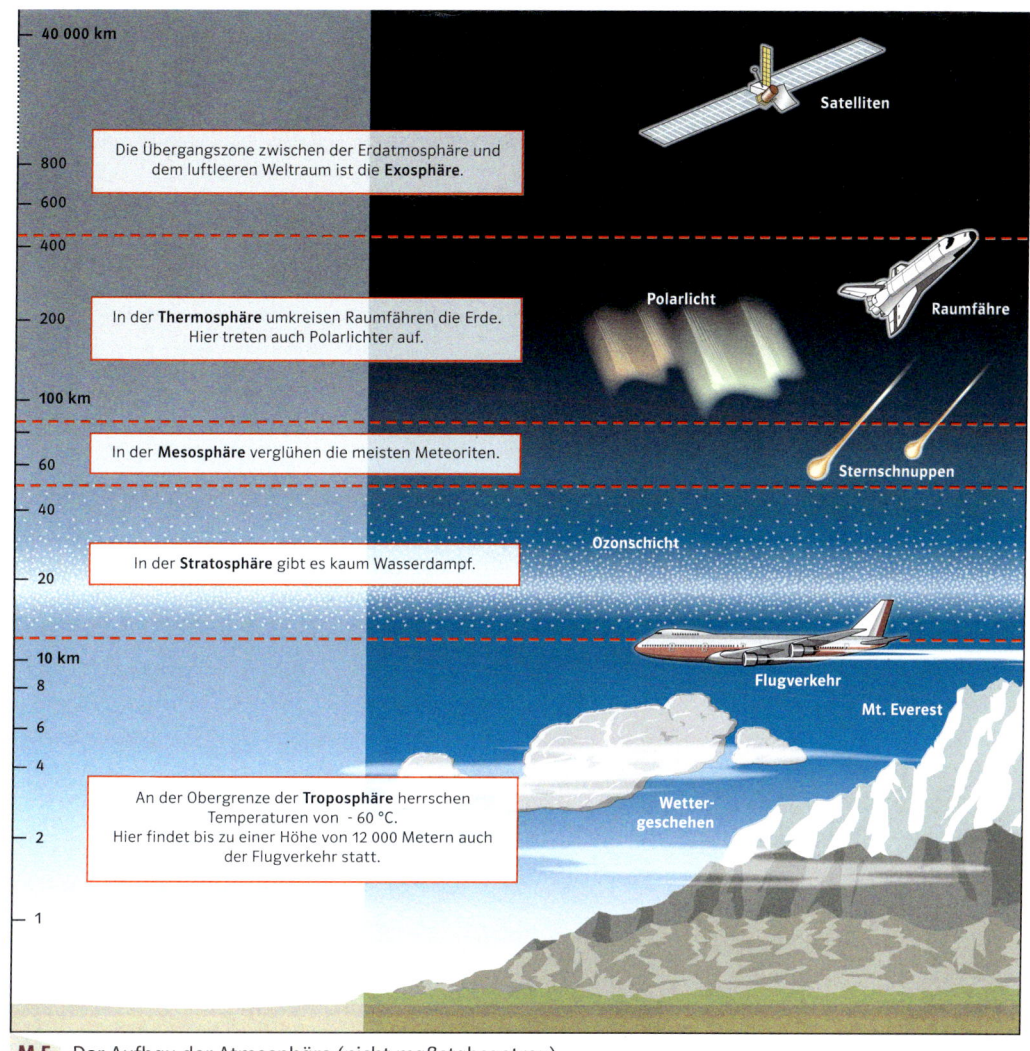

Höhenangaben (km): 40 000 / 800 / 600 / 400 / 200 / 100 km / 60 / 40 / 20 / 10 km / 8 / 6 / 4 / 2 / 1

- Die Übergangszone zwischen der Erdatmosphäre und dem luftleeren Weltraum ist die **Exosphäre**.
- In der **Thermosphäre** umkreisen Raumfähren die Erde. Hier treten auch Polarlichter auf.
- In der **Mesosphäre** verglühen die meisten Meteoriten.
- In der **Stratosphäre** gibt es kaum Wasserdampf.
- An der Obergrenze der **Troposphäre** herrschen Temperaturen von −60 °C. Hier findet bis zu einer Höhe von 12 000 Metern auch der Flugverkehr statt.

Bildbeschriftungen: Satelliten, Polarlicht, Raumfähre, Sternschnuppen, Ozonschicht, Flugverkehr, Mt. Everest, Wettergeschehen

Meteoriten und Sternschnuppen
Festkörper aus dem All, die in die Atmosphäre eindringen und dabei meist verglühen

M 5 Der Aufbau der Atmosphäre (nicht maßstabsgetreu)

A / B

1 Beschreibe, welche Schichten der Atmosphäre ein Astronaut in seiner Reise von der Erde in den Weltraum durchquert (M 3, M 5).

2 Beschreibe mithilfe von T1, …
a) … was die Atmosphäre ist;
b) … was sie ermöglicht;
c) … was wäre, wenn es keine Atmosphäre gäbe.

3 Ordne die folgenden Aussagen den Schichten der Atmosphäre zu (M 5):
a) Hier treten Polarlichter auf.
b) Dort verglühen Sternschnuppen.
c) Hier ist der Übergang in den Weltraum.
d) Hier befindet sich die Ozonschicht.
e) Hier findet das Wettergeschehen statt.

4
a) Beschreibe deinen Eindruck von Polarlichtern mithilfe von M 1.
b) Beschreibe, wo und wann sie zu sehen sind (M 2).
c) Erkläre, wie Polarlichter entstehen (M 2).

2 Beschreibe …
a) … die Zusammensetzung der Luft (M 4);
b) … die Funktion der Atmosphäre (T 1).

3 Erstellt eine Stichwortliste zu den Schichten der Atmosphäre (M 5). Informiert euch dann mithilfe dieser Liste gegenseitig über die Atmosphäre.

AFB I: 1, 2, 4 II: 3   AFB I: 1, 2, 4 II: 3   → Lösungshilfen ab S. 196

Die Entstehung eines Hurrikans beschreiben

Hurrikans – Wirbel in der Wetterküche Atmosphäre

Jedes Jahr verursachen riesige Wirbelstürme enorme Schäden und fordern unzählige Menschenleben. Doch wie genau entstehen sie und welche Gebiete sind besonders betroffen?

M 1 Satellitenbild des Hurrikans Ian über dem Golf von Mexiko

Hurrikan Ian

Ende September 2022 bildete sich über dem Karibischen Meer der Hurrikan Ian. Er rotierte mit einer Geschwindigkeit von bis zu 200 km/h über Kuba und traf schließlich mit 240 km/h auf Florida. Der riesige Wirbelsturm verursachte eine enorme Zerstörung durch Sturmfluten, extreme Regenfälle und Überschwemmungen. Hurrikan Ian gilt mit Schäden in Höhe von 113 Milliarden US-Dollar als drittteuerste Wetterkatastrophe in den USA. Noch schlimmer waren die Personenschäden. Ian kostete allein in den USA 152 Menschen das Leben.

M 3

T1 Wie ein Hurrikan entsteht

Ein **Hurrikan** braucht große Wasserflächen, die mindestens 26,5 °C warm sind. Deshalb entstehen Hurrikans nur über den tropischen Ozeanen. Wegen der Hitze verdunsten hier große Wassermengen, die von warmer Luft aufgenommen werden. Die feuchtwarme Luft steigt rasch auf und es bilden sich hoch aufgetürmte Quellwolken. Dabei wird viel Energie freigesetzt, die auch die Umgebungsluft erhitzt, sodass sich diese ausdehnt und aufsteigt. So entsteht über der Meeresfläche ein Unterdruck, durch den weitere warme Luft aus der Umgebung angesaugt wird.

Die Luftmassen werden durch die Drehbewegung der Erde, der Erdrotation, in eine kreisende Bewegung versetzt. Je schneller die Drehbewegung des Wirbels ist, desto stärker werden die Luftmassen nach außen gedrückt. So entsteht im Inneren des Hurrikans durch absteigende Luftbewegung eine beinahe windstille und wolkenfreie Zone, das sogenannte „Auge".

Ein Wirbelsturm kann einen Durchmesser von einigen Hundert Kilometern erreichen. Trotz Spitzengeschwindigkeiten von bis zu 350 km/h im Wirbel zieht er mit nur 20 bis 30 km/h weiter. Hurrikans existieren fünf bis zehn Tage. Wenn die Wirbelstürme auf kühlere Wasserflächen treffen oder über Festland ziehen, verlieren sie schnell an Kraft.

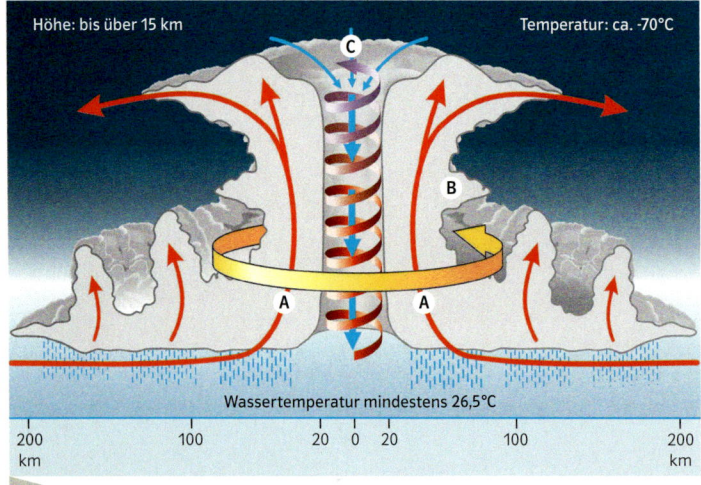

M 2 Entstehung eines Hurrikans

V 08
Erklärvideo
Tropische Wirbelstürme

7 Herausforderung Klimawandel

M 4 Wohngebiet in Fort Myers/Florida – vor und nach Hurrikan Ian

Windgeschwindigkeit:	124 – 153	154 – 177	178 – 210	211 – 249	über 249	km/h
Sturmflut (Höhe):	1,2 – 1,5	1,8 – 2,4	2,7 – 3,6	3,9 – 5,4	über 5,4	m

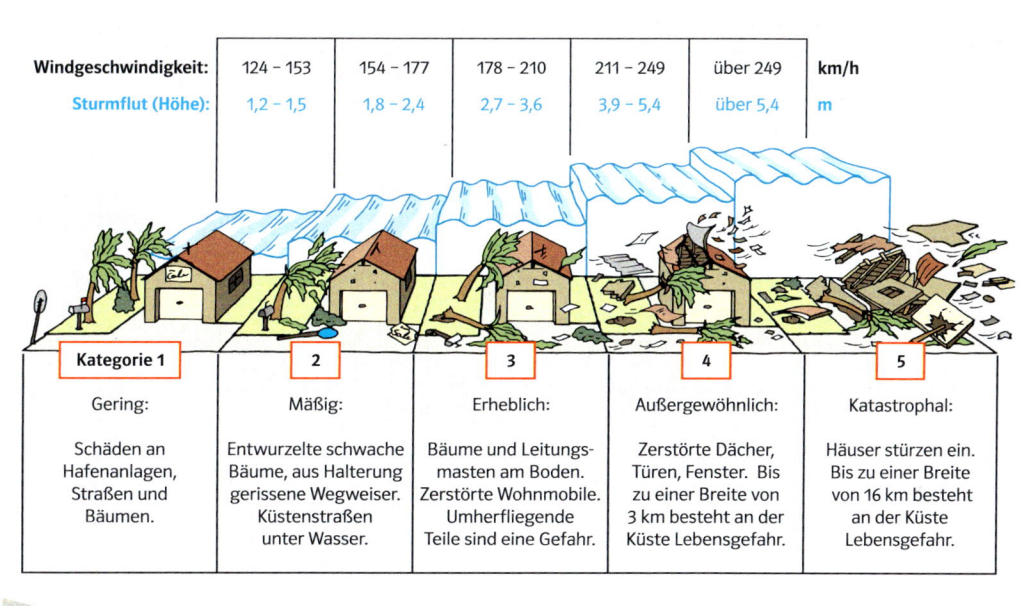

Kategorie 1	2	3	4	5
Gering: Schäden an Hafenanlagen, Straßen und Bäumen.	Mäßig: Entwurzelte schwache Bäume, aus Halterung gerissene Wegweiser. Küstenstraßen unter Wasser.	Erheblich: Bäume und Leitungsmasten am Boden. Zerstörte Wohnmobile. Umherfliegende Teile sind eine Gefahr.	Außergewöhnlich: Zerstörte Dächer, Türen, Fenster. Bis zu einer Breite von 3 km besteht an der Küste Lebensgefahr.	Katastrophal: Häuser stürzen ein. Bis zu einer Breite von 16 km besteht an der Küste Lebensgefahr.

M 5 Stärke und Folgeschäden von Hurrikans nach der Saffir-Simpson-Hurrikan-Skala

Tropische Wirbelstürme haben viele Namen:
- Hurrikan (Nordatlantik, Ostpazifik)
- Taifun (Westpazifik)
- Zyklon (Indischer Ozean, Südpazifik)
- Willy-Willy (Australien)

1
a) Beschreibe Hurrikan Ian mithilfe von M 1.
b) Verorte Hurrikan Ian mithilfe von M 1 und S. 230 im Kartenanhang.

2 Richtig oder falsch? Korrigiere die falschen Aussagen (M 2, T 1, Erklärvideo V 08).
a) Ein Hurrikan kann über allen Ozeanen entstehen, die 15 °C warm sind.
b) Feuchtwarme Luft steigt auf und fängt aufgrund der Drehbewegung der Erde an zu kreisen.
c) Ein Hurrikan kann Windgeschwindigkeiten bis 500 km/h erreichen.

2 Erläutere die Entstehung eines Hurrikans (M 2, T 1, Erklärvideo V 08).

3 Beschreibe die Auswirkungen von Hurrikan Ian anhand von M 3 und M 4.

3 Bearbeite A 3. Bestimme mithilfe von M 5 die Kategorie von Hurrikan Ian.

4 MB
Liste in einer Tabelle folgende Kennzeichen eines Hurrikans auf: Entstehungsgebiet, Größe, Spitzengeschwindigkeit, Dauer des Bestehens.

Die Anzeichen des Klimawandels beschreiben

Wetterextreme oder Klimawandel?

Die Nachrichten über extreme Wetterereignisse häufen sich in den letzten Jahren. Forscherinnen und Forscher sind sich einig, dass das kein Zufall ist.

SP Tipp

Diagramm auswerten
→ Aufgabe 2

- Von 1881 bis … lag die Temperatur …
- In den Jahren … war es …
- Seit …
- zwischen … und …

Schon gewusst?

Die fünf weltweit wärmsten Jahre im Zeitraum von 1880 bis 2020 gab es von 2016 bis 2020!

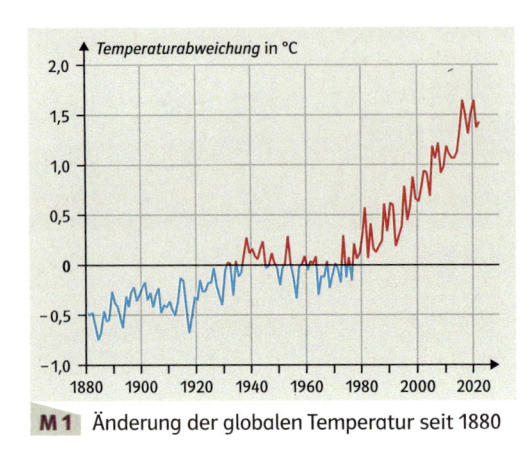

M 1 Änderung der globalen Temperatur seit 1880

T1 Ändert sich das Klima?

Wetterextreme wie Hurrikans hat es schon immer gegeben. Auffällig ist jedoch, dass die Hurrikans in den letzten Jahren stärker wurden, länger vor Ort verweilten und damit größere Verwüstungen anrichteten als zuvor. Dies ist kein Einzelfall: Auf der ganzen Welt lassen sich immer häufigere oder schwerere Extremwetter beobachten, die auf eine Veränderung des Klimas der Erde hindeuten. Doch liefert dies den Beweis für einen **Klimawandel**? Unter diesem Begriff versteht man die Veränderung wichtiger Wetterelemente wie Temperatur und Niederschlag auf der Erde im Verlauf unterschiedlich langer Zeiträume. Um Zufälle auszuschließen, benötigt man wissenschaftlich korrekte Messreihen über einen längeren Zeitraum wie z. B. die genaue Ermittlung der globalen Temperatur seit 1880 (M1). Die Daten zeigen deutlich, dass sich das Klimasystem der Erde erwärmt. Experten sind sich einig, dass extreme Wetterereignisse wie Dürren, Hitzewellen oder tropische Stürme Auswirkungen des globalen **Temperaturanstiegs** sind. Weitere Folgen dieser globalen Erwärmung sind das Abschmelzen der Gletscher sowie der Anstieg des Meeresspiegels.

Arktisches Meereis
Seine Ausdehnung nimmt immer weiter ab. Im September 2019 waren 15 % mit Meereis bedeckt, einer der niedrigsten Werte seit Messbeginn.

Landwirtschaft
In Grönland können ehemals eisbedeckte Gebiete wieder Schafe gezüchtet sowie Obst und Gemüse angebaut werden.

Dürre
30 % der US-Staatsfläche sind 2014 von einer extremen Dürre betroffen, v. a. Kalifornien und Nevada.

Heftige Niederschläge
Südkanada und der Südosten USA erleben schwere Niederschläge.

Hurrikan
Der Hurrikan „Odile" fordert im September 2014 bei seinem Auftreffen auf die Baja California mind. 15 Tote und richtet Schäden in Milliardenhöhe an.

Hitzewelle
2019 gibt es im Osten der USA eine Hitzewelle.

Hurrikan „Matthew"
Anfang Oktober hat Hurrikan Matthew die Südwestküste von Haiti mit Windgeschwindigkeiten von bis zu 230 Stundenkilometer verwüstet. Über 1000 Menschen, bis zu 80 % der Häuser wurden zerstört.

Dürre
Die schwerste Dürre seit Jahrzehnten tritt 2014 in Guatemala und anderen mittelamerikanischen Staaten auf.

Gletscherschmelze
Die Gletscher in den tropischen Anden haben bis zu 50 % ihrer Masse verloren.

Kältewelle
Ganz Südamerika 2010 von einer Kältewelle betroffen, die mindestens 80 Todesopfer fordert.

M 2 Weltweite Beispiele für Extremereignisse und

A B 1

a) Arbeite aus M 2 für die Extremwetterereignisse Dürre, Hitzewelle und tropischer Wirbelsturm jeweils zwei Beispiele heraus.
b) Ordne die Beispiele den Kontinenten zu.

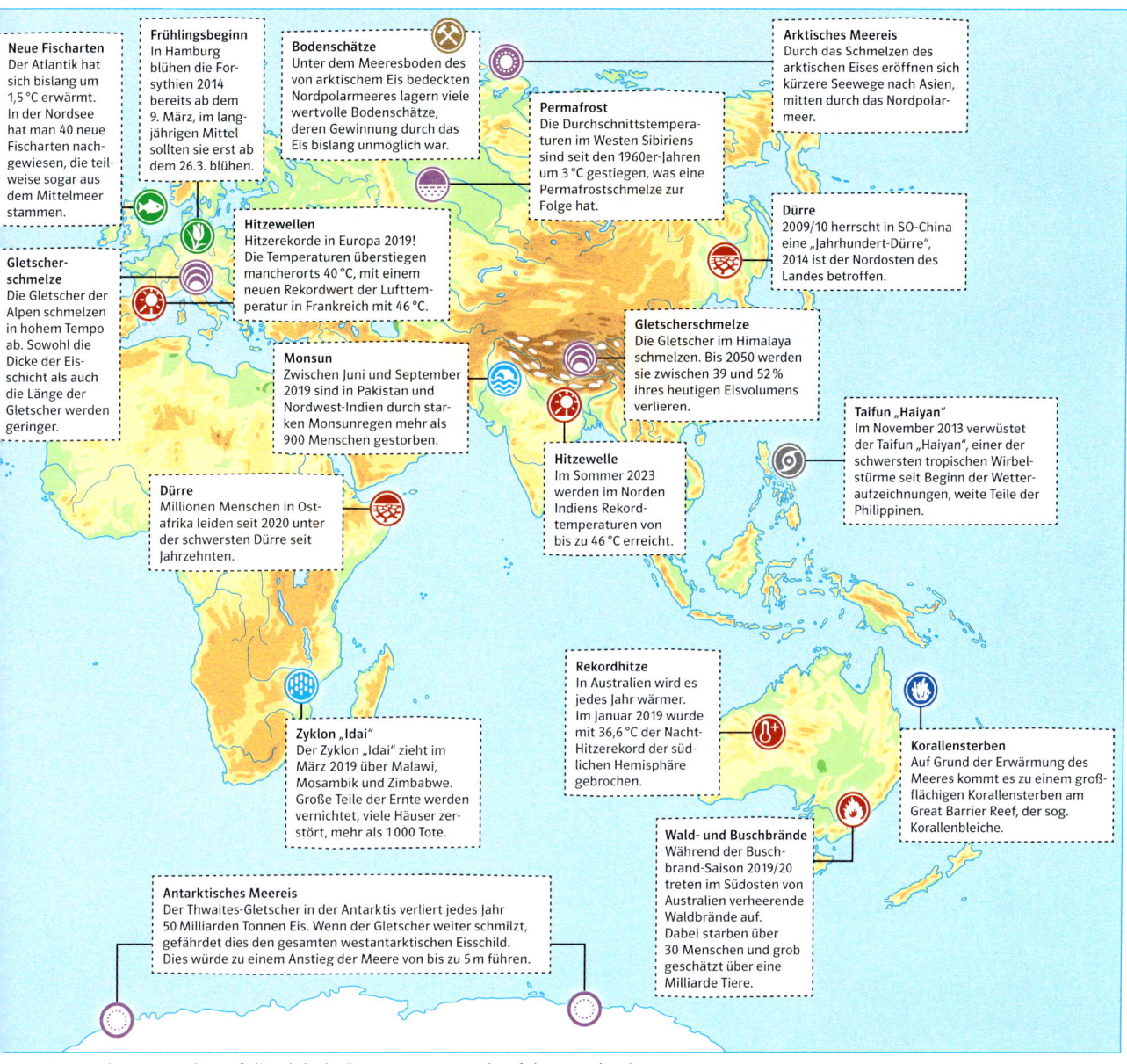

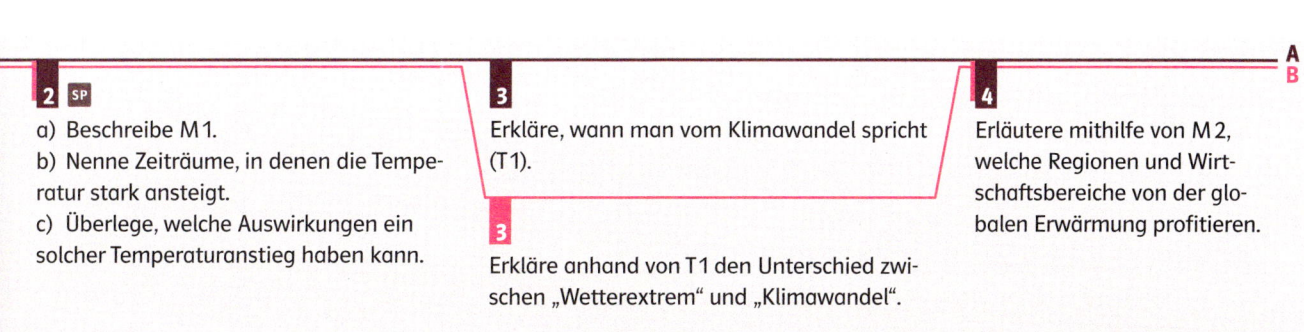

7 Herausforderung Klimawandel

V09 ▶ Erklärvideo Auswirkungen des Klimawandels

Karte: Veränderungen, die auf die globale Erwärmung zurückgeführt werden können

Neue Fischarten
Der Atlantik hat sich bislang um 1,5 °C erwärmt. In der Nordsee hat man 40 neue Fischarten nachgewiesen, die teilweise sogar aus dem Mittelmeer stammen.

Frühlingsbeginn
In Hamburg blühen die Forsythien 2014 bereits ab dem 9. März, im langjährigen Mittel sollten sie erst ab dem 26.3. blühen.

Bodenschätze
Unter dem Meeresboden des von arktischem Eis bedeckten Nordpolarmeeres lagern viele wertvolle Bodenschätze, deren Gewinnung durch das Eis bislang unmöglich war.

Arktisches Meereis
Durch das Schmelzen des arktischen Eises eröffnen sich kürzere Seewege nach Asien, mitten durch das Nordpolarmeer.

Permafrost
Die Durchschnittstemperaturen im Westen Sibiriens sind seit den 1960er-Jahren um 3 °C gestiegen, was eine Permafrostschmelze zur Folge hat.

Hitzewellen
Hitzerekorde in Europa 2019! Die Temperaturen überstiegen mancherorts 40 °C, mit einem neuen Rekordwert der Lufttemperatur in Frankreich mit 46 °C.

Dürre
2009/10 herrscht in SO-China eine „Jahrhundert-Dürre", 2014 ist der Nordosten des Landes betroffen.

Gletscherschmelze
Die Gletscher der Alpen schmelzen in hohem Tempo ab. Sowohl die Dicke der Eisschicht als auch die Länge der Gletscher werden geringer.

Monsun
Zwischen Juni und September 2019 sind in Pakistan und Nordwest-Indien durch starken Monsunregen mehr als 900 Menschen gestorben.

Gletscherschmelze
Die Gletscher im Himalaya schmelzen. Bis 2050 werden sie zwischen 39 und 52 % ihres heutigen Eisvolumens verlieren.

Hitzewelle
Im Sommer 2023 werden im Norden Indiens Rekordtemperaturen von bis zu 46 °C erreicht.

Taifun „Haiyan"
Im November 2013 verwüstet der Taifun „Haiyan", einer der schwersten tropischen Wirbelstürme seit Beginn der Wetteraufzeichnungen, weite Teile der Philippinen.

Dürre
Millionen Menschen in Ostafrika leiden seit 2020 unter der schwersten Dürre seit Jahrzehnten.

Zyklon „Idai"
Der Zyklon „Idai" zieht im März 2019 über Malawi, Mosambik und Zimbabwe. Große Teile der Ernte werden vernichtet, viele Häuser zerstört, mehr als 1 000 Tote.

Rekordhitze
In Australien wird es jedes Jahr wärmer. Im Januar 2019 wurde mit 36,6 °C der Nacht-Hitzerekord der südlichen Hemisphäre gebrochen.

Korallensterben
Auf Grund der Erwärmung des Meeres kommt es zu einem großflächigen Korallensterben am Great Barrier Reef, der sog. Korallenbleiche.

Wald- und Buschbrände
Während der Buschbrand-Saison 2019/20 treten im Südosten von Australien verheerende Waldbrände auf. Dabei starben über 30 Menschen und grob geschätzt über eine Milliarde Tiere.

Antarktisches Meereis
Der Thwaites-Gletscher in der Antarktis verliert jedes Jahr 50 Milliarden Tonnen Eis. Wenn der Gletscher weiter schmilzt, gefährdet dies den gesamten westantarktischen Eisschild. Dies würde zu einem Anstieg der Meere von bis zu 5 m führen.

Veränderungen, die auf die globale Erwärmung zurückgeführt werden können

---

2 SP
a) Beschreibe M 1.
b) Nenne Zeiträume, in denen die Temperatur stark ansteigt.
c) Überlege, welche Auswirkungen ein solcher Temperaturanstieg haben kann.

3 Erkläre, wann man vom Klimawandel spricht (T1).

3 Erkläre anhand von T1 den Unterschied zwischen „Wetterextrem" und „Klimawandel".

4 Erläutere mithilfe von M 2, welche Regionen und Wirtschaftsbereiche von der globalen Erwärmung profitieren.

AFB I: 2a, 2b II: 1, 2c, 3, 4   AFB I: 2a, 2b II: 1, 2c, 3, 4   → Lösungshilfen ab S. 196   129

Der Treibhauseffekt

Ohne die Gase der Atmosphäre wäre es auf der Erde so kalt, dass kein Leben existieren könnte. Denn die Gase verhindern die Rückstrahlung der Sonnenwärme. Doch seit einiger Zeit wird zu viel Wärme gespeichert.

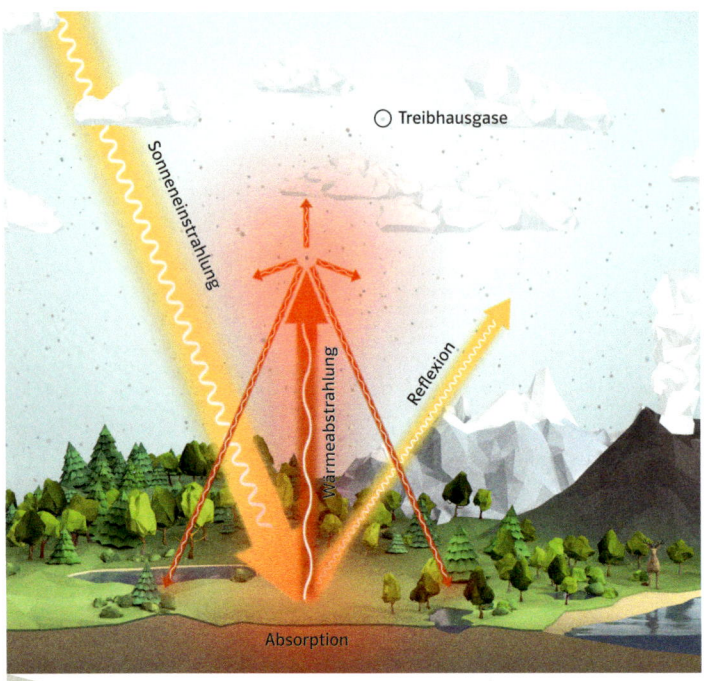

T1 Der natürliche Treibhauseffekt

Gase wie Kohlenstoffdioxid (CO_2), Methan (CH_4), Lachgas (N_2O) und Wasserdampf sind für uns lebenswichtig, denn sie verursachen den **natürlichen Treibhauseffekt**. Dabei wirken diese **Treibhausgase** wie das Glas eines echten Gewächshauses. Die energiereichen Sonnenstrahlen treffen auf die Erdoberfläche auf. Nur ein kleiner Teil der Strahlen wird an den Wolken oder dem Erdboden reflektiert. Der überwiegende Teil wird vom Boden aufgenommen (= absorbiert) und verwandelt sich in Wärmestrahlung. Ein Teil dieser Wärmestrahlung wird durch das „Dach" aus Treibhausgasen an der Erdoberfläche gehalten und heizt die untere Atmosphäre auf. Ohne diesen natürlichen Treibhauseffekt lägen die durchschnittlichen Temperaturen weltweit bei −18 °C anstatt bei +15 °C.

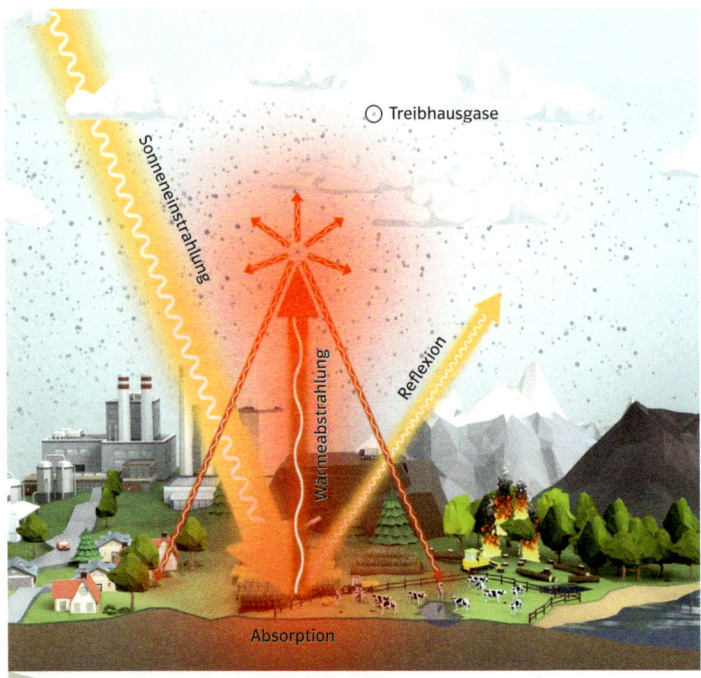

M1 Der natürliche Treibhauseffekt

T2 Der anthropogene Treibhauseffekt

Das Treibhausgas Kohlenstoffdioxid (CO_2) entsteht unter anderem, wenn Stoffe wie Holz, Kohle, Erdöl und Erdgas verbrennen. Dies ist z. B. bei der Produktion in der Industrie, im Verkehr und bei der Energiegewinnung in Kohlekraftwerken der Fall. Die dabei ausgestoßenen Gase nennt man **Emissionen**. Methan (CH_4) wird besonders in der Landwirtschaft freigesetzt. Seit Beginn des Industriezeitalters im 19. Jahrhundert hat sich der Anteil an Treibhausgasen in der Atmosphäre messbar erhöht. Durch diesen **anthropogenen** (vom Menschen verursachten) **Treibhauseffekt** wird immer mehr Wärme an der Erdoberfläche zurückgehalten. Klimaforscherinnen und -forscher sehen darin die Ursache für die Erwärmung der Erde in den letzten 150 Jahren.

M2 Der anthropogene Treibhauseffekt

7 Herausforderung Klimawandel

V10 ▶ Erklärvideo
Ursachen des Klimawandels

T3 Das Problem der Vorhersage

Die Entwicklung des Klimas vorherzusagen ist sehr schwierig. Viele Faktoren spielen dabei eine Rolle: Bilden sich durch die globale Erwärmung und damit durch die stärkere Verdunstung von Wasser mehr Wolken? Welche Auswirkungen haben schmelzende Gletscher? Hinzu kommen die natürlichen Einflüsse auf das Klima, wie z. B. die Schwankungen der Sonnenenergie, Veränderungen der Umlaufbahn der Erde um die Sonne, Meteoriteneinschläge oder Vulkanausbrüche. Vieles ist noch unbekannt. Für eine Prognose müssen alle einzelnen Einflussfaktoren bedacht und bewertet werden. Computer berechnen dann die voraussichtlichen Klimaänderungen in den Regionen der Erde.

Versuch

Material: zwei gleich große Gläser, ein durchsichtiger Deckel, Wasser, zwei Thermometer

Durchführung: Fülle beide Gläser zur Hälfte mit gleich kaltem Wasser. Decke eines der Gläser mit dem durchsichtigen Deckel ab. Stelle die Gläser nebeneinander mindestens für eine Stunde in die Sonne. Miss danach die Temperatur des Wassers in beiden Gläsern. Erkläre dein Ergebnis.

M 4 Treibhauseffekt im Wasserglas

Treibhausgase – kleine Mengen, große Wirkung

Wie stark die einzelnen Treibhausgase zur Erwärmung beitragen, hängt davon ab, wie lange sie in der Atmosphäre bleiben. Außerdem haben die Gase eine unterschiedliche Wirkung auf das Treibhaus. Setzt man die Wirkung von Kohlenstoffdioxid gleich 1, dann wirken Methan und Lachgas um das Vielfache schädlicher.

Quelle	Gas	Verweildauer in der Atmosphäre (in Jahren)	Beitrag zum anthropogenen Treibhauseffekt	Wirkung des Gases (im Vergleich zu CO_2)
Industrie, Energieerzeugung, Verkehr	Kohlenstoffdioxid CO_2	120	66 %	1
Rinderhaltung, Biogas, Nassreisanbau	Methan CH_4	5 – 9	17 %	23
Stickstoffdünger, Lachgas	Lachgas	114	6 %	296

M 3

SP Tipp

Vergleichen
→ Aufgabe 3

- Im Vergleich zu … ist …
- … ist vergleichbar mit …
- Im Gegensatz zu …
- Es gibt einige Unterschiede: …

---

1 MB
Arbeite mit M1 und T1.
a) Beschreibe M1, achte dabei besonders auf die Pfeile.
b) Erkläre den natürlichen Treibhauseffekt. Nutze auch das Erklärvideo V10 ▶.

2 MB
Erläutere den anthropogenen Treibhauseffekt (T2, M2, Erklärvideo V10 ▶).

2 MB
Erläutere, warum sich der Treibhauseffekt seit über 150 Jahren verstärkt (T2, M2, Erklärvideo V10 ▶).

3 SP
Arbeite mit M3 und vergleiche die drei Treibhausgase Kohlenstoffdioxid, Methan und Lachgas.

3
Arbeite mit M3 und erläutere die Bedeutung von Kohlenstoffdioxid für den anthropogenen Treibhauseffekt.

4
Erkläre anhand von T3, warum eine Vorhersage der weiteren Entwicklung des Klimas so schwierig ist.

5 EXTRA
Führt Versuch M4 in der Klasse durch und erklärt das Ergebnis.

Methode

Satellitenbilder auswerten und vergleichen

Satellitenbilder auswerten

Satelliten senden immer wieder Fotos von der Erdoberfläche, die sehr genau zeigen, wie sie gestaltet ist. Du kannst die Fotos heranzoomen, um Details zu erkennen. Du kannst aber auch denselben Landschaftsausschnitt, der zu verschiedenen Zeitpunkten fotografiert wurde, genau untersuchen, um dann Veränderungen festzustellen.

M 1

M 2 Gletscher Okjökull (gelber Kreis) und Langjökull (rechts) am 14.09.1986 …

Schon gewusst?

Die gesamte Fläche aller Gletscher Islands ging seit 1890 um ca. 18 Prozent zurück. Forschende befürchten, dass Island bis 2200 eisfrei sein wird.

1. Schritt: Das Satellitenbild verorten
Suche den Ort des Satellitenbildes in einer physischen Karte, im Atlas oder im Kartenanhang und beschreibe seine Lage (Lage im Staat, Lage an einem Fluss/Meer, …). Lege die Nordrichtung des Bildausschnitts fest.

Island liegt … Der Gletscher Okjökull liegt im Westen … und nordöstlich der Hauptstadt …

2. Schritt: Das Satellitenbild gliedern und Strukturen erkennen
Gliedere das Satellitenbild in Teilbereiche, z. B. Land- und Wasserflächen, Siedlungs- und Verkehrsflächen, Wald- und Ackerflächen. Suche im Satellitenbild nach Merkmalen, die du in der Karte wiederfindest: Flüsse, Küstenlinien, Straßen, gut erkennbare Orte. Wenn du möchtest, lege Transparentpapier oder eine Folie auf das Satellitenbild und zeichne deutlich erkennbare Umrisse und Linien nach. Verwende Farben und Symbole und lege eine Legende zur Skizze an. Formuliere zu deiner Skizze einen Text.

Herausforderung Klimawandel 7

Trauerfeier für einen Gletscher

Es war ein trauriger Tag für Island: Am 18.08.2019 haben sich auf der Spitze des Vulkans Ok viele Bürger, Wissenschaftler und die isländische Premierministerin Jakobsdóttir zu einer Trauerfeier versammelt. Denn der Gletscher Okjökull, der einst den Ok bedeckte, ist „gestorben" und wurde symbolisch bestattet. Der Okjökull ist der erste vollständig abgeschmolzene Gletscher auf Island. Er war 700 Jahre alt, 38 km² groß und über 50 m dick. Heute erinnern nur noch ein gefrorener Kratersee sowie eine Gedenktafel an den ehemaligen Gletscher.

M 3

M 4 … und am 01.08.2019

Den größten Teil des abgebildeten Gebiets stellen Gletscher dar … Deutlich zu erkennen ist …

Der Gletscher Okjökull ist in M 4 im Vergleich zu M 2 kaum mehr vorhanden. Auch der Gletscher Langjökull ist in M 4 deutlich …

3. Schritt: Satellitenbilder vergleichen
Führe die Schritte 1 und 2 für ein zweites Satellitenbild durch und vergleiche sie. Beschreibe Unterschiede und stelle Vermutungen an, wodurch die Veränderungen zustande gekommen sind.
Recherchiere Informationen zu dem Gebiet bzw. zum Ereignis z. B. im Internet.

4. Schritt: Erkenntnisse formulieren
Notiere die Ergebnisse deines Vergleichs und finde Ursachen.

Die Gletscher in Island schmelzen aufgrund …

---

1 Werte die beiden Satellitenbilder M 2 und M 4 mithilfe der Schritte 1–4 aus.

2 MB Informiere dich mithilfe von M 3 und einer Internetrecherche über den ehemaligen Gletscher Okjökull.

AFB II: 1, 2   → Lösungshilfen ab S. 196

Die Auswirkungen des Klimawandels in den Polargebieten beschreiben

Klimawandel in den Polargebieten

Weiß und eisig kalt – das sind die Polargebiete in unserer Vorstellung. Doch das scheinbar ewige Eis schmilzt. Das hat starke Auswirkungen auf die Polargebiete.

M 1 Bedrohter Lebensraum der Eisbären

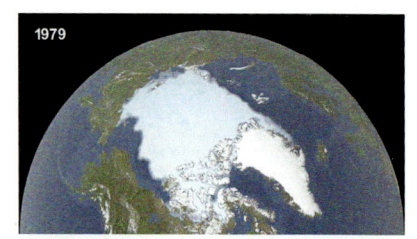

M 2 Arktis: Meereisausdehnung 1979 und 2020

Schon gewusst?

Mittlerweile werden auf Grönland auch Erdbeeren angepflanzt – allerdings müssen die Grönländer mit Folien und Gewächshäusern nachhelfen.

← Arktis und Antarktis
Seite 104/105

T 1 Das Eis der Arktis schmilzt

In der Arktis spürt man die Folgen des Klimawandels schneller als irgendwo sonst auf der Welt. Die Klimaforschung geht davon aus, dass die Arktis bereits im Sommer 2040 gänzlich frei von Meereis sein könnte. Was ist der Grund hierfür?

Normalerweise reflektieren Schnee- und Eisflächen den größten Teil der Sonnenstrahlen. Aufgrund des Klimawandels und der dadurch bedingten höheren Umgebungstemperatur schmilzt das Eis. Dunklere Land- und Wasserflächen werden freigelegt, die im Gegensatz zum Eis viel Sonnenenergie aufnehmen und die Arktis zusätzlich erwärmen.

Das ist aber noch nicht alles: Im Gegensatz zur Antarktis befinden sich die arktischen Eismassen nicht in schützender Höhenlage, sondern auf Meereshöhe. Die Temperaturen liegen daher sehr viel näher am Gefrierpunkt, weshalb schon ein geringer Temperaturanstieg eine Eisschmelze einleiten kann.

T 2 Folgen der Arktis-Erwärmung

Vor allem im Sommer sind immer größere Flächen eisfrei. Dadurch sind Eisbären in ihrer Existenz bedroht, weil sie auf den Eisflächen nach Robben jagen. Nur dort sind sie ihrer Beute überlegen. Andere Nahrungsquellen wie Beeren, Seetang oder kleinere Säugetiere genügen den Eisbären als Nahrungsquelle nicht. Aufgrund der höheren Temperaturen taut der Permafrostboden der Arktis zunehmend auf. Bei Straßen, Häusern oder Pipelines, die auf gefrorenem Untergrund gebaut sind, führt dies zu erheblichen Schäden.

Doch der Klimawandel hat auch eine andere Seite: In Grönland setzt der Frühlingsbeginn früher ein, die Vegetationsperiode verlängert sich und ermöglicht den Anbau landwirtschaftlicher Produkte wie z. B. Kartoffeln. Internationale Konzerne erhoffen sich auf Grönland hohe Gewinne, denn unter dem Eis werden große Rohstofflager (Erdöl, Erdgas) vermutet. Außerdem eröffnen sich kürzere Handelswege durch die nun befahrbare, eisfreie Arktis im Sommer.

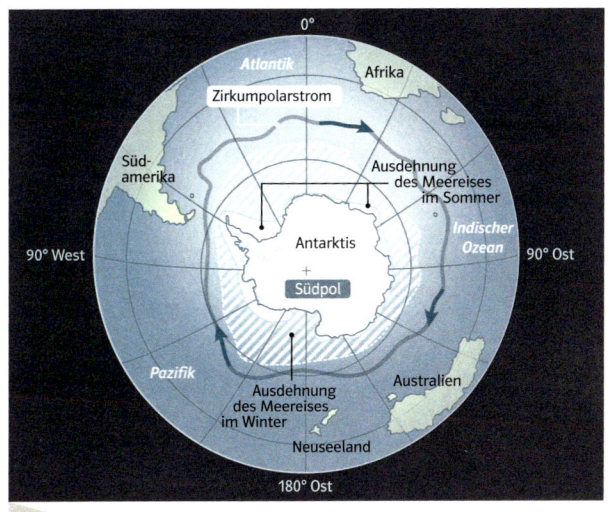

V 11
Video
Meereisveränderung Arktis (1979–2022)

Herausforderung Klimawandel 7

M 3 Antarktis: kalte Meeresströmung (Zirkumpolarstrom)

M 4 Pinguine auf dem antarktischen Festland

T 3 Klimawandel in der Antarktis

Die Folgen der globalen Erwärmung machen sich bisher in der Antarktis nicht so stark bemerkbar wie in der Arktis. Die durchschnittlichen Temperaturen haben sich hier seit den 1980er-Jahren insgesamt kaum verändert. Grund dafür sind eine Luftströmung und eine kalte Meeresströmung, die den Kontinent umgeben. Doch es gibt Unterschiede: Im östlichen Teil wurde es kälter, dort ist sowohl das Meer- als auch das Inlandeis gewachsen. In der West-Antarktis werden dagegen immer wieder Rekordtemperaturen gemessen (z. B. 18,3 °C im Februar 2020), in den Wintermonaten kommt es zu mehr Schneefall. Hier schmelzen die Inlandeismassen und von Zeit zu Zeit brechen vom Schelfeis gigantische Eisberge ab. Insgesamt überwiegt der Eisverlust, seit 2009 sind es jährlich etwa 250 Milliarden Tonnen Eis.

T 4 Bedrohter Lebensraum Antarktis?

Alle Tiere der Antarktis sind ausschließlich auf Nahrung aus dem Meer angewiesen und können daher nur im Südpolarmeer und in einem schmalen Küstenstreifen der West-Antarktis überleben. Der Temperaturanstieg dort hat Auswirkungen auf das Ökosystem: Viele Tiere wie z. B. der Kaiserpinguin sind von Krill, einer Garnelenart, abhängig. Wegen des zunehmend fehlenden Meereises verringern oder verlagern sich die Krillbestände. Dies führte dazu, dass sich die Zahl der Kaiserpinguine in den letzten 50 Jahre halbiert hat. Auch wandern viele Kaiserpinguine ins kältere Landesinnere ab, weil der erhöhte Schneefall Probleme beim Brüten verursacht. Die Pinguine brauchen daher länger für die Nahrungssuche und das gefährdet den Nachwuchs.

M 5 Antarktischer Krill

SP Tipp

Bewerten
→ Aufgabe 5b
- Ich denke …
- Einerseits ist es positiv für …
- Andererseits …
- Eine Bewertung ist schwierig, weil …

---

1 Beschreibe anhand von M 2 die Veränderungen in der Arktis.

2 Beschreibe die Ursachen für die Eisschmelze in der Arktis (T 1).

3 Erkläre, wie sich der Klimawandel auf die Antarktis auswirkt (T 3, M 3).

4 a) Beschreibe negative Folgen der Arktis-Erwärmung (T 2, M 1).
b) Vergleiche mit den negativen Folgen in der Antarktis (T 4, M 4).

4 Eisbär oder Kaiserpinguin: Wessen Überlebenschancen stehen besser? Erläutere mithilfe von T 2, M 1 sowie T 4, M 4 und M 5.

5 a) Zähle die positiven Aspekte des Klimawandels in der Arktis auf (T 2, M 2 auf S. 128/129).
b) SP Bewerte, wie positiv diese Entwicklung tatsächlich ist.

AFB I: 1, 2, 4a II: 3, 4b III: 5   AFB I: 1, 2 II: 3, 4 III: 5   → Lösungshilfen ab S. 196   135

Der Meeresspiegel steigt

Schmelzende Eisflächen lassen den Meeresspiegel steigen. Deshalb spüren die Menschen in den Küstenregionen den Klimawandel besonders stark. Immer häufiger führt dies zu Überschwemmungen.

M1 Schmelzwasserfluss auf dem Schelfeis der Antarktis

Schon gewusst?

Der Antarktische Eisschild ist an seiner mächtigsten Stelle 4 897 m dick und würde bei seinem vollständigen Abschmelzen den globalen Meeresspiegel um 58 m ansteigen lassen. Mit 26,4 Mio. km³ ist das Eisvolumen der Antarktis etwa neun Mal so groß wie das des grönländischen Eisschildes.

T1 Das Eis schmilzt

Gletscher können als Fieberthermometer der Erde verstanden werden. Durch die Erwärmung der Atmosphäre schmilzt weltweit das Gletscher- und Inlandeis. So sind die Alpengletscher um ca. 17 % zurückgegangen (Stand: 2020), im Himalaya-Gebirge beträgt der Eisverlust seit den 1980er Jahren etwa 25 %. Auch die Eismassen der Arktis und Antarktis sind vom Klimawandel in besorgniserregendem Ausmaß betroffen.

T2 Der Meeresspiegel steigt

Das Abschmelzen der Gletscher und der Eisschilde in Grönland und in der Antarktis lässt den Meeresspiegel ansteigen. So verliert z.B. der antarktische Thwaites-Gletscher jedes Jahr mehrere Milliarden Tonnen Eis. Das gefährdet den gesamten westantarktischen Eisschild und würde zu einem Anstieg der Meere von bis zu 5 m führen.
Neben der Eisschmelze bewirkt die globale Erwärmung außerdem einen Temperaturanstieg des Meerwassers. Auch dies führt zu einem Anstieg des Meeresspiegels, denn warmes Wasser dehnt sich aus.

T3 Mehr Meer bedeutet weniger Land

Prognosen gehen von einem Anstieg des Meeresspiegels bis 2100 um 0,5 m bis zu 2 m aus. Ein solcher Anstieg hätte fatale Folgen für die Inselstaaten sowie für Küstenstädte im indisch-pazifischen Raum wie Shanghai, Singapur, Tokyo, Mumbai oder Dhaka. Sie alle liegen knapp über dem Meeresspiegel. Doch auch in Europa wären große Küstenregionen überschwemmungsgefährdet. Die Kosten für Umsiedlungen, neue Deiche, die Entsalzung von Trinkwasserbrunnen usw. wären gigantisch und könnten vor allem von armen Ländern nicht finanziert werden.

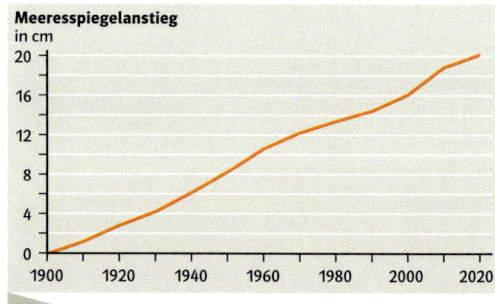

M2 Der Anstieg des Meeresspiegels seit 1900

Herausforderung Klimawandel 7

Das Beispiel Tuvalu

Der Außenminister des Inselstaates Tuvalu steht für eine Rede bei der Klimakonferenz COP26 bis zu den Knien im Wasser. „Was auf der anderen Seite der Welt passiert, hat Auswirkungen auf uns alle." Gemeint sind die Folgen des Klimawandels, die Tuvalu im Südpazifik besonders zu spüren bekommt. So gibt es häufig Überflutungen, das Trinkwasser und der Boden sind versalzen und Fischgründe versiegen. 2014 erregte die Nachricht von Familie Alesana aus Tuvalu Aufsehen, die in Neuseeland Asyl erhielt. Damit waren sie die ersten anerkannten Klimaflüchtlinge. Im November 2023 hatte die australische Regierung allen Bewohnern Tuvalus ein dauerhaftes Klimaasyl angeboten.

M 3

Das Beispiel Philippinen

Die Folgen für einige Regionen der Erde sind schon jetzt dramatisch: Die Philippinen mit ihren tausenden Inseln liegen im Pazifik nur knapp über dem Meeresspiegel. Immer häufiger werden Häuser überflutet. Schätzungen gehen davon aus, dass bei einem Anstieg des Meeresspiegels um 1 m (bis 2050) 13 Millionen Menschen ihre Heimat verlieren würden.
Besonders ungerecht ist, dass die Philippinen den Treibhauseffekt kaum verstärken. Die meisten Emissionen entstehen nämlich in den reichen Industrieländern, wie zum Beispiel in China, den USA oder auch bei uns in Deutschland.

M 4

1
a) Beschreibe Foto M1 und das Foto in M4.
b) Stelle Vermutungen an, in welchem Zusammenhang sie stehen könnten.

2 Erkläre den Zusammenhang zwischen globaler Erwärmung und dem Anstieg des Meeresspiegels (T1, T2).

a) Beschreibe das Diagramm M2.
b) Erläutere die Ursachen für den Anstieg des Meeresspiegels (T1, T2).

3 Nenne mögliche Folgen des Meeresspiegelanstiegs (T3).

Bearbeite Aufgabe A3. Erkläre, warum reiche Länder im Gegensatz zu ärmeren Ländern im Vorteil sind.

4 Ein Partner/eine Partnerin bearbeitet das Beispiel Tuvalu (M3), der/die andere das Beispiel Philippinen (M4).
a) Verortet die Beispiele (Kartenanhang, Atlas).
b) Beschreibt euch gegenseitig die Folgen des Klimawandels in Tuvalu bzw. auf den Philippinen.
c) Notiert die Ergebnisse.

5 EXTRA Arbeite mit dem Kartenanhang bzw. mit dem Atlas:
a) Bestimme die Lage von bedrohten Inselstaaten und Küstenstädte (T3).
b) Zähle auf, welche weiteren Regionen betroffen sein könnten.

AFB I: AFB I: 1a, 3, 4 II: 2, 5 III: 1b   AFB I: 1a, 4 II: 2, 3, 5 III: 1b   → Lösungshilfen ab S. 196   137

Orientierung

Sich in Nord- und Mittelamerika orientieren

Nord- und Mittelamerika

Der Kontinent Nordamerika umfasst das Gebiet zwischen Grönland im Nordosten und der Landenge von Panama im Süden. Der Bereich zwischen der Landenge von Tehuantepec in Mexiko und der Landenge von Panama wird zusammen mit den karibischen Inseln als Mittelamerika bezeichnet.

M 1 Provinz Yukon

M 3 Manhattan, New York

M 2 Wüste Chihuahua

M 4 Viñales-Tal bei Pinar del Río

T 1 Nordamerika

Der Kontinent Nordamerika ist mit ca. 24 Mio. km² der drittgrößte Kontinent der Erde. Er liegt zwischen dem Pazifischen Ozean im Westen und dem Atlantik im Osten. Nur drei Staaten nehmen die größte Fläche von Nordamerika ein: Kanada, die USA und Mexiko. Hinzu kommen 20 kleine Staaten in Mittelamerika.

Vielfältige Landschaftsformen prägen den Kontinent: das Faltengebirge der Rocky Mountains und seine Ausläufer im Westen, die eiszeitlichen Landschaften im Nordosten, der Mittelgebirgszug der Appalachen im Osten, die großen Ebenen im Landesinneren und die Tiefländer am Golf von Mexiko und an der Atlantikküste.

1
Arbeite mit der Karte M 5 und dem Kartenanhang oder dem Atlas. Benenne:
a) die Staaten 1–16 und die zugehörigen Städte,
b) die Gebirge und das Tiefland A–F sowie den Berg 1,
c) die Ozeane und Meere A–E,
d) die Flüsse und Seen a–j,
e) die Inseln a und b.

2 SP
Fotos zuordnen
a) Ordne den Fotos M 1–M 4 mithilfe des Atlas das entsprechende Land zu.
b) Formuliere für die Aufnahmeorte je eine Lagebeschreibung, zum Beispiel: „Die Provinz Yukon liegt im Nordwesten …"

7 Herausforderung Klimawandel

M 5 Lernkarte Nord- und Mittelamerika

Politische Gliederung
① ... ⑯ Staaten
Orte
•1 ... •10 Städte

Gewässer
Ⓐ ... Ⓔ Ozeane, Meere
a ... j Flüsse, Seen

Landmassen
Ⓐ ... Ⓕ Gebirge, Hochländer, Tiefländer
▲1 Berg
a ... b Inseln

Landhöhen
- Tiefland (0–200 m)
- Hügelland (200–500 m)
- Mittelgebirge (500–2000 m)
- Hochgebirge (über 2000 m)

AFB I: 1 II: 2 → Lösungshilfen ab S. 196 139

Folgen des Klimawandels in Deutschland beschreiben

Klimawandel bei uns

Die Folgen des Klimawandels sind in Deutschland nicht mehr zu übersehen. Wie genau macht sich der Klimawandel bei uns bemerkbar? Welche Folgen hat er für die Natur und unser Leben?

M 1 Schäden nach Starkregen (Ahrtal) 2021

M 3 Dürres Maisfeld in Baden-Württemberg 2022

M 2 „Grüne" Weihnacht 2019

M 4 Waldsterben im Schwarzwald 2022

T1 Klimawandel in Deutschland

Viele dachten lange Zeit, Klimawandel betreffe nur Inseln im Pazifik. Doch der Klimawandel ist längst in Deutschland angekommen. In den letzten Jahren häuften sich Extremwetterereignisse wie Hitzewellen, lange Trockenperioden, Hagel, Starkregen und dadurch Überschwemmungen. Die Forschung geht davon aus, dass extreme Wetterlagen und Naturkatastrophen in den kommenden Jahren häufiger werden. Dabei gibt es regionale Unterschiede: Bedrohung der Küsten im Norden Deutschlands durch den Meeresspiegelanstieg, Hoch- bzw. Niedrigwasser an den Flüssen und Wetterextreme im Südwesten und Osten.

7 Herausforderung Klimawandel

Maßnahmen gegen den Klimawandel

Die Klimawirkungs- und Risikoanalyse 2021 hat ergeben, dass bei 30 von insgesamt 100 untersuchten Klimaauswirkungen dringender Handlungsbedarf besteht. Dazu Bundesumweltministerin Svenja Schultze: „Deutschland braucht mehr Bäume in den Städten, mehr Grün auf den Dächern, mehr Raum für die Flüsse und vieles mehr. Und es muss schnell gehen, denn viele Maßnahmen brauchen Zeit, bis sie wirken."

M 5

T2 Klimawandel in Baden-Württemberg

In Baden-Württemberg ist die Jahresmitteltemperatur seit 1901 von 8 °C auf mehr als 9 °C gestiegen, im Rekordjahr 2022 erreichte der Wert sogar 10,6 °C! Dies hat vor allem auf die Tier- und Pflanzenwelt weitreichende Auswirkungen. Die Pflanzenblüte setzt früher ein und auch die Vegetationszeit verlängert sich. Landwirte nutzen dies, indem sie im Obst-, Gemüse- und Weinbau wärmeliebende Pflanzen anbauen und bessere Qualitäten erzielen können. Heimische Arten, die ein kälteres und feuchteres Klima bevorzugen, werden jedoch verdrängt. Besonders empfindlich auf die klimatischen Veränderungen reagieren unsere Wälder. Die zunehmende Trockenheit führt zu deutlichen Blatt- und Nadelverlusten der Buchen und Fichten. Schädlingsinsekten wie der Borkenkäfer haben dadurch leichtes Spiel, auch die Waldbrandgefahr steigt beträchtlich.
Der Klimawandel verändert außerdem die Tierwelt: Zugvögel kehren früher zurück, heimische Tiere und Insekten werden durch die Klimaänderung oder den Einzug neuer Arten bedroht. So machten in den letzten Jahren exotische Neulinge wie die Nosferatuspinne oder die Tigermücke Schlagzeilen, die auch für den Menschen gefährlich sein können.

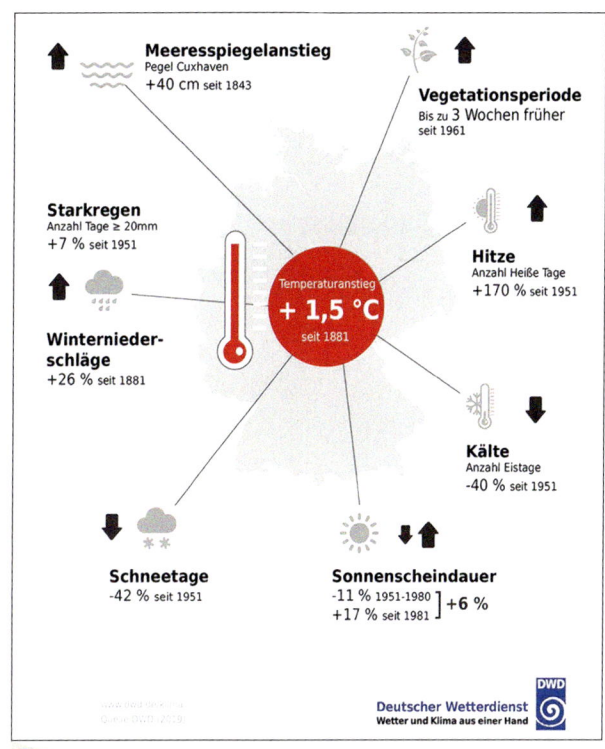

M 6 Deutschland im Klimawandel (2021)

Meeresspiegelanstieg Pegel Cuxhaven +40 cm seit 1843
Vegetationsperiode Bis zu 3 Wochen früher seit 1961
Starkregen Anzahl Tage ≥ 20mm +7 % seit 1951
Temperaturanstieg +1,5 °C seit 1881
Hitze Anzahl Heiße Tage +170 % seit 1951
Winterniederschläge +26 % seit 1881
Kälte Anzahl Eistage -40 % seit 1951
Schneetage -42 % seit 1951
Sonnenscheindauer -11 % 1951-1980 +17 % seit 1981] +6 %

Deutscher Wetterdienst – Wetter und Klima aus einer Hand

Schon gewusst?
In Deutschland (ca. 83 Mio. Einw.) leben ca. 77 % der Einwohner in Städten.

A/B

1 Beschreibe die vier Bilder M 1–M 4.

2
a) Nenne die Folgen des Klimawandels in Deutschland mithilfe von T 1.
b) Vergleiche mit M 6: Welche Folgen wirken sich besonders stark aus?

3 Beschreibe die Folgen des Klimawandels für die Pflanzenwelt in Baden-Württemberg (T 2, M 3, M 4).

4 Zähle Maßnahmen gegen den Klimawandel auf (M 5).

5 EXTRA MB
a) Recherchiere im Internet zu bedrohten heimischen Pflanzen- und Tierarten.
b) Erstelle zu einer Art einen Steckbrief.

2 Bearbeite Aufgabe A 2. Arbeite mit dem Kartenanhang und nenne Raumbeispiele für Regionen, die unterschiedlich vom Klimawandel betroffen sind (T 1, M 1, M 3, M 4).

3 Erläutere die Folgen des Klimawandels in Baden-Württemberg (T 2, M 3, M 4).

4 MB Bearbeite Aufgabe A 4. Recherchiere im Internet Maßnahmen gegen das Waldsterben in Baden-Württemberg.

AFB I: 1, 2a, 3, 4 II: 2b, 5 · AFB I: 1, 2 II: 3–5 · Lösungshilfen ab S. 196

Aktiv gegen den Klimawandel

Der Klimawandel bedroht den Lebensraum vieler Menschen. Doch wir können etwas tun, um die Schäden zu begrenzen.

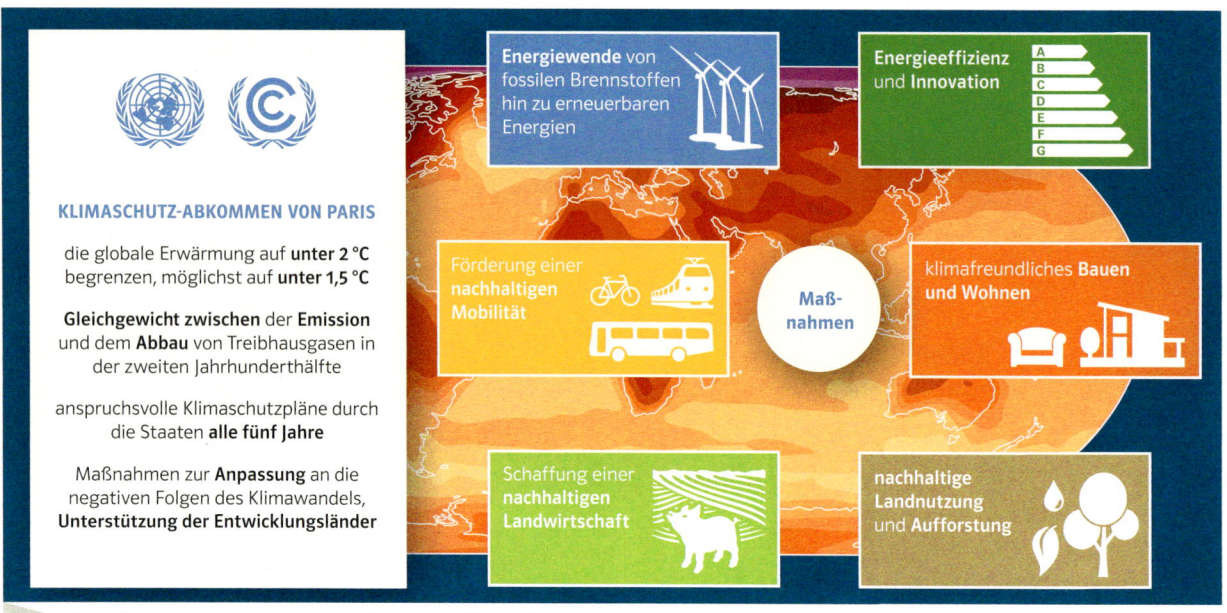

KLIMASCHUTZ-ABKOMMEN VON PARIS

- die globale Erwärmung auf **unter 2 °C** begrenzen, möglichst auf **unter 1,5 °C**
- **Gleichgewicht zwischen der Emission** und dem **Abbau** von Treibhausgasen in der zweiten Jahrhunderthälfte
- anspruchsvolle Klimaschutzpläne durch die Staaten **alle fünf Jahre**
- Maßnahmen zur **Anpassung** an die negativen Folgen des Klimawandels, **Unterstützung der Entwicklungsländer**

Maßnahmen:
- **Energiewende** von fossilen Brennstoffen hin zu erneuerbaren Energien
- **Energieeffizienz** und **Innovation**
- Förderung einer nachhaltigen **Mobilität**
- klimafreundliches **Bauen** und **Wohnen**
- Schaffung einer nachhaltigen **Landwirtschaft**
- nachhaltige **Landnutzung** und **Aufforstung**

M 1 Das Klimaschutzabkommen von Paris und Möglichkeiten der Umsetzung

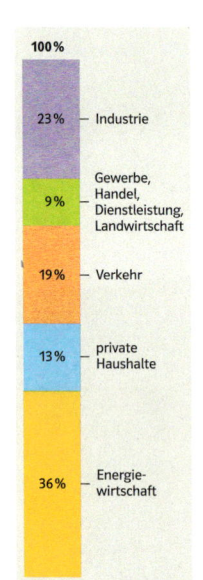

M 2 Treibhausgasemissionen in Deutschland nach Sektoren (2018)
- Industrie: 23 %
- Gewerbe, Handel, Dienstleistung, Landwirtschaft: 9 %
- Verkehr: 19 %
- private Haushalte: 13 %
- Energiewirtschaft: 36 %

T1 Zum Handeln gezwungen

Die wichtigste Ursache für die globale Erwärmung ist die Zunahme von Kohlenstoffdioxid (CO_2) in der Atmosphäre. Der Ausstoß dieses Treibhausgases muss also verringert werden. Das kann aber nur funktionieren, wenn möglichst alle Staaten mithelfen. Politikerinnen und Politiker müssen also nicht nur im eigenen Land, sondern auch europa- und weltweit Entscheidungen treffen. Deshalb gibt es Klimakonferenzen, in denen Ziele und Maßnahmen vereinbart werden.

T2 Emissionen senken

Auf der Klimakonferenz 1997 im japanischen Kyoto haben sich viele Staaten erstmals konkrete Ziele zum Klimaschutz gesetzt. Das Kyoto-Protokoll verpflichtete die Industrieländer, die Emission (den Ausstoß) von Treibhausgasen zu begrenzen und zu verringern. Die USA und China als größte Produzenten von Treibhausgasen gingen jedoch keine Verpflichtungen ein. Kanada trat 2013 aus dem Kyoto-Protokoll wieder aus.

2015 fand in Paris eine von vielen weiteren Klimakonferenzen statt. Das dort beschlossene Abkommen sieht vor, die Erderwärmung auf unter 2 °C zu begrenzen. Ausgangspunkt ist dabei die globale Temperatur, die vor dem Industriezeitalter herrschte. Im Unterschied zum Kyoto-Protokoll sind diesmal auch die Entwicklungsländer dabei. Sie erhalten aber mehr Zeit, den Ausstoß von Treibhausgasen zu verringern. Bisher haben die allermeisten Staaten das Abkommen unterzeichnet, darunter auch China und (nach zwischenzeitlichem Ausstieg) auch wieder die USA.

Deutschland möchte bis 2045 treibhausgasneutral werden. Bislang (Stand: 2020) wurde der Ausstoß um ca. 40 % im Vergleich zu 1990 gesenkt. Für die restlichen 60 % müssen die ehrgeizigen Einsparziele von allen eingehalten werden – von Bund, Ländern, Gemeinden und von jeder und jedem Einzelnen!

Herausforderung Klimawandel

V12 Erklärvideo
Klimawandel: Handlungsstrategien

Auch wenn die Politik am wirksamsten gegen den Klimawandel vorgehen kann, können auch wir uns für die Reduzierung von Treibhausgasen einsetzen. Einige Tipps sind:

Weniger verschwenden

Energiereich produzierte Plastikverpackungen oder Einweg-Plastikflaschen können vermieden werden. Gemüse kann man in vielen Supermärkten unverpackt kaufen. Plastiktüten wurden in vielen Geschäften bereits durch Papiertüten ersetzt. Getränke in Mehrwegflaschen helfen ebenfalls, Plastikmüll zu reduzieren.

Produkte gemeinsam nutzen

Produkte herzustellen, benötigt jede Menge Energie und Rohstoffe. Würden wir nur jedes zweite Produkt mit anderen teilen oder es gebraucht kaufen, nur bei Bedarf Technik mieten oder mehr Dinge reparieren, ließen sich die Emissionen deutlich verringern.

Energie im Haushalt sparen

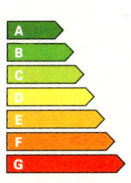

Tablets, Spielekonsolen, Fernseher oder auch Haushaltsgeräte bleiben häufig im Standby-Modus und verbrauchen somit auch Energie, obwohl man sie gar nicht nutzt. In einem dreiköpfigen Haushalt kostet das etwa 115 € im Jahr. Wer das Geld sparen möchte, zieht den Stecker entweder ganz oder verwendet abschaltbare Steckdosenleisten. Etwas weniger heizen hilft ebenfalls. Temperaturen zwischen 18 °C in Schlaf- und 21 °C in Wohnräumen reichen meistens aus.
Auch das Dämmen der Häuser, z. B. durch das Abdichten zugiger Fenster, spart Energie.

Klimaschonend essen

Alle 40 Sekunden stößt eine Kuh auf und befördert auf diese Weise pro Tag etwa 250 l des Treibhausgases Methan (CH_4) pro Tag in die Luft. Die Herstellung von 1 kg Rindfleisch ist so klimaschädlich wie eine Autofahrt von 250 km. Obst und Gemüse werden klimaschonender produziert. Außerdem kannst du weniger Milchprodukte verbrauchen. Wenn du Nahrungsmittel aus der Region und nach Saison kaufst, vermeidest du lange, klimaschädliche Transporte.

Mobilität ändern

Wer zu Fuß geht, das Fahrrad nutzt oder mit Bus und Bahn fährt, spart CO_2. Lässt sich Autofahren nicht vermeiden, sollte man die Geschwindigkeit reduzieren und sich dem Verkehrsfluss anpassen. Dann muss man weniger bremsen und seltener beschleunigen. Das spart Treibstoff und schont das Klima.
Flugreisen und Kreuzfahrten erzeugen ebenfalls Abgase in großen Mengen. Daher kannst du mit deiner Familie überlegen, Reisen zu unternehmen, die Umwelt und Klima möglichst wenig belasten, z. B. eine Radreise oder eine Reise mit der Bahn.

M3 Was wir gegen den Klimawandel tun können

---

1 Werte die Grafik M1 aus:
a) Nenne Klimaschutzziele, die in Paris vereinbart wurden.
b) Beschreibe Maßnahmen, mit denen diese Ziele erreicht werden sollen.

2 a) Erkläre, warum es Klimakonferenzen gibt (T1).
b) Vergleiche die Abkommen von Kyoto und Paris (T2).

2 MB Erläutere, was international zum Schutz des Klimas unternommen wird (T1, T2, Erklärvideo V12).

3 Beschreibe, was sich Deutschland zum Klimaschutz vorgenommen hat (T2).

3 Bearbeite Aufgabe A3. Beschreibe anhand von M2, welche Sektoren in Deutschland am meisten CO_2 ausstoßen.

4 MB Auch an deiner Schule wird es CO_2-Einsparmöglichkeiten geben.
a) Recherchiere im Internet über die Aktion „Energiesparmeister".
b) Sammelt als Klimadetektive geeignete Ideen und Wege, welche Einsparmöglichkeiten leicht umzusetzen sind (M3).

5 EXTRA Wähle eine Maßnahme aus M3 aus und versuche, diese zu Hause umzusetzen.

AFB I: 1, 3 II: 2, 3, 5   AFB I: 1, 3 II: 2, 4, 5   → Lösungshilfen ab S. 196

Training

Wichtige Begriffe

- Atmosphäre
- Emission
- Hurrikan/tropischer Wirbelsturm
- Kohlenstoffdioxid
- Klimawandel
- Meeresspiegelanstieg
- Stratosphäre
- Temperaturanstieg
- natürlicher/anthropogener Treibhauseffekt
- Treibhausgase
- Troposphäre
- Wetterextreme

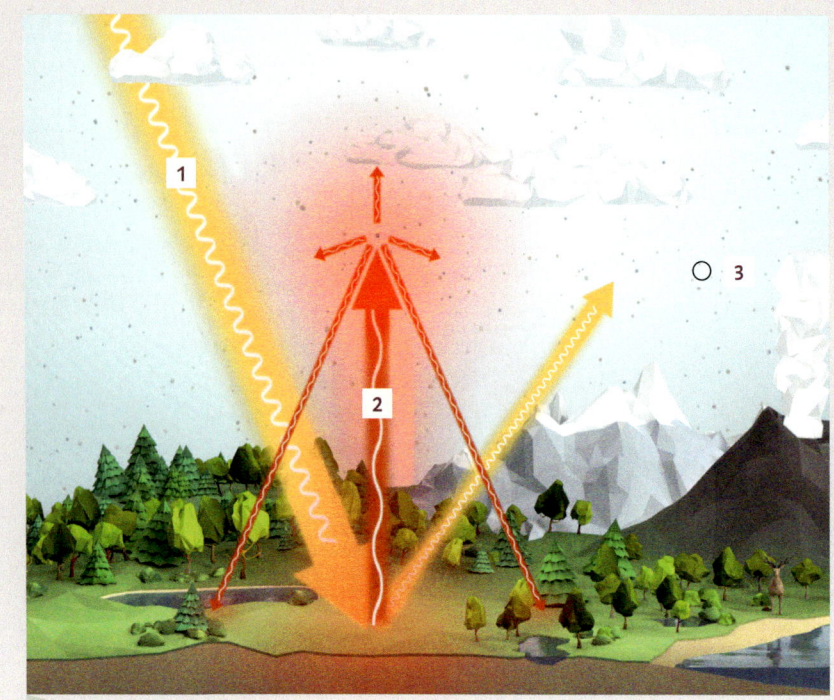

M 1 Der natürliche Treibhauseffekt

Kennen und verstehen

1 Treibhauseffekt
a Gib für die Ziffern in Abbildung M 1 die richtigen Begriffe an.
b Erkläre den natürlichen Treibhauseffekt mithilfe von M 1.
c Erkläre, wie der Mensch den Treibhauseffekt beeinflusst.

2 Durcheinandergeraten
In M 2 sind die markierten Begriffe durcheinandergeraten. Schreibe den Text zum verstärkten Treibhauseffekt ab und setze dabei die Begriffe an die richtige Stelle.

3 Findest du die Begriffe?
a weltweite Änderung des Klimas
b Diese Gase sorgen für die Klimaerwärmung.
c eine Folge des Abschmelzens der Gletscher und des Polareises
d Fachbegriff für den Ausstoß von Schadstoffen
e Treibhausgas, das bei der Verbrennung von Kohlenstoff entsteht

4 Richtig oder falsch?
Verbessere die falschen Aussagen und schreibe sie richtig auf.
a Orkane in Deutschland sind Zeichen für den Klimawandel.
b Jeder Mensch kann im Alltag etwas gegen den Klimawandel tun.
c Der Klimawandel hat auf Deutschland keinen Einfluss.
d Kohlenstoffdioxid ist der Hauptverursacher des anthropogenen Treibhauseffekts.
e Der Treibhauseffekt ist teilweise natürlich und teilweise vom Menschen verursacht.

5 Bilderrätsel
Löse das Bilderrätsel und erkläre den gesuchten Begriff.

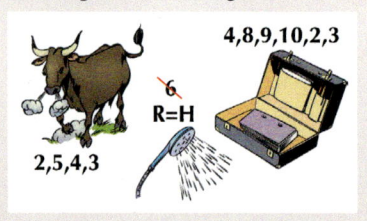

M 2

Der vom Menschen verstärkte Treibhauseffekt

In den letzten 150 Jahren hat sich das Klimawandel spürbar erwärmt. Die wichtigste Ursache dafür ist Meeresspiegel. Dieses Treibhausgas entsteht hauptsächlich bei der Verbrennung von Kohle, Kohlenstoffdioxid und Erdgas. Treibhausgase verstärken den natürlichen Treibhauseffekt, indem sie die kleiner der Sonne in unserer Atmosphäre speichern. Die globale Erwärmung erkennt man deutlich an den Gletschern, denn sie werden von Jahr zu Jahr Klima. Auch das Eis in der Arktis und Antarktis wird immer Erdöl. Durch das geschmolzene Eis steigt der Wärme. Außerdem führt der weniger zu mehr extremen Wetterereignissen wie längeren Trockenzeiten, Starkregen oder gefährlichen Stürmen.

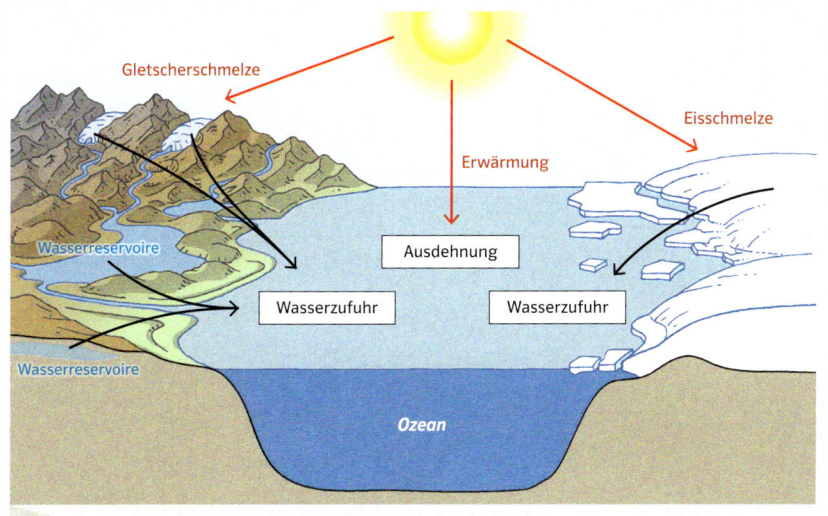

D 20 Arbeitsblatt Selbsteinschätzung
D 21 Arbeitsblatt Lösungen

7 Herausforderung Klimawandel

M 3 Anstieg des Meeresspiegels

M 4 Irgendwann in naher Zukunft

Sprechblase: „Glaub mir! Wenn wir das alles gewusst hätten, damals..."

M 5

M 6

M 7

6 Anthropogener Treibhauseffekt
Erläutere, was die Bildinhalte der Fotos M 5 – M 7 mit dem Klimawandel zu tun haben.

7 Anstieg des Meeresspiegels
a Erläutere mit Abbildung M 3, wie es zum Anstieg des Meeresspiegels kommt.
b Beschreibe mögliche Folgen dieser Entwicklung.

Beurteilen und bewerten

8 Karikatur auswerten
Die Jungen von heute werden die Alten von morgen sein.

a Bewerte die Zeichnung M 4. Worauf möchte der Zeichner aufmerksam machen?
b Notiere mindestens fünf erforderliche Maßnahmen.

9 Anzeiger des Klimawandels
Bewerte, inwieweit die Aussage des Diagramms M 8 einen Beweis für den Klimawandel darstellt.

Vernetzen

10 Mindmap erstellen
a Erstelle eine Mindmap zum Thema „Herausforderung Klimawandel".

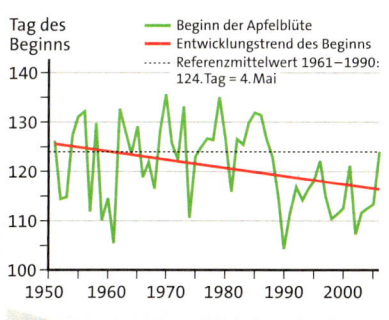

M 8 Beginn der Apfelblüte
— Beginn der Apfelblüte
— Entwicklungstrend des Beginns
---- Referenzmittelwert 1961–1990: 124. Tag = 4. Mai

b Suche im Schulbuch bzw. im Internet ein passendes Bild zu jedem Zweig deiner Mindmap.

145

Wähle aus

A Tornados
diese Seite

B MS Polarstern – Forschung in der Arktis
Seite 148/149

Die Entstehung eines Tornados erklären

1 Beschreibe die Bilder M 1 und M 5.

2 Erkläre die Entstehung eines Tornados mithilfe von T 1 und M 4.

3 a) Beschreibe die Auswirkungen eines Tornados anhand von M 2, M 5.
b) Ordne die Schäden in M 5 der Skala M 3 zu.

A Tornados

Er entsteht aus dem Nichts. Am Anfang wächst aus einer Wolke ein weißer Saugrüssel. Er scheint auf der Suche nach dem Boden zu sein. Sobald er ihn erreicht, entfesselt er seine ungeheure Kraft.

M 1 Zwei Tornados in den USA

Tornados rasen durch Oklahoma

„Im US-Bundesstaat Oklahoma sind durch Tornados ... mindestens zwei Menschen ums Leben gekommen. Ein örtlicher Fernsehsender berichtete, ... es habe am Montag ,starke Winde und Hagelkörner so groß wie Grapefruits' gegeben. In der Nähe von Stillwater wurden Dächer abgedeckt, ein leerer Bus wurde durch die Luft gewirbelt und landete in einem Baum. Die Stürme entwurzelten Bäume und kippten Mobilheime um. ... Es wurden außerdem mehrere Menschen vermisst."

n-tv Kurznachrichten, Unwetter fordern zwei Todesopfer, Tornados rasen durch Oklahoma vom 10.05.2016

M 2

T 1 Wie ein Tornado entsteht
Die Entstehung von Tornados ist noch nicht bis ins Letzte erforscht. Tornados entstehen über Land oder Wasser. Hauptvoraussetzung ist feuchtwarme Luft, die mit trockener, kalter Luft zusammentrifft. Die extremen Temperatur- und Feuchtigkeitsunterschiede sorgen für uneinheitliche Luftbewegungen, Verwirbelungen und Turbulenzen. Feuchtwarme Luft ist relativ leicht und steigt auf. Dabei kondensiert der Wasserdampf der feuchten Luft und setzt Wärme frei. Es bilden sich riesige Gewitterwolken, die bis in 20 km Höhe aufsteigen können. Trifft die warme

4 Liste in einer Tabelle folgende Kennzeichen eines Tornados auf: Entstehungsgebiet, Größe, Spitzengeschwindigkeit, Dauer des Bestehens.

5 MB
a) Recherchiere im Internet über Tornados in Deutschland (Orte, Datum, Geschwindigkeit, Schäden).
b) Vergleiche sie mit den Tornados in den USA.

AFB I: 1, 3a, 4 II: 2, 3b, 5 → Lösungshilfen ab S. 196

Luft in der Höhe auf einen kalten Wind, der in eine andere Richtung weht, kommt es zu starken Luftwirbeln. In ihrer Mitte fällt der Luftdruck stark ab. Der niedrige Luftdruck saugt die feuchtwarme Luft aus der Umgebung wie ein Staubsauger an. Die Drehbewegung wird schneller. Es entsteht ein Windrüssel, der zum Boden wächst. Erst wenn er am Boden angekommen ist, nennt man ihn Tornado. Der Wirbelwind beginnt mit einer Geschwindigkeit von bis zu 50 km/h zu wandern. Die Windgeschwindigkeit im Rüssel kann bis zu 500 km/h betragen und der Durchmesser 20 bis 1000 Meter. Nach wenigen Minuten ist meist alles vorbei.

Die Klimaforschung ist bislang nicht sicher, welchen Einfluss der Klimawandel auf das Wetterextrem Tornado hat. Prognosen deuten darauf hin, dass es in den kommenden Jahren häufiger zu starken Unwetterlagen kommen wird – und damit auch zu Tornados.

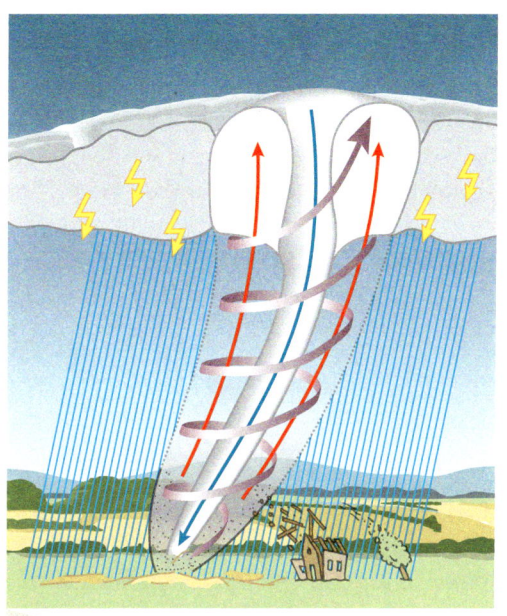

M 4 Entstehung eines Tornados

F-Stufe	km/h	Beschreibung
F0	64–116	Äste brechen, flach wurzelnde Bäume kippen um
F1	117–180	Autos verschoben, Dachziegel fliegen
F2	181–253	abgedeckte Dächer, Gegenstände fliegen, große Bäume werden entwurzelt
F3	252–330	stabile Häuser stark beschädigt, Züge umgeworfen
F4	331–416	Häuser völlig zerstört, Autos fliegen durch die Luft
F5	417–510	Autos fliegen mehr als 100 m, Stahlbeton-Gebäude zerstört
F6	>510	wie F5 (F6-Tornados gibt es amtlich nicht)

M 3 Auszug aus der Fijita-Skala zur Klassifizierung von Tornados

M 5 Zerstörung durch einen Tornado

Wähle aus

A Tornados
Seite 146/147

B MS Polarstern –
Forschung in
der Arktis
diese Seite

Die Forschung in der Arktis beschreiben

1 Vor dem Lesen
Betrachte die Bilder und lies die Überschrift. Was erwartest du?

2 Während des Lesens
Welche Inhalte sind für dich besonders interessant oder auch unklar? Notiere die Zeilenzahl, verwende ein Extrablatt.

3 Nach dem Lesen
Prüfe, ob sich deine Erwartungen erfüllt haben.

B MS Polarstern – Forschung in der Arktis

Wettlauf gegen die Zeit: Der Klimawandel verändert die Arktis schneller als jeden anderen Ort der Welt. Was ist dort los? Wissenschaftlerinnen und Wissenschaftler setzen sich Gefahren aus, um der Antwort auf die Spur zu kommen.

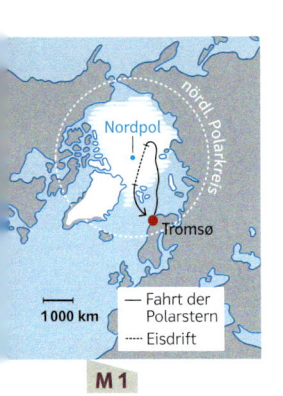

M 1

M 2 Arktis-Expedition „MOSAiC"

M 3 Forschungseisbrecher MS Polarstern

Steckbrief der „Polarstern"
Eisbrecher
Eigentümer: Bundesrepublik Deutschland
Länge: 118 m
Breite: 25 m
Gewicht: 17 000 t
Tiefgang: 11 m

driften
auf dem Wasser treiben

Professor Markus Rex ist zufrieden. Der Saal vor ihm ist gut gefüllt. „Das Thema Klimawandel interessiert viele", denkt der Leiter der Jahrhundert-Expedition „MOSAiC". Und dann startet er seinen Vortrag über die bevorstehende Forschungsreise in die Arktis, deren Gelingen der ganzen Menschheit nutzen könnte.
„Ziel unserer internationalen Expedition ist es, den Einfluss der Arktis auf das weltweite Klima zu verstehen", erklärt Professor Rex. „Die Arktis gilt als Wetterküche. Am Äquator nimmt die Erde Wärme auf. An den kalten Polen gibt sie die Wärme wieder ab. Doch wegen der Erderwärmung verändert sich dieser Austausch. Die Folge sind extreme Wetterereignisse wie Starkregen, Überschwemmungen, Hitze, Trockenheit oder Stürme. Sie bedrohen uns immer häufiger. Der Klimawandel muss gestoppt werden."

„Damit wir die Veränderungen besser verstehen, wird unser Forschungsschiff ‚Polarstern' ein Jahr durch die Arktis driften, gefangen im arktischen Eis", sagt Professor Rex.
„Auf einer riesigen Eisscholle entsteht ein Forschungscamp. An zahlreichen Stellen werden Wissenschaftler aus 20 Ländern den Ozean, das Eis, die Lufthülle der Erde und das arktische Leben untersuchen. Sie vergleichen ihre Daten und tauschen sie aus. Diese Zusammenarbeit ist bisher einmalig und aus meiner Sicht die einzige Chance, das weltweite Problem zu lösen", bekräftigt der Professor. Das Publikum applaudiert zustimmend.
Vier Monate später ist die Expedition in vollem Gang. Das Forschungsschiff treibt über den Arktischen Ozean, festgefroren an einer 2,5 mal 3,5 km großen Eisscholle. Die Schiffsschraube steht, nur ein kleiner Hilfsmotor läuft und versorgt die Besatzung mit Strom und Wärme. Um die Polarstern herum ist das

A 05 🔊	D 23 📄	Herausforderung Klimawandel **7**
Hörtext Gefangen im Eis der Arktis	Arbeitsblatt Lösungen	

4 👥 Diskutiert, was für euch unklar oder besonders interessant war.

5 MB Recherchiere die Forschungsergebnisse der Expedition „MOSAiC". Leite eigene Verhaltensregeln zum Klimaschutz ab.

6 MB Der Reisebericht des Polarforschers Fridtjof Nansen (1861–1930) war Vorbild bei der Expeditionsplanung. Recherchiere über den Forscher und seine Verdienste und erstelle ein Lernplakat.

AFB I: 1–3 II: 6 III: 4, 5   ↪ Lösungshilfen ab S. 196

M 4 Forschungscamp im Eis der Arktis

Forschungscamp mit Forschungszelten, Messtürmen, Tankstellen und Unterwasserrobotern entstanden. Strom- und Datenleitungen durchziehen das Camp.
Die Wissenschaftler arbeiten nach einem engen Zeitplan. Sie gönnen sich keine Ruhepausen.
Im Dezember herrscht Polarnacht, also ewige Dunkelheit. Die Besatzung ist völlig isoliert vom Rest der Welt, denn weder Eisbrecher noch Helikopter können das Camp in dieser Zeit erreichen.
Expeditionsleiter Rex steht auf der Brücke der Polarstern und hält Wache. Im Licht der Scheinwerfer, die die eisige Wildnis beleuchten, sind Forscher unterwegs. Plötzlich greift er zum Funkgerät: „Eisbären auf acht Uhr, alle zurück zum Schiff!" Draußen fegt ein Sturm über die Scholle. Bei Windstärken von 50 km/h sind es gefühlte –50 °C, die die Forschungsarbeit besonders schwer machen.

Alles dauert viel länger. Doch jetzt muss es schnell gehen. Die Eisbären könnten den Forschern den Weg zum Schiff abschneiden. Eilig starten sie die Schneemobile. Doch Jeffs Mobil sagt keinen Ton. Noch ein Versuch und noch einer. Die Bärin kommt näher. Für sie ist ein Mensch nichts anderes als Nahrung. Noch ein Versuch. Endlich das erlösende Brummen des Motors. Jeff gibt Gas und jagt davon. Ihm rasen zwei andere Expeditionsteilnehmer entgegen, die Blitzknallkörper aus Signalpistolen abfeuern. Als sie detonieren, sprintet die Bärin mit ihrem Jungen davon. Erleichterung bei Professor Rex auf der Brücke – niemand ist verletzt. Wenn die Expedition zu Ende ist, wird die Eisbärenaktion für ein Schmunzeln sorgen. Dann liegen auch die Forschungsergebnisse vor. Professor Rex hofft, daraus konkrete Handlungsanweisungen zur Eindämmung der weltweiten Erwärmung erarbeiten zu können.

8 Kräfte aus dem Inneren der Erde

M1 Erdbeben in der Türkei und in Syrien 2023

Die Oberfläche der Erde verändert sich ständig – meist langsam und kaum wahrnehmbar, manchmal aber auch plötzlich und unerwartet. Erdbeben, Vulkanausbrüche und Tsunamis stellen uns Menschen immer wieder vor große Herausforderungen. Wodurch werden diese Naturkräfte verursacht und wie gehen die Menschen mit den Gefahren um?

M2 Vulkanausbruch auf La Palma 2021

M3 Tsunami in Japan 2011

Den Aufbau von Vulkanen und die Vorgänge bei Vulkanausbrüchen erklären

Feuerwerk aus der Tiefe

Der Ausbruch eines Vulkans ist immer ein beeindruckendes Naturereignis. Es beweist, dass gewaltige Kräfte im Inneren der Erde stecken. Der Mensch steht diesen Kräften oft machtlos gegenüber.

M 1 Der Schichtvulkan Ätna in Italien

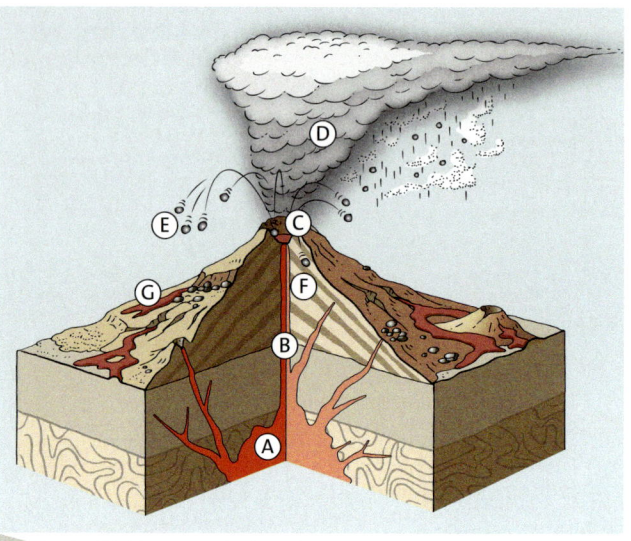

M 3 Blockbild eines Schichtvulkans

M 2

Krater
trichter- oder kegelförmigen Öffnung des Vulkanschlotes

T 1 Schichtvulkane

Tief unter dem Vulkan sammelt sich **Magma**. Diese glutrote, zähflüssige Gesteinsschmelze ist um 1000 °C heiß. Da die im Magma enthaltenen Gase aufgrund der Zähflüssigkeit nicht fortlaufend entweichen können, baut sich in der Magmakammer ein enormer Druck auf. Irgendwann ist der Druck so hoch, dass es zu einem explosiven Ausbruch kommt und Magma durch den Schlot nach oben schießt. Aus dem Krater werden Asche und Gesteinsbrocken bis zu mehreren Hundert Metern hoch herausgeschleudert. Auch an den Seiten des Vulkans öffnen sich Spalten, sogenannte Nebenkrater, aus denen **Lava** fließt. So wird die zähflüssige Gesteinsschmelze bezeichnet, wenn sie an der Erdoberfläche austritt.

Da dickflüssige, gasreiche Lava den Schlot immer wieder verstopft, kommt es meist zu heftigen Ausbrüchen. Dabei lagern sich abwechselnd Lava und Asche an den Berghängen ab. So entstehen die typischen Schichten, die dem Schichtvulkan seinen Namen gegeben haben. Dieser Vulkantyp weist häufig eine Kegelform auf. Der zurzeit aktivste europäische Vulkan, der Ätna auf Sizilien, ist solch ein Vulkan.

Pyroklastische Ströme

Ein pyroklastischer Strom entsteht, wenn Gesteinsbrocken und Magma beim Austritt aus dem Schlot in Stücke zerrissen werden. Das entstehende Gemisch aus heißer Asche, Gesteinsbrocken und Gasen wird nicht in die Luft geschleudert, sondern ist so schwer, dass es als Strom den Vulkan herunterfließt. Im Inneren des Stroms können Temperaturen zwischen 300 und 800 °C herrschen. Pyroklastische Ströme zerstören alles auf ihrem Weg. Asche und Staub sind auch in der Nähe dieser Ströme eine tödliche Gefahr. Am berühmtesten ist Pompeji, das im Jahr 79 von einem pyroklastischen Strom des Vesuvs zerstört wurde.

M 4

V 13 ▶
Erklärvideo
Der Schichtvulkan

8 Kräfte aus dem Inneren der Erde

M 5 Der Schildvulkan Kilauea auf Hawaii (USA)

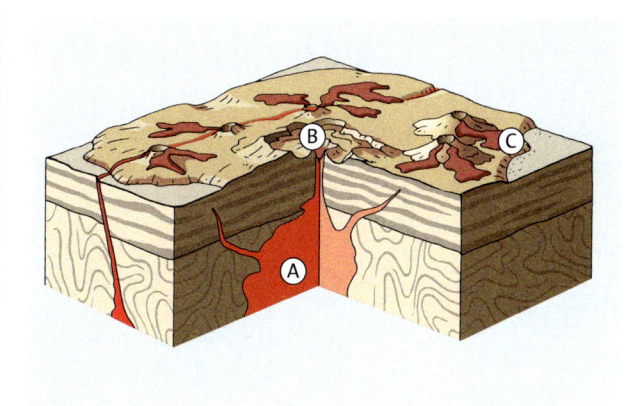

M 7 Blockbild eines Schildvulkans

T2 Schildvulkane

Auch in einem Schildvulkan steigt das Magma aus dem Erdinneren nach oben. Die Temperaturen liegen zwischen 1000 °C und 1250 °C, sodass die Gesteinsschmelze relativ dünnflüssig ist. Das Magma sammelt sich zunächst unterirdisch in Magmakammern. Es baut sich aber kein solcher Druck auf wie bei einem Schichtvulkan, weil das Gas wegen der Dünnflüssigkeit besser entweichen kann. Das Magma wird ohne größere Explosionen durch den Schlot herausgedrückt und die Lava fließt vom Krater aus in alle Richtungen sehr großflächig ab. So entstehen flache, nur leicht gewölbte **Schildvulkane**. Bei manchen Schildvulkanen fließt Lava über Jahrzehnte ununterbrochen. Beispiele sind der Kilauea und der Mauna Loa auf Hawaii.

Vulkane auf Island

Der Eyjafjallajökull auf Island weist eine Besonderheit auf. Der Vulkan wird von einem Gletscher überdeckt. Durch den Anstieg der Temperatur im Gestein beginnt der Gletscher sehr schnell zu schmelzen. Teile des Wasser können dabei nicht abfließen. Tritt nun die glutheiße Lava aus und trifft auf große Mengen Schmelzwasser, dann dehnt sich das Wasser explosionsartig aus. Dies verstärkt die Sprengkraft des Ausbruchs und somit auch die Auswurfmenge. Ein großer Teil des Wassers verdampft und vermischt sich mit der Vulkanasche zu einer riesigen Aschewolke. 2010 legte der Ausbruch des Eyjafjallajökull den Flugverkehr in ganz Nordeuropa tagelang lahm.

M 6

M 8

1
a) Beschreibe die Unterschiede der beiden Vulkane in M1 und M5.
b) Verorte die Vulkane mithilfe der Pilotkarten (M2 und M8).

2 👥
a) Eine/einer von euch wertet M3 und T1 aus, die/der andere M7 und T2.
b) Erklärt euch die beiden Vulkantypen nach folgenden Aspekten: Form des Vulkans, Art des Ausbruchs, Lavaeigenschaft, Ausdehnung des Vulkans.

2
Erläutere den Unterschied zwischen Schicht- und Schildvulkanen (M3, M7, T1, T2).

3
a) Zeichne eine Skizze eines Schichtvulkans in dein Heft.
b) Ordne den Ziffern in M3 die richtigen Begriffe zu: Ascheschicht, Aschewolke, Gesteinsbrocken, Magmakammer, Schlot.

3
Zeichne eine Skizze eines Schicht- und eines Schildvulkans und beschrifte diese.

4
a) Erkläre, warum ein pyroklastischer Strom so gefährlich ist (M4).
b) Recherchiere zum Ausbruch des Vesuvs 79 v. Chr.

5 EXTRA
Erkläre, welche Besonderheit es beim Ausbruch des Eyjafjallajökull gab (M6).

AFB I: 1 II: 2–5   AFB I: 1 II: 2–5   → Lösungshilfen ab S. 196   **153**

Erläutern, wie Menschen den Vulkanismus nutzen

Leben mit dem Vulkan

Vulkanismus ist zwar gefährlich, kann aber für die Menschen auch sehr nützlich sein – als Wärme- und Energielieferant oder als Grundlage für Landwirtschaft und Tourismus.

M1

M2 Thermalfreibad Blaue Lagune in Island

M3 Geothermie-Station auf Island

Vulkanismus
Bezeichnung für alle geologischen Vorgänge, die mit dem Aufsteigen oder Austreten fester, flüssiger und gasförmiger Stoffe aus dem Erdinneren zusammenhängen

T1 Island – Insel aus Feuer und Eis
Islands Landschaften locken jährlich mehrere Hunderttausend Urlaubsgäste auf die Insel. Mehr als ein Zehntel der Landesoberfläche ist mit Eis bedeckt. Hier findet sich Europas größter Gletscher, der Vatnajökull. Seine Eiskappe ist bis zu 900 m dick. Doch noch mehr als die Gletscher prägen 130 aktive Vulkane die Insel.

Vulkanismus verursacht in Island eher geringe Schäden, da das Land nur dünn besiedelt ist. Dagegen nutzen die Menschen die vielen heißen Quellen. In Island liegt Magma nahe der Erdoberfläche. Durch die hohen Temperaturen wird das Grundwasser erhitzt. Diese natürliche Warmwasserheizung wird z. B. für die Beheizung von Gewächshäusern genutzt. Dort wachsen mediterrane Früchte, z. B. Apfelsinen und Zitronen. Heiße Quellen ermöglichen auch ein besonderes Erlebnis: Baden im Winter unter freiem Himmel.

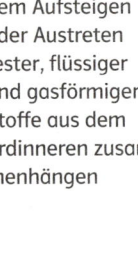

T2 Geothermie
Von besonderer Bedeutung ist die Nutzung von Erdwärme. 27 % der Primärenergie der Insel stammen aus der geothermalen Energiegewinnung. Sechs große Geothermiekraftwerke können fast 90 % der isländischen Haushalte mit Wärme versorgen. Sogar Bürgersteige bleiben im Winter eisfrei, da sie von unten durch Rohrleitungen beheizt werden, durch die warmes Wasser strömt.

T3 Der Vulkan als Touristenattraktion
Auch am Ätna auf Sizilien ist der Tourismus zu einer wichtigen Erwerbsquelle geworden. Bis auf 1900 m Höhe führen Straßen den Vulkan hinauf. Gipfeltouren werden angeboten und im Winter ist hier ein schneesicheres Skigebiet. Aber der Aufstieg zum Gipfel wird oft unterschätzt: Frost, Schnee, Nebel und vereiste Hänge haben schon viele Wanderer in Notsituationen gebracht.

Kräfte aus dem Inneren der Erde 8

M 4 Zitronenplantage am Ätna auf Sizilien

T 4 Vulkanböden sind fruchtbar

Eigentlich müssten die Menschen die Nähe von Vulkanen meiden. Denn ein Vulkanausbruch kann schlimme Folgen haben: Menschen und Tiere können ersticken oder von den Gesteinsbrocken erschlagen werden. Glühende Gesteine entzünden Häuser. Asche und Lava bedecken die Landschaft.

Doch aus Asche und Lava bilden sich im Lauf der Jahre fruchtbare Böden. Das sind gute Voraussetzungen für die Landwirtschaft. Deshalb wohnen schon seit Jahrtausenden viele Menschen im Gebiet um den Ätna und nutzen den fruchtbaren Boden. Sie bauen unter anderem Oliven, Orangen, Zitronen, Pistazien und Feigen an. Bis in Höhen von 1500 m sind Weinbau, Getreideanbau und Obstanbau möglich.

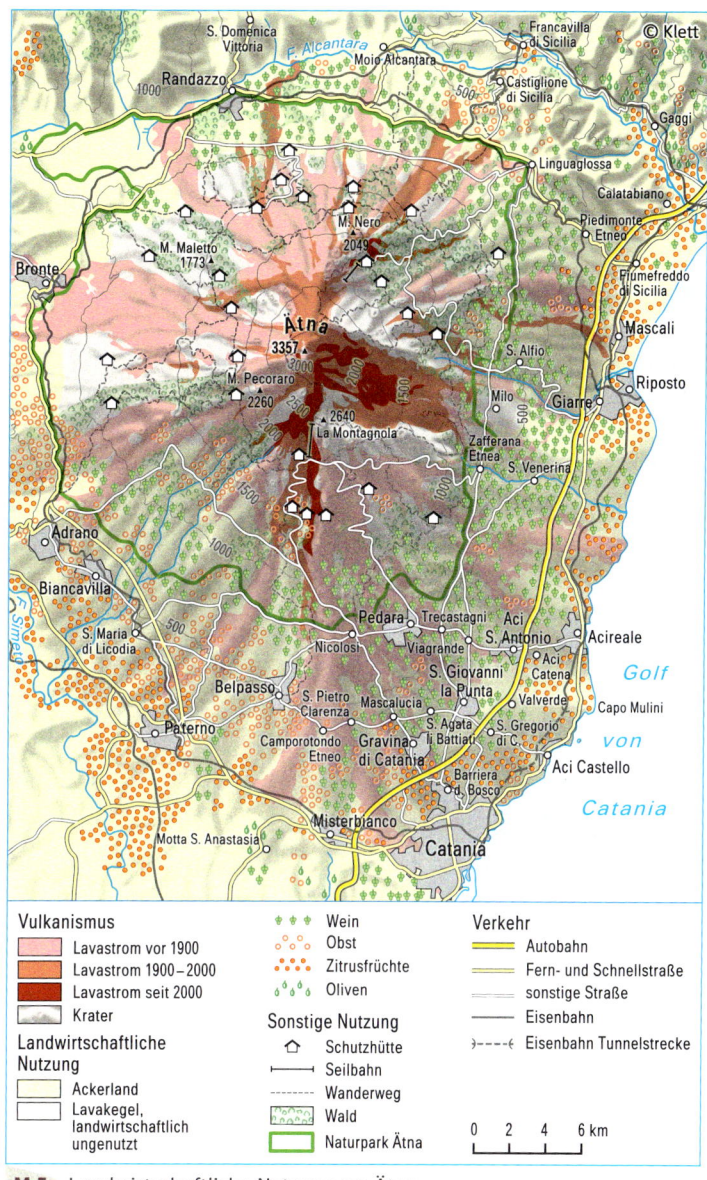

Vulkanismus
- Lavastrom vor 1900
- Lavastrom 1900–2000
- Lavastrom seit 2000
- Krater

Landwirtschaftliche Nutzung
- Ackerland
- Lavakegel, landwirtschaftlich ungenutzt

Sonstige Nutzung
- Wein
- Obst
- Zitrusfrüchte
- Oliven
- Schutzhütte
- Seilbahn
- Wanderweg
- Wald
- Naturpark Ätna

Verkehr
- Autobahn
- Fern- und Schnellstraße
- sonstige Straße
- Eisenbahn
- Eisenbahn Tunnelstrecke

M 5 Landwirtschaftliche Nutzung am Ätna

A
B

1 „Leben mit dem Vulkan" – Sammelt eure Vorkenntnisse zur Überschrift.

2 👥
a) Eine/einer wertet T1, T2, M2 und M3 aus, die/der andere T3, T4 und M4.
b) Erklärt euch, wie der Vulkanismus in Island bzw. auf Sizilien wirtschaftlich genutzt wird und den Tourismus fördert.

3
a) Nenne die vier landwirtschaftlichen Haupterzeugnisse am Ätna (M5).
b) Nenne Orte, die schon einmal von Lavaströmen betroffen waren (M5).
c) Berechne die West-Ost-Ausdehnung des Ätna (M5).

4 „Der Vulkan – Fluch oder Segen?" Nimm persönlich Stellung zu dieser Aussage. Berücksichtige die Erkenntnisse dieser Doppelseite.

2 Erläutere, wie der Vulkanismus in Island und am Ätna auf Sizilien
a) wirtschaftlich genutzt wird T1, T2, T4, M2–M4),
b) den Tourismus fördert (T1, T3).

3 Bearbeite Aufgabe A3.
a) In welcher Höhe beginnt der Naturpark?
b) Erkläre, warum diese Linie auch die Siedlungsgrenze ist (M5).

AFB I: 1, 3 II: 2 III: 4   AFB I: 1 II: 2, 3 III: 4   → Lösungshilfen ab S. 196

Schalenbau der Erde

Das tiefste Bohrloch der Erde auf der Halbinsel Kola in Russland reichte nur bis in eine Tiefe von etwas mehr als 12 Kilometern. Trotzdem ist der Aufbau der Erde im Inneren bekannt.

Schon gewusst?

Auf der Halbinsel Kola begann 1970 ein sowjetisches Forscherteam ein Loch von über 12 km Tiefe in die Erdkruste zu bohren. Aufgrund der unerwartet großen Hitze im Untergrund wurde die Aktion nach 12 262 m im Jahr 1990 eingestellt.

Das Kontinentale Tiefbohrprogramm der Bundesrepublik Deutschland in Windischeschenbach (Oberpfalz) stellt eine bohrtechnische Meisterleistung dar. Die Bohrung reicht bis in eine Tiefe von 9 101 m.
Sie erbrachte wesentliche Erkenntnisse über die Erdkruste.

M1 Geozentrum in Windischeschenbach (Bayern)

T1 Blick ins Innere der Erde

Bis zum Mittelpunkt der Erde sind es 6 370 km. Wissenschaftlerinnen und Wissenschaftler können mittlerweile trotzdem ein recht genaues Bild vom inneren Aufbau der Erde liefern. Dazu lösen sie künstliche Erdbebenwellen aus, die sich in verschiedenen Gesteinen unterschiedlich schnell bewegen. Ändern die Erdbebenwellen ihre Geschwindigkeit und Richtung, weist das auf einen Wechsel der Gesteinsschichten hin. So gewinnen Wissenschaftler Kenntnisse über den Schalenbau der Erde.

T2 Die Erde besteht aus Schalen

Die äußere, dünne Schale aus festem Gestein wird als **Erdkruste** bezeichnet. Sie setzt sich zusammen aus kontinentaler Kruste und ozeanischer Kruste. Die **kontinentale Kruste** besteht überwiegend aus Granitgestein. Sie ist daher leichter als die **ozeanische Kruste**, die hauptsächlich aus schwerem Basaltgestein besteht.

Unter der Erdkruste liegt der **Erdmantel**. Der obere Teil des Erdmantels besteht aus festem Gestein. Er bildet zusammen mit der Erdkruste die Gesteinshülle der Erde, die sogenannte Lithosphäre. Unter der Gesteinshülle gibt es eine Zone im oberen Erdmantel, in der das Gestein plastisch verformbar ist. Hier herrschen Temperaturen von 1 000 °C. Diese Zone heißt **Fließzone** oder Asthenosphäre. Sie ist nur wenige 100 km dick, aber darin schmilzt durch Hitze und Druck das Gestein zu Magma. Es bildet sich eine Art Gleitschicht (Fließzone) für die Gesteinshülle (Lithosphäre). Hier liegt eine wesentliche Ursache für Vulkanismus und Erdbeben. An die Fließzone schließt sich der untere Erdmantel an.

---

plastische Verformung
feste Stoffe werden unter Druck so verformt, dass sie zähflüssig sind

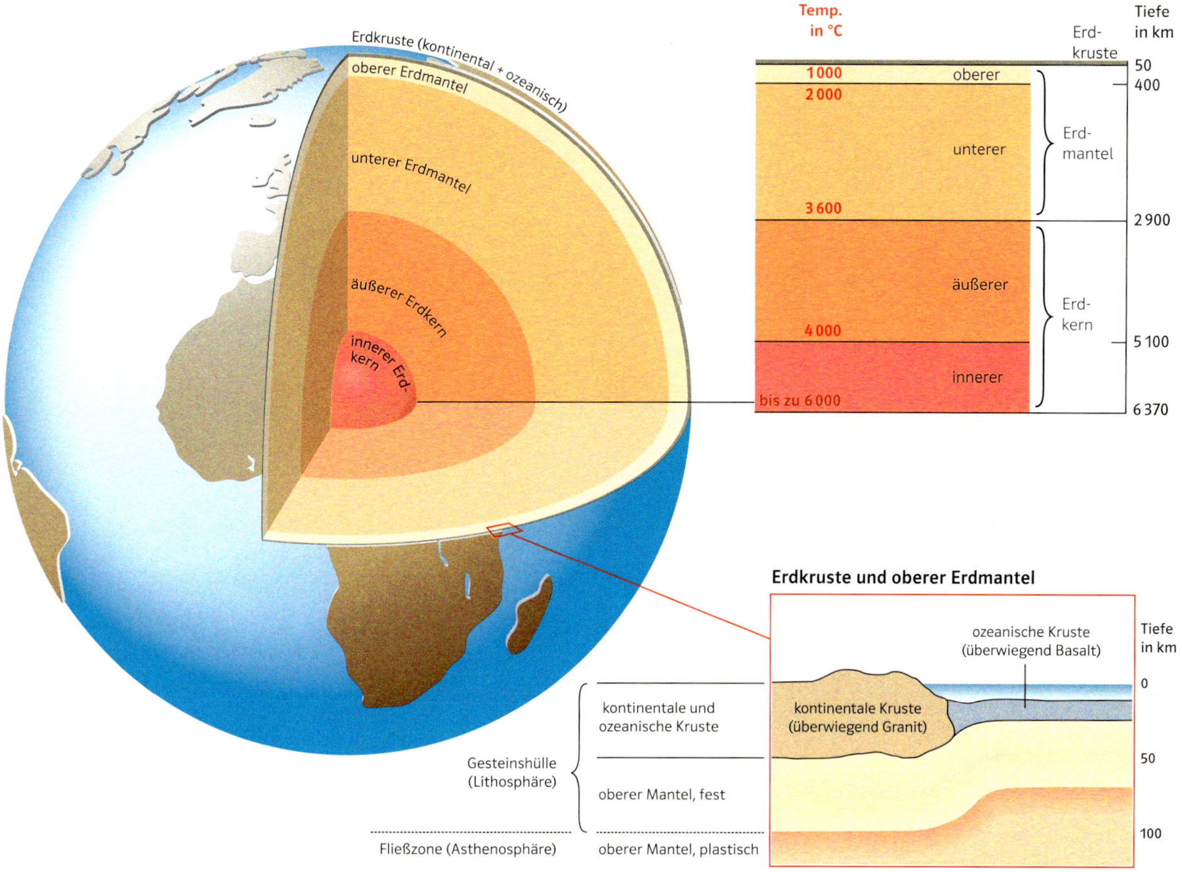

Kräfte aus dem Inneren der Erde 8

M 2 Schalenbau der Erde

Unter dem Erdmantel liegt der **Erdkern**. Er besteht aus einem äußeren Erdkern und einem inneren Erdkern. Der äußere Erdkern ist eine Gesteinsschmelze, die Temperaturen von über 3 000 °C erreicht. Dagegen ist der innere Erdkern vermutlich fest. Die Temperatur wird hier auf über 5 000 °C geschätzt. Da im inneren Erdkern hoher Druck herrscht, vermutet man, dass die Gesteine nicht schmelzen.

1
Arbeite mit M 1, T 1 und der Randspalte:
a) Beschreibe, wie Wissenschaftler das Innere der Erde erforschen.
b) Vergleiche die bisher erreichte Bohrtiefe mit der Entfernung zum Erdmittelpunkt.

2
a) Nenne die drei großen Schalen der Erde (T 2).
b) Erstelle eine einfache Skizze und beschrifte sie (Name der Schale, Kilometer- und Temperaturangaben (T 2, M 2)).

2
a) Erläutere den Schalenbau der Erde (T 2, M 2).
b) Fertige eine Skizze an und beschrifte sie.

3
Ordne folgende Aussagen den vier Schalen zu:
A) Hier herrscht die höchste Temperatur.
B) Sie ist nur wie eine dünne Haut.
C) Hier schmilzt das Gestein zu Magma.
D) Sie besteht aus schwerem Basaltgestein.

4 EXTRA
Lithosphäre und Asthenosphäre (T 2, M 2):
a) Erkläre die beiden Begriffe.
b) Erstelle hierzu eine einfache Skizze.

AFB I: 1a, 2a II: 1b, 2b, 3, 4   AFB I: 1a II: 1b, 2–4   → Lösungshilfen ab S. 196   **157**

Die Erde – ein Riesenpuzzle

Auf unserer Erde gibt es sieben Kontinente und drei Ozeane. Das war nicht immer so. Der Wissenschaftler Alfred Wegener fand viele Belege dafür.

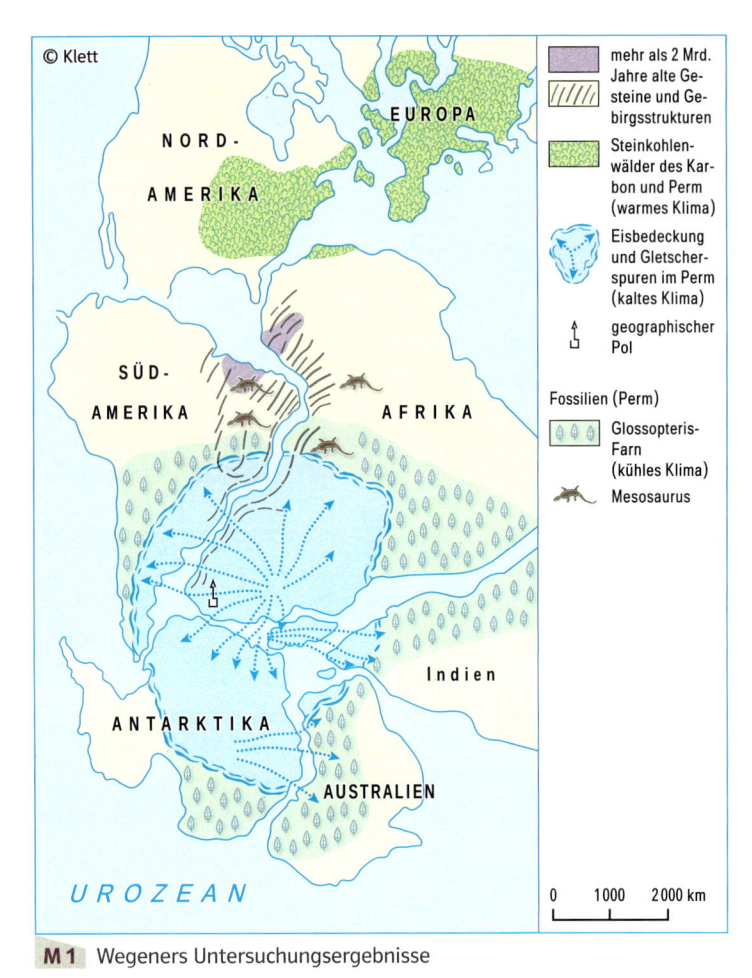

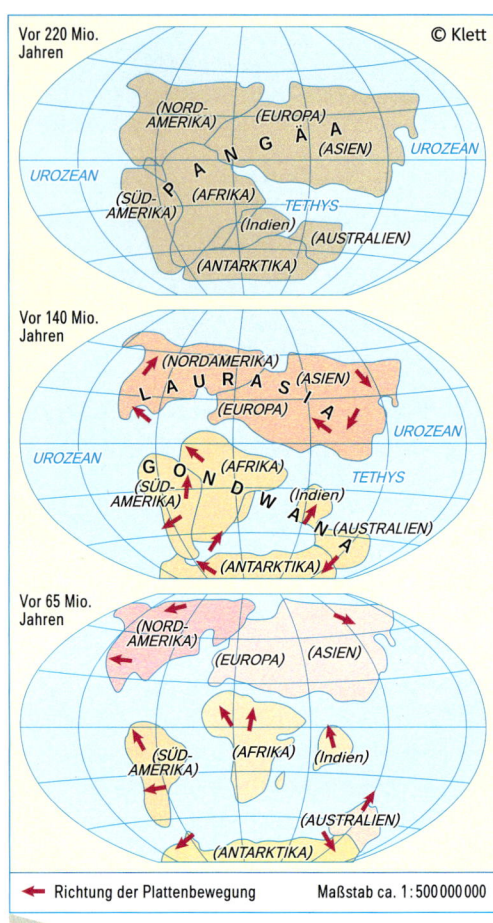

M1 Wegeners Untersuchungsergebnisse

M4 Das Bild der Erde im Wandel

M2 Alfred Wegener (1880–1930)
- Klimaforscher mit starkem Interesse für Geologie
- nahm von 1906–1930 an vier Grönlandexpeditionen teil

Eine geniale Idee

Im Januar 1911 schrieb Alfred Wegener: „Mein Zimmernachbar Dr. Take hat zu Weihnachten einen großen Atlas bekommen. Wir haben stundenlang die prachtvollen Karten bewundert. Dabei ist mir ein Gedanke gekommen. Sehen Sie sich doch bitte mal die Weltkarte an: Passt nicht die Ostküste Südamerikas genau an die Westküste Afrikas, als ob sie früher zusammengehangen hätten? Dem Gedanken muss ich nachgehen."

M3

T1 Kontinente auf Wanderschaft

Im Jahr 1912 veröffentlichte Wegener seine Theorie der Kontinentalverschiebung. Er behauptete, dass es ursprünglich nur den Urkontinent „Pangaea" gegeben hätte. Dieser Kontinent sei dann vor Millionen von Jahren erst in zwei, später in weitere Teile zerbrochen. Die Kontinente würden wie „Eisschollen im Meer" auf dem zähflüssigen Gestein des Erdinneren „schwimmen". Aber seine Theorie wurde nicht ernst genommen, da er die Ursache der Bewegung der Kontinente nicht erklären konnte.

8 Kräfte aus dem Inneren der Erde

T2 Gebirge unter dem Meer

Im Jahr 1940 fanden die Amerikaner mithilfe von Tiefenmessgeräten (Echoloten) in der Mitte des Atlantiks ein riesiges untermeerisches Gebirge. Seine höchsten Gipfel, wie z. B. Island, ragen aus dem Ozean heraus. Auf dem „Gipfel" dieses Gebirgszugs befindet sich ein bis zu 20 km breiter Graben, das **Rift Valley**. Diese untermeerischen Gebirgszüge durchziehen alle Weltmeere und werden Mittelozeanische Rücken genannt.

Ende der 1960er-Jahre konnte man mit dem Forschungsschiff Glomar Challenger Bohrungen auf dem Meeresboden der Ozeane vornehmen. Es gelang, bis zu 1 000 m tief in den Ozeanboden einzudringen und Gesteinsproben zu entnehmen (siehe Bohrstellen in M 5).

Die Analyse der Bohrkerne brachte erstaunliche Ergebnisse. Je weiter man sich auf beiden Seiten von den Mittelozeanischen Rücken entfernt, desto älter wird das Gestein. Außerdem wurde entdeckt, dass im Bereich des Rift Valley der Ozeanboden aufreißt und glutflüssiges Material aus dem Erdinneren aufsteigt. In diesem Bereich wird also ständig neuer Ozeanboden gebildet. Diesen Vorgang nennt man **Ozeanbodenspreizung** (**seafloor spreading**).

Jetzt war es möglich, Wegeners Gedanken weiterzuentwickeln. Anders als Wegeners Theorie der Kontinentalverschiebung besagt die Theorie der Plattentektonik, dass sich nicht die Kontinente bewegen, sondern die Erdplatten, auf denen die Kontinente liegen.

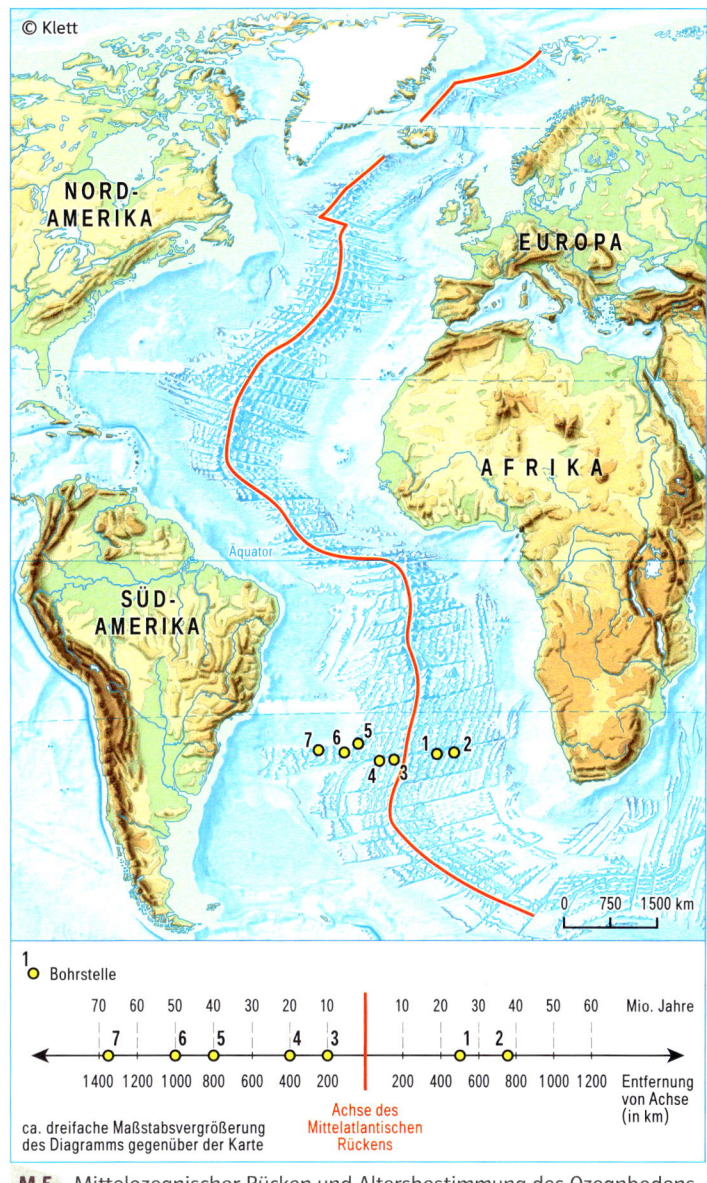

M 5 Mittelozeanischer Rücken und Altersbestimmung des Ozeanbodens

---

1 Beschreibe die Beobachtungen, die Alfred Wegener machte (M 1–M 3).

2 Beschreibe die Theorie der Kontinentalverschiebung (T 1, M 4).

3 Nenne Erkenntnisse, welche die Untersuchung des Meeresbodens brachte (T 2, M 5).

4 Arbeite mit T 2 und M 5:
a) Erkläre den Begriff Mittelozeanischer Rücken.
b) Erläutere den Vorgang der Ozeanbodenspreizung.

5 EXTRA Arbeite mit den Karten in M 4 und dem Atlas:
a) Finde heraus, welche heutigen Kontinente zu Gondwana und welche zu Laurasia gehört haben.
b) Erkläre, wie die Erde vermutlich in 100 Millionen Jahren aussehen wird.

2 Erkläre, welche Theorie Alfred Wegener aus seinen Beobachtungen entwickelte und weshalb sie belächelt wurde (T 1, M 4).

3 Erläutere, warum erst durch die Erforschung des Meeresbodens Alfred Wegeners Theorie weiterentwickelt werden konnte (T 2, M 5).

Die Plattentektonik und die Vorgänge am Mittelozeanischen Rücken erläutern

Platten driften auseinander

Die Erdkruste besteht aus einer Vielzahl von Platten, die ständig in Bewegung sind. Diese Vorgänge nennt man Plattentektonik. Wie bewegen sich die Platten und was ist der „Motor" der Bewegungen?

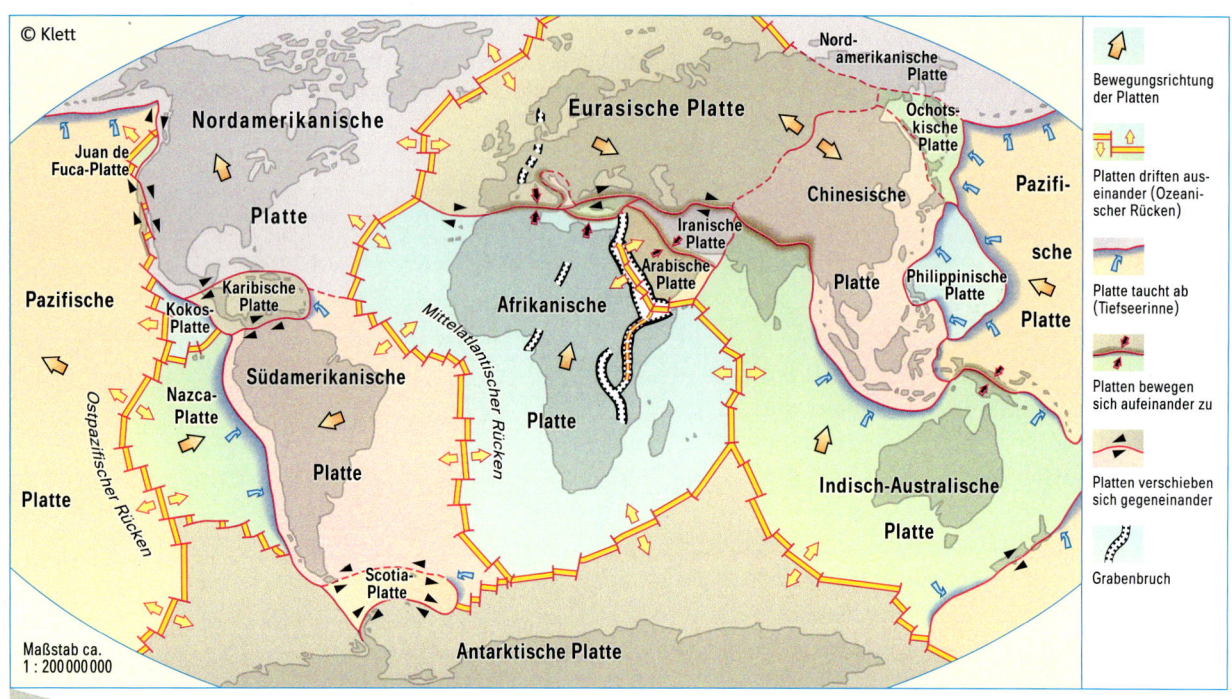

M 1 Gliederung der Erdkruste in Platten

Tektonik
Lehre vom Bau der Erdkruste und von den Bewegungen und Kräften, die den Bau der Erdkruste erzeugt haben

T1 Die Plattentektonik

Die **Plattentektonik** besagt, dass die Gesteinshülle (Lithosphäre) aus sieben großen und 18 kleineren Erdplatten besteht. Diese Platten „treiben" auf der plastischen Fließzone des oberen Mantels (Asthenosphäre). Sie bewegen sich unterschiedlich schnell und in verschiedene Richtungen. Man unterschiedet drei Plattenbewegungen. Die Erdplatten bewegen sich voneinander weg (Dehnung), aufeinander zu (Stauchung) oder aneinander vorbei (Scherung).

Messungen haben gezeigt, dass sich kontinentale Platten wie z.B. die Afrikanische Platte 2 bis 3 cm pro Jahr bewegen. Platten wie z.B. die Pazifische Platte, die nur Meeresboden tragen, können sich bis zu 10 cm im Jahr bewegen.

Die Plattenränder sind Schwächezonen der Erdkruste. Dort kommt es immer wieder zu Erdbeben und Vulkanausbrüchen.

T2 Mittelozeanische Rücken

Die **Mittelozeanischen Rücken** bilden die Grenze zwischen zwei Platten, die sich voneinander wegbewegen. Hier bricht die Erdkruste auf. In Spalten steigt Magma nach oben, das beim Austritt und Kontakt mit dem Wasser sofort erstarrt. Dadurch entsteht neue ozeanische Kruste. Da ständig neues Magma aufsteigt, reißt die neue Kruste erneut auf und erkaltet sofort wieder. Dieser Vorgang wiederholt sich ständig. In der Mitte des Mittelozeanischen Rückens, der eigentlichen Plattengrenze, bildet sich ein Rift Valley (Grabenbruch).

Ein Teil des aufsteigenden Magmas fließt seitlich ab. Durch diese Strömungsbewegungen im oberen Mantel werden die darüberliegenden Platten „mitgeschleppt". Im Bereich der Kontinente sinken die Magmaströme wieder ab und bilden damit einen Kreislauf, die Konvektionsströme.

V14 ▶ Erklärvideo Plattentektonik 1

Kräfte aus dem Inneren der Erde 8

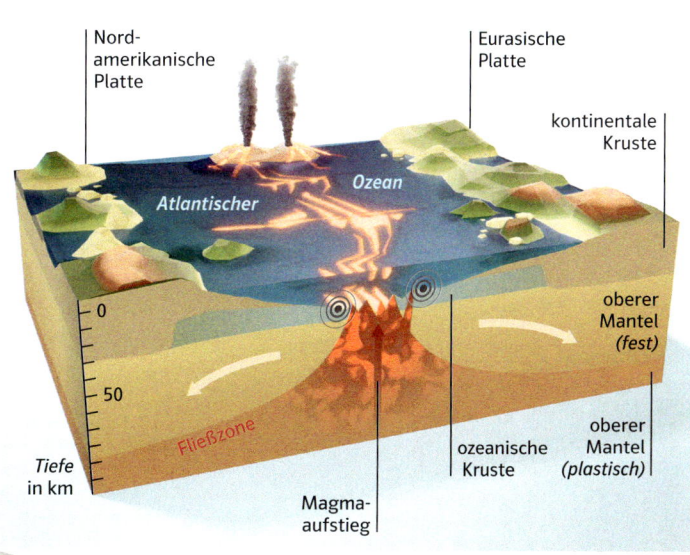

M 3 Vorgänge am Mittelatlantischen Rücken

(Beschriftungen: Nordamerikanische Platte, Eurasische Platte, kontinentale Kruste, Atlantischer Ozean, oberer Mantel (fest), oberer Mantel (plastisch), ozeanische Kruste, Fließzone, Magmaaufstieg, Tiefe in km, 0, 50)

Riss durch Island

Island ist ein Teil des Mittelatlantischen Rückens, der aus dem Ozean herausragt. Mitten durch die 500 km breite Insel verläuft die Grenze zwischen der Nordamerikanischen und der Eurasischen Platte. Durch die Auseinanderbewegung der beiden Platten gibt es auf Island viele Vulkane sowie heiße Quellen und es kommt immer wieder zu Erdbeben. Island „wächst" pro Jahr um etwa 2 cm.

M 2 Erdspalte auf Island – ein Rift Valley

M 4

1
a) Benenne die sieben großen Platten der Erdkruste (M1).
b) Arbeite drei Bewegungsrichtungen von Erdplatten heraus (T1, M1).
c) Stelle die Bewegung mit deinen Händen nach (T1).

2 MB
Arbeite mit T1, M1 und dem Erklärvideo V14 ▶:
a) Beschreibe den Aufbau der Gesteinshülle (Lithosphäre).
b) Erkläre die Bewegungen der Erdplatten.

3 MB
Arbeite mit T2, M3 und dem Erklärvideo V14 ▶.
a) Beschreibe die Vorgänge am Mittelatlantischen Rücken.
b) Erkläre die Ursache dieser Plattenbewegung.

4
Island ist das Land der Vulkane und heißen Quellen.
a) Erkläre die Ursachen dafür (M2–M4).
b) Ordne M2 einer Plattenbewegung in M1 zu.

2 MB
Arbeite mit T1, M1 und dem Erklärvideo V14 ▶ und erläutere die Plattentektonik.

3 MB
Erläutere die Plattenbewegung im Bereich der Mittelozeanischen Rücken (T2, M3, Erklärvideo V14 ▶).

AFB I: 1, 2a, 3a II: 2b, 3b, 4   AFB I: 1 II: 2–4   → Lösungshilfen ab S. 196

Plattenbewegungen und
ihre Auswirkungen erläutern

Platten treffen aufeinander oder gleiten aneinander vorbei

Während Platten an der einen Stelle auseinanderdriften, treffen sie an anderer Stelle zusammen oder driften aneinander vorbei. Dies hat unterschiedliche Auswirkungen auf die Erdoberfläche.

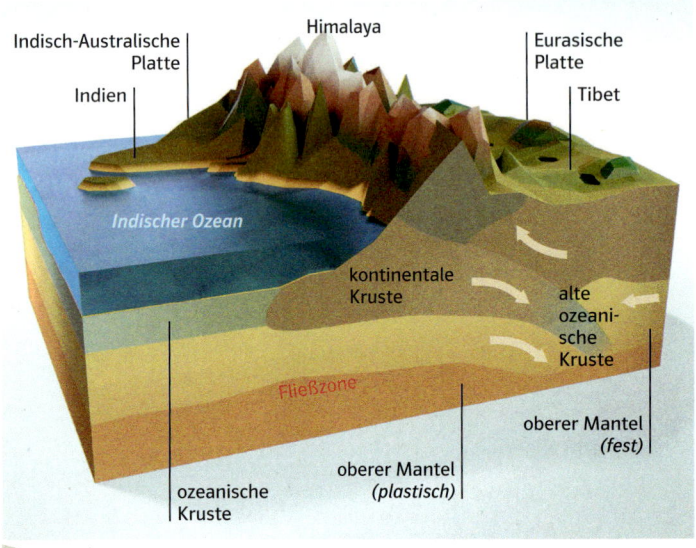

M1 Zwei Platten stoßen zusammen

M2 Himalaya-Faltengebirge

T1 Platten stoßen zusammen
Der Himalaya ist das höchste Gebirge der Erde. Er ist ein typisches Beispiel für ein Faltengebirge, das durch den Zusammenstoß von zwei Platten entstanden ist. Diesen Vorgang nennt man Kollision. Die Indisch-Australische Platte driftete auf die Eurasische Platte zu. Das Meer zwischen den beiden Landmassen wurde immer schmaler. Dabei tauchte die alte ozeanische Kruste der Indischen Platte unter die kontinentale Kruste der Eurasische Platte ab. Schließlich stießen die beiden Landmassen zusammen. Hierbei wurde der Südrand der Eurasischen Platte stark angehoben. Die Ränder der beiden Platten und die Meeressedimente wurden stark gefaltet und zusammengepresst. Es kam zur **Gebirgsbildung** des Himalayas. Diese Kollision hält bis heute an und löst immer wieder schwere Erdbeben aus.

Meeressedimente
Ablagerungen von z. B. Sanden und Tonen auf dem Meeresboden, die sich im Laufe der Zeit verfestigen

T2 Platten tauchen ab
Beim Zusammenstoß einer ozeanischen und einer kontinentalen Platte taucht die schwerere ozeanische Kruste unter die leichtere kontinentale Kruste ab. Diesen Vorgang nennt man **Subduktion**. Dabei entstehen **Tiefseerinnen**, umgangssprachlich auch Tiefseegräben genannt. Auf der gestauchten kontinentalen Kruste entsteht ein Inselbogen (z. B. Japan) oder ein Faltengebirge (z. B. Anden).
Wenn die ozeanische Kruste in die Fließzone gelangt, wird sie aufgeschmolzen. In den darüber liegenden Gesteinsschichten kommt es durch den großen Druck zu Brüchen. Erdbeben entstehen und Magma kann an die Oberfläche vordringen. Das Abtauchen der ozeanischen Kruste, das durch ihr eigenes Gewicht verstärkt wird, führt zu einem Plattenzug. In den Subduktionszonen liegt also der eigentliche „Motor" der Plattentektonik.

V15 ▶ Erklärvideo Plattentektonik 2
V16 ▶ Video Himalaya

Kräfte aus dem Inneren der Erde 8

M 3 San-Andreas-Verwerfung in Kalifornien

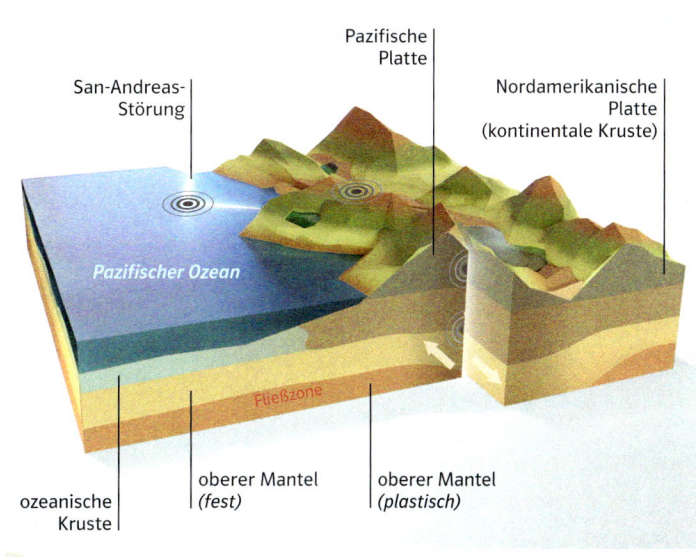

M 4 Zwei Platten gleiten aneinander vorbei

T 3 Platten gleiten aneinander vorbei

Kalifornien liegt in einer Zone, in der zwei Erdplatten sich horizontal aneinander vorbeischieben. Die Pazifische Platte bewegt sich in nordwestlicher, die Nordamerikanische Platte in südöstlicher Richtung (**Horizontalverschiebung**). Dabei bricht die Erdkruste auseinander. Solch einen Bruch nennt man Verwerfung.

Die Platten gleiten jedoch nicht einfach aneinander vorbei, sondern sie verhaken sich und Spannungen bauen sich auf. Irgendwann lösen sich die beiden Platten ruckartig und Erdbeben entstehen. Für Städte wie San Francisco und Los Angeles, die in der etwa 1300 km langen San-Andreas-Verwerfung liegen, stellt dies eine ständige Bedrohung dar.

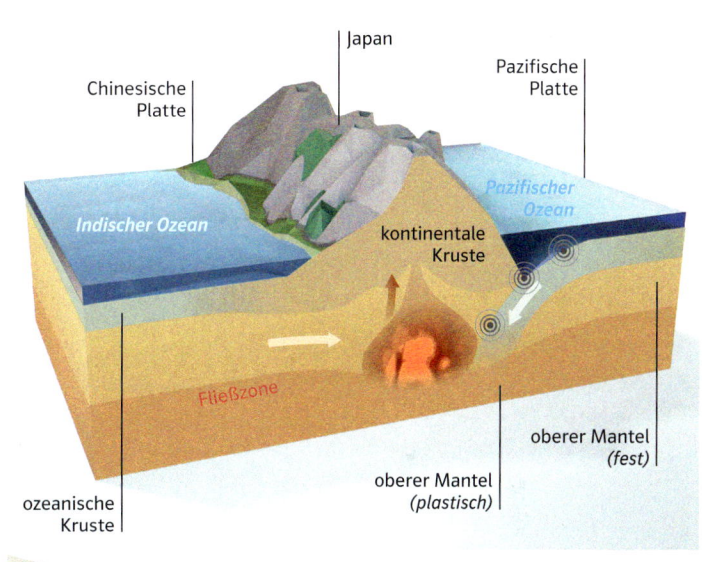

M 5 Eine Platte taucht ab

---

1 Gebirgsbildung:
a) Beschreibe das Foto M 2.
b) Nenne mögliche Ursachen für die Faltungen.
c) Erkläre die Gebirgsbildung am Beispiel des Himalaya (T 1, M 1).

2 Platten tauchen ab:
a) Beschreibe die Vorgänge beim Abtauchen einer ozeanischen Kruste (T 2, M 5).
b) Erstelle eine beschriftete Skizze.

2 a) Erläutere den Vorgang der Subduktion (T 2, M 5).
b) Erkläre, warum die Subduktionszonen für die Plattenbewegungen bedeutend sind (T 2).

3 Platten driften aneinander vorbei:
a) Ordne das Foto M 3 in M 4 ein.
b) Erkläre, warum es hier zu Erdbeben kommen kann (T 3, M 4).

3 Begründe mithilfe von T 3 und M 4, warum die Einwohner von San Francisco gefährlich leben.

4 Verorte die drei Plattenbewegungen in M 1, M 4 und M 5 in der Karte M 1 auf Seite 160.

5 Vergleiche die Entstehung der Vulkane in Japan mit denen in Island (M 5, M 2 auf Seite 161).

AFB I: 1a, 1b, 2a, 4 II: 1c, 2b, 3, 5   AFB I: 1a, 1b, 4 II: 1c, 2, 3, 5   → Lösungshilfen ab S. 196   163

Entstehung und Folgen von Erdbeben erläutern

Wenn die Erde bebt ...

... dann merken wir, dass es in ihrem Inneren unruhig zugeht. Erdbeben gehören zu den gefürchtetsten Naturereignissen, denn sie treten meist überraschend und oft zerstörisch auf.

M 1

M 2 Erdbeben in Syrien und in der Türkei 2023

T1 Wie entstehen Erdbeben?
Die Erdkruste ist in ständiger Bewegung. Da die Ränder der Erdplatten nicht glatt sind, verhaken sie sich ineinander. Die Bewegungsenergie „staut" sich auf und es entstehen Spannungen. Wenn der Druck zu groß wird, bewegen sich die Platten ruckartig in eine neue Position. Diese Bewegung nehmen wir als **Erdbeben** war. Die hierbei entstehenden Kräfte sind noch in großer Entfernung zu spüren.

T2 Erdbeben vorhersagen und messen
Starke Erdbeben werden meist durch kleinere Vorbeben angekündigt. Doch eine genaue Vorhersage, wann und wo die Erde wieder bebt, ist bislang nicht möglich. Nicht alle Erdbeben wirken zerstörisch. Viele bleiben von den Menschen unbemerkt und werden nur mit Messgeräten, den Seismografen, nachgewiesen. Auch bei uns in Deutschland gibt es immer wieder Erdbeben. Wissenschaftler und Wissenschaftlerinnen errechnen anhand der Aufzeichnungen der Seismografen die Stärke der Erdbeben. 1935 entwickelte Charles Francis Richter ein Verfahren, um die Stärke von Erdbeben zu messen. Auf der nach ihm benannten „Richterskala" entspricht jede Stufe einem zehnmal stärkeren Beben. Ein Beben der Stufe 6 ist also zehnmal stärker als ein Beben der Stufe 5. Das Erdbeben vom 6. Februar 2023 in der Türkei und in Syrien hatte eine Stärke von 7,7 auf der Richterskala. Es zählt zu den schlimmsten Naturkatastrophen der letzten 100 Jahre.

T3 Vorsorge und Schutzmaßnahmen
Weltweit leben viele Menschen in erdbebengefährdeten Gebieten. Um Menschen rechtzeitig vor einem möglichen Erdbeben warnen zu können, gibt es in manchen Staaten ein gut ausgebautes Überwachungssystem. Satelliten registrieren kleinste Veränderungen der Erdkruste, die zu Warnungen führen können. Für den Ernstfall muss die Bevölkerung Verhaltensmaßnahmen einüben. In Japan wird damit bereits im Kindergarten

Erdbebensichere Bauweise

Japan ist eine sehr gefährdete Erdbebenregion. Dennoch stehen in den großen Städten viele Hochhäuser. Wie ist das möglich? Moderne Bautechniken sollen vor Erdbeben schützen. Besondere Verankerungen im Boden und Stahlkonstruktionen auf federnden Fundamenten sorgen dafür, dass die Gebäude bei einem Erdbeben mitschwingen können. Solche modernen Bautechniken werden auch bei Brücken und Tunneln verwendet. Doch die Kosten dafür sind so hoch, dass arme Länder sie sich nicht leisten können.

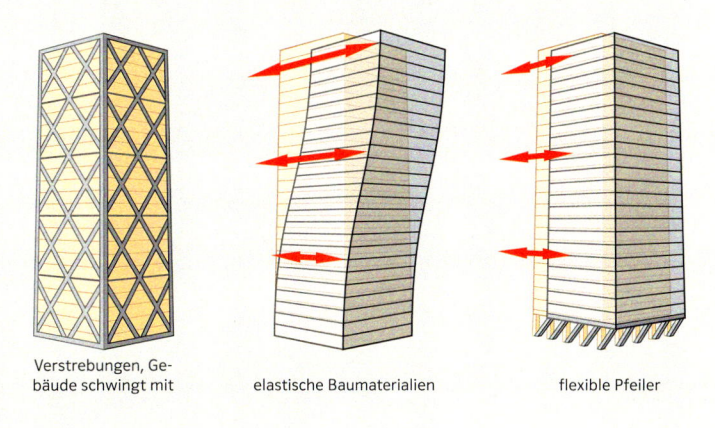

Verstrebungen, Gebäude schwingt mit — elastische Baumaterialien — flexible Pfeiler

M 3

begonnen. In Schulen und Betrieben werden regelmäßig Evakuierungsübungen durchgeführt.

T 4 Katastrophenhilfe

Nach einem Erdbeben sammeln Leitzentralen Informationen und organisieren die Rettung. Meist funktionieren weder Telefone noch die Stromversorgung, Gasversorgung und Wasserversorgung. Rettungshunde werden eingesetzt, um nach Verschütteten zu suchen. Mit mobilen Anlagen werden gefährliche Stoffe aus Flüssen und beschädigten Wasserwerken herausgefiltert, die dort hineingeraten sind. Die Versorgung der Bevölkerung mit Trinkwasser ist genauso wichtig wie mit Lebensmitteln und Unterkünften.

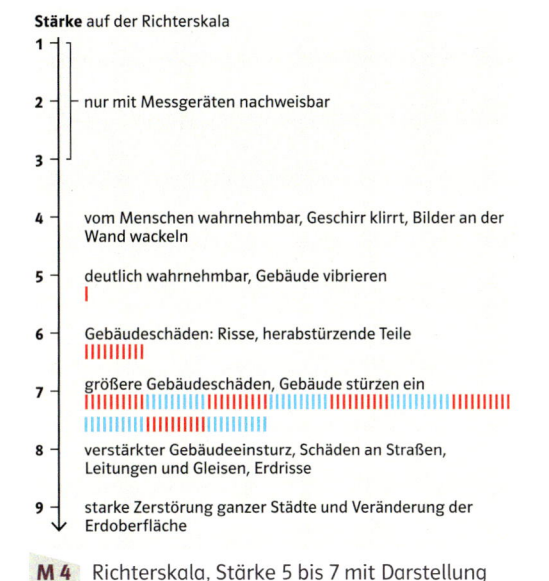

Stärke auf der Richterskala

- 1
- 2 — nur mit Messgeräten nachweisbar
- 3
- 4 — vom Menschen wahrnehmbar, Geschirr klirrt, Bilder an der Wand wackeln
- 5 — deutlich wahrnehmbar, Gebäude vibrieren
- 6 — Gebäudeschäden: Risse, herabstürzende Teile
- 7 — größere Gebäudeschäden, Gebäude stürzen ein
- 8 — verstärkter Gebäudeeinsturz, Schäden an Straßen, Leitungen und Gleisen, Erdrisse
- 9 — starke Zerstörung ganzer Städte und Veränderung der Erdoberfläche

M 4 Richterskala, Stärke 5 bis 7 mit Darstellung der Verzehnfachung

---

1 Wenn die Erde bebt, ...
a) Beschreibe die Zerstörungen auf Foto M 2.
b) Erkläre, wie Erdbeben entstehen (T 1).

2 Beschreibe, wie man die Stärke eines Erdbebens misst (T 2, M 4).
a) Bearbeite Aufgabe A 2.
b) Vergleiche auf der Richterskala die Erdbebenstärke 6 mit Stärke 7 (M 4).
c) Begründe, ab welcher Stärke Lebensgefahr besteht.

3 Nenne Vorsorge- und Schutzmaßnahmen vor Erdbeben in Japan (T 3, M 3).
a) Erläutere die Funktion von Satelliten bei der Erdbebenvorhersage (T 3).
b) Erkläre, warum erdbebensichere Hochhäuser nicht einstürzen (M 3).

4 MB
a) Arbeite mit einer Karte zu tektonisch aktiven Gebieten in Europa im Atlas: Verorte die Regionen mit häufiger Erdbebentätigkeit.
b) Recherchiere im Internet das stärkste Erdbeben in Deutschland, Europa und weltweit seit 1900.

Ursachen und Auswirkungen eines Tsunamis erläutern

Die Erde bebt und das Meer macht mit

Das Beben vom 11. März 2011 in Japan war mit der Stärke 9,0 auf der Richterskala eines der stärksten jemals gemessenen Beben. Es ereignete sich 163 km von der Küste entfernt in 30 km Tiefe. Die Folge war ein gewaltiger Tsunami mit verheerenden Auswirkungen.

M 1

M 2 Tsunamiwelle in Japan am 11. März 2011

tsu-na-mi (jap.)
Welle im Hafen

GAU
größter anzunehmender Unfall in einem Kernreaktor, den man mit geplanten Strategien bewältigen kann

Super-GAU
Unfall in einem Ausmaß, das man nicht mehr bewältigen kann, z. B. eine Kernschmelze

Naturereignis mit katastrophalen Folgen

Als am 11. März 2011 um 14.46 Uhr Ortszeit 163 km vor der japanischen Insel Honshu die Erde bebt, erreichen die Primärwellen Fukushima nach 23 Sekunden. Die Reaktoren 1 bis 3 des Atomkraftwerks werden automatisch abgeschaltet, 12 von 13 Notstromaggregaten starten. Eine Dreiviertelstunde später treffen Tsunamiwellen von 13 bis 15 Metern Höhe die Küste und das direkt an der Küste liegende Atomkraftwerk Fukushima, das mit einem 5,70 hohen Wall gegen Flutwellen geschützt ist. Die Reaktorblöcke, die etwa zehn Meter über dem Meeresspiegel liegen, werden überschwemmt, auch die Hälfte der Notstromaggregate. Um 15.41 Uhr fällt die Stromversorgung aus. Jetzt funktionieren die Kühlsysteme nicht mehr, es kommt zu Kernschmelzen und zur Freisetzung radioaktiver Stoffe in die Umwelt. Das war kein GAU mehr, das war ein Super-GAU.

M 3

T1 Tsunami

Liegt ein Erdbebenherd unter dem Meeresboden, spricht man von einem **Seebeben**. Ein Seebeben kann einen **Tsunami** auslösen. Diese Riesenwellen entstehen, wenn durch das Beben große Wassermengen in Bewegung gesetzt werden. Diese beginnen zu schaukeln und es startet eine stark energiegeladene Bewegung, die sich ringförmig ausbreitet. Solange diese Wellen tieferes Wasser unter sich haben, sind sie kaum mehr als einen Meter hoch und harmlos. Ihre ungeheure Kraft macht sich erst an der Küste bemerkbar. Dort weicht das Wasser zunächst kilometerweit zurück. Nach wenigen Minuten jedoch kommt es zurück. Die Wellen werden langsamer und das Wasser türmt sich zu enormer Höhe auf. Je flacher die Küste ist, desto höher sind die Tsunamiwellen. Sie können bis zu 35 m hoch werden, jagen mit 90 km/h landeinwärts und reißen alles mit, was ihnen im Wege steht.

A 06 Hörtrack
Schicksalstag in Japan

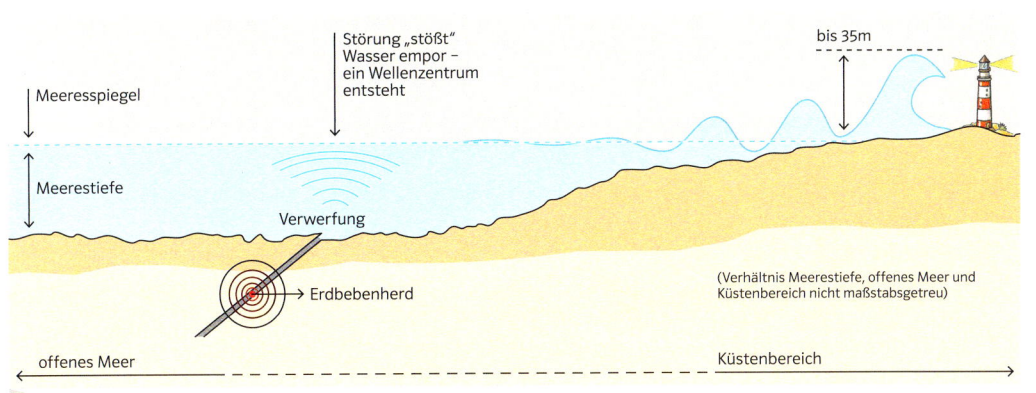

Kräfte aus dem Inneren der Erde

M 4 Entstehung eines Tsunamis

Bis vor Kurzem glaubten Forscherinnen und Forscher, dass Tsunamis ausschließlich durch Seebeben oder untermeerische Vulkanausbrüche entstehen. Inzwischen macht man auch große untermeerische Erdrutsche für die Riesenwellen verantwortlich. Einen solchen riesigen Bergrutsch befürchtet man in näherer Zukunft auf den Kanarischen Inseln. In diesem Fall wäre sogar die Ostküste der USA von einem Tsunami bedroht.

T 2 Tsunami-Warndienst

Nach einer Tsunamikatastrophe auf Hawaii wurde 1946 im Pazifik ein Frühwarnsystem eingerichtet. Inzwischen existiert auch im Indischen Ozean ein Warnsystem. Diese Systeme messen Erderschütterungen, die nach ihrer Auswertung die mögliche Ankunftszeit eines Tsunamis in bedrohten Gebieten mitteilen. Das gibt den Menschen Zeit, ihre Häuser zu verlassen und sich in höher gelegenen Gebieten in Sicherheit bringen zu können.

M 5 Auswirkungen nach Tsunami in Japan

M 6 Tsunami-Warnschild in Japan

A/B 1
a) Beschreibe die Fotos M 2 und M 5.
b) Nenne Auswirkungen eines Tsunamis.
c) Beschreibe die Abläufe am 11. März 2011 in Japan (M 3).

2 Erkläre die Entstehung eines Tsunamis (T 1, M 4).

2 Erläutere den Zusammenhang zwischen einem Seebeben und einem Tsunami (T 1, M 4).

3 Erläutere mithilfe von M 4, warum ein Tsunami erst im Küstenbereich gefährlich wird.

3 Bearbeite Aufgabe A 3. Nenne weitere Ursachen von Tsunamis (T 1).

4 Erläutere verschiedene Tsunami-Frühwarnsysteme (T 2, M 6).

5 EXTRA
a) Bearbeite den WebQuest auf Seite 168/169.
b) Gestalte ein Plakat zur Tsunamikatastrophe in Japan von 2011.

Methode

> Ein Thema mithilfe eines WebQuests erarbeiten

MB Ein WebQuest durchführen

Im Internet gibt es eine riesige, kaum überschaubare Menge an Informationen. Eine Methode, die helfen kann, gezielte Informationen zu einem Thema aus dem Internet zu beschaffen, ist die WebQuest-Methode. Dabei löst ihr eine Aufgabenstellung, indem ihr Informationen aus den euch vorgegebenen Webseiten nutzt.

M 1 Bei der Eingabe eines Suchbegriffs erhält man oft Millionen von Informationen, Videos, Bildern ...

WebQuest bedeutet frei übersetzt „Spurensuche im Internet".

1. Schritt: Die Aufgabenstellung verstehen
Die vorgegebene Aufgabenstellung ist das zentrale Element eines WebQuests. Sie gliedert das Thema in mehrere Teilaspekte, die ihr mithilfe von ausgewählten Internetseiten bearbeiten sollt.

2. Schritt: Im Internet recherchieren
Wenn man ein Stichwort in einer Suchmaschine eingibt, so erhält man oft Millionen von Einträgen. Damit ihr eine gezielte und zeitlich überschaubare Recherche zur Bearbeitung der Aufgabe vornehmen könnt, schlägt ein WebQuest besonders geeignete, ausgewählte Weblinks vor (siehe Weblink W 01).

3. Schritt: Informationen auswerten und darstellen
Bei der Bearbeitung der Aufgaben ist es wichtig, die Informationen der Internetseiten:
– auf wichtige Punkte zu beschränken,
– sie übersichtlich zu gliedern und
– mit eigenen Worten zu formulieren.

4. Schritt: Das Ergebnis präsentieren
Stellt nach der Recherche das eigene Ergebnis einer anderen Gruppe vor. Wichtig ist, dass eure Präsentation eine überschaubare Menge an Informationen enthält und ihr diese mit eigenen Worten vortragt. Zusätzlich zu euren Texten könnt ihr ausgewählte Bilder oder Diagramme zur Veranschaulichung verwenden. Nach der Präsentation beantwortet ihr Fragen und bittet die Zuhörer um Rückmeldungen.

W 01
Weblink
Links zum WebQuest

8 Kräfte aus dem Inneren der Erde

M 2 Auswirkungen des Tsunamis in Japan

T1 WebQuest Tsunami

In diesem WebQuest beschäftigst du dich mit den Ursachen und Folgen von Tsunamis am Beispiel der Tsunamikatastrophe von Japan sowie mit möglichen Frühwarnsystemen.

Schon gewusst?

Als Konsequenz aus der Katastrophe von Fukushima beschloss Deutschland den Ausstieg aus der Atomenergie, Japan hält weiter daran fest.

Der Tsunami von 2011 in Japan

Eine der schlimmsten Tsunamikatastrophen ereignete sich am 11.3.2011 an der Ostküste der japanischen Insel Honshu. Nach einem schweren Erdbeben der Stärke 9,0 traf eine über 10 m hohe Tsunamiwelle die Küste. Die japanische Regierung erklärte, das Beben sei das stärkste, das je in Japan gemessen worden sei. Mindestens 18 000 Menschen verloren dabei ihr Leben, ganze Dörfer und Städte verschwanden von der Landkarte. Im Atomkraftwerk Fukushima kam es zur Kernschmelze. Der aus dem Japanischen stammende Ausdruck „Tsunami" bedeutet ursprünglich „(lange) Welle im Hafen". Inzwischen dient er weltweit als Bezeichnung für ein Phänomen, dessen Zerstörungskraft die Menschen zutiefst erschreckt.

M 3

1
Führt ein WebQuest zum Thema „Ursachen und Folgen der Tsunamis am Beispiel der Katastrophe in Japan" durch. Berücksichtigt auch die Frühwarnsysteme. Verwendet zur Beantwortung den oben angegebenen Weblink W 01.

a) Betrachtet ein Video des Tsunamis und notiert eure Eindrücke.
b) Erstellt einen kurzen Steckbrief der Tsunamikatastrophe von 2011 in Japan.
c) Erklärt, wie Tsunamis entstehen.

d) Begründet, warum Tsunamis an der Küste so verheerende Auswirkungen haben.
e) Stellt dar, warum es zur Atomkatastrophe von Fukushima gekommen ist.
f) Erklärt die Funktionsweise eines Tsunami-Alarmsystems.

AFB I: 1a, 1b II: 1c–1f   → Lösungshilfen ab S. 196

Orientierung

Regionen mit häufigen Erdbeben und Vulkanismus herausarbeiten

Vulkan- und Erdbebengebiete der Erde

Gefahren durch Erdbeben und Vulkanismus gibt es nicht überall auf der Erde. Doch dort, wo sie sich häufen, können Menschen den Naturkräften oft nicht ausweichen. Erfahre, welche Regionen besonders gefährdet sind.

T1 Der Pazifische Feuerring

Rund um den Pazifischen Ozean befinden sich zwei Drittel aller Vulkane. Deshalb bekam das Gebiet den Namen „Ring of Fire". Der etwa 40 000 km lange Vulkangürtel verläuft hauptsächlich rund um die Pazifische Platte. Neben zahlreichen Vulkanausbrüchen an den Rändern der Platten treten entlang des Pazifischen Feuerrings häufig auch starke Erdbeben auf. Befindet sich das Epizentrum im Ozean, können Seebeben verheerende Flutwellen (Tsunamis) auslösen.

M 1

M 2 Ausbruch des Cumbre Vieja auf La Palma (Spanien) am 5. Oktober 2021

M 3 Nach dem Erdbeben in Haiti am 12. Januar 2010

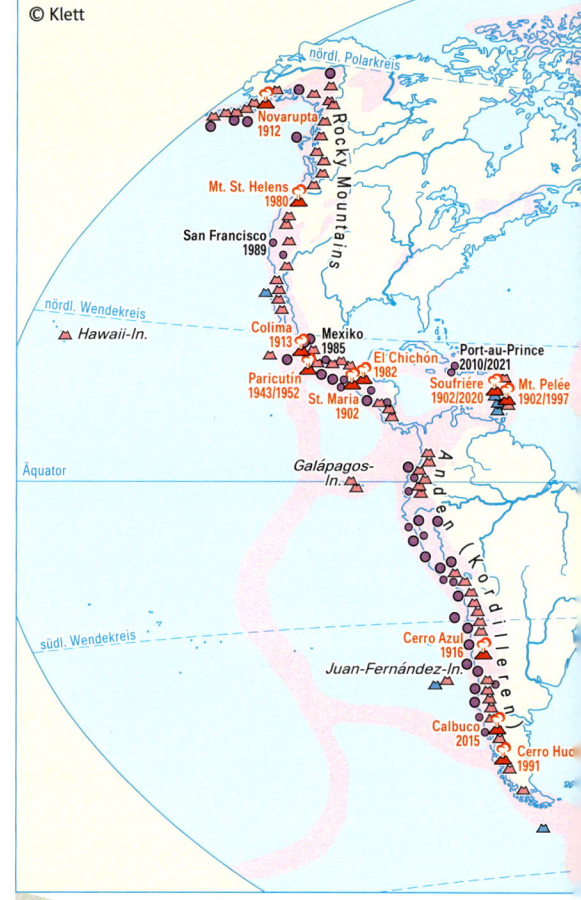

M 4 Erdbeben und Vulkanismus weltweit

1

Arbeite mit den Karten M 1 und M 4:
a) Beschreibe den Verlauf des Pazifischen Feuerrings (M 1, T 1).
b) Nenne vier weitere Regionen der Erde, die durch Vulkanismus und Erdbeben stark gefährdet sind (M 4).

Kräfte aus dem Inneren der Erde 8

Jahr	Region	Naturereignis	Anzahl der Toten
1985	Kolumbien	Vulkanausbruch	25 000
1991	Philippinen	Vulkanausbruch	1 200
1999	Türkei	Erdbeben	16 000
2003	Iran	Erdbeben	26 300
2004	Indischer Ozean	Erdbeben	230 000
2008	China	Erdbeben	87 600
2009	Italien	Erdbeben	310
2010	Indonesien	Vulkanausbruch	320
2010	Haiti	Erdbeben	316 000
2010	Island	Vulkanausbruch	–
2011	Japan	Erdbeben	18 500
2015	Nepal	Erdbeben	8 800
2016	Ecuador	Erdbeben	660
2018	Indonesien	Erdbeben	2 300
2021	Spanien (La Palma)	Vulkanausbruch	–
2023	Türkei/Syrien	Erdbeben	57 000

M 5 Erdbeben und Vulkanausbrüche seit 1985 (Auswahl)

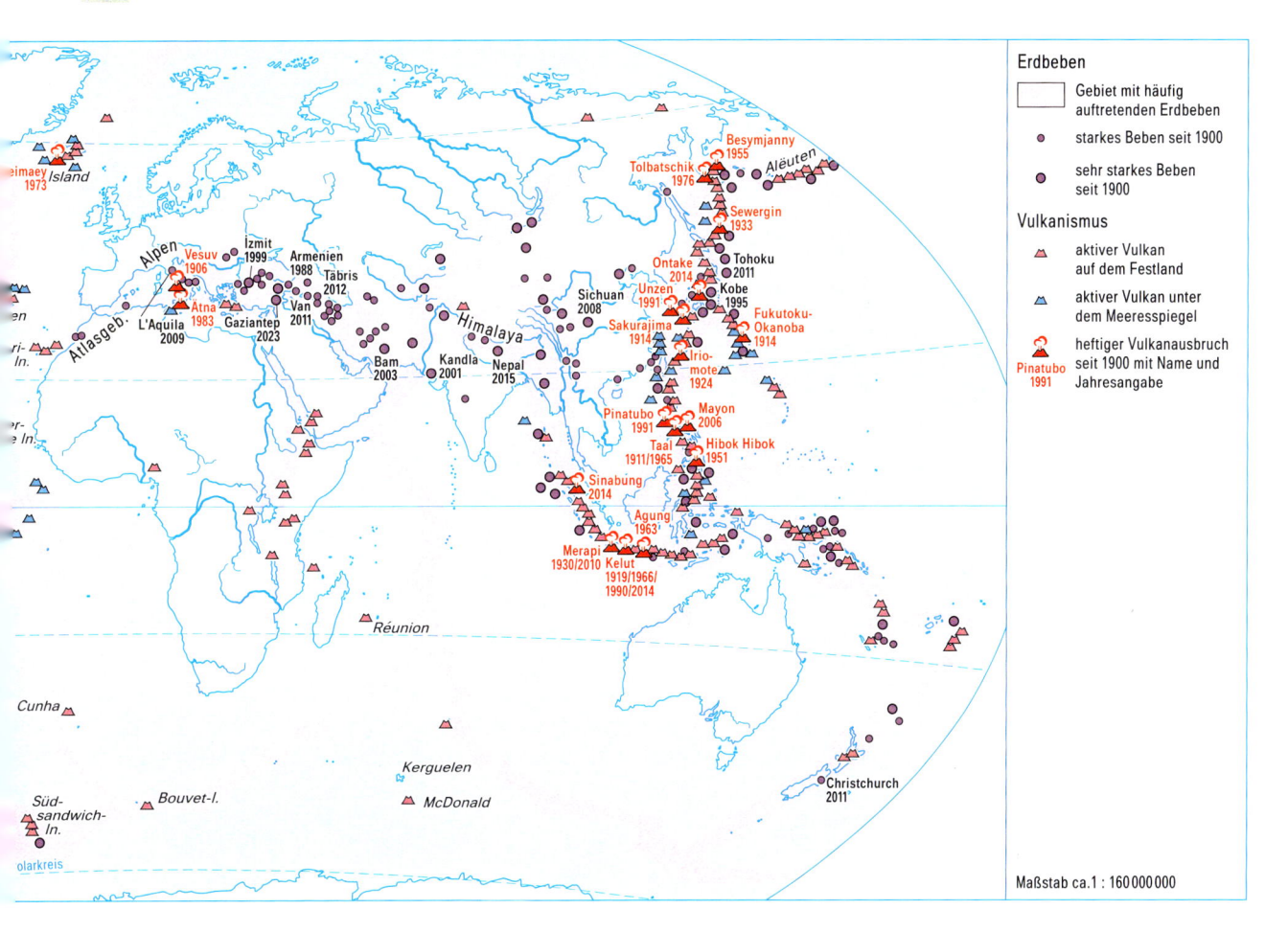

Maßstab ca. 1 : 160 000 000

2
Vergleiche Karte M 4 und Tabelle M 5 mit Karte M 1 auf S. 160. Was stellst du fest?

3
Arbeite mit Tabelle M 5.
a) Beschreibe, welches der beiden genannten Naturereignisse für die Menschen gefährlicher ist.
b) Begründe, weshalb das so ist.

4 EXTRA
a) Erläutere, warum in Europa hauptsächlich der Süden von Vulkanausbrüchen und Erdbeben betroffen ist (M 4).
b) Recherchiere im Internet, wann der Vesuv letztmalig ausgebrochen ist und wie viele Menschenleben der Ausbruch gefordert hat.

AFB I: 1, 3a II: 2, 3b, 4 → Lösungshilfen ab S. 196

Formen des Vulkanismus und Erdbebenregionen in Deutschland beschreiben

Vulkanismus in Deutschland

Erdbeben und Vulkanismus – doch nicht bei uns? Weit gefehlt. Auch in Deutschland findet man zahlreiche Spuren dieser Kräfte aus dem Erdinneren.

M 1 Der Hohenhewen im Hegau

T1 Zeugen vulkanischer Tätigkeit

Der Hegau ist eine Landschaft in Südwestdeutschland. Sie liegt nordwestlich von Singen zwischen Bodensee, Donau, Schwäbischer Alb, Schwarzwald und Rhein. Die Oberflächenform des Hegaus wird von vulkanischen Kuppen geprägt. Am bekanntesten ist der Hohentwiel mit seiner Festung. Er ist der „Hausberg" der westlich vom Bodensee gelegenen Stadt Singen und die wichtigste touristische Attraktion der Region.

T2 Entstehung der Hegau-Vulkane

Im Tertiär entstanden Schwächezonen in der Erdkruste. Es kam zu einer vulkanischen Tätigkeit, deren Höhepunkt vor etwa 14 Millionen Jahren war. Heiße Magma aus dem Erdinneren erreichte die Erdoberfläche und lagerte sich dort in Form von Lavaströmen, Tuff und vulkanischen Bomben ab (siehe M 2: A). Über Millionen von Jahren wurde der Vulkanschlot durch Erosion abgetragen. Vor etwa acht Millionen Jahren stiegen erneut Magmamassen aus dem Erdinneren auf. Es kam jedoch nicht zum Ausbruch, sondern die zähflüssigen Phonolithe (Tiefengesteine) erstarrten wie Pfropfen in den Vulkanschloten (siehe M 2: B).

Im Quartär vor etwa 20 000 Jahren erhielt der Hegau seinen letzten „Schliff". Für die Gestaltung des Hegaus spielen die Gletschervorstöße aus den Alpen eine entscheidende Rolle. Die Gletscher führten Geröll und Gestein mit sich. Die Eismassen hobelten die damalige Landoberfläche ab und verbreiterten so die Täler und Senken (siehe M 2: C). Allerdings widerstanden die harten vulkanischen Schichten dem Eis. Dadurch wurden die Vulkanschlote allmählich freigelegt. Die Hegau-Berge sind also „Vulkanruinen", deren heutige Formen durch Abtragung des umliegenden Geländes entstanden sind (siehe M 2: D).

Tuff
eine durch vulkanische Eruption entstandene Anhäufung zunächst lockerer fester Auswurfprodukte, die sich mit der Zeit zu einer festen, zusammenhängenden Masse verdichtet haben

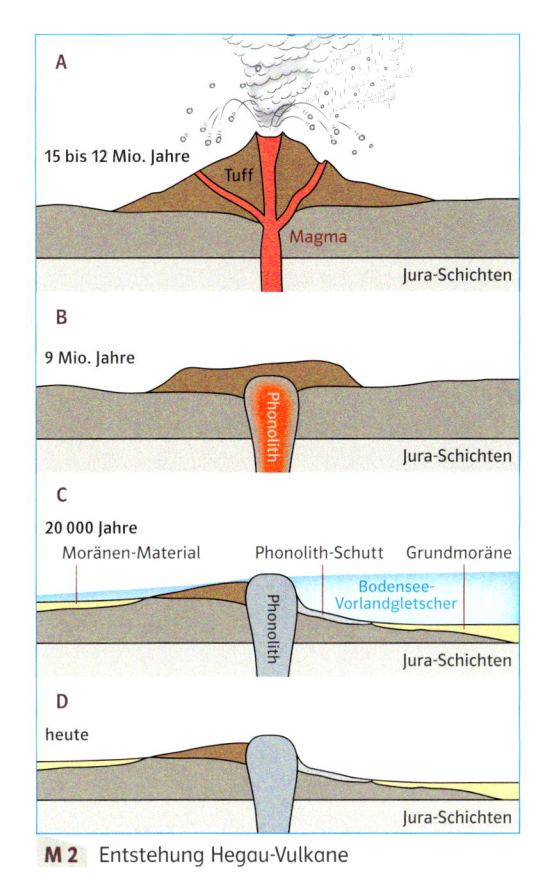

Kräfte aus dem Inneren der Erde 8

A 15 bis 12 Mio. Jahre — Tuff, Magma, Jura-Schichten

B 9 Mio. Jahre — Phonolith, Jura-Schichten

C 20 000 Jahre — Moränen-Material, Phonolith-Schutt, Grundmoräne, Bodensee-Vorlandgletscher, Phonolith, Jura-Schichten

D heute — Jura-Schichten

M 2 Entstehung Hegau-Vulkane

M 4 Vulkanismus und Erdbeben in Deutschland

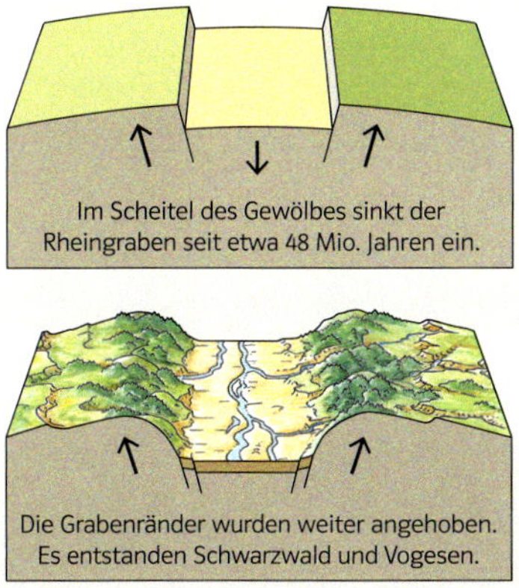

Legende: Vulkangebiet; Erdbebengebiet; Vulkan; Bruchzone; Maar; erdbebengefährdeter Ort; Thermalquelle; 1978 Jahr eines Erdbebens mit nennenswerten Schäden

Im Scheitel des Gewölbes sinkt der Rheingraben seit etwa 48 Mio. Jahren ein.

Die Grabenränder wurden weiter angehoben. Es entstanden Schwarzwald und Vogesen.

M 3 Bildung des Oberrheingrabens

Bruchzone Oberrheingraben in Südwestdeutschland

Von einem „Graben" sprechen Geologen, wenn ein Streifen der Erdkruste gegenüber seiner Umgebung eingesunken ist. Zu Anfang der Grabenbildung entstanden tief in die Erdkruste hineinreichende Spalten, sogenannte Verwerfungen. An diesen stieg Magma auf und bildete Vulkane. Vor 48 Millionen Jahren senkte sich der Graben so tief ein, dass zeitweise eine Meeresstraße zwischen dem Mittelmeer und der Nordsee bestand. Nachdem diese verlandet war, kam es vor 18 bis 13 Millionen Jahren zu Vulkanausbrüchen im Gebiet des Kaiserstuhls. Im Bereich der Bruchzone ist die Temperatur in einer Tiefe von 1 000 m weit über 40 °C heiß. Das warme Quellwasser wird in Thermalbädern genutzt. Bis heute ist der Oberrheingraben von Erdbeben gefährdet.

1 a) Beschreibe die Landschaft in M 1.
b) Verorte das Hegau in Baden-Württemberg (M 4).

2 Beschreibe die 4 Schritte (A – D), in denen der Hegau entstanden ist (T 2, M 2).

2 Der Hegau entstand nicht nur durch vulkanische Aktivität, sondern auch durch Gletschertätigkeit. Erkläre (T 2, M 2).

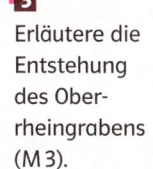

3 Erläutere die Entstehung des Oberrheingrabens (M 3).

4 a) Beschreibe die Lage von Vulkan- und Erdbebengebieten in Deutschland (M 4).
b) Vulkangebiete bieten dem Menschen besondere Nutzungsmöglichkeiten. Begründe (M 1, T 1, M 3, M 4).

AFB I: 1, 2, 4a II: 3, 4b   AFB I: 1, 4a II: 2, 3, 4b   → Lösungshilfen ab S. 196   173

Hotspots

Mithilfe der Plattentektonik kann man die Verbreitung der meisten Erdbeben und Vulkane erklären. Doch es befinden sich auch Vulkane innerhalb der Platten, z. B. auf Hawaii oder auf den Kanarischen Inseln. Wie ist das möglich?

M 1

M 2 Satellitenfoto von den Hawaii-Inseln

T1 Hotspot-Vulkanismus

Lange Zeit konnte man nur Vulkanketten erklären, die an den Plattenrändern lagen. Warum es Vulkane auch an anderen Stellen gibt, konnte erst in neuerer Zeit geklärt werden. An einigen Stellen des oberen Erdmantels gibt es besonders heiße Bereiche, sogenannte Hotspots. Hier steigt Magma aus dem tiefen Erdinneren auf. Durch die Hitze wird die darüberliegende Erdplatte an diesem Hotspot im Erdmantel aufgeschmolzen und Magma tritt aus. Dort bilden sich dann Vulkankegel.

Findet der Vorgang an einer ozeanischen Platte statt, ragt der Vulkan irgendwann aus dem Wasser heraus und eine Insel entsteht. Die Erdplatte bewegt sich zwar sehr langsam, aber stetig über den Hotspot hinweg. Im Verlauf vieler Millionen Jahre dringt das Magma des Hotspots immer wieder durch die Platte, wenn der Druck zu groß wird. So entsteht nach und nach eine Kette von Vulkanen. Das bekannteste Beispiel hierfür sind die Hawaii-Inseln.

Die Kruste der kontinentalen Platten ist viel dicker als die der ozeanischen Platten. Sie ist daher schwerer aufzuschmelzen. Deshalb tritt Hotspot-Vulkanismus vor allem in den Ozeanen auf.

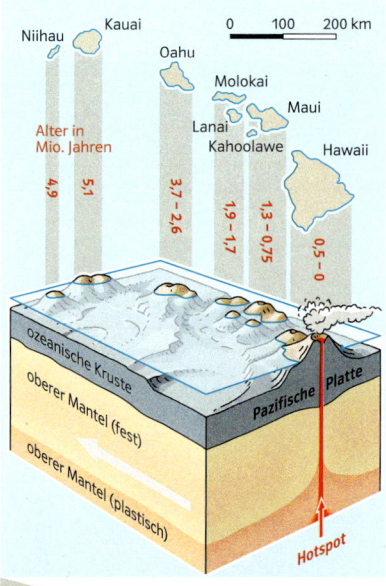

M 3 Hotspot unter den Hawaii-Inseln

8 Kräfte aus dem Inneren der Erde

M 4 Heiße Quelle im Yellowstone-Nationalpark

T 2 Heiße Quellen im Yellowstone

Das Besondere im Yellowstone-Nationalpark sind seine einzigartigen heißen Quellen, Geysire und Schlammtöpfe. Mehr als 10 000 geothermische Quellen hat der Yellowstone zu bieten, davon gut 300 Geysire. Ursache für alle vulkanologischen Erscheinungen ist eine immer noch aktive Magmakammer in 80 bis 120 km Tiefe unter dem Gebiet – ein sogenannter Hotspot. Diese Energie bewirkt, dass Magma in die Erdkruste aufsteigt. Das heiße Magma füllt sich in einer riesigen Kammer unter der Erdkruste an. Ist diese Kammer bis zum Rand gefüllt, drückt das Magma die darüberliegenden Schichten nach oben. Die Folge: Die Erdkruste reißt auf, die Magmakammer entlädt sich in einer gewaltigen Explosion.

Eine solch gewaltige Explosion fand im Yellowstone-Nationalpark vor rund 600 000 Jahren statt. Nach dem Einsturz füllte sich der Krater erneut mit Magma und es entstand eine flache Landschaft, deren Untergrund bis heute stark überhitzt ist. Diese Überhitzung ist die Ursache für die vielen heißen Quellen. Mineralien und Algen sind für die schillernde Farbenpracht verantwortlich.

1 Beschreibe das Foto M 2. Was fällt bei der Anordnung der Hawaii-Inseln auf?

2 a) Erkläre, was ein Hotspot ist (T 1).
b) Erläutere, wie die Hawaii-Inseln entstanden sind (T 1, M 3).

2 Erkläre die Entstehung der Vulkanreihe der Hawaii-Inseln (T 1, M 3).

3 Nenne Besonderheiten im Yellowstone-Nationalpark (T 2, M 4).

3 a) Finde heraus, auf welcher Erdplatte der Yellowstone-Nationalpark liegt (M 1 auf S. 160).
b) Erläutere, wie es zu den vulkanischen Erscheinungen im Nationalpark kommt (T 2, M 4).

4 EXTRA Die Maare in der Eifel sind ebenfalls Zeugen eines früheren Hotspot-Vulkanismus. Recherchiere dazu im Internet.

AFB I: 1, 3 II: 2, 4   AFB I: 1   → Lösungshilfen ab S. 196   175

Training

Wichtige Begriffe

- Erdbeben
- Erdkern
- Erdkruste
- Erdmantel
- Fließzone
- Gebirgsbildung
- Horizontalverschiebung
- kontinentale Kruste
- Lava
- Magma
- Mittelozeanischer Rücken
- Ozeanbodenspreizung
- ozeanische Kruste
- Plattentektonik
- Riff Valley
- Seebeben
- Subduktion
- Tiefseerinne
- Tsunami
- Vulkanismus

Sich orientieren

1 Großformen der Erde
Arbeite mit Karte M1 und dem Atlas:
a Nenne die sieben Großplatten der Erde (1–7).
b Gib die Platte an, die nur aus ozeanischer Kruste besteht.
c Zähle die Mittelozeanischen Rücken auf (1–5).
d Ordne die Buchstaben A–F hohen Gebirgen zu.
e Finde die Namen der vier Tiefseegräben heraus (a–d).

Kennen und verstehen

2 Findest du die Begriffe?
a Gesteinsschmelze im Erdinneren
b über 1000 °C heiße Gesteinsschmelze an der Erdoberfläche
c untermeerisches Hochgebirge
d Stelle über dem Erdbebenherd
e die äußere, sehr dünne Schicht der Erde aus festem Gestein
f entstehen, wenn kontinentale Platten aufeinandertreffen
g Gerät zum Aufzeichnen von Erdbebenwellen
h Vulkanform, bei der Asche und dickflüssige Lava abwechselnd abgelagert sind
i der Begründer der Theorie der Kontinentalverschiebung
j mögliche Folge eines Erdbebens unter dem Meer
k vulkanische Erscheinungen innerhalb einer Platte

3 Richtig oder falsch?
Verbessere die falschen Aussagen und schreibe alle richtig auf.
a Erdplatten verändern im Laufe der Zeit nur ihre Form, behalten aber die Lage bei.
b Wenn sich die Spannung zwischen zwei Erdplatten ruckartig löst, kommt es zu Erdbeben.
c Wenn Lava aus dem Erdinneren an die Erdoberfläche tritt, nennt man sie Magma.
d Erdbebenregionen findet man nur in der Nähe von Vulkanen.
e Alle Schichten unter der Erdkruste sind fest.
f Die Fließzone liegt direkt unter der Gesteinshülle.

4 Begriffe richtig zuordnen
Die Grafik M2 zeigt vereinfachte Querschnitte durch die Erde. Einige Stellen sind vergrößert dargestellt. Übertrage die Zeich-

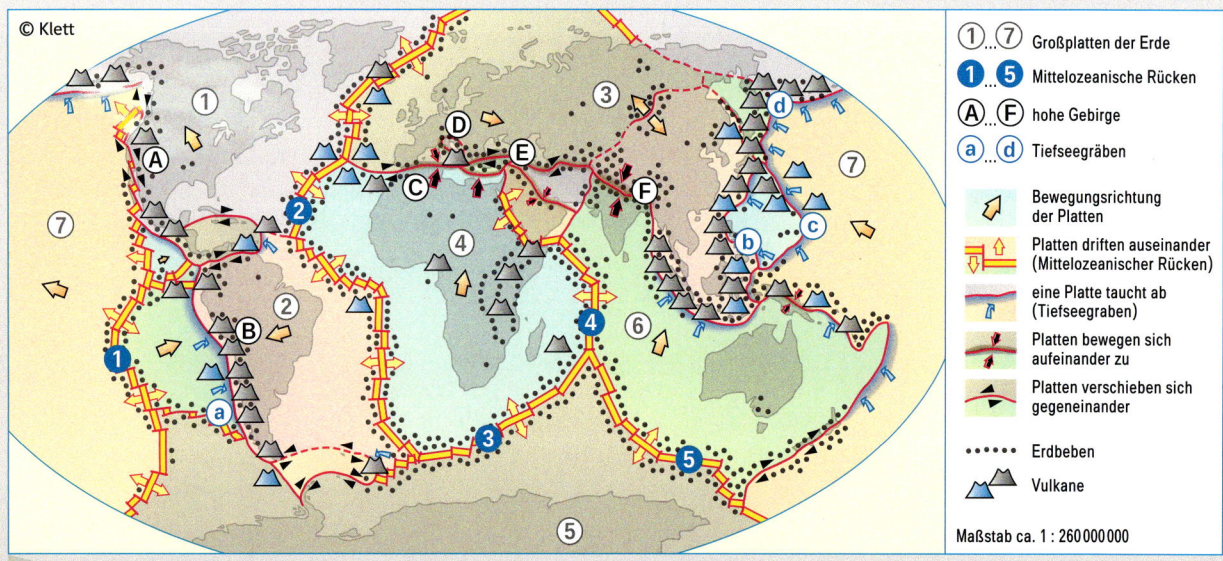

M1 Kräfte aus dem Inneren der Erde

nung in dein Heft und ordne den Ziffern die folgenden Begriffe richtig zu: Erdkern, Erdkruste, Erdmantel, kontinentale Kruste, oberer Erdmantel (fest), oberer Erdmantel (plastisch), ozeanische Kruste, Mittelozeanischer Rücken, Pazifische Platte, Tiefseegraben.

5 Der Mittelatlantische Rücken
a Fertige eine vereinfachte Skizze des Mittelatlantischen Rückens an und beschrifte sie (S. 161, M 2).
b Erläutere die Vorgänge am Mittelatlantischen Rücken.
c Obwohl ständig neuer Meeresboden entsteht, wird die Erdoberfläche nicht größer. Erkläre diese Aussage.

6 Erläutere den Zusammenhang zwischen einem Seebeben und einem Tsunami.

Methoden anwenden

7 Arbeite mit dem Blockbild M 3
a Ordne den Ziffern 1–8 folgende Begriffe zu: Faltengebirge, Fließzone, kontinentale Kruste, Magmakammer, oberer Mantel (fest), ozeanische Kruste, Subduktion, Tiefseegraben.
b Erkläre, warum es in diesem Bereich häufig zu Erdbeben und Vulkanismus kommt.
c Verorte M 3 in der Karte M 1. Nenne mithilfe des Atlas den Tiefseegraben und das Hochgebirge.

Beurteilen und bewerten

8 Leben mit der Gefahr
a Beurteile die Besiedelung von Gebieten, die von Erdbeben bedroht sind (wie z. B. Los Angeles).
b Viele kleine Erdbeben schützen vor der großen Katastrophe. Erläutere, warum das so ist.

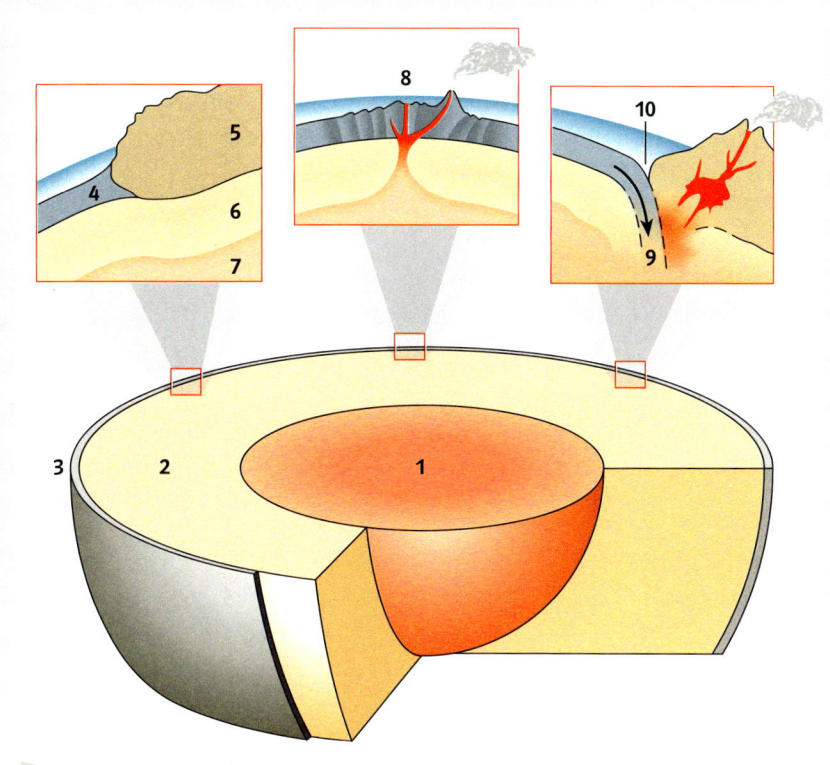

M 2 Querschnitt durch die Erde

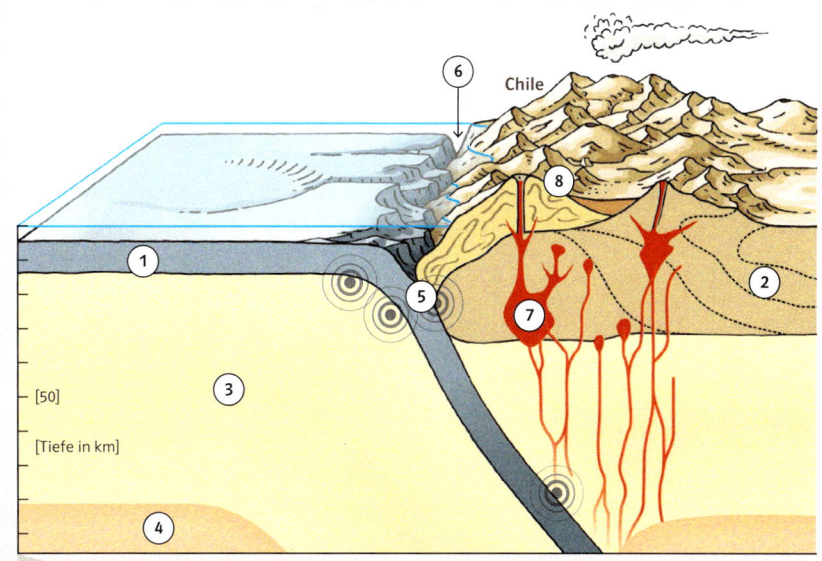

M 3 Plattentektonische Vorgänge am Westrand Südamerikas

Vernetzen

9 Zusammenhänge erklären
Stelle den Zusammenhang zwischen Plattengrenzen, Plattenbewegungen, Erdbeben und Vulkanismus dar.

Wähle aus

A **Blick in die Erdgeschichte** diese Seite

B **Kreislauf der Gesteine** Seite 180/181

Die Entstehung der Erde und die Entwicklung des Lebens beschreiben

1 Beschreibe, wie die Erde entstanden ist (T1, M1, M2).

2 Beschreibe die Voraussetzungen für die Entstehung von Leben auf der Erde (T2).

3 Arbeite mit M1 und M2:
a) Beschreibe die Entwicklung des Lebens auf der Erde.
b) Ordne die Farben auf der geologischen Uhr den Erdzeitaltern zu.

A   Blick in die Erdgeschichte

Kräfte aus dem Inneren der Erde haben unseren Planeten seit seiner Entstehung geformt. Zeugen aus früheren Zeiten sind z. B. erloschene Vulkane oder Meteoritenkrater. Aber auch Gesteine und versteinerte Lebewesen können viel über die Erdgeschichte berichten.

Schon gewusst?

Wenn wir uns vorstellen, dass die Entwicklung der Erde nur 24 Stunden gedauert hätte, dann würde jede Stunde etwa 192 Millionen Jahre und jede Minute etwa 3,2 Millionen Jahre bedeuten. Der Mensch würde erst in der letzten Minute des Tages auftreten.

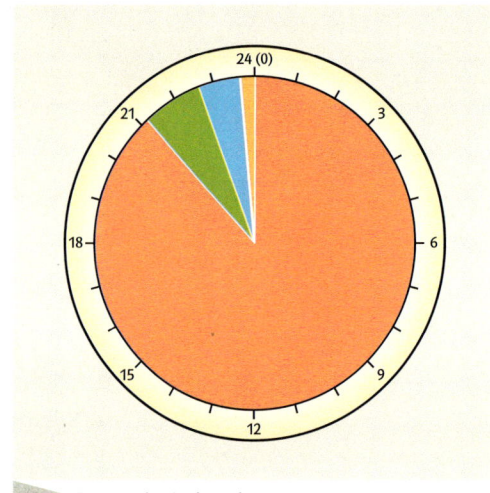

00:00 Uhr	Aus Gasen formt sich ein Himmelskörper.
02:00 Uhr	Die Erdoberfläche kühlt ab, sodass sich eine feste Kruste und ein Urozean bilden kann.
04:00 Uhr	Erste Lebensspuren (Bakterien) entstehen.
11:00 Uhr	Bakterien im Urozean erzeugen den ersten Sauerstoff.
21:00 Uhr	Erste Tiere entstehen im Meer, einfache Pflanzen und Pilze besiedeln das Festland.
23:00 Uhr	Dinosaurier bevölkern für etwa 50 Minuten die Erde.
23:59 Uhr	Erste Menschen leben in Afrika.
24:00 Uhr	heute

M1 Die geologische Uhr

T1 Wie unsere Erde entstand

Das Alter der Erde erforschen Experten mithilfe von Gesteinen. Die Wissenschaft von der Entstehung der Gesteine heißt Geologie. Sie unterteilt die Erdgeschichte in vier große **Erdzeitalter** (M2). Vor 4,6 Milliarden Jahren war unsere Erde nur eine riesige Gas- und Staubwolke. Sie verfestigte sich dann zu einer glühenden Kugel aus geschmolzenem Gestein. Durch Abkühlung bildeten sich eine feste Kruste und später die Lufthülle. Wasser, Frost, Wind und andere Kräfte zersetzten die Gesteine. Die Verwitterung veränderte in Millionen von Jahren die Erdkruste.

T2 Entwicklung des Lebens auf der Erde

Den frühesten Hinweis auf Leben fanden Wissenschaftlerinnen und Wissenschaftler in 3,8 Milliarden Jahre alten Gesteinen auf Grönland. Darin sind Bakterien enthalten, die als die ältesten Fossilien der Erde gelten. Im Laufe der Erdgeschichte hat sich aus diesem einfachen Leben höheres Leben entwickelt. Bestimmte Voraussetzungen mussten dafür gegeben sein:
– Der Abstand zur Sonne ist so groß, dass es weder zu heiß noch zu kalt ist.
– Die Lufthülle der Erde enthält genügend Sauerstoff für Lebewesen. Ihre Ozonschicht schützt vor der gefährlichen UV-Strahlung der Sonne.
– Das Erdmagnetfeld schützt vor kosmischen Strahlen.
– Wasser in großen Mengen steht zur Verfügung und ist eine der wichtigsten Lebensgrundlagen.

D 26 Arbeitsblatt Lösungen

8 Kräfte aus dem Inneren der Erde

4 Berechne für folgende Objekte aus M 2 die ungefähren Uhrzeiten auf der geologischen Uhr in M 1: (erste) Landpflanzen, Urozean, Meteoriteneinschläge, Mammut, Bakterien.

5 Vermute, warum der Radlader in M 2 zu sehen ist.

AFB I: 1–3 II: 4 III: 5 → Lösungshilfen ab S. 196

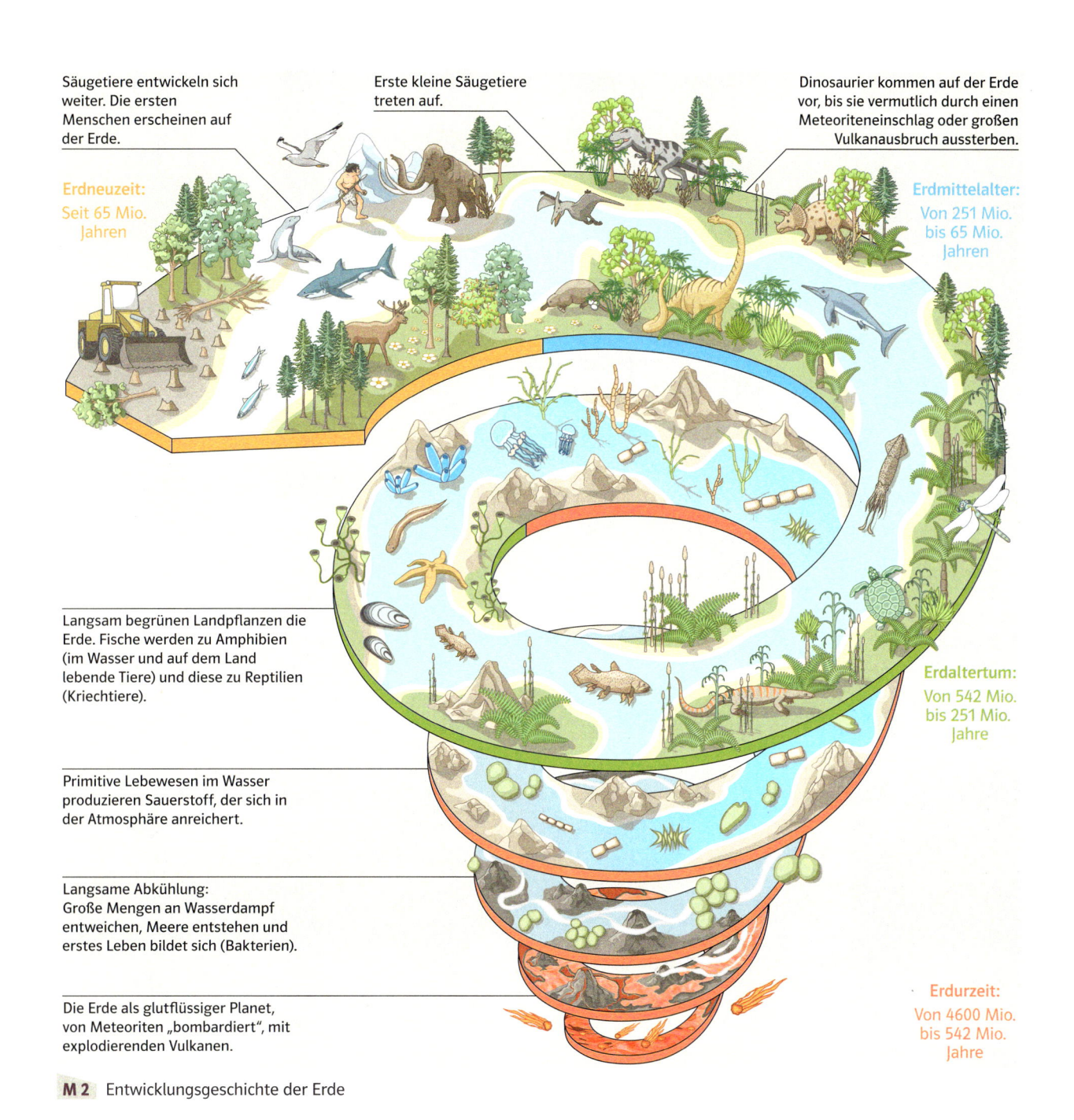

Säugetiere entwickeln sich weiter. Die ersten Menschen erscheinen auf der Erde.

Erste kleine Säugetiere treten auf.

Dinosaurier kommen auf der Erde vor, bis sie vermutlich durch einen Meteoriteneinschlag oder großen Vulkanausbruch aussterben.

Erdneuzeit: Seit 65 Mio. Jahren

Erdmittelalter: Von 251 Mio. bis 65 Mio. Jahren

Langsam begrünen Landpflanzen die Erde. Fische werden zu Amphibien (im Wasser und auf dem Land lebende Tiere) und diese zu Reptilien (Kriechtiere).

Erdaltertum: Von 542 Mio. bis 251 Mio. Jahre

Primitive Lebewesen im Wasser produzieren Sauerstoff, der sich in der Atmosphäre anreichert.

Langsame Abkühlung: Große Mengen an Wasserdampf entweichen, Meere entstehen und erstes Leben bildet sich (Bakterien).

Die Erde als glutflüssiger Planet, von Meteoriten „bombardiert", mit explodierenden Vulkanen.

Erdurzeit: Von 4600 Mio. bis 542 Mio. Jahre

M 2 Entwicklungsgeschichte der Erde

Wähle aus

A Blick in die Erdgeschichte
Seite 178/179

B Kreislauf der Gesteine
diese Seite

Den Kreislauf der Gesteine erklären

1 Nenne die drei Hauptgruppen der Gesteine (T1, M3).

2 Erkläre die Entstehung der drei unterschiedlichen Gesteinsgruppen (T1, M3).

3 Erkläre den Kreislauf der Gesteine. Beginne mit der Bildung von Magma (M1).

B Kreislauf der Gesteine

Beim Vergleichen von Gesteinen kann man leicht Unterschiede feststellen. Das eine ist besonders hart, das andere hat eine gleichmäßige Schichtung, ein drittes ist weicher und lässt sich gut bearbeiten. Woran liegt das?

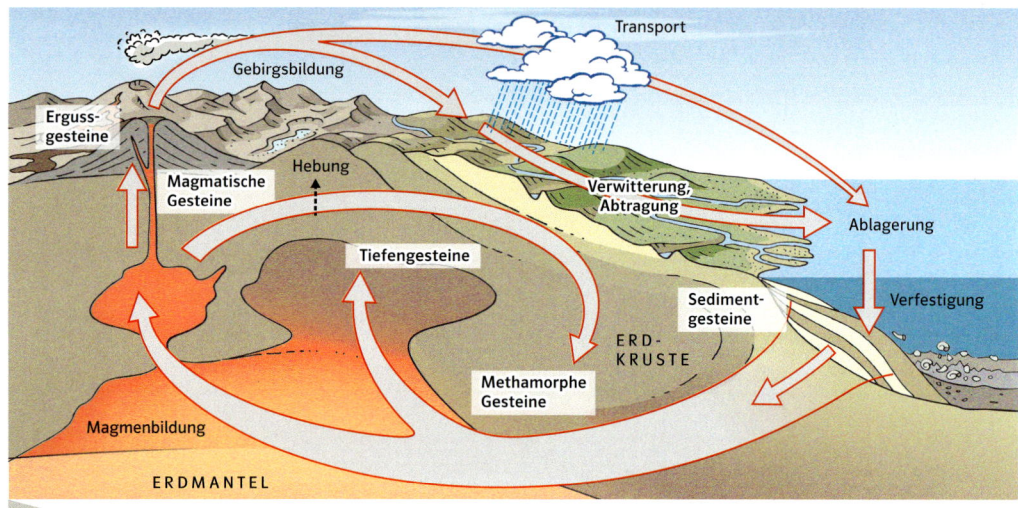

M1 Kreislauf der Gesteine

T1 Entstehung der Gesteine

Nach ihrer Entstehung werden die **Gesteine** der Erde in drei Gruppen eingeteilt: **Magmatische Gesteine** entstehen durch Abkühlung von flüssigem Gesteinsmaterial innerhalb der Erdkruste oder an der Erdoberfläche. Kühlen sie sich innerhalb der Erdkruste ab, spricht man von Tiefengesteinen. Da diese langsam erstarren, können sich die **Minerale** gut ausbilden. Gelangt das Magma dagegen an die Erdoberfläche, wo es schneller erstarrt, entstehen Ergussgesteine. Bei diesen bilden sich kaum Minerale aus.

An der Erdoberfläche wird Gestein mit der Zeit durch äußere Kräfte wie Wasser, Wind und Frost zerkleinert. Der durch die **Verwitterung** entstehende Gesteinsschutt wird durch Bäche, Flüsse oder Gletscher abtransportiert und an anderer Stelle wieder abgelagert (sedimentiert). Im Laufe von Millionen von Jahren verfestigen sich die Schichten und es bilden sich **Sedimentgesteine**. Im Meer können Ablagerungsgesteine auch aus den Schalen der dort lebenden Tiere und Pflanzen entstehen.

Metamorphe Gesteine entstehen, wenn magmatische Gesteine oder Sedimentgesteine in größere Tiefen gelangen und durch hohen Druck und hohe Temperaturen umgewandelt werden. Diesen Vorgang bezeichnet man als **Metamorphose**. Durch Hebungen der Erdkruste können diese Gesteine an die Erdoberfläche gelangen und dort verwittern. Werden sie jedoch erneut zu Magma aufgeschmolzen, schließt sich der Kreislauf.

D 27 Arbeitsblatt Lösungen

Kräfte aus dem Inneren der Erde 8

4

Der Hof deiner Schule soll neu gepflastert werden. Überlegt, welche Eigenschaft ein geeignetes Gestein haben sollte. Schlagt ein Gestein vor und begründet eure Wahl (M 2).

AFB I: 1, 2a II: 2 III: 2b, 3   → Lösungshilfen ab S. 196

Granit	Basalt	Kalkstein	Steinkohle	Gneis	Marmor
Magmatisches Gestein		Sedimentgestein		Metamorphes Gestein	
Tiefengestein	Ergussgestein				
Farbe: dunkelgrau oder bräunlich bis rötlich	**Farbe:** dunkelgrau bis schwarz	**Farbe:** von weiß über grau bis braun	**Farbe:** pechschwarz, matt oder glänzend	**Farbe:** meist grau, auch weiß u. rötlich gestreift	**Farbe:** meist weiß und gelblich
Gefüge: körnige Grundmasse	**Gefüge:** feinkörnig, ungeordnete Masse	**Gefüge:** dicht, scheinbar ohne Körnung, Feinschichtung	**Gefüge:** Erkennbarkeit der Ausgangspflanzen nimmt ab	**Gefüge:** körnig, schiefrig, Minerale parallel	**Gefüge:** mittel- bis grobkörnig, schichtungslos, nie porös
Minerale: z. B. Feldspat, Quarz, Glimmer	**Minerale:** Olivin (Silikat)	weiches Gestein, durch Säure (z. B. saurerer Regen) auflösbar	relativ fest, bricht würfelförmig, gute Brennbarkeit	**Minerale:** entsprechend Ausgangsmaterial	**Minerale:** Kalkspat
sehr hart, geringe Verwitterung			relativ große Härte		geringe Gesteinshärte

M 2 Gesteine und ausgewählte Erkennungsmerkmale

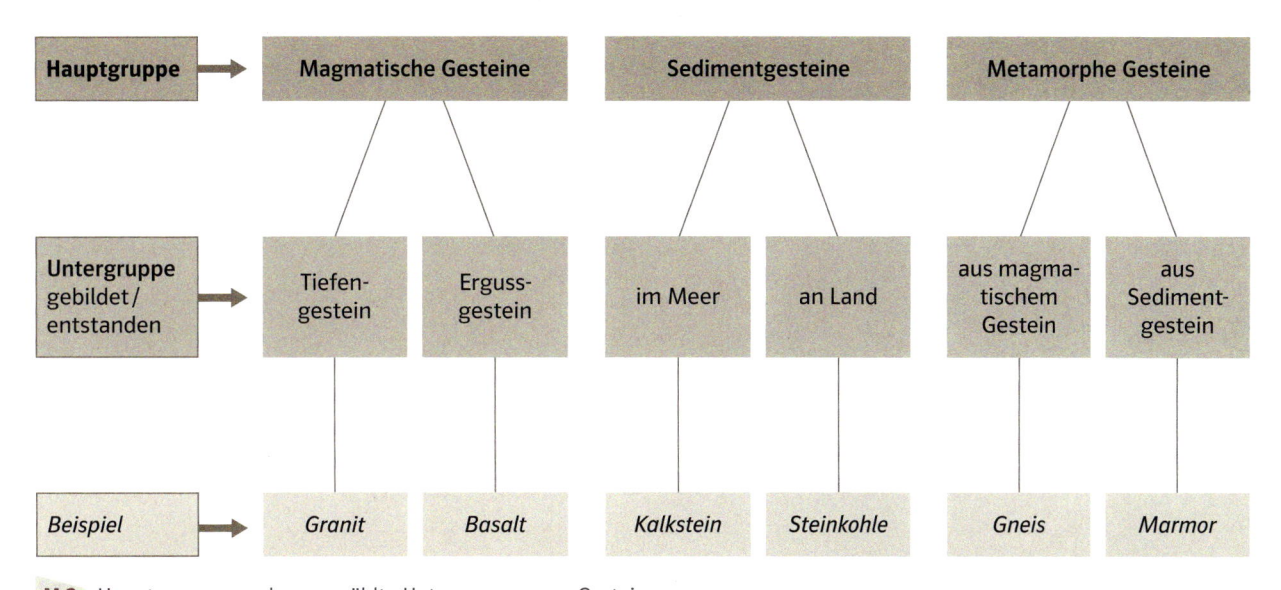

Hauptgruppe	Magmatische Gesteine		Sedimentgesteine		Metamorphe Gesteine	
Untergruppe gebildet/ entstanden	Tiefengestein	Ergussgestein	im Meer	an Land	aus magmatischem Gestein	aus Sedimentgestein
Beispiel	Granit	Basalt	Kalkstein	Steinkohle	Gneis	Marmor

M 3 Hauptgruppen und ausgewählte Untergruppen von Gesteinen

9 Arbeitsanhang

In diesem Anhang findet ihr wertvolle Hilfen für die selbstständige Arbeit im Geographieunterricht: Tipps zum Lernen, Lösungshilfen zu den Aufgaben sowie die Erklärungen der wichtigen Begriffe.

Klimastationen

		J	F	M	A	M	J	J	A	S	O	N	D	Jahr
Europa														
Athen, 105 m;	°C	9	10	11	15	19	23	27	26	23	19	14	11	17
Griechenland (Küste)	mm	54	46	33	23	20	14	8	14	18	36	79	64	406
Berlin, 57 m	°C	−1	0	3	8	13	16	18	17	14	8	4	1	8
	mm	49	33	37	42	49	59	80	57	48	43	42	42	581
Kiew, 179 m;	°C	−5	−4	1	9	15	18	19	19	14	8	2	−2	8
Ukraine	mm	46	46	38	48	52	69	87	67	43	39	50	47	832
Lissabon, 96 m;	°C	10	11	13	14	17	19	21	22	20	17	14	11	16
Portugal (Westküste)	mm	86	83	86	78	45	14	4	6	33	61	92	110	698
London, 36 m;	°C	3	4	6	9	12	16	17	17	14	10	6	4	10
Vereinigtes Königreich	mm	50	37	38	40	48	52	62	58	55	70	56	48	614
Murmansk, 46 m;	°C	−12	−11	−7	−2	4	9	13	11	7	1	−5	−10	0
Russische Föderation	mm	33	22	20	21	32	53	60	65	52	42	40	38	478
Tromsø, 10 m; Norwegen	°C	−4	−4	−2	1	5	9	12	11	7	3	−1	−3	3
(Nordwestküste)	mm	81	86	64	60	48	53	72	82	94	125	104	104	973
Asien														
Mumbai, 11 m; Indien	°C	24	25	27	29	30	29	28	27	28	29	28	26	28
(Westküste, Halbinsel)	mm	1	1	1	2	11	579	703	443	269	56	17	7	2090
Djakarta, 8 m;	°C	25	25	26	26	26	26	26	26	26	26	26	26	26
Indonesien (Java)	mm	270	241	175	131	139	105	72	65	146	169	183	185	1881
Hongkong, 33 m; China	°C	16	15	17	21	25	27	28	28	27	24	21	17	22
(Südküste)	mm	33	46	69	135	305	401	356	371	246	130	43	28	2163
Hyderabad, 542 m; Indien	°C	22	25	28	32	33	29	27	26	27	26	23	22	27
(Hochland von Dekkan)	mm	6	9	16	17	40	116	155	163	152	97	29	3	803
Irkutsk, 459 m;	°C	−21	−18	−9	1	8	14	18	15	8	1	−11	−18	−1
Russische Föderation	mm	13	10	8	15	33	56	79	71	43	18	15	15	376
Jerusalem, 745 m;	°C	8	9	13	16	21	23	24	24	23	21	17	11	18
Israel	mm	104	135	28	25	3	0	0	0	0	5	30	74	404
Peking, 38 m;	°C	−4	−2	6	13	21	24	27	25	21	13	4	−2	12
China	mm	3	5	5	15	38	36	211	155	64	18	8	3	561
Shanghai, 7 m;	°C	3	4	8	13	19	23	27	27	23	17	12	6	15
China (Jangtse-Mündung)	mm	48	58	84	94	94	180	147	142	130	71	51	36	1135
Tokyo, 6 m;	°C	4	4	7	13	17	20	24	26	22	16	11	6	14
Japan	mm	56	66	112	132	152	163	140	163	226	191	104	56	1561
Werchojansk, 99 m;	°C	−50	−45	−30	−13	2	12	15	11	2	−14	−37	−47	−16
Russische Föderation (Ostsibirien)	mm	4	3	3	4	7	22	27	26	13	8	7	4	128
Antarktis														
Südpol, 2800 m;	°C	−29	−40	−54	−59	−57	−57	−59	−59	−59	−51	−39	−28	−49
US-Station	mm													
Australien														
Darwin, 31 m;	°C	29	28	29	29	28	26	25	26	28	29	30	29	28
Nordküste	mm	389	343	244	104	15	3	3	3	13	51	119	249	1536
Perth, 59 m;	°C	23	23	22	19	16	14	13	13	14	16	19	22	18
Südwestküste	mm	8	10	20	43	130	180	170	143	86	56	20	15	881
Sydney, 44 m;	°C	22	22	21	18	15	13	12	13	15	18	19	21	17
Südostküste	mm	90	114	122	140	127	121	118	73	71	70	71	70	1187
Afrika														
Addis Abeba, 2450 m;	°C	14	16	17	17	17	16	14	14	15	14	14	13	15
Äthiopien	mm	13	38	66	86	86	135	279	300	191	20	15	5	1234

		J	F	M	A	M	J	J	A	S	O	N	D	Jahr
Algier, 59 m;	°C	12	13	15	16	20	23	26	27	25	21	17	14	19
Algerien (Nordküste)	mm	110	83	74	41	46	17	2	4	41	80	128	135	762
In Salah, 273 m;	°C	13	15	20	24	30	34	37	36	33	27	20	14	25
Algerien (Sahara)	mm	3	2	0	0	0	0	0	0	1	0	4	3	13
Kairo, 33 m;	°C	12	13	16	20	24	27	27	27	25	22	18	14	20
Ägypten (Nil-Delta)	mm	5	5	5	3	3	0	0	0	0	3	3	5	32
Kapstadt, 12 m;	°C	22	22	21	18	16	14	13	13	14	17	19	21	18
Südafrika	mm	13	15	23	48	94	112	91	84	58	41	28	20	632
Kisangani, 460 m;	°C	26	26	26	26	26	25	25	25	25	25	25	25	25
D. R. Kongo	mm	95	115	152	181	167	115	100	186	174	228	177	114	1804
Daressalam, 58 m;	°C	27	28	27	26	26	24	24	24	24	25	26	27	26
Tansania	mm	88	56	133	271	178	40	30	39	27	62	117	101	1142
Ouagadougou, 316 m;	°C	25	28	31	33	31	29	27	26	27	29	28	26	28
Burkina Faso	mm	0	3	8	19	84	118	193	265	153	37	2	0	882

Nord- und Mittelamerika

		J	F	M	A	M	J	J	A	S	O	N	D	Jahr
Edmonton, 658 m;	°C	−14	−11	−5	4	11	14	16	15	10	5	−4	−10	3
Kanada (Alberta)	mm	21	18	19	23	43	80	82	60	34	18	18	19	435
Eismitte, 3012 m;	°C	−42	−47	−39	−31	−20	−15	−11	−18	−22	−36	−43	−39	−30
Grönland	mm						keine Angaben							
Fairbanks, 152 m;	°C	−25	−18	−12	−2	8	15	16	13	6	−3	−16	−22	−3
USA (Alaska)	mm	19	12	21	7	14	36	47	42	40	19	17	17	291
Los Angeles, 103 m;	°C	12	13	14	15	17	19	21	21	20	18	16	13	17
USA (Kalifornien)	mm	78	84	70	26	11	2	0	1	4	17	30	66	389
Miami, 2 m;	°C	20	20	22	23	25	27	28;	28	27	26	23	21	24
USA (Florida)	mm	64	48	58	86	180	188	135	163	226	229	84	43	1504
New York, 96 m;	°C	−1	−1	3	9	16	20	23	23	19	13	7	2	11
USA (Ostküste)	mm	91	105	90	83	81	86	106	108	87	88	76	90	1091
New Orleans, 16 m;	°C	12	14	17	20	24	27	27	27	26	21	16	13	20
USA (Mississippi-Delta)	mm	108	116	118	135	115	151	159	144	130	82	81	120	1459
St. Louis, 173 m;	°C	−1	1	6	13	19	24	26	25	21	14	7	1	13
USA (mittl. Mississippi)	mm	94	86	93	95	92	98	77	76	74	69	94	84	1032
Havanna, 19 m;	°C	22	22	23	24	26	27	28	28	27	26	24	23	25
Kuba (Nordküste)	mm	76	38	43	43	130	142	109	109	127	178	81	61	1137
Mexiko-Stadt, 2282 m;	°C	13	15	17	18	19	18	17	17	17	16	15	14	16
Mexiko	mm	6	10	12	18	52	117	110	95	130	36	17	8	611

Südamerika

		J	F	M	A	M	J	J	A	S	O	N	D	Jahr
Antofagasta, 94 m;	°C	21	21	20	17	16	14	14	15	15	16	18	20	17
Chile (Atacama-Wüste)	mm	0	0	0	1	0	0	0	0	0	0	0	0	1
Buenos Aires, 25 m;	°C	23	23	20	16	13	10	9	11	13	16	19	22	16
Argentinien	mm	78	71	98	122	71	52	54	56	74	85	101	102	964
La Paz, 3570 m;	°C	11	11	11	10	9	7	7	8	9	11	12	11	9
Bolivien (Altiplano)	mm	114	107	66	33	13	8	10	13	28	41	48	91	572
Lima, 158 m;	°C	23	24	23	21	19	17	16	16	16	17	19	21	19
Peru (Küstensaum)	mm	0	0	1	1	2	6	9	10	10	5	3	1	48
Manaus, 44 m;	°C	26	26	26	26	26	26	27	27	28	28	27	27	27
Brasilien (Amazonas)	mm	262	249	274	277	201	112	69	38	61	119	155	226	2043
Quito, 2850 m;	°C	13	13	13	13	13	13	13	13	13	13	13	13	13
Ecuador	mm	107	109	132	188	127	38	23	38	76	94	97	97	1126
Santiago, 520 m;	°C	20	19	17	14	11	8	8	9	12	14	17	19	14
Chile	mm	2	3	4	14	62	85	76	57	29	15	6	4	357

Strukturdaten

Land	Fläche 2022 in 1000 km²	Einwohner 2022 in Millionen	Natürliches Bevölkerungswachstum 2021 in %	Geburtenrate 2021 in %	Sterberate 2021 in %	Lebenserwartung 2021 in Jahren	Anteil der Bevölkerung jünger als 15 Jahre 2022 in %	Anteil der Bevölkerung älter als 64 Jahre 2022 in %	Städtische Bevölkerung 2022 in %	[5] Wirtschaftsleistung je Einwohner 2022 in US-$	[4] Erwerbstätige in der Industrie 2021 in %	[4] Erwerbstätige in Dienstleistungen 2021 in %	[4] Anteil der Industrie am BIP 2022 in %	[4] Anteil der Dienstleistungen am BIP 2022 in %	Arbeitslose 2022 in %	[3] Energieverbrauch je Einwohner 2022 in kg Öleinheiten	[2] Analphabeten 2021 in %	[1] Anteil unterernährter Menschen an der Bevölkerung 2021 in %	Einwohner je Arzt 2021	Internet-Nutzer 2021 je 1000 Einwohner
Europa																				
Albanien	27	2,8	−0,1	1,0	1,1	76	16	17	64	6 803	22	44	21	47	12	1 212	1,6	4,1	514	793
Belarus	203	9,2	−0,7	0,9	1,7	72	17	17	80	7 905	33	59	33	48	4	2 677	<1	<2,5	210	869
Belgien	30	11,7	0,1	1,0	1,0	82	17	20	98	49 583	19	80	21	68	6	5 021	<1	<2,5	161	928
Bosnien und Herzegowina	51	3,2	−0,7	0,8	1,6	75	15	18	50	7 585	34	54	25	54	14	1 979	1,9	<2,5	436	757
Bulgarien	109	6,5	−1,3	0,9	2,2	72	14	22	76	13 772	31	63	26	58	4	2 939	1,6	<2,5	218	753
Dänemark	40	5,9	0,1	1,1	1,0	81	16	20	88	66 983	19	79	21	66	4	2 769	<1	<2,5	239	989
Deutschland	349	84,1	−0,3	1,0	1,2	81	14	22	78	48 432	28	71	27	63	3	3 523	<1	<2,5	223	914
Estland	43	1,3	−0,4	1,0	1,4	77	16	21	70	28 333	29	68	24	61	6	3 999	<1	<2,5	262	910
Finnland	304	5,6	−0,1	0,9	1,0	82	15	23	86	50 537	21	74	25	59	7	5 070	<1	<2,5	232	928
Frankreich	548	67,9	0,1	1,1	0,9	82	17	22	82	40 964	19	78	17	70	7	3 100	<1	<2,5	317	861
Griechenland	129	10,6	−0,6	0,8	1,4	80	14	23	80	20 732	15	73	17	67	12	2 615	<1	<2,5	159	785
Irland	69	5,1	0,5	1,2	0,7	82	20	15	64	104 039	19	77	41	52	4	3 247	<1	<2,5	251	952
Italien	296	58,9	−0,5	0,7	1,2	83	14	24	72	34 158	27	69	23	65	8	2 486	<1	<2,5	241	749
Kroatien	56	3,9	−0,7	0,9	1,6	76	14	22	58	18 413	29	64	20	61	7	2 018	<1	<2,5	262	813
Lettland	62	1,9	−0,9	0,9	1,8	73	15	22	69	21 851	24	70	24	62	6	1 843	<1	<2,5	297	912
Litauen	63	2,8	−0,9	0,8	1,7	74	15	21	68	24 827	26	68	27	60	6	1 991	<1	<2,5	205	869
Luxemburg	3	0,7	0,4	1,1	0,7	83	16	15	92	126 426	9	89	12	78	5	5 188	<1	<2,5	361	987
Montenegro	13	0,6	−0,3	1,1	1,5	74	18	17	68	9 894	19	74	13	61	15	1 629	1,0	<2,5	355	822
Niederlande	34	17,7	0,0	1,0	1,0	81	15	20	93	55 985	14	84	19	69	4	4 815	<1	<2,5	265	921
Norwegen	364	5,5	0,3	1,0	0,8	83	17	18	84	106 149	19	78	49	42	3	8 334	<1	<2,5	195	990
Österreich	83	9,0	−0,1	1,0	1,0	81	14	20	59	52 131	26	71	26	62	5	3 670	<1	<2,5	186	925
Polen	306	37,6	−0,5	0,9	1,4	76	15	19	60	18 321	31	61	30	57	3	2 585	<1	<2,5	262	854
Portugal	92	10,4	−0,4	0,7	1,2	81	13	23	67	24 275	24	71	19	66	5	2 158	3,2	<2,5	179	823
Rumänien	230	19,0	−0,8	0,9	1,8	73	16	19	54	15 892	30	51	29	57	5	1 578	1,1	<2,5	324	836
Russische Föderation	16 377	143,6	−0,7	1,0	1,7	69	18	16	75	15 345	27	67	33	54	5	4 769	<1	<2,5	255	882
Schweden	407	10,5	0,2	1,1	0,9	83	18	20	88	55 873	18	80	24	64	7	5 153	<1	<2,5	143	947
Schweiz	40	8,8	0,2	1,0	0,8	84	15	19	74	92 101	20	78	24	72	4	2 868	<1	<2,5	227	956
Serbien	84	6,8	−1,1	0,9	2,0	73	14	21	57	9 394	29	57	23	52	9	2 377	<1	<2,5	237	812
Slowakei	48	5,4	−0,3	0,9	1,4	75	15	17	54	21 258	37	61	29	58	4	2 914	<1	2,8	215	889
Slowenien	20	2,1	−0,2	0,9	1,1	81	15	21	56	29 457	30	66	29	58	4	2 957	<1	<2,5	304	890
Spanien	500	47,6	−0,2	0,7	0,9	83	14	20	81	29 350	20	76	23	68	13	2 890	<1	<2,5	220	939
Tschechien	77	10,5	−0,3	1,1	1,3	77	16	21	74	27 638	37	61	31	58	2	3 804	<1	<2,5	183	827
Ukraine	579	38,0	−1,1	0,7	1,9	70	15	19	70	4 534	24	61	19	61	8	1 402	<1	<2,5	275	792
Ungarn	91	9,7	−0,6	1,0	1,6	74	14	20	73	18 463	31	64	26	56	3	2 292	<1	<2,5	165	886
Vereinigtes Königreich	242	67,0	0,0	1,0	1,0	81	17	19	84	45 850	18	81	18	71	4	2 588	<1	<2,5	314	967
Amerika																				
Argentinien	2 737	46,2	0,5	1,4	0,9	75	23	12	92	13 686	20	72	23	53	6	1 891	<1	3,9	264	872
Bolivien	1 083	12,2	1,2	2,2	1,0	64	31	5	71	3 523	19	52	18	..	4	6 072	3,9	16,2	1 060	660
Brasilien	8 358	215,3	0,5	1,3	0,8	73	20	10	88	8 918	21	70	21	59	9	1 488	5,7	4,7	469	807
Chile	766	19,6	0,4	1,2	0,7	79	18	13	88	15 356	23	70	32	54	8	2 179	3,0	2,5	338	902

[1] Diese Kennziffer wird von der FAO nicht für entwickelte Staaten ausgewiesen. [2] Ausgewiesen sind nur Staaten mit Analphabetenrate >1 %. [3] 1 kg Öleinheit = Energie von 1 kg Erdöl (etwa 10 000 Kalorien). Mit dieser Maßeinheit kann man verschiedene Energiearten untereinander vergleichen. [4] Der Anteil der Landwirtschaft ergibt sich, indem man die Anteile der Industrie und Dienstleistungen addiert und von 100 subtrahiert. [5] Gemeint ist das Bruttoinlandsprodukt (BIP) = Maß für die wirtschaftliche Leistung eines Landes; misst den Wert der im Inland hergestellten Waren und Dienstleistungen, soweit diese nicht vorher für die Produktion anderer Waren und Dienstleistungen verwendet werden.

Land															
Ecuador	248	18,0	1,0	1,7	0,7	74	26	8	65	6391	17	51	31	54	4	1045	5,5	13,9	483	762
Guatemala	107	17,4	1,5	2,1	0,7	69	32	5	53	5473	22	49	23	62	3	491	16,7	13,3	781	508
Haiti	28	11,6	1,5	2,3	0,9	63	32	5	59	1748	12	42	29	48	15	89	36,3	45,0	4362	389
Honduras	112	10,4	1,5	2,1	0,6	70	30	4	60	3040	23	52	26	56	7	437	11,5	18,7	2106	481
Kanada	8.966	38,9	0,2	1,0	0,8	83	16	19	82	54966	19	79			5	8784	<1	<2,5	414	928
Kolumbien	1.110	51,9	0,6	1,4	0,8	73	21	9	82	6630	20	64	27	55	11	1010	4,4	6,6	426	730
Kuba	104	11,2	-0,6	0,9	1,5	74	16	16	77		17	65			1	794	<1	<2,5	117	711
Mexiko	1.944	127,5	0,5	1,5	0,9	70	25	8	81	11091	26	62	32	59	3	1634	4,8	<2,5	415	756
Peru	1.280	34,0	1,0	1,8	0,8	72	26	8	79	7126	17	55	29	55	4	846	5,5	7,0	614	711
USA	9.147	333,3	0,1	1,1	1,0	76	18	17	83	76399	19	79	18	81	4	6772	<1	<2,5	279	918
Venezuela	882	28,3	0,8	1,6	0,8	71	28	9	88	1858	18	69			5	1858	2,5	17,9	556	
Afrika																				
Ägypten	995	111,0	1,6	2,3	0,6	70	33	5	43	4295	29	51	33	51	7	856	26,9	5,4	1481	721
Algerien	2.382	44,9	1,7	2,2	0,5	76	31	6	75	4274	31	59	42	42	12	1311	17,2	<2,5	618	708
Äthiopien	1.129	123,4	2,6	3,2	0,7	65	40	5	23	1028	10	26	23	37	4	75	47,2	21,9	10133	167
Burkina Faso	274	22,7	2,7	3,6	0,9	59	44	3	32	833	7	20	29	41	5	78	54,0	16,2	11871	216
Ghana	228	33,5	2,0	2,8	0,8	64	37	6	59	2176	19	41	32	44	4	299	20,0	4,9	6334	682
Kenia	569	54,0	2,0	2,8	0,8	61	38	3	29	2099	16	51	18	55	6	168	17,4	27,8	4510	288
Kongo, Dem. Rep.	2.267	99,0	3,2	4,2	1,0	59	47	3	47	586	10	35	49	31		35	20,0	35,3	3139	229
Libyen	1.760	6,8	1,2	1,8	0,6	72	28	5	81	6716	19	64	25	59	21	2431	64,1	8,4	495	
Mali	1.220	22,6	3,2	4,2	0,9	59	47	2	45	833	10	22	80	36	3	101	24,2	12,8	9207	345
Marokko	446	37,5	1,1	1,8	0,6	74	27	8	65	3528	23	43	20	52	10	589	62,7	6,3	1435	881
Niger	1.267	26,2	3,7	4,5	0,8	62	49	2	17	533	8	22	27		1	35	36,0	16,1	29952	224
Nigeria	911	218,5	2,4	3,7	1,3	53	43	3	54	2184	13	52	31	44	6	219	24,1	15,9	2593	554
Ruanda	25	13,8	2,4	3,0	0,6	66	38	3	18	966	19	27	21	46	13	40	13,1	31,6	9112	305
Sambia	743	20,0	2,8	3,5	0,7	61	43	2	46	1488	9	33	34	58	30	294	4,9	29,8	9880	212
Südafrika	1.213	59,9	0,8	2,0	1,1	62	29	6	68	6776	17	61	24	63	16	1922	18,2	7,9	1247	723
Tansania	886	65,5	3,0	3,6	0,6	66	43	3	37	1192	7	28	28	31		78	17,3	23,5	22392	316
Tunesien	155	12,4	0,8	1,6	0,8	74	25	9	70	3777	34	52	23	60		819	3,0	830	790	
Asien																				
Bangladesch	130	171,2	1,2	1,8	0,6	72	26	6	40	2688	22	41	34	51	5	250	24,1	11,2	1509	389
China, VR	9.425	1.412,2	0,0	0,8	0,7	78	17	14	64	12720	28	47	40	53	5	2670	3,0	<2,5	415	731
Indien	2.973	1.417,2	0,7	1,6	0,9	67	25	7	36	2389	25	31	26	49	7	614	25,1	16,6	1394	463
Indonesien	1.878	275,5	0,6	1,6	1,0	68	25	7	58	4788	22	49	41	42	6	847	4,0	5,9	1448	621
Irak	434	44,5	2,3	2,7	0,5	70	38	3	71	5937	21	59	63	35	16	1237	14,0	16,3	1142	
Iran	1.629	88,6	0,7	1,4	0,5	74	24	8	77	4388	34	49	40	47	11	3279	11,3	6,1	678	786
Israel	22	9,6	1,4	2,0	0,5	83	28	12	93	54660	17	82	18	70	3	2893	<1	<2,5	294	903
Japan	365	125,1	-0,5	0,7	1,2	84	12	30	92	33815	24	73	28	69	3	3438	<1	3,2	382	829
Kasachstan	2.700	19,6	1,4	2,4	1,0	70	30	8	58	11244	21	64	35	53	5	3844	<1	<2,5	256	909
Korea, Republik	98	51,6	-0,1	0,5	0,6	84	12	17	81	32255	25	70	32	58	3	5858	<1	<2,5	397	976
Malaysia	329	33,9	0,9	1,5	0,6	75	23	8	78	11972	28	62	39	51	4	3404	5,0	2,7	447	968
Pakistan	771	235,8	2,0	2,8	0,7	66	37	4	38	1597	25	37	20	52	6	365	40,6	18,5	974	210
Philippinen	298	115,6	1,5	2,2	0,7	69	30	5	48	3499	19	57	19	61	2	436	3,7	5,2	1291	527
Saudi-Arabien	2.150	36,4	1,5	1,7	0,3	77	26	3	85	30436	20	77	53	39	6	7541	2,4	3,8	363	1.000
Singapur	1	5,6	0,3	0,9	0,6	83	12	15	100	82808	14	85	24	71	3	12647	2,7	27,8	381	969
Syrien	184	22,1	1,5	2,0	0,5	72	31	5	57		22	65			10	474			984	
Thailand	511	71,7	0,1	0,9	0,8	79	16	15	53	6909	23	46	35	56	1	1687	5,9	5,2	1072	853
Türkei	770	85,3	0,8	1,5	0,6	76	23	9	77	10616	27	56	32	51	10	1963	3,3	<2,5	498	814
Vietnam	310	98,2	0,8	1,5	0,7	74	22	9	39	4164	33	38	38	41	2	1116	4,2	5,0	1266	742
Australien																				
Australien	7.692	26,0	0,5	1,2	0,7	83	18	17	86	64491	19	79	28	62	4	5456	<1	<2,5	238	962
Neuseeland	263	5,1	0,5	1,1	0,7	82	19	16	87	48249	20	74	20	63	3	3864	<1	<2,5	284	959

Quellen: Global Energy Statistical Yearbook 2023, Grenoble/Singapur; International Energy Agency, Paris; The World Bank, Washington; Statistisches Bundesamt, Wiesbaden; International Labour Organization, Genf; World Health Organization, Genf; International Telecommunication Union, Genf; Food and Agriculture Organization of the United Nations, Rom; Central Intelligence Agency, Langley; National Statistics, Republic of China (Taiwan), Taipeh

Wichtige Begriffe

A

Ablagerung: ○◐● das Absetzen von Gesteinsmaterial, das durch Erosion abgetragen wird und durch z. B. fließendes Wasser, Wind, Gletscher und Meer fortbewegt worden ist

Abtragung: ○◐● Erniedrigung und Einebnung von Oberflächenformen des Festlandes durch verschiedene Kräfte wie z. B. Wind und fließendes Wasser. Man unterscheidet zwischen linienhafter Abtragung (z. B. durch Fließgewässer) und flächenhafter Abtragung (z. B. durch Wind).

Agroforstwirtschaft: landwirtschaftliches System, bei dem verschiedene Anbauprodukte im Stockwerkbau gepflanzt werden

Antarktis: ○◐● Erdregion um den Südpol, die aus dem Kontinent Antarktika, dem benachbarten Südpolarmeer und einigen Inseln besteht. Auf dem Festland liegt eine bis zu 3 km dicke Eisschicht.

anthropogener Treibhauseffekt: ○◐● Durch menschlichen Einfluss (→ Emissionen) aus Industrie, Verkehr und Landwirtschaft erhöht sich der Anteil der → Treibhausgase in der Atmosphäre und der natürliche Treibhauseffekt wird verstärkt. Der anthropogene Treibhauseffekt führt zum → Klimawandel.

arid: ○◐● Fachbegriff für „trocken". Bezeichnung für ein Klima bzw. Klimagebiet, in dem die mögliche jährliche Verdunstung größer ist als der Niederschlag.

Arktis: ○◐● Erdregion um den Nordpol, die aus dem Nordpolarmeer und den nördlichsten Teilen Amerikas, Asiens und Europas besteht. Die nördlichen Meere sind weitgehend von driftendem Eis bedeckt. Das Treibeis ist zum Pol hin zum Packeis zusammengeschoben.

Artenvielfalt: Vielfalt der Tier- und Pflanzenarten, die in einem Gebiet vorkommen. Artenvielfalt ist ein prägendes Merkmal des Tropischen Regenwaldes. Hier entwickelte sich eine bis heute unbekannte Zahl von Pflanzen- und Tierarten.

artesischer Brunnen: Natürlicher Brunnen, bei dem durch Überdruck Grundwasser an die Oberfläche gelangt. Zur Förderung des Wassers sind daher keine Pumpen erforderlich.

Atmosphäre: ○◐● Gashülle von Himmelskörpern. Bei der Erde liegt die Atmosphäre über der festen Erdoberfläche. Sie wird in Troposphäre (0–10 km Höhe), Stratosphäre, Mesosphäre, Thermosphäre und Exosphäre eingeteilt. Die Atmosphäre besteht aus Stickstoff (78%), Sauerstoff (21%), Argon (1%) und Kohlendioxid (0,03%). Dazu kommen einige andere Edelgase, Wasserdampf und Ozon.

B

Basalt: ● siehe → magmatische Gesteine

Bodenversalzung: Verstärkte Anreicherung von Salzen im Boden. Bodenversalzung tritt häufig in Gebieten mit aridem bis semiaridem Klima bei großflächiger künstlicher Bewässerung auf. Wegen der hohen Verdunstung und des fehlenden Niederschlagswassers, das in die Tiefe versickert, steigt Grund- oder Bewässerungswasser nach oben. Die gelösten Salze gelangen an die Oberfläche und es können sich Salzkrusten bilden.

Brandrodung: Bezeichnung für das Abbrennen von Wald- oder Buschflächen

Ozon.

C

Cash Crops: Agrarprodukte, die ausschließlich zum Verkauf angebaut werden.

D

Desertifikation: ○◐● wörtlich: Wüste machen. Ausbreitung von Wüsten und wüstenähnlichen Verhältnissen in Gebiete, in denen aufgrund der natürlichen klimatischen Verhältnisse keine Wüsten sein dürften. Ursache ist die Übernutzung der Landschaft durch den Menschen durch übermäßigen Holzeinschlag, Zerstörung der Grasnarbe in der Trockensteppe, Überweidung, wüstennahen Ackerbau ohne bodenschützende Maßnahmen.

Dornsavanne: siehe → Savanne

Dürre: ○◐● Über einen Zeitraum von mehreren Wochen bis zu einigen Jahren haben Pflanzen weniger Wasser zur Verfügung, als zum Überleben notwendig ist. Für die Landwirtschaft in den betroffenen Gebieten haben Dürren meist katastrophale Folgen.

E

Emission: ○◐● Ausstoß von gasförmigen und festen Stoffen (Gas, und Staub), die Luft, das Wasser oder den Boden verunreinigen. Auch die Erzeugung von störendem Lärm zählt dazu.

Erdbeben: ○◐● Erschütterungen der Erdkruste, die durch Bewegungen der Erdplatten entstehen. Wenn der Ausgangspunkt des Erdbebens unter dem Meeresboden liegt, spricht man von einem Seebeben. Die dabei ausgelösten Flutwellen werden → Tsunami genannt.

Erdkern: Innerster Bereich der Erde unterhalb von 2 900 km Tiefe, der vorwiegend aus Nickel und Eisen besteht. Der Erdkern hat einen Radius von etwa 3 500 km. Der äußere Erdkern ist flüssig, der innere fest. Die Temperaturen im Erdkern steigen bis auf 5 000 °C.

Erdkruste: Die Erdkruste ist Bestandteil des Schalenbaus der Erde. Sie stellt die äußere erstarrte Schicht dar. Man unterscheidet kontinentale Kruste und ozeanische Kruste. Die Erdkruste kann bis in eine Tiefe von 70 km unter den Kontinenten und 9 km unter den Tiefseebecken reichen.

Erdmantel: Unter der → Erdkruste liegende Schale der Erde, die bis in eine Tiefe von 2 900 km reicht und zu einem Großteil aus → Magma besteht. Bei etwa 400 km Tiefe liegt die Grenzfläche zwischen oberem und unterem Erdmantel. Im oberen Erdmantel, etwa zwischen 100 und 250 km Tiefe, befindet sich die zähflüssige Fließzone. Sie ist bedeutsam für die Bewegung der Erdplatten.
Erdzeitalter: Abschnitte der Erdgeschichte. Man unterscheidet Erdfrühzeit (Präkambrium), Erdaltertum (Paläozoikum), Erdmittelalter (Mesozoikum) und Erdneuzeit (Känozoikum).
Erosion: ○◐● Bei Gestein und Boden die Abtragung und damit auch Zerstörung durch z. B. fließendes Wasser, Wind und Gletscher. Die Oberflächenformen des Festlandes werden erniedrigt und eingeebnet.

F

Felswüste: (arabisch: Hamada) Wüstenform, die hauptsächlich groben, eckigen Felsschutt in Faust- bis Kopfgröße aufweist. „Hamada" ist arabisch und bedeutet „die Unfruchtbare."
Feuchtsavanne: siehe → Savanne
Fließzone: Auch als Asthenosphäre bezeichnete fließfähige Schale im oberen Erdmantel, die sich an die Lithosphäre anschließt. Sie gilt als Gleitzone, auf der sich die starren Platten der Lithosphäre bewegen.

G

Gebirgsbildung: ○◐● Vorgang, der durch Hebungen und Senkungen in der Erdkruste stattfindet und damit zur Entstehung von Gebirgen führt. Die Ursachen liegen in den erdinneren Kräften.
Gestein: ○◐● Feste Materialien, die die Erdkruste aufbauen und je nach Art aus bestimmten → Mineralien sowie aus tierischen oder pflanzlichen Überresten bestehen. Nach der Entstehung unterscheidet man Erstarrungsgesteine (→ magmatische Gesteine, z. B. Basalt oder Granit), Umwandlungsgesteine (→ metamorphe Gesteine, z. B. Gneis oder Marmor) und Ablagerungsgesteine (→ Sedimentgesteine, z. B. Sand- oder Kalkstein).
Gneis: ● siehe → metamorphe Gesteine
Grabenbewässerung: Bewässerungsart, bei der das Wasser für den Anbau von Pflanzen über Gräben auf die Felder gebracht wird
Granit: ● Magmatisches Gestein, das durch langsames Erstarren in der Tiefe der Erdkruste entstanden ist. Es hat eine grobkristalline Struktur. Er kann sich aus Magmen, die aus dem Erdmantel stammen, entwickeln oder, was weitaus häufiger ist, auch durch Aufschmelzen der unteren Erdkruste entstehen.

H

Hochdruckgebiet: ○◐● Kurz: Hoch. Ein Gebiet, in dem im Vergleich zu benachbarten Gebieten höherer Luftdruck herrscht. Gegenteil: → Tiefdruckgebiet.
Horizontalverschiebung: ○◐● Bewegungsrichtung bei horizontal aneinander vorbeischiebenden Erdplatten (z. B. San-Andreas-Verwerfung, Kalifornien)
humid: ○◐● Fachbegriff für „feucht". Bezeichnung für ein Klima bzw. Klimagebiet, in dem die mögliche jährliche Verdunstung geringer ist als der jährliche Niederschlag. Gegensatz: → arid.

I

Inlandeis: Große Eismassen, die weite Teile des Festlandes fast vollständig überdecken. Die maximale Eisdicke kann bis zu 4 000 m betragen.
Inuit: indigenes Volk, das im arktischen Kanada sowie auf Grönland lebt
Innertropische Konvergenzzone [ITC]: ○◐● Bereich der äquatorialen Tiefdruckrinne, in dem die Passate der Nord- und Südhalbkugel der Erde zusammenkommen (lateinisch: convergere). Die ITC verlagert sich jahreszeitlich mit dem Sonnenstand

J

Jahreszeiten: ○◐● Die Jahreszeiten entstehen durch die Schrägstellung der Erdachse auf der Umlaufbahn um die Sonne. Dadurch werden Teile der Erde manchmal langer und manchmal kurzer beleuchtet. In der Tropischen Zone gibt es keine Jahreszeiten, stattdessen gibt es stärkere Temperaturunterschiede zwischen Tag und Nacht; auch unterscheidet man zwischen → Trockenzeit und → Regenzeit.
Jahreszeitenklima: ○◐● Klima in mittleren und höheren Breiten, in denen die Temperaturunterschiede im Laufe des Jahres größer sind als die Temperaturunterschiede im Laufe eines Tages.

K

Kalkstein: ● siehe →Sedimentgestein
Kieswüste: (arabisch: Serir) Wüstenform, die vor allem gerundetes, kleineres Gesteinsmaterial aufweist
Klimawandel: ○◐● Bezeichnung für die Veränderung wichtiger Klimaelemente, besonders der Lufttemperatur auf der Erde, unabhängig davon, ob die Ursachen auf natürlichen oder menschlichen (anthropogenen) Einflüssen beruhen. Ein Beispiel für einen Klimawandel ist die Erwärmung nach der letzten Eiszeit vor etwa 10 000 Jahren. Ein weiteres Beispiel ist die gegenwärtige, vor allem durch Menschen verursachte globale Erwärmung (siehe → anthropogener Klimawandel)
Klimazone: ○◐● Gebiet der Erde mit gleichartigem Klima, das sich infolge unterschiedlicher Sonneneinstrahlung gürtelartig um die Erde ausdehnt. Die unterschiedliche Land-Meer-Verteilung und große Gebirgs-

züge bewirken Abweichungen. Vom Äquator zu den Polen unterscheidet man vier Klimazonen: Tropische Zone, Subtropische Zone, Gemäßigte Zone und Kalte Zone.
Kohlenstoffdioxid: ○◐● Abkürzung: CO_2. Farbloses und geruchloses Gas der Atmosphäre, das als Treibhausgas zusammen mit anderen Gasen den natürlichen Treibhauseffekt verursacht.
kontinentale Kruste: → siehe Erdkruste

L

Landwechselwirtschaft: Ackerbauliche Nutzung in den Tropen, bei der ein Wechsel der Anbauflächen erfolgt. Die Flächen werden durch Brandrodung erschlossen und mit der Hacke und dem Pflanzstock bearbeitet. Der Wechsel der Anbauflächen war früher mit einer Verlegung der Siedlung verbunden und wird dann Wanderfeldbau genannt.
Lava: Tritt → Magma bei Vulkanausbrüchen an die Erdoberfläche, bezeichnet man es als Lava. Lava kühlt an der Luft sehr rasch ab.

M

Magma: glutflüssige, gashaltige Gesteinsschmelze in den tiefen Teilen der Erdkruste mit einer Temperatur von etwa 1000 °C
magmatische Gesteine: ● auch Magmatite. Gestein, das beim Erstarren natürlicher Gesteinsschmelze (→ Magma) entstanden ist. Erstarrungsgesteine bilden sich entweder in der Tiefe (Tiefengesteine, z.B. Granit) oder an der Erdoberfläche (Ergussgesteine, z.B. Basalt).
Meereis: Eis, das sich durch Gefrieren von Meerwasser bildet
Meeresspiegelanstieg: ○◐● Anstieg des mittleren Wasserspiegels der Ozeane. Ursachen sind: Abschmelzen grönländischer und antarktischer Eismassen; die Wärmeausdehnung des Wassers, weiträumige Hebungen, die durch erdinnere Kräfte verursacht werden. Das Abschmelzen des arktischen Meereises hingegen hat keine Auswirkungen auf die Höhe des Meeresspiegels.
metamorphe Gesteine: ● auch Metamorphite. Durch Umwandlung (→ Metamorphose) aus → magmatischen Gesteinen (z.B. Gneis) oder aus → Sedimentgestein (z.B. Marmor) entstandene Gesteine.
Metamorphose: ● Umwandlung von Gesteinen durch Druck- und Temperaturänderungen in der Erdkruste. Es entstehen → metamorphe Gesteine.
Mineral: ● Stoffe der → Erdkruste, meist in kristallisiertem Zustand. Die häufigsten Minerale sind Quarz, Feldspate, Glimmer, Augit, Olivin, Hornblende.
Mineralstoffkreislauf/Nährstoffkreislauf: ○◐● Abgestorbene Pflanzenteile zersetzen sich und geben Nährstoffe frei, die im Boden gespeichert und schließlich wieder durch die Wurzeln aufgenommen werden. Im → Tropischen Regenwald läuft dieser Kreislauf sehr rasch ab. Die Zersetzung geschieht schnell, da es sehr warm und feucht ist. Es herrscht ein geschlossener Mineralstoffkreislauf, bei dem Wurzelpilze für eine schnelle Aufnahme der Mineralstoffe auf dem nährstoffarmen Boden sorgen.
Mischkultur: Der gleichzeitige Anbau mehrerer Nutzpflanzenarten entweder in Reihe, als Stockwerkskultur oder als Unterkultur. Im Gegensatz zu → Monokulturen, wo eine einzige Kulturpflanze auf großen Flächen angebaut wird, wird der Boden nicht einseitig ausgelaugt, und die Pflanzen schützen sich z.T. gegenseitig vor Schädlingen.
Mittelozeanischer Rücken: untermeerisches Gebirge, das beim Divergieren von Platten durch aufsteigendes Magma gebildet wird
Monokultur: Großflächiger Anbau einer einzigen Nutzpflanze über einen längeren Zeitraum hinweg auf derselben Parzelle. Vorteile: arbeitssparend, liefert große Erträge. Probleme: Nährstoffmangel im Boden, Bodenerosion, erhöhter Schädlingsbefall, leichte Ausbreitung von Pflanzenkrankheiten.

N

natürlicher Treibhauseffekt: ○◐● Sorgt dafür, dass es auf der Erde durchschnittlich 15 °C warm ist. Sonnenstrahlen treffen auf die Erde und werden hier in Wärmestrahlung umgewandelt. Ein Teil der Strahlung wird ins Weltall reflektiert, ein anderer Teil wird von den Treibhausgasen zurückgehalten und bewirkt die Erwärmung der Erde.

O

Oase: ○◐● Gebiet in Trockenräumen, das sich durch reicheren Pflanzenwuchs gegenüber der wüstenhaften Umgebung auszeichnet. Ursachen dafür sind entsprechende Wasservorkommen. Je nach Art des zur Verfügung stehenden Wassers unterscheidet man: Grundwasser-, Fluss- und Quelloasen. Neben der wichtigsten Oasenpflanze, der Dattelpalme, gedeihen hier auch Obstbäume sowie Getreide, Gemüsearten, Tabak und Gewürzpflanzen.
Ökosystem: Innerhalb eines Ökosystems gibt es drei Gruppen: die belebte Natur (Lebewesen), die unbelebte Natur (z.B. Klima, Wasser) und technische Faktoren (z.B. Gebäude, Verkehrssysteme). Diese Gruppen stehen in einem Wechselwirkungsverhältnis zueinander.
Ozeanbodenspreizung/Seafloor Spreading: ○◐● Vorgang der → Plattentektonik auf dem Meeresboden. Dort wo zwei ozeanische Platten auseinanderdriften, steigt aus dem Spalt → Magma empor und erkaltet durch das Meerwasser augenblicklich an den Plattengrenzen. Das Magma bildet dabei charakteristische Höhenzüge, die → Mittelozeanischen Rücken.

ozeanische Kruste: ○◐● siehe → Erdkruste

P

Passat: ○◐● Ganzjährige, richtungsbeständige Luftströmungen zwischen den subtropischen Hochdruckgebieten an den Wendekreisen in Richtung des Tiefdruckgebietes am Äquator. Weil sich die Erde dreht, werden die Passate abgelenkt. Sie kommen deshalb aus Nordosten (Nordhalbkugel) und Südosten (Südhalbkugel).

Passatkreislauf: ○◐● Luftmassenbewegungen der Tropischen Zone, die nördlich und südlich des Äquators bis hin zu den Wendekreisen gürtelartig um den Erdball auftreten. Der Passatkreislauf beginnt dort, wo die Sonne nahezu senkrecht auf die Erde scheint, also zumeist in Äquatornähe: Die Sonne erwärmt den Boden und die unteren Luftschichten. Die bodennahen Luftmassen steigen auf und kühlen langsam ab. In Bodennähe bilden sich Tiefdruckgebiete (→ ITC). Da ständig neue Luft nach oben nachströmt, werden die Luftmassen in etwa 10–15 km Höhe nach Norden und Süden abgedrängt. An den Wendekreisen sinkt die Luft ab und erwärmt sich. Von diesen subtropischen Hochdruckgebieten wehen die Passatwinde zurück zu den Tiefdruckgebieten am Äquator.

Permafrost/Permafrostboden: ○◐● Dauerfrostboden. Ganzjährig gefrorener Boden in der Kalten Zone, der nur im Sommer oberflächlich auftaut.

Plantage: Landwirtschaftlicher Großbetrieb in den Tropen und Subtropen. Merkmale: Anbau in → Monokultur, z. B. Bananen, Tee, Kaffee, Kakao, Ölpalmen. Anlagen zur Aufbereitung und Verarbeitung der Agrarprodukte, Wohnsiedlungen und Verwaltungsgebäude für die Arbeiter.

Plattentektonik: ○◐● Die → Erdkruste ist in große und kleine Platten gegliedert, die auf der Fließzone mit unterschiedlicher Geschwindigkeit treiben.

Polarkreis: ○◐● Die Polarkreise begrenzen bei 66,5° südlicher und nördlicher Breite die Polarzonen. Jenseits der Polarkreise herrschen → Polarnacht bzw. → Polartag.

Polarnacht: ○◐● Zeitraum, in dem die Sonne in den Polargebieten nicht über den Horizont steigt. Die Dauer der Polarnacht ist je nach Breitenlage unterschiedlich, zwischen einem Tag an den Polarkreisen und einem halben Jahr an den Polen.

Polartag: ○◐● Die Erscheinung kommt wie die → Polarnacht durch die Schrägstellung der Erdachse gegenüber der Erdbahnebene zustande.

R

Raubbau: Wirtschaftsform, bei der ohne Rücksicht auf die Zukunft die natürlichen Ressourcen stark gefährdet oder zerstört werden (z. B. Überweidung, Abholzung des Tropischen Regenwaldes)

Regenzeit: ○◐● Regelmäßig wiederkehrende Zeit mit häufigen Regenfällen im Unterschied zur → Trockenzeit. Die Tropische Zone hat zwei Regenzeiten, die dem Zenitstand der Sonne folgen (Zenitalregen).

Riff Valley: (auch Grabenbruch) langgestreckte tektonische Dehnungszone, deren Zentrum mehrere Kilometer tief absinkt.

S

Sahel/Sahelzone: Übergangszone zwischen Wüste und Trockensavanne mit einer spärlichen Dornstrauchvegetation. Sahel ist arabisch und bedeutet Ufer. Die Sahelzone erstreckt sich ungefähr zwischen 12° und 18° nördlicher Breite entlang des Südrandes der Sahara. Die Niederschläge betragen 100 bis 500 mm im Jahr. Da die Niederschläge aber stark schwanken, treten im Sahel regelmäßig Dürren auf.

Sandstein: ● siehe →Sedimentgestein

Sandwüste: (arabisch: Erg) Wüstenform, in der vom Wind das feine Material zusammengetragen und zu Dünen geformt wird

Savanne: ○◐● Vegetationszone der wechselfeuchten Tropen und Subtropen zwischen Regenwald und Wüste. Man unterscheidet anhand der Anzahl der humiden Monate: Feuchtsavanne (mit einer Dauer der Regenzeit von 7–9½ Monaten und hohem Elefantengras sowie größeren Baumgruppen), Trockensavanne (mit einer Dauer der Regenzeit von 4½–7 Monaten und nur noch etwa einen Meter hohen Gräsern sowie vereinzelten geschlossenen Baumgruppen), Dornsavanne (mit einer Dauer der Regenzeit von 2–4½ Monaten und überwiegend dornigen Busch- und Baumarten; eine geschlossene Grasdecke bildet sich hier nicht mehr aus).

Sedimentation: ● Ablagerung von verwitterten und durch Wasser, Wind und/oder Eis bewegten Gesteinsmaterialien (z. B. Sand). Im Gegensatz zur Akkumulation umfasst die Sedimentation nicht die Ablagerung von Material vulkanischen Ursprungs.

Sedimentgestein: ● Gestein, das durch die Ablagerung von Gesteinsmaterial an der Erdoberfläche entstanden ist. Ablagerungsgesteine sind z. B. Sandstein, Kalkstein.

Seebeben: ○◐● siehe → Erdbeben

Selbstversorgungswirtschaft: agrarische Wirtschaftsweise, bei der alle zum Leben benötigten Güter im eigenen landwirtschaftlichen Betrieb erzeugt werden

Stockwerkbau: Abfolge/Schichtung der natürlichen Vegetation oder der Nutzpflanzen nach Wuchshöhe, z. B. im Tropischen Regenwald oder in einer Oase. Der Kampf um das kostbare Licht bestimmt das Leben der Pflanzen.

Stratosphäre: Schicht der Atmosphäre. Innerhalb der Stratosphäre liegt die lebenswichtige Ozonschicht.

Subduktion: ○◐● Erdplatten bewegen sich aufeinander zu, wobei die dünnere, aber schwerere ozeanische Kruste unter die kontinentale Kruste abtaucht. Bei diesem Vorgang entstehen → Tiefseerinnen.

subtropisch-randtropische Hochdruckzone: ○◐● Zone hohen Luftdrucks im Bereich der → Wendekreise

T

Tageszeitenklima: ○◐● ein Klima, bei dem die Schwankungen der Temperatur innerhalb eines Tages größer sind als die innerhalb eines Jahres

Temperaturanstieg: ○◐● Auch globale Erwärmung. Allgemein der durchschnittliche Temperaturanstieg der Atmosphäre und der Meere. Im Zusammenhang mit dem Klimawandel wird damit die Folge des anthropogenen Treibhauseffekts bezeichnet.

Tiefdruckgebiet: ○◐● Kurz: Tief. Gebiet mit niedrigerem Luftdruck als dem der Umgebung. In den Mittleren Breiten erreicht ein Tiefdruckgebiet mittlere Luftdruckwerte von etwa 990 bis 1000 hPa. Gegenteil: → Hochdruckgebiet.

Tiefseerinne: ○◐● lang gestreckte, rinnenförmige Einsenkung des Meeresbodens, wobei Tiefen bis über 11 000 m erreicht werden können (größte Tiefe: Marianengraben mit 11034 m). Sie entstehen dann, wenn es beim Aufeinandertreffen von tektonischen Platten zum Abtauchen einer Platte unter die andere kommt.

Tornado: ● Kleinräumiger Wirbelsturm, der durch starke Temperaturgegensätze über dem Festland entsteht. Tornados sind Luftschläuche, in deren Zentrum extrem niedriger Luftdruck herrscht. In diesem Luftschlauch erreicht der Aufwind Spitzengeschwindigkeiten von bis zu 160 km/h und die Luft rotiert mit einer Geschwindigkeit von 300 bis 500 km/h um das Wirbelzentrum herum.

Treibhausgas: ○◐● Gase der Atmosphäre (→ Kohlenstoffdioxid, Methan, Stickoxide, Fluorchlorkohlenwasserstoffe), die den → natürlichen Treibhauseffekt verursachen

Trockensavanne: siehe → Savanne

Trockenzeit: ○◐● Regelmäßig wiederkehrende, niederschlagsarme oder niederschlagslose Zeit (aride Zeit) innerhalb der Tropischen und der Subtropischen Zone. Gegensatz: → Regenzeit.

Tröpchenbewässerung

tropischer Mittagsregen: Niederschlag, der während der → Regenzeit in der → Tropischen Zone nahezu täglich am Nachmittag auftritt → siehe auch Zenitalregen

Tropischer Regenwald: ○◐● Vegetationszone mit einem artenreichen, immergrünen Wald, der bei gleichmäßig hohen Temperaturen (im Mittel 25–28 °C), hohen Niederschlagen (über 1500 mm im Jahr) und 10 bis 12 Monaten mit → humidem Klima gedeiht. Der Tropische Regenwald besitzt eine hohe Artenvielfalt: Etwa 3 000 Baumarten, Schling- und Kletterpflanzen wachsen hier.

tropischer Wirbelsturm/Hurrikan: ○◐● Drehwinde mit einem starken Druckgefälle. Im Zentrum des Wirbels, im „Auge", herrscht fast Windstille. Tropische Wirbelstürme entstehen über der warmen Meeresoberfläche und haben je nach Verbreitungsgebiet unterschiedliche Bezeichnungen (z. B. Hurrikan).

Troposphäre: Unterste Schicht der Atmosphäre der Erde, über den Polargebieten bis ca. 8 km hoch, über dem Äquator ca. 17 km hoch. Aufgrund des Wasserdampfgehaltes (bis zu 4 %) innerhalb der Troposphäre findet hier das Wettergeschehen statt.

Tsunami: ○◐● Bis zu 60 m hohe, sehr schnelle Flutwelle, die überwiegend durch Seebeben und Massenverlagerung von Meeresboden (z. B. Hangrutschung) ausgelöst wird. Auf dem Meer sind Tsunamis kaum zu bemerken, können jedoch bei Erreichen der Küste gewaltige Schäden anrichten und Katastrophen verursachen.

U

Überweidung: In semihumiden bis → ariden Ökosystemen (v. a. um Wasserstellen) eine zu hohe Anzahl an Weidetieren mit zu langer Beweidungsdauer. Folgen: → Erosion, → Desertifikation.

V

Vegetationszone: ○◐● Verbreitungsgebiete bestimmter Pflanzengesellschaften auf der Erdoberfläche. Da sich die natürliche Vegetation dem Klima anpasst, entsprechen sich die Klimazonen und die Vegetationszonen der Erde.

Verwitterung: ● Dieser Begriff steht für die an der Erdoberfläche ablaufende Veränderung, Zerstörung und Umwandlung von Gesteinen durch physikalische und chemische Prozesse, z. B. Frostsprengung, Windschliff. Dabei entsteht Verwitterungsschutt, der in immer kleinere Partikel zersetzt wird.

Vulkanismus: ○◐● Zusammenfassende Bezeichnung für alle geologischen Vorgänge, die mit dem Aufstieg und dem Austritt fester, flüssiger oder gasförmiger Stoffe aus dem Erdinneren an die Erdoberfläche zusammenhängen. Die Förderung der Stoffe hat ihren Ausgangspunkt in Magmaansammlungen der Erdkruste. Auswurf- bzw. Ausflussmaterialien sind Lava, Lockermaterial (Asche) und Gase. An der Erdoberfläche entstehen Vulkane.

W

Wanderfeldbau: Ackerbauliche Nutzung in der Tropischen Zone, wobei ein Wechsel der Anbauflächen erfolgt. Die Erschließung erfolgt durch Brandrodung. Der Wechsel der Anbauflächen war früher mit einer Verlegung der Siedlung verbunden.

Wendekreis: ○◐● Bezeichnung für die beiden Breitenkreise 23,5° nördlicher Breite und 23,5° südlicher Breite. Die Sonne steht am 21. Juni über dem nördlichen Wendekreis (Sonnenwende) und am 22. Dezember über dem südlichen Wendekreis im Zenit (in Deutschland längste Nacht und kürzester Tag). Zwischen den Wendekreisen erreicht die Sonne zweimal jährlich den Höchststand. Für den Betrachter auf der Erde „wendet" der Sonnenhöchststand scheinbar seine Richtung an den Wendekreisen.

Westwindzone: ○◐● Atmosphärische Luftzirkulation in der Gemäßigten Zone der Erde, also zwischen den 40. und 60. Breitenkreisen auf der Nordhalbkugel und Südhalbkugel. Besonders stark ist sie in den Breiten 45–55° ausgeprägt. Sie ist gekennzeichnet von vorherrschenden Westwinden und meist ostwärts ziehenden Tiefdruckgebieten.

Wetterextrem: Als Wetterextreme bezeichnet man Ereignisse wie Stürme, Starkregen, Dürre, Hitzewellen oder Hochwasser, die selten sind und bei denen z. B. im Vergleich besonders starke Niederschläge, Windgeschwindigkeit oder besonders hohe Temperaturen gemessen werden. Diese Wetterextreme können große Schäden anrichten. Forscher warnen davor, dass im Zusammenhang mit der weltweiten Erwärmung auch Wetterextreme zunehmen werden.

Wüste: ○◐● Vegetationszone, in der aufgrund großer Trockenheit (Trockenwuste) oder geringer Temperaturen (Kalte- oder Eiswüste) von Natur aus nur spärliches Pflanzenwachstum möglich ist.

Z

Zenitalregen: ○◐● Tropische Niederschläge, meist in Form heftiger Gewitter, die kurz nach dem Zenitalstand der Sonne einsetzen. Dort, wo die Sonne senkrecht einstrahlt, erwärmt sich die Luft besonders stark. Die in große Höhe aufsteigenden Luftmassen kühlen sich ab, der mitgeführte Wasserdampf kondensiert und es kommt zu starker Wolkenbildung und heftigem Gewitterregen.

Sachregister

Alle **fett** gedruckten Begriffe sind als „Wichtige Begriffe" hier im Arbeitsanhang erläutert.

A

Ablagerung	162, 180
Ablagerungsgestein	180
Abtragung	45, 172
Agroforstwirtschaft	41
Antarktis	104/105, 120/121, 128/129, 134–136
anthropogener Treibhauseffekt	130/131, 144/145
arid	22/23
Arktis	104/105, 128/129, 134–136, 148/149
Artenvielfalt	36/37, 52–55
artesischer Brunnen	88/89
Atmosphäre	9, 18, 124/125, 130/131, 136, 142, 144
Ätna	152, 154/155

B

Basalt	31, 156/157, 181
Beleuchtung (der Erde)	106/107, 116
Bewässerungsfeldbau	86
Binnenwüste	85
Bodenfruchtbarkeit	36
Bodenversalzung	90
Borealer Nadelwald	112/113
Brandrodung	40

D

Dattelpalme	86/87, 90
Desertifikation	66–73
Dornsavanne	26/27, 62, 66
Dürre	62, 68–70, 100, 128/129

E

Eiswüste	24, 26/27, 82
Emission	130, 137, 142/143
Epizentrum	170
Erdbeben	111, 121, 156, 160–167, 169–175
Erdgeschichte	178/179
Erdkern	157
Erdkruste	76, 156/157, 160/161, 163–164, 172/173, 175, 178, 180
Erdmantel	156/157, 174
Erdöl	90–92, 108, 110/111, 130, 134
Erdwärme	154
Erdzeitalter	178
Erg → Sandwüste	82/83
Erosion	45, 68, 70, 74/75, 82, 172
Eyjafjallajökull	153

F

Fairtrade	13–14, 49, 57
Faltengebirge	138, 162
Felswüste	82/83
Feuchtsavanne	26/27, 62
Fließzone → Asthenosphäre	156/157, 160, 162
Flussoase	86
Forschungsstation	105, 120/121

G

Gebirgsbildung	162/163
Gemäßigte Zone	18, 26/27
Geothermie	154
Gestein	45, 56, 82, 152/153, 155–162, 172, 178, 180/181
Gesteinssprengung	82
Geysir	175
Gneis	181
Grabenbewässerung	86
Grabenbildung	173
Grabenbruch	160
Granit	156, 181
Grundwasseroase	86
Gruppenpuzzle	46, 48, 66, 68, 70, 84

H

Hamada → Felswüste	82
Himalaya	129, 136, 162/163
Hochdruckgebiet	64/65
Horizontalverschiebung	163
Hotspot	174/175
humid	22/23
Hurrikan → tropischer Wirbelsturm	126–129

I

Inlandeis	104/105, 135–136
Innertropische Konvergenzzone (ITC)	64
Inuit	105, 118/119

J

Jahreszeiten	20/21, 37, 39, 106
Jahreszeitenklima	39

K

Kakao	41, 56/57
Kalkstein	181
Kalte Zone	18/19, 26/27
Katastrophenhilfe	165
Kenia	60
Kieswüste	82–84
Kilimandscharo	30
Klimadiagramm	22/23, 104/105
Klimakonferenz	137, 142/143
Klimawandel	10, 15, 68, 124–143, 146–149
Klimazone	18/19, 24–27
Kohlenstoffdioxid	44/45, 124, 130/131, 142
kontinentale Kruste	156, 162
Kontinentalverschiebung	158/159, 176
Konvektionsströme	160
Kugelgestalt (der Erde)	18
Küstenwüste	85
Kyoto-Protokoll	142

L

Landwechselwirtschaft	40/41
Lava	152/153, 155
Lithosphäre	9, 156/157, 160/161
Luftdruck	65, 147
Luftmassen	64/65, 85, 126

M

Magma	152–157, 160, 162, 172–175, 180/181
magmatische Gesteine	180/181
Marmor	181
Massai	60
Meereis	128/129, 134/135
Meeresspiegelanstieg	136/137, 140
Meeresströmungen	85
metamorphe Gesteine	180/181
Metamorphose	180
Mineral	61, 175, 180/181
Mineralstoffkreislauf/ Nährstoffkreislauf	36/37, 41
Mischkultur	40/41
Mittelozeanischer Rücken	159
Monokultur	41–43

N

natürlicher Treibhauseffekt	130
Neumayer-Station III	120/121
Nomaden	69, 92
Nunavut	118/119

O

Oase	86/87, 90/91, 100
Oasentypen	86/87
Oberrheingraben	173
Ökosystem	12, 34–37, 44, 60, 135
Orkan	144
Ozeanbodenspreizung	159
ozeanische Kruste	156/157, 160, 162

P

Palmöl	42–44
Pampa	33
Panamericana	32/33
Passat	64/65
Passatkreislauf	64/65
Passatzone	65
pazifischer Feuerring	170/171
Permafrost/Permafrostboden	110/111, 128/129, 134
Plantage	42–44, 48/49, 57
Plattenbewegungen	160, 162/163
Plattentektonik	159, 160–163, 174
polare Ostwindzone	65
Polarkreis	20/21, 104, 106/107
Polarnacht	106/107, 149
Polartag	106/107
pyroklastischer Strom	152/153

Q

Quelloase	86

R

Raubbau	44, 113
Regenzeit	22/23, 61, 62, 64, 68
Richterskala	164–166
Rift Valley → Grabenbruch	159–161

S

Sahara	66, 69, 76, 82–86, 100/101
Sahel/Sahelzone	66–75, 100
San-Andreas-Verwerfung	163
Sandwüste	82/83
Satellitenbild	64/65, 132/133
Savanne	30, 58–67
Schalenbau der Erde	156/157
Schelfeis	104/105, 120, 135
Schichtvulkan	152/153
Schildvulkan	153
Schrägstellung (der Erdachse)	107
Sedimentgestein	180/181
Seebeben	166/167, 170/171
Selbstversorgungswirtschaft	40/41

Serir → Kieswüste	82/83
Steppe	33
Stockwerkbau	36/37, 40
Stratosphäre	124
Subduktion	162/163
Subtropische Zone	18

T

Tageslänge	21
Tageszeitenklima	38/39
Taifun	127, 129
Taiga → Borealer Nadelwald	112/113
Temperaturanstieg	15, 128/129, 134–136
Tiefdruckgebiet	64/65
Tiefseegraben	162
Tiefseerinne	162
Tornado	146/147
Tourismus	90–92, 119, 154/155
Transport	70, 74, 82, 110
Treibeis	104
Treibhausgas	41, 124, 130/131, 142/143
Trockensavanne	26/27, 62
Trockenzeit	22/23, 62, 64–66, 68/69
Tröpfchenbewässerung	86
Tropische Zone	18, 20, 25–27
Tropischer Regenwald	34–45, 54/55
tropischer Wirbelsturm	126–129
Troposphäre	65, 124/125
Tsunami	166–170
Tuareg	100/101
Tundra	26/27, 111

U

Überschwemmungen	126, 128/129, 136, 140, 148
Überweidung	69

V

Vegetationszone	16–28, 30–33
Verwitterung	82, 178, 180
Vulkan/Vulkanismus	30/31, 33, 111, 130/131, 133, 152–156, 160/161, 170–175, 178/179

W

Wanderfeldbau	40/41
Wegener, Alfred	158/159
Weltmarkt	44
Wendekreis	20/21, 64/65, 84/85
Wendekreiswüsten	85
Westwindzone	65
Wetter	38/39, 64/65, 121, 124–126, 128/129, 140, 146–148
Wetterextrem	128/129, 140, 147
Windgürtel der Erde	64/65
Wirkungsschema	73
Wüste	26/27, 32/33, 55, 62, 66/67, 69–71, 74–76, 80–87, 90–94, 98–101
Wüstenformen	82/83
Wüstentypen	84/85

Z

Zenit	20/21, 64/65
Zenitalregen	64

Lösungshilfen

1 Die Erde verstehen, gestalten und bewahren

Seite 8/9

1 a) Kennt ihr Ereignisse, die in jüngster Zeit aufgetreten sind. Berichtet davon!
  b) Individuelle Lösung
2 A In M2 sind die Sphären fett gedruckt und werden mit einem deutschen Begriff und einer Erklärung ergänzt.
2 B Lies die Erläuterungen zu den einzelnen Sphären in M2.
3 A Landwirtschaft und Industrie sind Beispiele für den einen Bereich, Wohnen und Ernähren für den anderen Bereich.
3 B Überlege, ob die Anthroposphäre in den anderen fünf Sphären schon enthalten ist.
4 A Verfolge die Pfeile in M2. Beginne links außen mit Verdunstung.
4 B Siehe A 4
  Wie wird der Wasserkreislauf durch Aktivitäten des Menschen beeinflusst?
5 a) Suche den zentralen Begriff in den Fragen und ordne diesen den Sphären zu.
  b) Verwende die Erklärungen aus M2.

Seite 10/11

1 a) Verwende bei deiner Beschreibung folgende Begriffe: Abholzung, Klimawandel, Verkehr, Umweltverschmutzung.
  b) Diskutiert Gefahren bzw. Probleme für Mensch und Umwelt.
2 A Bedenke: Nachhaltige Entwicklung hat etwas mit dem Leben heute und dem Leben in der Zukunft zu tun.
2 B Erkläre, warum sich die Interessen bei der Abholzung des Regenwaldes (T1) widersprechen. Welche Konsequenzen hat dies für eine nachhaltige Entwicklung.
3 A Überlege, warum man die drei Dimensionen der Nachhaltigkeit in einem Dreieck darstellt und nicht einfach untereinander auflistet.
3 B Siehe A 3
  Ordne folgende Beispiele den drei Dimensionen zu: Gewässerschutz, gerechter Arbeitslohn, schonender Umgang mit Rohstoffen, fairer Welthandel, Bildungschancen für alle Menschen, Recycling, Leistungsfähigkeit der Wirtschaft erhalten
4 a) Schaue im Inhaltsverzeichnis nach, welche Themen sich mit nachhaltiger Entwicklung beschäftigen.
  b) Notiere Beispiele zu den Bereichen Einkaufen, Energie, Freizeitgestaltung, Müll, Verkehr, usw.

Seite 12/13

1 a–c) Gehe in Gedanken 10 Jahre in die Zukunft. Was wäre dein Traum von einer besseren Welt?
2 A Liste ihre Ziele stichwortartig auf.
2 B Siehe A 2
  Wäge ab zwischen dem Ziel der Streiks einerseits und der Schulpflicht andererseits.
3 A Liste die Projektziele stichwortartig auf. In den fünf Kriterien stecken die Chancen mit drin.
3 B In den fünf Kriterien stecken die Chancen mit drin.
4 a) Legt eine Tabelle an, in der ihr die Projektidee eintragt und kurz beschreibt, welchen Beitrag jedes Projekt zu den drei Dimensionen der Nachhaltigkeit leistet:

Projekt	Ökologie	Ökonomie	Soziales

  b) –
  c) Ideen für Projekte findet ihr im Internet z. B. unter den Suchbegriffen: Praxisprojekte und Schule.

Seite 14/15

1 a) Was erfolgt nach fünf Tafeln verkaufter Schokolade?
  b) Individuelle Lösung
2 A a) Nenne Beispiele, was bis zum Jahr 2030 umgesetzt sein soll.
  b) –
2 B Siehe A 2.
  Überlege, wer an der Verwirklichung des Projekts alles beteiligt ist.
3 A a) Findet z. B. heraus, wie viele Bäume schon gepflanzt wurden, welche Firmen die Schokolade zum Verkauf anbieten, …
  b) Schau noch einmal die Lösung von Aufgabe A 2 auf S. 11 an.
3 B Welche Einzelziele der beiden SDGs 12 und 13 (M4) werden durch „Die gute Schokolade" besonders unterstützt?
4 a–d) Individuelle Lösung

2 Klima- und Vegetationszonen der Erde

Seite 18/19

1 a) Achtet beim Versuch darauf, die beiden Taschenlampen wirklich parallel zu halten. Vergleicht die Größen der beiden Lichtflecken.
  b) Im Versuch trifft die gleiche Lichtmenge auf dem Globus auf. Betrachtet die Größe der beleuchteten Flächen. In M1 ist dagegen die beleuchtete Fläche immer gleich groß. Betrachte die Intensität der Sonneneinstrahlung (Anzahl der Strahlen).
2 A Ergänze hierfür den Satz: Je mehr Sonnenstrahlen auf gleich große Flächen treffen, desto …
2 B a) Die drei orangefarbenen Flächen in M1 sind alle gleich groß. Zähle die Anzahl der auftreffenden Sonnenstrahlen in den unterschiedlichen Breitenlagen.
  b) Vergleiche deine Erklärung aus Aufgabe 2a mit der Größe der beiden Lichtflecken.
3 A a) Die Lage kannst du mithilfe des Gradnetzes oder durch Nennung des Kontinents sowie der Himmelsrichtungen erklären.

b) Lies in T2 nach, was das Klima neben der geographischen Breite noch beeinflusst.

3 **B** Betrachte die Aussagen über Temperaturen und Niederschläge und überlege, wie sich dies auf das Pflanzenwachstum auswirkt.

4 a) Große Staaten haben meist Anteil an mehreren Klimazonen. Schreibe zuerst den Staat und danach die Klimazone(n) auf.
b) Nutze die Karte M 3.

Seite 20/21

1 a) Die Ähnlichkeit der beiden unteren Fotos M 2 ist kein Irrtum.
b) Lies auf S. 20 in der Randspalte nach.

2 Wenn die Tabelle richtig ausgefüllt ist, ergibt sich für die Unterschiede zwischen Nord- und Südhalbkugel eine einfache Regel.

3 **A** Die Gebiete zwischen den Wendekreisen (Tropen) unterscheiden sich von der Gemäßigten Zone bezüglich der Sonneneinstrahlung.

3 **B** Siehe A 3
Erinnere dich an den Versuch M 4 auf S. 19 und denke an die Menge der Sonnenenergie, die je nach Jahreszeit die Erdoberfläche erreicht.

4 a) Die Tageslänge wird durch die gelbe und rote Färbung deutlich. Bilde Sätze, z. B.: „Am 21. Juni beträgt die Tageslänge am nördlichen Wendekreis … Stunden."
b) Die Zahlen neben der Karte geben die Tageslängen in Stunden an, auf der linken Seite für Juni, auf der rechten Seite für Dezember.

Seite 22/23

1 a) Vergleiche z. B. die Farben der Gräser. Nutze auch den Sprachtipp auf Seite S. 67.

2 Suche die deutschen Begriffe in T1 und erkläre dann.

3 Der Text zum ersten Schritt ist bereits vollständig. Ergänze alle Stellen im Text mit den drei Punkten.

4 Während der Trockenzeit fällt in den Savannen … Im Gegensatz dazu … Dadurch beginnen die Pflanzen …

5 Vergleiche die Temperaturen im Januar und im Juli.

Seite 24/25

1 Verwende zum Beispiel folgende Wörter: Laubbäume, Nadelbäume, Sträucher, keine Vegetation, immerfeucht, niedrig, spärlich, trocken, undurchdringlich, üppig.

2 Betrachte die Temperatur und den Niederschlag in den Klimadiagrammen der verschiedenen Klimazonen.

3 a) Befolge die Schritte 1 bis 4 auf Seite 22/23.
b) Suche im Register zunächst die Städte. Auf der dort angegebenen Karte findest du das zugehörige Land.

4 **A** a) Auf Seite 18 findest du die wichtigsten Merkmale der einzelnen Klimazonen.
b) Nimm Bezug auf die mittleren Jahrestemperaturen, die Jahresschwankung der Temperatur, die mittleren Jahresniederschläge sowie die Verteilung der Monatsniederschläge über das Jahr.

4 **B** Siehe A 4.
Orientiere dich an den vier großen Klimazonen.

5 M 1, dein Atlas und M 1 S. 26/27 helfen dir bei der Zuordnung.

Seite 26/27

1 Du findest die Namen in der Legende.

2 Suche in der Legende die zu den Farben passenden Vegetationszonen.

3 Orientiere dich an den Linien in der Karte.

4 Beginne vom Äquator aus und gehe schrittweise nach Norden und Süden.

Seite 30/31

1 Beginne so: „Die Besteigung des Kibo erfolgt in mehreren Etappen: Am ersten Tag geht es …"

2 Berechne zuerst den Temperatur- und Höhenunterschied. Teile dann den Temperaturunterschied durch den Höhenunterschied.

3 Beschreibe die Änderung der Temperatur und Vegetation mit der Höhe.

Seite 32/33

1 Achte ganz besonders auf die Vegetation.

2 Lies die Texte M1 bis M 4. Liste zuerst die erwähnten Staaten der Reihe nach auf.

3 Tropischer Regenwald

Seite 36/37

1 Lies dir den Text T1 aufmerksam durch und schau dir das Erklärvideo an. Notiere, was den Tropischen Regenwald im Vergleich zu unserem Wald so besonders macht.

2 **A** Betrachte den mittleren Bereich von M 2 und erstelle eine Zeichnung, in der die verschiedenen Stockwerke mit Höhenangaben erkennbar sind.
b) –

2 **B** a) Siehe A 2
b) Betrachte M 2 (linke Seite) und beschreibe die Verteilung des Lichteinfalls in % mithilfe der gelben Säule, die Temperaturentwicklung vom Boden bis zur Höhe mithilfe der roten Säule und die Luftfeuchtigkeit mithilfe der blauen Säule. Die Anzahl der Tiere vom Boden bis zur Höhe kannst du mithilfe der grünen Säule ablesen

3 **A** Lies T 3 und fasse den Text mit eigenen Worten zusammen: Beginne so: Abgestorbene Pflanzenteile fallen auf den Boden und …

3 **B** Beginne so: „Obwohl die tropischen Böden nur wenige Nährstoffe enthalten…"

4 Lies T 4 und beschreibe, aus welchen Teilen sich das Ökosystem Tropischer Regenwald zusammensetzt. Erkläre an einem Beispiel,

197

wie Einflüsse von außen dieses Ökosystem zerstören können.

Seite 38/39

1 a) Beschreibe, was du auf dem Bild siehst. Achte auf den Zustand der Lufthülle über dem Regenwald.
b) Tipp: Die Demokratische Republik Kongo liegt in Zentralafrika am Äquator.

2 A Lies den Text M 2 und betrachte die Abbildung M 3.

Uhrzeit	Tagesablauf/Wetter
6 Uhr	Sonnenaufgang, wolkenlos
7–10 Uhr	Wasser verdunstet
10–13 Uhr	…
…	

2 B a) Siehe A 2
b) Betrachte M 1 und M 3. Welche Gemeinsamkeit haben Foto und Grafik?

3 A Lies T 1 und ergänze die Sätze: Beim Tageszeitenklima im Tropischen Regenwald sind die Temperaturunterschiede zwischen … und … größer als innerhalb eines …. Es gibt keine ….
Beim Jahreszeitenklima bei uns ändern sich die Temperaturen im Verlauf eines … erheblich. Es gibt vier verschiedene ….

3 B a) Nenne die Merkmale des Tageszeiten- und des Jahreszeitenklimas. Beschreibe den Verlauf der Temperaturkurven in M 4 und M 5.
b) Beschreibe, wie sich die Vegetation bei uns im Jahresverlauf verändert. Wie sieht ein Baum im Sommer bzw. im Winter aus? Wie wirkt sich das Tageszeitenklima auf die Vegetation aus?

4 a) Betrachte den grünen, orangefarbenen und blauen Balken in M 3. Zähle, wie viele Stunden ein Tag in den Tropen im Vergleich zu einem Sommer- und Wintertag bei uns hat.
b) Lies zur Wiederholung T 1 und T 2 auf Seite 18 und betrachte M 4 auf Seite 19.

Seite 40/41

1 a) –
b) Denke an den Nährstoffkreislauf. Im Tropischen Regenwald sind die meisten Nährstoffe in den Pflanzen gespeichert und nicht im Boden.

2 A Denke an den Wohnsitz der Bauern. Bei welcher Form wechseln sie ihren Wohnsitz und wo behalten sie ihn bei?

2 B a) Siehe A 2
b) Verwende folgende Begriffe: Feldbau, Erträge der Böden, Brache (siehe Randspalte).

3 A a) Lies T 2 und beschreibe, was in den einzelnen Stockwerken angebaut wird.
b) Lies den erklärenden Text in der Randspalte S. 40.

3 B a) Denke an die Nährstoffe im Boden und den Vorteil einer Mischkultur.
b) Was passiert mit den Food Crops, die sie nicht selbst verzehren?

4 A Erstelle eine Tabelle mit den Vor- und Nachteilen der Landwechselwirtschaft und den Vor- und Nachteilen der Agroforstwirtschaft. Nutzt die Stichpunkte für euer Gespräch.

4 B –

5 Notiert mithilfe von M 4 die Vorteile der Agroforstwirtschaft und stellt sie auf dem Plakat dar.

Seite 42/43

1 Lies T 1 und schau dir das Kästchen „Verkauf" in M 4 an.

2 A Vergleiche die grünen und die hellen Flächen 1950 und 2020.

2 B Siehe A 2
Tipp: Die Insel Borneo hat eine Größe von ca. 750 000 qkm
Maßstab: 1cm auf der Karte entspricht 430 km in Wirklichkeit

3 A Die findest du in T 2 oder unter „Wichtige Begriffe" im Anhang. Denke an Nachteile für den Boden, für die Umwelt, für die Menschen und Tiere.

3 B a) Beschreibe die Folgen einer Plantagenwirtschaft für die Umwelt, den Boden, die Menschen und die Tiere.
b) Tipp: Es sind Produkte, die bei uns im Supermarkt verkauft werden.

4 A a) Nenne die Vorteile von Palmöl, auch gegenüber anderen Pflanzenölen.
b) Lies T 3 und notiere, was du selbst tun kannst, um den Palmölverbrauch zu verringern.

4 B Siehe A 4

5 Entscheide zunächst, ob du dieser Aussage zustimmst oder nicht. Begründe dann deine Meinung mit Argumenten.

Seite 44/45

1 a) –
b) Beginne so: „Der Regenwald wird vernichtet durch …"

2 A a) Achte auf die Überschriften der Texte T 1 bis T 5.
b) Welche Überschrift der Texte T 1 bis T 5 passt zum jeweiligen Foto

2 B Stelle die in den Texten T 1 bis T 2 genannten Ursachen dar.

3 a + b) Die Grafik M 2 zeigt:
– im 1. Bild die natürlichen Bedingungen im Tropischen Regenwald.
– im 2. Bild, wie sich die natürlichen Bedingungen nach der Rodung ändern und
– im 3. Bild die Folgen der Rodung.
Schau dir die Legende der Grafik an. Was hat sich verändert?

3 B Siehe A 3
Nutze für deine Antwort die Stichworte: Boden, Erosion, Nährstoffe, Wolkenbildung, Temperatur und Landschaft.

4 Überlegt euch, welche Produkte aus dem Regenwald auch in eurem Alltag eine Rolle spielen. Lest dazu nochmals die Texte T 1 bis T 3

Seite 48/49

1 –

2 –

198

3 Schritt 4: Erstellt ein Lernprodukt (Plakat, PowerPoint-Präsentation, Podcast) und stellt dar, wie jeder am Beispiel der 4 Produkte den Regenwald schützen kann.

Seite 50/51

1 Erstelle für a) eine Tabelle

Staat	Hauptstadt
1 Peru	Lima
…	…

2 Suche die Stadt Rio de Janeiro im Register deines Atlas bzw. im Anhang. Durch welche Länder fließt der Amazonas?

3 Verwende Himmelsrichtungen Bsp. „Die Stadt … liegt in … südlich/ nördlich/westlich/östlich von … /in der Nähe von …/ an …"

Seite 54/55

1 Lies den Text T1 auf Seite 36 noch einmal und schau dir M2 auf Seite 37 an.

2 In M6 findest du die Antwort.

3 a + b) Entscheide dich für ein Tier aus M1 bis M4, das dich besonders interessiert, oder für die Bromelie aus M5 und beschreibe Aussehen, Lebensweise, Nahrung und Besonderheiten des Tieres/ der Pflanze.

4 –

Seite 56/57

1 a) Arbeite mit einer Weltkarte im Atlas oder im Kartenanhang.
b) Denke an das Klima der Anbauländer.

2 Tipp: Beträgt der Verkaufspreis 100 Cent, erhält der Kakaobauer 6,6 Cent.

3 Lies T3 und beschreibe, welche Folgen die Arbeit auf der Plantage für die Kinder hat.

4 Stellt dar, welche Vorteile die Kakaobauern durch Fairen Handel haben.

5 –

4 In den Savannen

Seite 60/61

1 a) –
b) Tipp: Die Nationalparks befinden sich in zwei ostafrikanischen Ländern.

2 A Beginne so: „Im Juni ziehen die Herden…"

2 B Siehe A2
Zeichne M1 grob ab und verwende für die Wanderbewegung Richtung Norden die Farbe blau, für die Wanderbewegung zurück die Farbe rot.

3 A Welchen anderen Tieren begegnen die Gnus auf ihrer Wanderschaft?

3 B Siehe A3
Erkläre, warum es biologisch sinnvoll ist, dass die Gnus eine halbe Million Neugeborene auf einmal auf die Welt bringen.

4 Erstelle einen Steckbrief für eines der Tiere: Löwe, Leopard, Elefant, Nashorn oder Büffel.

Seite 62/63

1 a) Achte auf die Dichte und Größe des Pflanzenwuchses und vor allem auf die Höhe der Gräser.
b) Nutze im Atlas die Karte zu den Landschaften in Afrika und suche in der Legende die Symbole für die drei Savannenarten.
Tipp: Die Savannen liegen zwischen der Wüste Sahara und dem Tropischen Regenwald.

2 A a) Beachte die Höhen der mittleren Jahrestemperatur und der Jahresniederschläge.
b) Tipp: Betrachte die aride Zeit. Zähle die Monate ohne Niederschlag.

2 B Siehe A2
Beschreibe den Jahresverlauf von Temperatur und Niederschlag, bestimme die Dauer der ariden und humiden Zeit.

3 A Nutze die Beschreibungen und die Höhenangaben in den Zeichnungen M5 bis M7.

3 B Fasse die Informationen in den Fotos, Zeichnungen und Klimadiagrammen zur Vegetation des jeweiligen Savannentyps zusammen.

4 Berichte, wie die Landschaften in den Savannen aussehen und welchen Pflanzen und Tiere man dort sehen kann.

Seite 64/65

1 a) Wo genau kann man die Wolken auf dem Satellitenbild sehen.
b) Denke an den Ablauf eines Tages in den Tropen. Tipp: Warme Luft steigt auf.

2 A Beginne so: „Steht die Sonne am Äquator im Zenit, ist es dort sehr heiß. Die Luft …"

2 B Verwende die Begriffe Zenitalregen, Hochdruck- und Tiefdruckgebiet.

3 A Denke an den Zenitstand der Sonne. Betrachte M4 auf Seite 19

3 B Siehe A3
Beachte die Verschiebung der Hochdruckgebiete.

4 a) Unterscheide drei Windgürtel nach ihrer Lage. Von welcher Richtung kommt jeweils der Wind?
b) Ermittle mithilfe des Kartenanhangs, auf welcher geographischen Breite Deutschland liegt. Welcher Windgürtel befindet sich dort?

Seite 66/67

1 a) Arbeite mit M2 und dem Kartenanhang: Wie heißt der Kontinent, auf dem sich die Sahelzone befindet? Liegt sie eher im Süden oder im Norden des Kontinents?
b) Zähle die Staaten von West nach Ost auf. Beginne mit Mauretanien.
c) Beschreibt die Veränderungen der Siedlung, der Vegetation, die Lage und Größe der Gewässer, die Größen der Herden und Ackerbauflächen und die Lage des Wüstenrandes.
d) Denke an das englische Wort *desert* und wie sich die Ausdehnung der Wüste verändert hat.

Seite 68

1 a) Beachte die unterschiedlichen Niederschlagsmengen zwischen 1950 und 2020 und die Dauer der Regenzeit.
b) Lies den Text: Wie kommt es zu Dürreperioden?

Seite 69

1 a) Hat die Zahl der Menschen und Schafe/Ziegen in den einzelnen Ländern der Sahelzone zu- oder abgenommen? Beachte: Bevölkerung in 1000 bedeutet, dass man die Bevölkerungszahl mit 1000 multiplizieren muss.
b) Lies den Text: Gibt es einen Zusammenhang zwischen Bevölkerungszunahme und Größe der Viehherden? Was bewirken die großen Viehherden?

Seite 70

1 a) Wozu benötigen die Menschen im Sahel Holz?
b) Warum wurde der Holzbedarf größer. Warum reicht das Weideland als Holzquelle nicht mehr aus?

Seite 71

1 a) Hat die Zahl der Menschen und die Größe des Ackerlandes zu- oder abgenommen? Beachte: Bevölkerung in 1000 bedeutet, dass man die Bevölkerungszahl mit 1000 multiplizieren muss. ha ist die Abkürzung für Hektar. Ein Hektar sind 100 m × 100 m = 10 000 m². Dies entspricht etwa der Größe eines Fußballfeldes.
b) Welche Folgen hat die Ausdehnung des Ackerbaus?

Seite 72/73

1 Betrachtet M 3 als Vorlage und orientiert euch an den unterschiedlichen Farben. Grün und Blau = Ursachen; Rot = Folgen

Seite 74/75

1 a) Beschreibe, wie die Steine gelegt wurden. Achte auch auf den Hintergrund des Fotos.
b) Überlege dir, was man mit den Steinwällen verhindern will.
2 A Verwende folgende Begriffe: Loch im Boden, Hänge, Aushub, Mist oder Kompost, Regen.
2 B Siehe A 2. Schau dir das Foto in M 2 genau an.
3 A Beschreibe, wie die neuen Bäume gepflanzt werden.
3 B Nachhaltig bedeutet, dass beim Verbrauch von Rohstoffen (wie z. B. Holz) an die nachfolgenden Generationen (Kinder, Enkel) gedacht wird.
4 a) Ein Teufelskreis ist eine Situation, die sich wie im Kreis immer mehr verschlimmert und für die eine Lösung schwierig erscheint. Beginne den Teufelskreis mit „Spärliche Vegetation führt zu …"
b) –
5 Denke daran, mit welchen Materialien/Mitteln gearbeitet wird. Sind die Mittel teuer oder kompliziert?

Seite 76/77

1 a–d) Nutze für die Aufgabe eine physische Karte von Afrika.
2 a–c) Nutze für die Aufgabe eine Staatenkarte von Afrika.
d) Nutze eine physische Karte von Afrika. Beachte, dass der Nil zwei Quellflüsse hat, nämlich den Weißen und den Blauen Nil.
e) Nutze eine Landschaftskarte von Afrika.
3 a) Bei der Zuordnung hilft dir eine Landschaftskarte von Afrika.
b) Verwende für die Lagebeschreibung Himmelsrichtungen, z. B.: „Marokko liegt im Norden von Afrika, liegt nördlich von …"

5 In der Wüste – und trotzdem Leben!

Seite 82/83

1 Beschreibe die Form und Größe der Gesteinsteile.
2 A Hamada, Serir und Erg sind die arabischen Bezeichnungen für Felswüste, Kieswüste und Sandwüste. Suche die Begriffe in T 1 und lies die Entstehung der Wüstenformen nach.
2 B Beginne so: „Im Gebirge werden durch Verwitterung große Felsbrocken abgesprengt. Die Ursache hierfür sind die … Temperaturen am Tag und die … in der Nacht. Sie verkleinern sich durch weitere Verwitterung. Wind und Wasser …"
3 A a) Bei den trockenen Monaten liegt die Niederschlagssäule unter der roten Temperaturkurve.
b) Die rote Linie zeigt den Jahresverlauf der Temperatur. Auf der linken Achse kannst du die Temperatur ablesen.
3 B Betrachte den Jahresniederschlag und die mittleren Monatstemperaturen.
4 Beziehe dich auf Vegetation, Temperatur und Niederschlag.
5 Extra Verwende die Afrika-Karte auf S. 228. Beginne im Westen mit Mauretanien.

Seite 84/85

1 a) Erstellt eine Tabelle:

Nr.	Name der Wüste	Kontinent
1	…	…

b) Individuelle Lösungen
c) Bestimmt jeweils einen oder auch zwei Experten/Expertinnen für jeden Wüstentyp.
2 a) Tipp: Warme Luft kann mehr Feuchtigkeit aufnehmen als kalte. Wenn Luft aufsteigt, kühlt sie sich ab.
b) Nutzt die Lage der Klimastationen, um sie einem Wüstentyp zuzuordnen.
c) Die Namen der Wüsten stehen bei M 2 bis M 4. Eine Wüste erkennst du aufgrund der Lage am Meer.
d) Ihr müsst nicht alle Wüsten zuordnen. Wenn ihr die Wendekreiswüsten gewählt habt, so schaut im Bereich der Wendekreise nach. Habt ihr die Binnen-

wüsten gewählt, sucht die Namen für die Wüstengebiete im Inneren der Kontinente heraus. Für die Küstenwüsten bestimmt die Wüsten an den Westseiten der Kontinente.

3 a) Jeder Experte trägt in seiner Stammgruppe sein in der Expertengruppe erworbenes Wissen vor. Die anderen Gruppenmitglieder hören aufmerksam zu und fragen nach, wenn Dinge unklar sind.
b) Nutzt eure Erkenntnisse aus Aufgabe 3a, um zu überprüfen, welche Vermutungen richtig waren und welche ggf. korrigiert werden müssen.
c) Ergänzt die Tabelle aus Aufgabe 1a um eine weitere Spalte:

Nr.	Name der Wüste	Kontinent	Wüstentyp
1	…	…	…

Seite 86/87

1 a) Beschreibe, was du im Vordergrund, im Mittelgrund und im Hintergrund des Fotos siehst.
b) Was gibt es in den Oasen, was es in der Wüste nicht gibt?

2 **A** Unterscheide drei Schichten.

2 **B** Siehe A 2
Betrachte die Fotos M 1 und M 2 und zeichne dann die drei Schichten.

3 **A** Trage die Teile der Dattelpalme in die Tabelle links ein: Stamm, Blätter, Palmwedel, Datteln, Saft aus dem Stamm. Schreibe nun die jeweilige Verwendung rechts daneben.

3 **B** Gehe auf die Größe der Dattelpalme ein.

4 **A** Betrachte die Abbildungen in M 4 und überlege, wo das Wasser herkommt.

4 **B** Beschreibe die unterschiedliche Art der Wassergewinnung.

5 Bedenke, dass das Wasser für die Bewässerung der Felder sehr kostbar ist.

Seite 88/89

1 **Verwendet** folgende Begriffe: wasserundurchlässige Schichten, Mulde, Druck.

2 a) Die Materialien bekommt ihr in einem Baumarkt.
b) Orientiert euch an Foto M 2.

3 a) Bringt folgende Sequenzen in die richtige Reihenfolge. Ergänzt dann noch fehlende Sequenzen: Versuchsergebnis beschreiben und erklären, Landschaftsquerschnitt beschreiben, Materialien vorstellen, Versuch durchführen, Versuchsaufbau beschreiben.
b) Legt eine Tabelle wie in M 4 an. Schreibt eure Handlungsanweisungen in die linke Spalte und die Sprechertexte in die rechte Spalte.

4 a) Überlegt euch, wer von euch welche Stärken oder Interessen hat, z. B.: Wer liest laut und besonders deutlich? Wer geht gerne mit der Videokamera um? Wer setzt die Handlungsanweisungen gerne um?
b) –

Seite 90/91

1 Überlege: Was hast du bisher über die Wüste gelernt? Was ist für dich in den Fotos überraschend bzw. unerwartet?

2 **A** Wo finden Menschen heute in den Oasenstädten, in der Förderung von Erdöl, in der Landwirtschaft oder im Tourismus Arbeit?

2 **B** Denke vor allem an die vielfältigen Arbeitsmöglichkeiten.

3 **A** Denke an die Arbeitsplätze sowie an die Folgen für die Natur und die Kultur der Menschen.

3 **B** Berücksichtige vor allem den Aspekt des Wasserverbrauchs.

4 a) Welche Rolle würde jeden von euch interessieren? Wenn ihr euch nicht einigen könnt, lost die Rollen zu.
b) Versetze dich in deine Person hinein. Welche Chancen bietet ihr der Wandel? Welche Probleme bringt er mit sich?
c) Achtet darauf, dass die Zuhörer euch gut sehen und verstehen können.

Seite 92/93

1 a) Unterscheide bei der Beschreibung den Vordergrund und den Hintergrund.
b) Nenne den Kontinent, den Staat und das angrenzende Meer.

2 **A** Beginne so: „1833 war Dubai ein kleines Fischerdorf. Doch 1966 entdeckte man …"

2 **B** „Die Weichen stellen" heißt, eine gute Entscheidung für die Zukunft zu treffen.

3 **A** Auf den Fotos siehst du Beispiele.

3 **B** Was fasziniert dich am meisten in Dubai?

4 a + b) Beurteile die einzelnen Projekte mit Blick auf Umweltgefährdung, Energieverschwendung und die wirtschaftliche Bedeutung für Dubai.

5 Tipp: Etwas „In den Sand gesetzt" sagt man auch, wenn ein Projekt misslingt.

Seite 94/95

1 a–e) Nutze eine physische Karte von Australien und Neuseeland. Orientiere dich an der Küstenlinie Australiens und am südlichen Wendekreis.

2 a) Nummern 6, 7, 8
b) Suche Tasmanien auf der Karte.
c) Das Outback ist das Landesinnere von Australien.
d) Nummer 6
e) Buchstabe B
f) Suche den Namen einer Halbinsel.
g) Nummer 10

3 a) Was fällt dir auf den ersten Blick auf?
b) Überlege, welche Landschaft im Landesinneren liegt und welche an der Küste. Beachte auch die Legende von M 5 und die Bedeutung der Farben. Benutze dann z. B. die Karte auf S. 229, um die Fotos zu verorten.

201

Seite 98/99

1 a) Was ist das gemeinsame Merkmal der Wüsten?
b) Lege eine Tabelle an:

Tier oder Pflanze	Anpassung
Kamel	– Hornschwielen schützen vor dem heißen Boden
	– …
…	…

2 Du kannst im Internet folgende Suchbegriffe eingeben: Pflanze/Tier, Wüste, Trockenheit, Anpassung, …

Seite 100/101

1 Trage folgende Begriffe in die Tabelle ein: freies Volk, Lkw-Handel, Kamelkarawanen, Nomaden, sesshaft, Tauschhandel, Tuareg-Aufstände, Unterdrückung, willkürliche Ländergrenzen, …

Tuareg früher	Tuareg heute
…	…

2 a) In einem Steckbrief werden wichtige Informationen stichwortartig aufgelistet.
b) Überlege, welche Hoffnung die Mitglieder der Band haben.
3 Beschreibe, wie in dem Musikvideo die Natur und die in ihr lebenden Menschen dargestellt werden. Gehe auch auf die Aspekte Tradition und Moderne ein.

6 In der Kalten Zone – Leben mit der Kälte

Seite 104/105

1 a) Mache dir bewusst, dass du bei beiden Karten senkrecht von oben auf den Nord- bzw. Südpol blickst.
b) Nutze den Kartenanhang.
c) Verwende den Sprachtipp zum Operator „Verorten" S. 240.
2 A Ergänzt die Tabelle um Merkmale wie z. B. wärmster bzw. kältester Monat, Eissituation oder Leben, Höhe des Pols, Jahresniederschlag, Jahrestemperatur.

2 B a) Überlegt gemeinsam, um welche Merkmale ihr die Tabelle ergänzen möchtet. Nutzt auch die Lösungshilfe von A 2.
b) –
c) Nutzt eure Ergebnisse, um den Vergleich durchzuführen.
3 a) In Atlaskarten der Arktis sind die umliegenden Staaten eingetragen.
b) Lies dazu auf S. 120 in M 2 nach.

Seite 106/107

1 a) Du kannst zur genaueren Beschreibung der Lage auch mit dem Kartenanhang arbeiten.
b) Die Lage Tromsøs spielt eine wichtige Rolle.
2 a) Achte darauf, dass die Erdachse des Globus immer in dieselbe Richtung, z. B. immer zur Wand mit der Tür zeigt. Beobachtet die beiden Polarregionen.
b) Zuerst berichtet jeder seine Beobachtungen. Schreibt auf, was ihr alle für richtig haltet.
c) Vergleicht eure Versuchsanordnung mit Globus und Lichtquelle am 21.06. bzw. am 21.12. mit der Darstellung in Abbildung M 2. Um welche besonderen Tage handelt es sich (T 1)?
3 A Sucht in T 2 nach passenden Textbausteinen.
3 B Nutzt folgende Begriffe: Erde, Sonne, Erdachse, Polargebiete, Nordpolargebiet, Südpolargebiet, Nordhalbkugel, Südhalbkugel.
4 Finde Beispiele in M 5.

Seite 108/109

1 a) Zähle die genannten Beispiele in T 1 auf. Überlege dir eigene Beispiele.
b) Suche nach Beispielen, bei denen Mensch und Umwelt gleichermaßen betroffen sind. Denke dabei auch an Beispiele, die im Unterricht bereits behandelt wurden (z. B. Tropischer Regenwald).
2 Lest euch T 2 und die vier Schritte der Methode „Planen und entscheiden" genau durch.

Seite 110/111

1 a) –
b) Beschreibt mithilfe der Legende, durch welche Vegetation und Landschaftsformen die Pipeline verläuft. Benennt außerdem nahe liegende Städte.
2 Um alle möglichen Probleme zu finden, müsst ihr überlegen, wie die Materialien miteinander zusammenhängen. Kontrolliert die Anzahl und Art der möglichen Probleme mit den Hilfekärtchen (D 17).
3 a) Arbeitet mit den Hilfekärtchen (D 17), indem ihr jedem Problem eine Lösung zuordnet. Überlegt, welche bautechnische Maßnahme dargestellt sein könnte.
b) –
4 a) Bereitet einen Kurzvortrag vor, indem ihr jedes Problem samt Lösung auf einer eigenen Folie präsentiert.
b) Lest dazu auf S. 108/109 Schritt 4 durch.

Seite 112/113

1 a) Verwende bei deiner Beschreibung die Namen der Erdteile und Staaten.
b) „Superlative" bedeutet „nicht zu überbieten". In T 1 werden dazu zwei Beispiele genannt.
2 A a) Begründe die eingeschränkte Nutzung mit den Merkmalen des Klimas. Achte auf den dreifarbigen Balken unter dem Klimadiagramm.
b) In T 2 werden zwei Gründe für die Bedrohung genannt.
2 B Die Art der wirtschaftlichen Nutzung des Waldes spielt die entscheidende Rolle.
3 Beginne z. B. so: „Nur wenn …, dann bleibt auch in Zukunft …"
4 A a) Man züchtet eine spezielle Sorte von …
b) Weizen braucht Ackerfläche, die von Natur aus nur wenig vorhanden ist. Daher …
4 B a) Beachte die Merkmale des Klimas.

b) Positive Folgen: neue Weizensorte, …
Negative Folgen: großer Flächenbedarf, …
5 Achte auf die Anordnung der Erdteile und der Polarkreise. Was fällt dir dazu auf der Südhalbkugel auf?

Seite 114/115
1 a–e) Orientiere dich an der Küstenlinie sowie dem Verlauf von Staatsgrenzen und Flüssen.
2 Verorte das Gebirge und den Fluss mithilfe einer Atlaskarte. Nenne als Lagemerkmale z. B. angrenzende Staaten, Ozeane oder Gebirge.

Seite 118/119
1 Du kannst zur genaueren Beschreibung der Lage noch eine Karte von Nordamerika und eine Klimakarte hinzuziehen.
2 Finde die Zahlenangaben und setze sie in Beziehung zueinander:
– Wievielmal ist Nunavut größer als Deutschland?
– Wie groß ist die Einwohnerzahl von Nunavut im Vergleich zu Deutschland?
3 Lege die Tabelle so an:

Lebensbedingungen von Silas und mir	
Silas	ich
– wohnt in einem Holzhaus in einem abgelegenen Dorf weit im Norden Kanadas. – …	– wohne in … – …

4 Sammle Stichwortsätze zum traditionellen und zum modernen Leben der Inuit.
5 a) –
b) Recherchiere im Internet.

Seite 120/121
1 a) Die ungefähre Lage siehst du auf der kleinen Karte in M 4 rechts unten.
b) Miss auf einer Atlaskarte die Entfernung in Millimetern. Multipliziere mit dem Maßstab und rechne in km um. 1 km entspricht 1 000 000 mm.
2 Achte auf die wesentlichen Aussagen, was in der Antarktis erlaubt ist und was nicht.
3 Verwende diese Begriffe: Plattform, hydraulische Hebeeinrichtung, Anpassung an die Klimabedingungen.
4 Beginne z. B. so: Die Besatzung der Neumayer III wird im Winter reduziert, weil …
5 a) Der erste Absatz von M 5 nennt drei wichtige Aufgaben.
b) Beende des Satz: Bei den Messungen zum Magnetfeld der Erde haben Forscher herausgefunden, dass …
6 Gib den Namen „Georg von Neumayer" bei deiner Internetrecherche an.

7 Herausforderung Klimawandel

Seite 124/125
1 Beachte dabei die Höhenangaben.
2 A a) Schreibe so: Die Atmosphäre ist …, welche die …
b) Schreibe so: Durch die Atmosphäre gibt es auf der Erde … Sie liefert … Die gefährliche UV-Strahlung …
c) Beachte deine Lösung zu b): Was wäre das Gegenteil?
2 B a) Schreibe so: Den größten Anteil hat … Dann folgt … Kleinere Bestandteile sind …
b) Nenne die Vorteile der Atmosphäre aus T1.
3 A a–e) Gehe vor wie bei Aufgabe 1.
3 B Notiere in der Stichwortliste die Namen der Schichten und was dort passiert.
4 a) Beschreibe die Erscheinung z. B. anhand der Farben und des Verlaufs.
b) Achte auf Zeit- und Ortsangaben in M 2.
c) Verwende die Begriffe Sonnenwind, Erdmagnetfeld und geladene Teilchen.

Seite 126/127
1 a) Betrachte das Satellitenbild und berichte, was du gut erkennen kannst.
b) Die Bildunterschrift von M 1 gibt einen Hinweis, welcher Erdteil betroffen ist.
2 A Die Antworten von a) und c) findest du in T1, b) findest du in T1 und M 2.
2 B Gliedere deine Antwort: Voraussetzungen – Vorgänge bei der Entstehung – besondere Merkmale
3 A Gib an, welche Opfer Hurrikan Ian forderte und welche Schäden er anrichtete.
3 B Bestimme anhand von M 3 die Geschwindigkeit von Ian und vergleiche mit M 4.
4 Arbeite mit T1 und M 2.

Seite 128/129
1 a) In der ersten Texthälfte von T1 wird erklärt, was man unter einem Extremwetterereignis versteht.
b) z. B. Hitzewelle 2023 in Asien …
2 a) Beschreibe den Verlauf der roten Linie. Beachte, wofür die beiden Achsen stehen.
b) Schreibe so: „Von … bis … ist die Temperaturkurve stark gestiegen. Seit den 1970er-Jahren …"
c) Betrachte dazu auch M 2.
3 A Verwende die Begriffe Klimawandel, Veränderung, Wetterelemente, längerer Zeitraum
3 B Erkläre die beiden Begriffe Wetterextrem und Klimawandel am Beispiel des Hurrikans.
4 Suche in M 2 nach Beispielen, bei denen Mensch und Umwelt nicht zu Schaden kommen.

Seite 130/131
1 a) Beginne mit der Sonneneinstrahlung. Gehe dann darauf ein, was am Erdboden passiert.

b) Welche Treibhausgase gibt es z. B. in der Atmosphäre? Was bewirken sie?

2 A Beschreibe den Unterschied zwischen M1 und M2. Wie hat sich die Landwirtschaft verändert?

2 B Was passierte seit ca. 1850? Was bedeuten die zusätzlichen Treibhausgase für die Atmosphäre?

3 A Schreibe so: „Am längsten verweilt ... Den größten Beitrag ... Obwohl Lachgas die ...fache Wirkung hat wie Kohlenstoffdioxid ..."

3 B Achte auf die Verweildauer und den Beitrag zum anthropogenen Treibhauseffekt.

4 Zähle Faktoren, die zur Vorhersage wichtig sind, auf.

5 Wofür stehen das Glas mit und das Glas ohne Deckel? Welche Unterschiede könnt ihr messen?

Seite 132/133

1 Fülle die Lücken aus bzw. ergänze die angefangenen Sätze.

2 –

Seite 134/135

1 Vergleiche die Grafiken von 1979 und 2020 miteinander. Arbeite auch mit dem Kartenanhang, um die Regionen zu benennen.

2 In T1 werden zwei Gründe beschrieben.

3 Erkläre allgemeine und regional verschiedene Auswirkungen des Klimawandels in der Antarktis.

4 A a) Beschreibe die Folgen für Mensch und Umwelt in der Arktis.
b) Notiere zuerst negative Folgen in der Antarktis (T3). Vergleiche anschließend die Situation in beiden Polarregionen.

4 B Mache dir zu beiden Tieren Notizen. Vergleiche dann deren Situation.

5 a) Denke an die Landwirtschaft, die Wirtschaft und die Menschen.
b) Welche Folgen könnten z. B. durch kürzere Handelswege für die Arktis entstehen?

Seite 136/137

1 a) Nutze die Bildunterschriften. Arbeite auch mit dem Kartenanhang.
b) Verursacht die Gletscherschmelze in der Antarktis Überschwemmungen in Dhaka? Gibt es einen direkten Zusammenhang?

2 A Gehe in deiner Antwort darauf ein, welche Rolle das Abschmelzen des Gletscher- und Inlandeises hat.

2 B a) Was bedeuten die Zahlen an der x-Achse und an der y-Achse? Wie verläuft die Kurve?
b) Insgesamt werden zwei Gründe genannt. Erkläre sie genau.

3 A Nenne neben den Überschwemmungen noch weitere Folgen.

3 B Lies dazu den untersten Textabschnitt von T3.

4 a) Nutzt ggf. auch den Atlas.
b) Notiere die Folgen für dein Beispiel z. B. in einer Tabelle. Stellt euch eure Ergebnisse mündlich vor.
c) Ergänzt euren Aufschrieb bzw. Tabelle erst nach dem mündlichen Austausch.

5 a) Bestimmt dazu die Erdteile, in denen die Raumbeispiele liegen.
b) Nennt zu allen Erdteilen betroffene Gebiete.

Seite 138/139

1 a–e) Orientiere dich an der Küstenlinie sowie dem Verlauf von Staatsgrenzen und Flüssen.

2 a) Verorte die Stadt, das Tal, die Wüste und die Provinz mithilfe einer Atlaskarte.
b) Nenne als Lagemerkmale z. B. angrenzende Staaten, Ozeane oder Gebirge.

Seite 140/141

1 Welche Situationen werden dargestellt? Wie hängen sie mit dem Thema der Doppelseite zusammen?

2 A a) In T1 werden allgemeine Folgen sowie regionale Folgen genannt.
b) Welche Werte sind besonders auffällig?

2 B Benenne mithilfe von T1 und M5. Verorte mithilfe des Kartenanhangs.

3 A Folgen für die Pflanzenwelt werden im ersten Textabschnitt genannt.

3 B In T2 werden Folgen für die Tier- und Pflanzenwelt genannt.

4 A In M6 werden 3 Maßnahmen genannt.

4 B Gib dazu die Begriffe „Baden-Württemberg", „Waldsterben" und „Maßnahmen" in eine Suchmaschine ein.

5 a) Vor allem Insekten und Vögel sowie heimische Baumarten (siehe T2) sind betroffen.
b) Beschreibe folgende Merkmale: Verbreitung, Aussehen, Lebensweise/Wachstumsbedingungen, Gefährdung, ...

Seite 142/143

1 a) Du findest die Antworten im weißen Bereich.
b) Die Antworten findest du im farbigen Bereich. Schreibe so:
„Man versucht die Ziele zu erreichen, indem man:
1. den Verkehr umweltfreundlicher gestaltet
2. ..."

2 A a) Überlege, warum die Maßnahmen eines Staates nicht ausreichen.
b) Nenne die Ziele. Beachte aber auch die Frage, ob sie erreicht werden.

2 B Im zweiten Teil von T2 findest du die Antwort.

3 A Im letzten Textabschnitt von T2 findest du die Antwort.

3 B Schreibe so: Den größten Anteil hat mit ... % ... Es folgt ... mit ... % usw.

4 a) –
b) –

5 –

Seite 146/147

1 Beschreibe z.B., wie die Häuser in M 5 aussehen.
2 Gliedere deine Antwort: Voraussetzungen – Vorgänge bei der Entstehung – besondere Merkmale.
3 a) Vergleiche die Informationen im Text mit dem Bild M 5.
b) Falls es nicht eindeutig ist, kannst du auch zwei F-Stufen angeben.
4 Weise jedem Kennzeichen eine Zeile zu:

	Tornado
Entstehungsgebiet	
Größe	
Spitzengeschwindigkeit	
Dauer des Bestehens	

5 a) Gib folgende Suchbegriffe ein: „Liste", „Tornado", „Deutschland". Notiere die Angaben der letzten fünf starken Tornados in Deutschland.
b) Ändere bei deiner Suche „USA" und vergleiche die Geschwindigkeit und Schäden.

Seite 148/149

1 Betrachte auch die Karte M 1.
2 Lies den Text und höre dir gleichzeitig die Audiodatei (A 04 🔊) an.
3 –
4 Vergleicht eure Notizen. Findet Gemeinsamkeiten und Unterschiede.
5 Recherchiere im Internet. Überlege, wie die Ergebnisse dein eigenes Verhalten beeinflussen könnten.
6 Arbeite die wichtigsten Eckpunkte des Lebens und Forschens von Nansen heraus.

8 Kräfte aus dem Inneren der Erde

Seite 152/153

1 a) Achte auf die Form des Vulkans.
b) Beschreibe die Lage der beiden Vulkane: Kontinent, Land, umgebendes Meer, usw.
2 A Legt eine Tabelle an und tragt darin stichwortartig die Informationen zu eurem Vulkantyp ein:

	Schichtvulkan	Schildvulkan
Form		
Art des Ausbruchs		
Lavaeigenschaft		
Reichweite der Auswirkung		

2 B Lege eine Tabelle an und trage darin stichwortartig die Unterschiede ein:

	Schichtvulkan	Schildvulkan
Form		
Art des Ausbruchs		
Lavaeigenschaft		
Reichweite der Auswirkung		

3 A a) Vereinfache das Blockbild von M 2 und beschrifte es.
b) Lies T 1 und suche dabei immer den passenden Buchstaben in M 2. Ordne dann den passenden Begriff zu.
3 B Vereinfache die Blockbilder von M 2 und M 5 und beschrifte diese.
4 a) Beachte die Geschwindigkeit und die Temperatur.
b) Gib in die Suchmaschine „+Vesuv +79 vor Christus" ein.
5 Bedenke die besondere Lage des Vulkans.

Seite 154/155

1 Viele Menschen auf der Erde leben in der Nähe von Vulkangebieten. Könnt ihr euch vorstellen warum?
2 A a+b) Unterscheidet für eure Region industrielle und landwirtschaftliche Nutzung und überlegt, was Touristen dort unternehmen können.
2 B a) Unterscheide industrielle und landwirtschaftliche Nutzung in beiden Regionen.
b) Was können Touristen in Island und am Ätna unternehmen?
3 A a) In der Legende findest du Erzeugnisse der Landwirtschaft.
b) In der Legende findest du die Farben für „Lavaströme vor 2000" und „Lavaströme seit 2000". Suche dann in der Karte Ortschaften, die innerhalb dieser Farbflächen liegen.
c) Benutzt die Maßstabsleiste.
3 B a) Der Naturpark besitzt eine grüne Umrandung.
b) Schaue nach Höhenangaben und Höhenlinien in der Karte M 3. Dann kannst du die ungefähre Höhe ermitteln.
Vergleiche dann in M 4 die Gebiete mit Vulkanismus mit der Grenze des Naturparks.
4 Bedenke bei deiner Stellungnahme, dass Vulkane einerseits eine Gefahr darstellen, andererseits vom Menschen genutzt werden können.

Seite 156/157

1 a) Nutze folgende Begriffe: künstliche Erdbeben, unterschiedliche Geschwindigkeit, Richtung, Wechseln der Gesteinsschichten
b) Lies in der Randspalte zur tiefsten Bohrung auf der Halbinsel Kola. Wie oft müsste man die Bohrung wiederholen, um zum Erdmittelpunkt zu kommen?
2 A a) Die Begriffe sind in T 2 fett gedruckt.
b) Orientiere dich an der Tabelle rechts oben in M 2.
2 B a) Orientiere dich an der aufgeschnittenen Weltkugel in M 2. Benutze die Begriffe, die Kilometerangaben und die Temperaturangaben.
b) Orientiere dich an der Tabelle rechts oben in M 2.

3 Lies zuerst noch einmal genau in T2 nach. Nutze auch M2 und ordne dann die Aussagen im Text den einzelnen Schichten zu.
4 a) Benutze die Begriffe: Gesteinshülle, fest, plastisch verformbar, oberer Erdmantel, Erdkruste.
b) Erstelle eine einfache Skizze wie in M2 rechts unten.

Seite 158/159

1 In M1 siehst du Wegeners Untersuchungsergebnisse. Erkennst du die Kontinente? Ordne die Signaturen aus der Legende zu. Was stellst du fest?
2 A Beschreibe, was Alfred Wegener behauptete.
2 B Erläutere die Behauptungen Alfred Wegeners. Was konnte er nicht erklären?
3 A Was wurde entdeckt, als man die Oberfläche des Meeresbodens erforschen konnte und Bohrproben aus dem Meeresboden entnehmen konnte?
3 B Was wurde auf dem Grund der Ozeane entdeckt? Welche Erkenntnis brachte die Untersuchung der Bohrkerne? Was war die neue Erkenntnis im Unterschied zu Wegener?
4 a) Beginne so: „Der Mittelozeanische Rücken ist ein untermeerisches Gebirge …"
b) Beachte hierzu auch die gelben Punkte in M5. Was fällt auf, wenn du die Entfernung zum Mittelozeanischen Rücken und das Alter in Millionen Jahren betrachtest.
5 a) Schau dir M5 genau an. Suche die Platte, die dem heutigen Europa entspricht.
b) Vergleiche die untere Karte in M4 mit einer aktuellen Weltkarte. Überlege dann, wie die Bewegungen weitergehen könnten.

Seite 160/161

1 a) Die Namen der sieben großen Platten erinnern an die Kontinente und Ozeane der Erde.
b) Achte auf die Legende in M1 und die Richtung der Pfeile an den Plattengrenzen.
c) –
2 A a) In der Randspalte ist der Aufbau der Lithosphäre erklärt. In M2 auf S. 157 ist der Aufbau zeichnerisch dargestellt.
b) Beginne deine Erläuterung so: „Die Gesteinshülle besteht aus … Diese Platten „treiben" auf der … Pro Jahr bewegen sie sich …"
2 B Beginne deine Erläuterung so: „Wegener dachte, dass die Kontinente auf dem zähflüssigen Gestein des Erdinneren „schwimmen". In Wirklichkeit jedoch besteht die Lithopsphäre aus … Diese Platten …"
3 A a) Der Mittelatlantische Rücken ist ein Mittelozeanischer Rücken. Beschreibe, was das aufsteigende Magma dort bewirkt.
b) Beachte die Pfeile in M3. Erkläre, was Konvektionsströme sind.
3 B Erkläre, was der Magmaaufstieg an den Mittelozeanischen Rücken bewirkt, was Konvektionsströme sind und was diese bewirken.
4 a) Suche die Lage von Island in M1 und M3.
b) Suche das passende Legendensymbol in M1.

Seite 162/163

1 a) Achte auf die Faltung des Gesteins.
b) Individuelle Vermutungen
c) Benutze folgende Wörter bei deiner Erklärung: Indisch-Australische Platte, Eurasische Platte, kontinentale Kruste, Kollision, Gebirgsbildung, abtauchen, anheben, auffalten
2 A a) Denke daran, dass die ozeanische Kruste schwerer ist als die kontinentale Kruste.
b) Erstelle aus M5 eine vereinfachte Skizze und beschrifte diese.
2 B a) Benutze folgende Wörter bei deiner Erklärung: ozeanische Platte, kontinentale Platte, abtauchen, Tiefseegraben, Fließzone, aufschmelzen
b) Denke an die Kräfte, die beim Abtauchen der ozeanischen Kruste entstehen.
3 A a) In M3 sieht man die Grenze zwischen zwei Platten, die du in M4 siehst.
b) Eine Plattengrenze ist eine Schwächezone.
3 B Tipp: San Francisco und Los Angeles liegen in der San-Andreas-Verwerfung in Kalifornien.
4 Ordne zuerst den drei Vorgängen die richtigen Symbole der Legende auf S. 160 zu. Suche dazu das Symbol für Platten, die sich aufeinander zubewegen, für Platten, die sich gegeneinander verschieben und für eine Platte, die abtaucht.
5 Suche Island auf der Karte M1 auf S. 160. In welcher Richtung bewegen sich die Platten dort? Vergleiche mit M5 auf S. 163.

Seite 164/165

1 a) Beachte, was mit den Häusern und den Straßen passiert ist.
b) Ziehe zur Beantwortung auch deine Erkenntnisse von S. 160–163 heran.
2 A Das Verfahren zur Bestimmung der Stärke wird nach einem Wissenschaftler benannt. Ergänze den Satz: „Ein Erdbeben der Stärke 7 ist …-mal stärker als ein Erdbeben der Stärke …".
2 B a) Siehe A 2
b) Wofür stehen die Striche in M4? Ergänze den Satz: „Ein Erdbeben der Stärke 7 ist …-mal stärker als ein Erdbeben der Stärke …".
c) Vergleiche die Schäden, die bei einem Erdbeben bis Stärke 5 zu erwarten sind mit den Schäden durch ein Erdbeben der Stärke 6 oder stärker.
3 A Unterscheide technische Maßnahmen und Verhaltensmaßnahmen.

206

3 **B a)** Bedenke, dass mit Satelliten die Erdoberfläche permanent beobachtet werden kann.
   b) Nenne Besonderheiten bei der Konstruktion von Häusern.
4 **a)** Unterscheide Gebiete mit seltener, häufiger und sehr häufiger Erdbebentätigkeit.
   b) Gib in die Suchmaschine „+Deutschland +stärkstes +Erdbeben" ein.

Seite 166/167

1 **a)** Beachte, welche Kraft die Tsunami-Welle hat.
   b) Betrachte M 5.
   c) Stelle die Ereignisse (ggf. mit Uhrzeitangaben) stichwortartig dar.
2 **A** Beginne so: „Ein Erdbeben unter dem Meeresboden setzt große Wassermassen in Bewegung. Wenn die Meerestiefe groß genug ist … Sobald die Wellen sich der Küste nähern …"
2 **B** Ein Seebeben
3 **A** Beachte die Höhe der Wellen in Küstennähe.
3 **B** Seebeben sind nicht die einzige Ursache. Lies im letzten Abschnitt von T 1.
4 Überlege, warum es wichtig ist, die Menschen frühzeitig zu warnen.
5 **a)** –
   b) Individuelle Lösung

Seite 168/169

1 a–f) Halte dich bei der Durchführung des WebQuest genau an die Schrittfolge der Methodenseite.

Seite 170/171

1 **a)** Nenne die Kontinente, an denen der Pazifische Feuerring entlangführt.
   b) Suche in der Karte die Symbole für Vulkanismus und Erdbeben. In welchen Regionen häufen sich diese Symbole.
2 Achte auf die 2. Spalte in M 5. Auf welchen Kontinenten liegen die Regionen? Vergleiche dann mit den Plattengrenzen in M 1 auf S. 160.
3 **a)** Schau in der 4. Spalte nach.
   b) Beschreibe dann mithilfe der Karte M 1 auf S. 160 die Lage der betroffenen Staaten.
4 **a)** Betrachte Südeuropa auf der Karte M 1 auf S. 160.
   b) Gib in die Suchmaschine „+Vesuv +letzter +Ausbruch" ein.

Seite 172/173

1 **a)** Vergleiche Vordergrund und Hintergrund im Bild.
   b) Benutze Karte M 4 oder eine Karte im Kartenanhang.
2 **A** In T 2 findest du die passenden Textabschnitte zu den Buchstaben A–D.
2 **B** In T 2 findest du die zu M 2 passenden Textabschnitte. Die Buchstaben A und B erläutern die vulkanische Tätigkeit, C und D die Gletschertätigkeit.
3 Lies den Text M 5 und betrachte dazu die beiden Blockbilder M 3.
4 **a)** Beachte die Legende. Nenne Gebietsbezeichnungen in Deutschland aus der Karte oder benutze für größere Regionen Bezeichnungen mit Himmelsrichtungen, wie z. B. Südwestdeutschland.
   b) Denke z. B. an den Tourismus.

Seite 174/175

1 Erkennst du eine Regelmäßigkeit?
2 **A a)** Die Erklärung steht im ersten Abschnitt von T 1.
   b) Lies den zweiten Abschnitt von T 1 und beachte den Pfeil und die Jahreszahlen in M 3.
2 **B** Der Pfeil in M 3 zeigt dir, in welcher Richtung sich die Gesteinshülle auf der Fließzone bewegt. Der Hotspot selbst bewegt sich nicht.
3 **A** Eine Besonderheit siehst du auch in M 4.
3 **B a)** Suche den Yellowstone-Nationalpark in der Karte M 1 auf S. 160.
   b) Bedenke, ob der Yellowstone-Nationalpark an der Grenze von zwei Platten liegt oder im Inneren einer Platte.
4 Gib in die Suchmaschine „+Maare+Eifel" ein.

Seite 178/179

1 Beginne so: „Vor 4,6 Milliarden Jahren war die Erde eine riesige Staubwolke. Sie verfestigte sich zu …"
2 In T 2 sind vier Voraussetzungen genannt.
3 **a)** Beschreibe die dargestellte Entwicklung in M 2. Beginne in der Erdurzeit (rot). Nenne jeweils neue Arten, die dazukommen.
   b) Vergleiche mit M 2. Die Farben stimmen überein.
4 Suche in M 2 die Objekte und lies dann die ungefähre Uhrzeit aus der geologischen Uhr in M 1 ab.
5 Was symbolisiert der Radlader?

Seite 180/181

1 Die drei Hauptgruppen findest du in den obersten Zeilen von M 2 und M 3.
2 In der Abbildung M 1 siehst du, wo die unterschiedlichen Gesteinsgruppen entstehen. Lies dann im Text T 1 nach, wie sie jeweils entstehen.
3 Folge dann den grauen Pfeilen. Nimm auch den Text T 1 zu Hilfe. Lies den Text und finde dabei die entsprechende Stelle in M 2.
4 Denke daran, dass täglich viele Menschen über den Schulhof gehen.

Methoden im Überblick

Die Erde mit digitalen Globen erkunden
(Band 5, Seite 20/21)

Beispiel Google Earth:

1. Schritt: Einen Ort anfliegen
Gib im Menüpunkt „Suchen" die Adresse oder den Namen des von dir gesuchten Ortes ein. Mit „Enter" oder „Suche" beginnst du den Anflug.

2. Schritt: Den Ort erkunden
Um dich zu orientieren, kannst du
- dich umsehen, indem du die linke Maustaste gedrückt hältst und die Maus bewegst;
- mithilfe der Zoomleiste am rechten Bildschirmrand oder mit dem Scroll-Rad der Maus hinein- oder herauszoomen;
- die Neigung des Geländes mithilfe der Steuerungsleiste rechts oben verändern.

Stelle dann Fragen an den Ort, z.B.:
- Wo befinden sich Wohngebiete, Industriegebiete, Verkehrsflächen?
- Wo sind Waldgebiete, Äcker, Grünflächen?

3. Schritt: Verschiedene Ebenen wählen
Links unten können verschiedene Ebenen, z. B. Orte, Straßen oder sogar Fotos eingeblendet werden. Überlege, welche Ebenen für deine Fragen hilfreich sein können, und klicke diese an.

4. Schritt: Alte und neue Satellitenbilder vergleichen
Über die Menüleiste „Ansicht" und „Historische Bilder" erhältst du bei Google Earth Pro am linken oberen Rand eine Zeitleiste und kannst zwischen früher und heute vergleichen.

Wie du mit dem Atlas arbeitest
(Band 5, Seite 40/41)

Geographische Namen auffinden

1. Schritt: Namen im Register suchen
Suche zuerst den Namen im Register, zum Beispiel Sydney. Hinter dem Namen stehen zwei Angaben: die Atlasseite mit Kartennummer und das Feld im Gitternetz, in dem das geographische Objekt zu finden ist.

2. Schritt: Lage in der Karte finden
Schlage die Atlasseite auf und suche das Feld im Gitternetz. Finde den Namen.

3. Schritt: Lage beschreiben
Entnimm der Karte Informationen. Nutze dazu die zugehörige Zeichenerklärung.

Bestimmte Karten auffinden

1. Schritt: Karte suchen
Schlage das Inhaltsverzeichnis im Atlas auf und suche nach der gewünschten Karte, zum Beispiel „Europa" und „Staaten". Schlage die Seitenzahl auf.

2. Schritt: Karte prüfen
Prüfe, ob die Karte die benötigten Informationen enthält.

Eine Merkskizze zeichnen
(Band 5, Seite 54/55)

1. Schritt: Grenze
Lege das Transparentpapier auf eine Karte z. B. von Baden-Württemberg und hefte das Transparentpapier mit Büroklammern fest. Jetzt kannst du mit dem Abpausen beginnen. Auf dieses Transparentpapier zeichnest du zunächst den Umriss, d.h. die Grenzen von Baden-Württemberg, mit roter Farbe nach. Zeichne dann einen rechteckigen Rahmen in schwarzer Farbe um die gesamte Fläche von Baden-Württemberg.

2. Schritt: Gewässer
Zeichne die Flüsse mit einem blauen Stift nach. Dabei kannst du großzügig den wichtigsten Flussläufen folgen. Die vielen Flussbiegungen des Neckars zum Beispiel darfst du einfach begradigen. Zeichne auch den Bodensee ein.

3. Schritt: Gebirge
Wähle für die Gebirge einen braunen Stift. Damit umfährst du zum Beispiel grob den Schwarzwald und malst die Fläche braun aus.

4. Schritt: Städte
Markiere mit einem roten Stift die Großstädte von Baden-Württemberg. Große Städte sind Städte mit mehr als 100 000 Einwohnern.

5. Schritt: Beschriften
Löse nun das Transparentpapier von der Schulbuchseite und beschrifte deine „stumme" Karte. Übertrage dazu die Namen der Flüsse, Gebirge und Städte aus der Karte. Verwende für die Städte, Gebirge und Landschaften einen schwarzen Stift. Schreibe die Flussnamen mit einem blauen Stift entlang des Flussverlaufs.

Einen landwirtschaftlichen Betrieb erkunden
(Band 5, Seite 80/81)

1. Schritt: Planen
- Wo soll es hingehen?
- Wie gelangen wir dorthin?
- Wann soll die Erkundung stattfinden?

2. Schritt: Vorbereiten
Was wollen wir wissen bzw. erfragen?
Zum Beispiel:
- Größe des Hofs
- Art und Anzahl der Tiere
- Nutzung der Gebäude und Felder
- Anzahl der Arbeitskräfte, Arbeitsdauer

Wie können wir das erkunden?
- Befragung, Interview, Zählung
- Anfertigen von Skizzen
- Fotografieren von Tieren, Menschen, Maschinen, Gebäuden

Wie wollen wir arbeiten?
- In Einzel-, Partner- oder Gruppenarbeit?
- Wer übernimmt welche Aufgabe?

3. Schritt: Durchführen
Beim Besuch des landwirtschaftlichen Betriebs müsst ihr euch an die vereinbarten Regeln halten und
- den Anweisungen und Ratschlägen des Betriebsinhabers oder der Betriebsinhaberin folgen,
- auf Gefahrenstellen achten,
- freundlich und nicht zu laut sein,
- Fragen klar und deutlich stellen,
- am Ende überprüfen, ob ihr alle Aufgaben erledigt habt.

4. Schritt: Auswerten und präsentieren
Zurück im Klassenzimmer bereitet ihr die Präsentation der Ergebnisse vor. Zum Beispiel als
- Plakat, Wandzeitung, Poster,
- Präsentation mit dem PC (z.B. PowerPoint),
- Bericht für die Schülerzeitung oder
- Bericht für die Schul-Webseite.

Ein Bild beschreiben
(Band 5, Seite 86/87)

1. Schritt: Überblick verschaffen
Betrachte das Bild und verschaffe dir einen Überblick. Was ist dargestellt? Gibt es eine Bildunterschrift? Wo wurde das Bild aufgenommen? Enthält es Hinweise auf den Aufnahmezeitpunkt (Jahr, Jahreszeit, Tageszeit)? Nutze eventuell das Internet für weitere Informationen.

2. Schritt: Gliedern und beschreiben
Unterteile das Bild. Eine Möglichkeit ist die Gliederung in Vordergrund, Mittelgrund und Hintergrund. Zeichne eine Skizze, in der die Gliederung deutlich wird. Betrachte nun die drei Bildteile und beschreibe sie.

3. Schritt: Fragen an das Bild stellen
Stelle Fragen an das Bild, zum Beispiel:
Welche …? Wo …? Was …? Wie …?
Notiere die Antworten in ganzen Sätzen.

4. Schritt: Kernaussagen formulieren
Äußere wichtige Aussagen des Bildes oder schreibe sie auf.

Klimadiagramme auswerten und zeichnen
(Band 5, Seite 112/113)

Ein Klimadiagramm auswerten

1. Schritt: Sich orientieren
Lies den Namen und die Höhe der Station ab. Suche die Station auf einer Atlaskarte und beschreibe ihre Lage.

2. Schritt: Temperaturen ablesen
Lies die mittlere Jahrestemperatur ab. Ermittle dann den kältesten und den wärmsten Monat. Berechne die Jahresschwankung der Temperatur, also den Unterschied zwischen dem wärmsten und dem kältesten Monat.

3. Schritt: Niederschläge ablesen
Lies den Jahresniederschlag ab und ermittle die Monate mit dem höchsten und dem niedrigsten Niederschlag.

4. Schritt: Beschreiben
Beschreibe den Jahresverlauf von Temperatur und Niederschlag, das heißt die wesentlichen Veränderungen über das Jahr hinweg.

Ein Klimadiagramm zeichnen

1. Schritt:
Zeichne eine waagrechte, 12 cm lange Grundlinie in der Mitte des Blattes. Unterteile sie für die Monate (1 Monat entspricht 1 cm). Schreibe die Anfangsbuchstaben der Monate darunter.

2. Schritt:
Zeichne links von der Grundlinie eine senkrechte Achse für die Temperaturwerte (rote Zahlen, 1 cm entspricht 10 °C). Trage den Wert für 0 °C an der Grundlinie ein. Gibt es Monate mit Werten unter 0 °C, verlängere die Achse nach unten.

3. Schritt:
Zeichne rechts von der Grundlinie eine senkrechte Achse für die Niederschläge (blaue Zahlen, 1 cm ent-

spricht 20 mm). Trage den Wert 0 mm an der Grundlinie ein.

4. Schritt:
Beschrifte die Achsen oben jeweils mit °C und mm. Ergänze anschließend den Kopf des Diagramms, wobei du links beginnst: Name und Höhe der Station, mittlere Jahrestemperatur und mittlerer Jahresniederschlag.

5. Schritt:
Trage die mittleren Monatstemperaturen jeweils mit einem roten Punkt in das Diagramm ein. Verbinde die roten Punkte mit einem Lineal.

6. Schritt:
Markiere die Höhen der mittleren Monatsniederschläge mit einem blauen Punkt.
Zeichne bis zu dieser Markierung 4 mm breite Säulen mit einem blauen Stift.

Tabellen und Diagramme auswerten
(Band 5, Seite 130/131)

Eine Tabelle auswerten

1. Schritt: Das Thema erfassen
Nenne das Thema und evtl. das Jahr oder den Zeitraum. Achte darauf, in welcher Einheit Zahlen angegeben werden, zum Beispiel in Quadratkilometern (km²) oder Tonnen (t).

2. Schritt: Tabelle lesen und Inhalte klären
Jede Tabelle hat einen Tabellenkopf und eine Vorspalte: Den Inhalten, die in der Vorspalte aufgelistet sind, werden andere Punkte des Tabellenkopfes gegenübergestellt. Kläre die Art der Darstellung. Handelt es sich zum Beispiel um eine Liste, die nach Größenverhältnissen angeordnet ist?

3. Schritt: Zahlen vergleichen
Betrachte die Zahlen einer Zeile oder einer Spalte und werte sie aus. Achte auf besonders große und kleine Werte.

4. Schritt: Aussagen formulieren
Formuliere die wichtigsten Aussagen der Tabelle. Achte auf Entwicklungen wie Wachstum, Rückgang, Stillstand, Schwankungen.

Ein Diagramm auswerten

1. Schritt: Sich orientieren
Nenne das Thema sowie den Ort und den Zeitraum, für die das Diagramm Angaben macht.

2. Schritt: Beschreiben
Formuliere die wichtigsten Aussagen, vor allem höchste und niedrigste Werte oder eine Entwicklung, die du ablesen kannst.

3. Schritt: Erklären
Versuche nun, typische Zusammenhänge aus dem Diagramm herauszulesen. Erkläre diese auch mithilfe anderer Informationsquellen.

Eine Raumanalyse durchführen
(Band 5, Seite 162/163)

1. Schritt: Untersuchungsraum festlegen
Welcher Raum soll untersucht werden?

2. Schritt: Leitfrage formulieren
Was willst du über diesen Raum wissen?

3. Schritt: Teilfragen entwickeln
Fragen zum Naturraum:
– Wie ist der heutige Raum entstanden?
– Wo genau liegt der Untersuchungsraum?
– …

Fragen zum Kulturraum:
– Wie wird der Raum genutzt?
– Wie sollte der Raum heute und morgen genutzt werden?
– …

Fragen zu Zusammenhängen zwischen Natur- und Kulturraum:
– Welche Zusammenhänge zwischen Natur- und Kulturraum lassen sich erkennen?

4. Schritt: Materialien auswerten und Teilfragen beantworten
Beantworte die Teilfragen mithilfe von ausgewählten Materialien (z. B. Doppelseiten im Schulbuch), die du analysieren und bewerten sollst. Das bedeutet, dass du kritisch hinterfragen musst, welche Informationen zur Beantwortung der Teilfragen wichtig sind.

5. Schritt: Leitfrage beantworten und Ergebnisse darstellen
Nutze deine Ergebnisse, um die Leitfrage zu beantworten. Stelle den untersuchten Raum in geeigneter Weise (z. B. Plakat, Portfolio, Kurzvortrag) vor.

Eine mitwachsende Karte anlegen und führen
(Band 6, Seite 16/17)

1. Schritt: Bereite deine Karte vor
Beschrifte als Erstes die Karte mit einer passenden Überschrift. Überlege dann, welche Farben für deine Karte sinnvoll sind. Fertige als Nächstes eine Legende an, in der du die wichtigsten Symbole einträgst.

2. Schritt: Bekannte Orte und Länder eintragen
Sich auf einer Karte zu orientieren, ist am leichtesten, wenn du mit den Orten und Ländern beginnst, die du bereits kennst.
Kennzeichne sie in deiner Karte.

3. Schritt: Neue Räume und Orte regelmäßig eintragen
Mit jedem neuen Thema begibst du dich in einen neuen Raum oder an einen neuen Ort.
Achte darauf, dass du die gleichen Farben wie in deiner Legende verwendest. Bilder oder Symbole können dir helfen, Orte mit Inhalten zu verknüpfen. Wähle passende Bilder aus und zeichne sie in deine Karte ein.

4. Schritt: Mit deiner mitwachsenden Karte wiederholen und lernen
Das neue Thema ist behandelt und du hast deine Karte erweitert. Gehe Ort für Ort durch und überlege dir, was du dazugelernt hast.
Tausche dich dann mit deinem Sitznachbarn oder deiner Sitznachbarin darüber aus.

Im Internet recherchieren
(Band 6, Seite 36/37)

1. Schritt: Eine Suchmaschine aufrufen
Die bekanntesten Suchmaschinen sind zum Beispiel Bing, Yahoo oder Google. Sie sind eigentlich für Erwachsene erstellt worden. Natürlich kannst du sie auch benutzen, aber viele Suchergebnisse wirst du nur schwer verstehen.
Deshalb gibt es spezielle Suchmaschinen für Kinder. Damit wirst du auf Seiten mit Texten gelenkt, die besonders für Kinder geschrieben sind.

2. Schritt: Geeignete Suchbegriffe überlegen und eingeben
Möchtest du etwas über ein bestimmtes Thema wissen, kannst du Suchbegriffe in das Suchfenster der Suchmaschine eingeben.
Bedenke dabei:
– Bei den Suchbegriffen spielt die Groß- und Kleinschreibung keine Rolle.
– Formuliere keine Sätze, sondern gib nur Suchbegriffe/Stichwörter ein.

3. Schritt: Ergebnisse prüfen
Dieser Schritt ist der wichtigste und gleichzeitig eine große Herausforderung für dich.
Du musst entscheiden, ob die angezeigten Webseiten brauchbar und verlässlich sind. Denn manchmal stehen auch falsche Informationen im Internet.
Zuverlässige Informationen findest du auf den Internetseiten der meisten Zeitungen, Universitäten, Rundfunk- und Fernsehstationen und Verlagen sowie auf den Internetseiten der Bundesministerien. Jede Internetseite hat ein Impressum. Hier steht, wem die Seite gehört und wer für den Inhalt verantwortlich ist.

4. Schritt: Ergebnisse bewerten
Sichte nun die Seiten, die dir die Suchmaschine vorschlägt. Welche Informationen sind besonders hilfreich? Vergleiche die Inhalte:
Sind die Informationen der verschieden Internetquellen gleich oder widersprechen sie sich? Bietet eine Seite zu viel oder zu wenig Informationen? Entscheide dich schließlich nach der Bewertung, von welcher Seite oder von welchen Seiten du die Informationen entnehmen möchtest.

5. Schritt: Begriffe klären
Die Informationen auf den Internetseiten beinhalten oft Fachbegriffe. Bist du sicher, dass du alle Begriffe verstanden hast? Einfach nur einen Text zu kopieren ist nicht besonders klug. Du musst den Inhalt verstehen und Fachbegriffe erklären können.

6. Schritt: Quellen richtig angeben
Wenn du Informationen aus dem Internet verwendest, musst du genau angeben, woher sie stammen. Dazu kopierst du die Internetadresse (die URL) und gibst in Klammern das Datum an, an welchem Tag du die Informationen gefunden hast.

Ein Mystery lösen
(Band 6, Seite 60/61)

1. Schritt: Ausgangslage und Leitfrage diskutieren
Lies dir die Ausgangslage durch und die Leitfrage. Verschaffe dir einen Überblick zum Thema.

2. Schritt: Mystery-Karten lesen
Bildet Gruppen von drei bis fünf Schülerinnen und Schülern und lest die Mystery-Karten auf der Schulbuchseite durch oder ihr lasst euch die Karten ausdrucken, schneidet sie aus und lest sie gut durch.

3. Schritt: Informationen auswerten
Unterstreicht auf jeder Karte des Ausdrucks mit einem Farbstift die wichtigste Aussage.

4. Schritt: Mystery-Karten ordnen
Versucht die Mystery-Karten auf einem A3-Blatt so anzuordnen und mit Bleistift-Pfeilen zu verbinden, dass ihr einen Zusammenhang zwischen den Karten erkennen könnt. Vorsicht:
Nicht alle Karten sind wichtig für die Lösung!

5. Schritt: Leitfrage beantworten
Erklärt mithilfe der Karten und der Pfeile die Leitfrage. Formuliert eine Antwort, präsentiert eure Lösungen vor der Klasse und vergleicht sie.

Eine thematische Karte auswerten
(Band 6, Seite 82/83)

1. Schritt: Raum und Inhalt erkennen
Welcher Raum ist dargestellt? Welches Thema hat die Karte?

2. Schritt: Die Legende der Karte lesen
Welche Bedeutung haben die Farben, Linien und Kartensymbole in der Legende? Welchen Maßstab hat die Karte?

3. Schritt: Karteninhalt beschreiben
Welche Unterschiede in der Verteilung der Kartensymbole kannst du beobachten?
Erkennst du Regelmäßigkeiten oder Besonderheiten?

4. Schritt: Karteninhalt erklären
Welche Ursachen hat die unterschiedliche Verteilung der Kartensymbole? Nutze evtl. weitere Karten oder andere Informationsquellen zur Erklärung.

Ein Erklärvideo auswerten
(Band 6, Seite 84/85)

1. Schritt: Eigene Fragestellung formulieren
Zu welchem Thema oder zu welcher Frage benötigst du das Erklärvideo? Formuliere eine möglichst genaue Frage oder auch mehrere Fragen.

2. Schritt: Film ansehen
Sieh dir das Video an und mache dir stichwortartig Notizen. Du kannst das Video komplett oder in Teilen wiederholen und jederzeit stoppen.

3. Schritt: Das Video in Abschnitte einteilen
Versuche, das Video in Abschnitte zu gliedern und kurz darzulegen, was gesagt wird.

4. Schritt: Informationen entnehmen und Frage/n beantworten
Sieh dir das Video eventuell ein weiteres Mal an und ergänze deine Notizen.

5. Schritt: Die Notizen sortieren und übersichtlich darstellen
Schau dir deine Notizen noch einmal an und ordne sie, zum Beispiel in Form einer Auflistung, Tabelle oder Mindmap. Dann hast du hinterher einen besseren Überblick.

6. Schritt: Das Erklärvideo bewerten
Konntest du mithilfe des Erklärvideos alle deine Fragen beantworten? Falls etwas offengeblieben ist, nutze noch andere Quellen.

Ein Rollenspiel durchführen
(Band 6, Seite 102/103)

1. Schritt: Situation erfassen
Macht euch mit der Situation vertraut. Worum geht es? Wertet alle dazu vorhandenen Materialien aus.

2. Schritt: Rollen verteilen
Bildet Arbeitsgruppen zu den einzelnen Rollen und stellt Rollenkarten her, auf denen ihr kurz die Person beschreibt und ihre Argumente notiert. Anschließend bestimmt jede Gruppe einen Rollenspieler als Vertreter.

3. Schritt: Rollenspiel durchführen
Die Interessenvertreter tragen nun die verschiedenen Argumente vor und diskutieren darüber. Dabei solltet ihr beachten, dass die Teilnehmenden des Rollenspiels nicht ihre eigene Meinung vertreten, sondern die zuvor auf den Rollenkarten notierten Argumente vorbringen. Alle anderen Schülerinnen und Schüler übernehmen eine beobachtende Rolle und notieren sich überzeugende Argumente für die Auswertung. Auch die Beobachtenden dürfen sich zu Wort melden. Am Ende stimmen alle über den Streitfall ab.

4. Schritt: Rollenspiel auswerten
Tauscht euch nun über eure Erfahrungen im Rollenspiel aus:
Wie habt ihr euch in euren Rollen gefühlt? Was ist euch leicht-, was schwergefallen?
Diskutiert Verhalten und Argumente der Rollenspieler:
Haben sie die Situation so dargestellt, wie ihr sie selbst verstanden habt?
Was hat euch besonders überzeugt? Welche Erkenntnisse hat das Rollenspiel gebracht?

Mit Apps planen
(Band 6, Seite 108/109)

1. Schritt: Sich über die App informieren
Gib im Suchfeld eines App Stores ein, wonach du suchst. Wähle aus den Angeboten eine geeignete App aus. Kontrolliere, ob die App kostenpflichtig ist. Kläre gegebenenfalls, wer bezahlt. Die meisten Apps für eine Reise sind kostenlos, auch viele Reiseführer-Apps für den Städtetourismus. Das ist erstaunlich, weil sie aufwendig erstellt wurden.

2. Schritt: Die App installieren
Wenn du dir klar darüber bist, dass du die App nutzen möchtest, tippe auf „Herunterladen".
Achtung! Viele kostenlosen Apps verlangen jetzt ein Einverständnis für den Zugriff auf bestimmte Daten, zum Beispiel auf deinen Standort oder die Kamera. Es ist daher sinnvoll, deine Eltern oder den Lehrer oder die Lehrerin zu fragen, ob sie dich beim Herunterladen der App unterstützen.

3. Schritt: Die App anwenden
Mache dich vor der eigentlichen Nutzung mit der App vertraut. Meist gibt es dafür am Anfang eine Kurzanleitung.

4. Schritt: Die App bewerten
Prüfe, ob die Informationen der App nützlich und sinnvoll für dich sind. Hilft dir die App nicht weiter, dann entferne sie gleich wieder von deinem Gerät.

Ein Klimadiagramm auswerten: Regenzeit und Trockenzeit erklären
(Band 7/8, Seite 22/23)

1. Schritt: Sich orientieren
Lies den Namen und die Höhenlage der Klimastation ab. Suche den Ort auf einer Atlaskarte. Beschreibe seine Lage im Gradnetz.

2. Schritt: Jahreswerte bestimmen
Lies die mittlere Jahrestemperatur ab und ermittle den kältesten und den wärmsten Monat.
Berechne die Jahresschwankung, also den Unterschied zwischen dem wärmsten und dem kältesten Monat. Lies den Jahresniederschlag ab und ermittle die Monate mit dem höchsten und dem niedrigsten Niederschlag.

3. Schritt: Jahresverlauf von Temperatur und Niederschlag beschreiben
Beschreibe den Verlauf der Temperaturkurve und der Niederschlagskurve.

4. Schritt: Niederschlagstyp erkennen
Stelle fest, wie viele Monate die Regenzeit und die Trockenzeit jeweils dauert.
Ordne dann das Klima einem Niederschlagstyp zu.
Erläutere die Auswirkungen des Klimas auf das Pflanzenwachstum.

Ein Gruppenpuzzle durchführen
(Band 7/8, Seite 46/47)

1. Schritt: Stammgruppen bilden und Experten bestimmen
Setzt euch in Gruppen mit mindestens drei und maximal sechs Schülerinnen und Schülern zusammen und bildet die Stammgruppe.
Verschafft euch einen Überblick über die Teilthemen und macht euch mit dem Arbeitsauftrag vertraut. Bestimmt dann jeweils einen oder auch zwei Experten für jedes Teilthema.

2. Schritt: In den Expertengruppen sich Wissen erarbeiten
Setzt euch nun mit den anderen Experten eures Teilthemas zusammen. Wenn eine Gruppe zu groß ist, könnt ihr auch zwei Expertengruppen bilden. Erarbeitet euch Expertenwissen, in dem ihr den Arbeitsauftrag gemeinsam bearbeitet. Haltet die Ergebnisse schriftlich fest. Nach der Erarbeitung des Expertenwissens löst ihr die Expertengruppe auf und setzt euch wieder mit eurer Stammgruppe zusammen.

3. Schritt: In der Stammgruppe das erworbene Expertenwissen weitergeben
Jeder Experte trägt in seiner Stammgruppe sein in der Expertengruppe erworbenes Wissen vor. Die anderen Gruppenmitglieder sollen aufmerksam zuhören und bei Bedarf nachfragen, wenn Dinge unklar sind.

4. Schritt: In der Stammgruppe die Ergebnisse zusammenfassend darstellen
Wenn alle Stammgruppenmitglieder über die unterschiedlichen Teilthemen informiert sind und alles verstanden haben, werden die Ergebnisse zusammengefasst. Das kann über eine anschauliche Darstellung (z. B. Plakat, Skizze, Tabelle) erfolgen, über ein Arbeitsblatt, das ihr von eurer Lehrerin oder eurem Lehrer bekommt, oder durch die Erstellung eines Wirkungsgefüges.
Vergleicht abschließend die Ergebnisse aller Stammgruppen und diskutiert über mögliche Unterschiede in den Arbeitsergebnissen der einzelnen Stammgruppen.

Ein Wirkungsgefüge erstellen
(Band 7/8, Seite 72/73)

1. Schritt: Das Thema benennen
Notiere das Thema auf einer Karteikarte, z. B. „Desertifikation – Ursachen und Folgen".

2. Schritt: Materialien auswerten und Stichworte zusammenstellen
Sammelt Stichworte aus den vorgegebenen Materialien und übertragt die Stichworte in großer Schrift auf die Karteikarten. Fertigt auch Karteikarten an, auf denen Begriffe wie Ursachen und Folgen stehen. Verwendet dazu unterschiedliche Farben.

3. Schritt: Karteikarten ordnen
Legt zunächst alle Karten auf einen Stapel, die Informationen zu den Ursachen geben.
Auf den anderen Stapel kommen die Karten mit den Folgen.
Jetzt könnt ihr die Karteikarten mit den Ursachen und den Folgen auf einem Tisch oder an einer Pinnwand in einer sinnvollen Reihenfolge um dein Thema herum anordnen.
Verbindet die Karten zum Schluss mit Pfeilen.

4. Schritt: Ergebnis präsentieren
Präsentiert euer Wirkungsgefüge den Mitschülerinnen und Mitschülern. Erläutert dazu mit eigenen Worten die Zusammenhänge von Ursachen und Folgen, die ihr im Wirkungsgefüge dargestellt habt.
Nehmt gegebenenfalls Verbesserungen an dem Wirkungsgefüge vor.

Einen Erklärfilm erstellen
(Band 7/8, Seite 88/89)

1. Schritt: Das Thema bearbeiten
Am Anfang müsst ihr euch gründlich in das Thema einarbeiten. Wichtig ist, dass ihr:
– einzelne Aspekte des Themas in eine logische Reihenfolge bringt,
– den Sachverhalt mit eigenen Worten erklären könnt,
– Medien (z. B. Bilder, Querschnitte) richtig auswertet.

2. Schritt: Das Drehbuch und die notwendigen Materialien erstellen
Nun erstellt ihr ein Drehbuch und schreibt die Sprechertexte. Dies ist die wichtigste Phase, da hier das Thema auf das Wesentliche reduziert und gleichzeitig verständlich aufbereitet werden muss.
Parallel dazu überlegt ihr, welche Medien (Bilder, Karten, Diagramme, Versuche, eigene Skizzen, …) sich zur Veranschaulichung des Erklärtextes eignen und welche Materialien ihr benötigt.
Besonders wichtig ist, dass die im Film verwendeten Medien und der Sprechertext gut aufeinander abgestimmt sind und zusammenpassen. Überlegt auch, wer beim Dreh welche Texte spricht und wer welche Aufgaben der Visualisierung übernimmt.

3. Schritt: Den Erklärfilm drehen
Für das Drehen eines Erklärfilms könnt ihr ein Tablet oder Smartphone verwenden. Der Erklärfilm sollte nicht länger als drei bis fünf Minuten dauern.
Am besten ist es, wenn ihr die Sequenzen eures Drehbuchs einzeln aufnehmt und diese nachher zusammenfügt. Dies hat den Vorteil, dass ihr bei Sprech- oder Regiefehlern nur kleinere Teile neu aufnehmen müsst.

Planen und Entscheiden
(Band 7/8, Seite 108/109)

1. Schritt: Informieren
Zu Beginn informiert ihr euch z. B. im Rahmen einer Geschichte oder anhand eines Kurzvortrags über die Ausgangslage. Hierbei wird erklärt, worum es geht.

2. Schritt: Planen
Bildet Gruppen und macht euch mit dem Arbeitsauftrag vertraut. Setzt euch mit allen Informationsmaterialien auseinander. Hierbei kann es sich um Infotexte, Bilder und Karten, aber auch Meinungen oder Rollenbeschreibungen von verschiedenen Personen handeln. Bearbeitet den Arbeitsauftrag gemeinsam und notiert eure Ergebnisse.

3. Schritt: Entscheiden
Tauscht euch aus und trefft eine Entscheidung.
Damit ihr diese gut begründen könnt, müsst ihr auch die Folgen eurer Entscheidung berücksichtigen. Je nach Aufgabe kann dieser Vorgang ein mehrmaliges Entscheiden erfordern.

4. Schritt: Reflektieren
Stellt euch gegenseitig eure Gruppenentscheidung vor. Besprecht in der Klasse, wie ihr beim Entscheiden vorgegangen seid: Wie seid ihr zu einer Einigung gekommen? Was ist euch innerhalb der Gruppe schwer- oder leichtgefallen?

Satellitenbilder auswerten
(Band 7/8, Seite 132/133)

1. Schritt: Das Satellitenbild verorten
Suche den Ort des Satellitenbildes in einer physischen Karte, im Atlas oder im Kartenanhang und beschreibe seine Lage (Lage im Staat, Lage an einem Fluss/Meer, …). Lege die Nordrichtung des Bildausschnitts fest.

2. Schritt: Das Satellitenbild gliedern und Strukturen erkennen
Gliedere das Satellitenbild in Teilbereiche, z. B. Land- und Wasserflächen, Siedlungs- und Verkehrsflächen, Wald- und Ackerflächen.
Suche im Satellitenbild nach Merkmalen, die du in der Karte wiederfindest: Flüsse, Küstenlinien, Straßen, gut erkennbare Orte).
Wenn du möchtest, lege Transparentpapier oder eine Folie auf das Satellitenbild und zeichne deutlich erkennbare Umrisse und Linien nach. Verwende Farben und Symbole und lege eine Legende zur Skizze an. Formuliere zu deiner Skizze einen Text.

3. Schritt: Satellitenbilder vergleichen
Führe die Schritte 1 und 2 für ein zweites Satellitenbild durch und vergleiche sie. Beschreibe Unterschiede und stelle Vermutungen an, wodurch die Veränderungen zustande gekommen sind.
Recherchiere Informationen zu dem Gebiet bzw. zum Ereignis, z. B. im Internet.

4. Schritt: Erkenntnisse formulieren
Notiere die Ergebnisse deines Vergleichs und finde Ursachen.

Abbildungsverzeichnis

Cover.oben Getty Images, München (Moment/wiratgasem); **Cover.unten** Getty Images, München (RooM/AlexGcs) **6.M1** Oser, Liliane, Hamburg; **8.M1** Getty Images Plus, München (iStock/leonello); **9.M2** Schaar, Wolfgang, Grafing; **10.M1.A** Getty Images, München (Corbis Historical/John van Hasselt); **10.M1.B** Süddeutsche Zeitung Photo, München (imageBROKER / Gerken & Ernst); **10.M1.C** ullstein bild, Berlin (Schöning); **10.M1.D** Thinkstock, München (Sablin); **11.M3** creanovo – motion & media design GmbH, Axel Kempf, Hannover; **12.M1** ShutterStock.com RF, New York (FooTToo); **13.M2** Fairtrade Deutschland e.V., Köln (Sebastian Bänsch); **14.M1** Engagement Global / 17Ziele; **15.M3** United Nations Publications, New York - https://www.un.org/sustainabledevelopment/. The content of this publication has not been approved by the United Nations and does not reflect the views of the United Nations or its officials or Member States.; **15.M4** United Nations Publications, New York - https://www.un.org/sustainabledevelopment/. The content of this publication has not been approved by the United Nations and does not reflect the views of the United Nations or its officials or Member States.; **15.M4** United Nations Publications, New York - https://www.un.org/sustainabledevelopment/. The content of this publication has not been approved by the United Nations and does not reflect the views of the United Nations or its officials or Member States.; **16.M1** stock.adobe.com, Dublin (Jonas Tufvesson); **16.M2** ShutterStock.com RF, New York (oryx); **17.M3** ShutterStock.com RF, New York (Vadim 777); **17.M4** ShutterStock.com RF, New York (Raluca Ene); **18.M1** Schaar, Wolfgang, Grafing; **19.M3** Ernst Klett Verlag GmbH, Stuttgart; **19.M4** Pyritz, Eberhard, Schloß Holte Stukenbrock; **20.M1 links** ShutterStock.com RF, New York (Viacheslav Lopatin); **20.M1 rechts** ShutterStock.com RF, New York (Sahara Prince); **20.M2 links** stock.adobe.com, Dublin (Simon Dannhauer); **20.M2 rechts** stock.adobe.com, Dublin (Simon Dannhauer); **21.M3** creanovo – motion & media design GmbH, Axel Kempf, Hannover; **21.M4** Ernst Klett Verlag GmbH, Stuttgart; **22.M1** ShutterStock.com RF, New York (Paul Hampton); **22.M2** ShutterStock.com RF, New York (HordynskiPhotography); **23.M3** Jäckel, Diana, Erfurt; **24.M1.2** ShutterStock.com RF, New York (Andrei Stepanov); **24.M1.3** ShutterStock.com RF, New York (zlikovec); **24.M1.4** ShutterStock.com RF, New York (Dieter Kuhn); **24.M1.5** ShutterStock.com RF, New York (Glenn_West); **25.M1.6** ShutterStock.com RF, New York (Dmitry Pichugin); **25.M1.8** stock.adobe.com, Dublin (Simon); **26.M1** Ernst Klett Verlag, Stuttgart nach Carl Troll, Karlheinz Paffen: Karte der Jahreszeitenklimate der Erde. In: Erdkunde - Archiv für wissenschaftliche Geographie, Bonn 1964, Bd.18, H. 1, S. 5-28; **28.M1** Ernst Klett Verlag GmbH, Stuttgart; **29.M2.A** Getty Images Plus, München (Moment/Nora Carol Photography); **29.M2.B** stock.adobe.com, Dublin (YuliaB); **29.M2.C** Getty Images Plus, München (Moment/by Piotr Jaczewski); **29.M2.D** stock.adobe.com, Dublin (Photocreo Bednarek); **29.M3** Schaar, Wolfgang, Grafing; **29.M4** Jäckel, Diana, Erfurt; **30.M1** Schaar, Wolfgang, Grafing; **30.M2** Picture-Alliance, Frankfurt/M. (OKAPIA/Ingo Gerlach); **31.M3** Schaar, Wolfgang, Grafing; **32.M1** Alamy stock photo, Abingdon (Mike Grandmaison / All Canada Photos); **32.M2** ShutterStock.com RF, New York (Anton Foltin); **33.M3** iStockphoto, Calgary, Alberta (PatricioHidalgoP); **33.M4** iStockphoto, Calgary, Alberta (Dmitry_Saparov); **33.M5** Ernst Klett Verlag GmbH, Stuttgart; **34.M1** ShutterStock.com RF, New York (BorneoRimbawan); **35.M2** stock.adobe.com, Dublin (photographee2000); **35.M3** Ernst Klett Verlag GmbH, Stuttgart nach Daten: C. Vancutsem, F. Achard, u. A.: Long-term (1990-2019) monitoring of forest cover changes in the humid tropics. Science Advances 2021.; **36.M1.A** Mauritius Images, Mittenwald (Nick Turner / Alamy); **36.M1.B** ShutterStock.com RF, New York (Rivina); **36.M1.C** ShutterStock.com RF, New York (Dirk Ercken); **37.M2** creanovo – motion & media design GmbH, Hannover; **38.M2** Getty Images Plus, München (Corbis Documentary/Yannick Tylle); **39.M4** Jäckel, Diana, Erfurt; **39.M4** Schaar, Wolfgang, Grafing; **39.M5** Jäckel, Diana, Erfurt; **40.M1** F1online digitale Bildagentur, Frankfurt; **40.M2** Mauritius Images, Mittenwald (Novarc Images); **41.M3** Schwarwel, Leipzig; **41.M4** Alamy stock photo, Abingdon (Wolfgang Kaehler); **42.M1** Schaar, Wolfgang, Grafing; **42.M2** ShutterStock.com RF, New York (Rich Carey); **42.M3** Ernst Klett Verlag GmbH, Stuttgart; **43.M4** Jähde, Steffen, Sundhagen; **44.M1.A** Mauritius Images, Mittenwald (BrazilPhotos / Alamy); **44.M1.B** Fotosearch Stock Photography, Waukesha, WI (Digital Vision); **44.M1.C** Mauritius Images, Mittenwald (imageBROKER / Florian Kopp); **45.M2** Schaar, Wolfgang, Grafing; **46.M1** Oser, Liliane, Hamburg; **46.M2** Oser, Liliane, Hamburg; **47.M3** Oser, Liliane, Hamburg; **47.M4** Oser, Liliane, Hamburg; **49.B** ShutterStock.com RF, New York (Salvador Aznar); **49.C** Katz, Thorsten, Freiburg; **49.D** ShutterStock.com RF, New York (zoyas2222); **50.M3** Thinkstock, München (Maciej Bledowski); **51.M5** Ernst Klett Verlag GmbH, Stuttgart; **52.M1** Ernst Klett Verlag GmbH, Stuttgart nach: Daten von C. Vancutsem, F. Achard, u. A.: Long-term (1990-2019) monitoring of forest cover changes in the humid tropics. Science Advances 2021.; **52.M2** Schwarwel, Leipzig; **53.Bilderrätsel** Jähde, Steffen, Sundhagen; **53.M3** Schwarwel, Leipzig; **54.M1** Rother, Lothar, Schwäbisch Gmünd; **54.M2** stock.adobe.com, Dublin (vilainecrevette); **54.M3** juniors@wildlife, Hamburg (C. Prudente / Photoshot); **55.M4** Picture-Alliance, Frankfurt/M. (Jurgen & Christine Sohns / FLPA); **55.M5** Okapia, Frankfurt (imagebroker / Erhard Nerger); **55.M6** Alamy stock photo, Abingdon (Redmond Durrell); **56.M1** Ernst Klett Verlag, Stuttgart, Daten: FAO (2023): FAOSTAT, Crops and livestock products - cocoa beans, 2021; **56.M2** Jäckel, Diana, Erfurt nach: INKOTA: Kostenanteile des Rohkakaos; **57.M3** ShutterStock.com RF, New York (Charles William Adofo); **57.M4** Mauritius Images, Mittenwald (Jake Lyell / Alamy Stock Photo); **58.M1** stock.adobe.com, Dublin (Oleg Znamenskiy); **59.M2** Getty Images Plus, München (golero); **59.M3** Ernst Klett Verlag GmbH, Stuttgart; **60.3.1** stock.adobe.com, Dublin (Andreas Edelmann); **60.M1** Schaar, Wolfgang, Grafing; **60.M2** ShutterStock.com RF, New York (Martin Mecnarowski); **60.M3.2** Mauritius Images, Mittenwald (Ariadne Van Zandbergen / Alamy Stock Photo); **60.M3.3** stock.adobe.com, Dublin (J.NATAYO); **60.M3.4** ShutterStock.com RF, New York (Eric Isselee); **60.M3.5** ShutterStock.com RF, New York (YOGESH BHATIA PHOTOARTIST); **61.M4** Getty Images Plus, München (Jannie_nikola); **62.M1** ShutterStock.com RF, New York (vladsilver); **63.M10** Jäckel, Diana, Erfurt; **63.M2** Okapia, Frankfurt (M. & C. Denis-Huot/BIOS); **63.M3** Schaar, Wolfgang, Grafing; **63.M4** Jäckel, Diana, Erfurt; **63.M5** Alamy stock photo, Abingdon (Friedrich von Hörsten); **63.M6** Schaar, Wolfgang, Grafing; **63.M7** Jäckel, Diana, Erfurt; **63.M8** ShutterStock.com RF, New York (tommaso79); **63.M9** Schaar, Wolfgang, Grafing; **64.M1** ShutterStock.com RF, New York (vinz89); **64.M2** Schaar, Wolfgang, Grafing; **65.M3** Schaar, Wolfgang, Grafing; **65.M5** Schaar, Wolfgang, Grafing; **66.M1** ShutterStock.com RF, New York (BOULENGER Xavier); **66.M2** Ernst Klett Verlag GmbH, Stuttgart; **67.M3** Schaar, Wolfgang, Grafing; **67.M4** Schaar, Wolfgang, Grafing; **68.M1.A** Getty Images, München (Moment Open/commerceandculturestock);

68.M1.B VISUM Foto GmbH, München (David Rose / Panos Pictures); **68.M2** Jäckel, Diana, Erfurt; Datenquelle: The World Bank; **68.M3** Jäckel, Diana, Erfurt; **69.M2** ShutterStock.com RF, New York (BOULENGER Xavier); **69.M3** ShutterStock.com RF, New York (Jgilmore); **70.M1** ddp media GmbH, Hamburg (BO / UIG / Edwards); **70.M2** ShutterStock.com RF, New York (Torsten Pursche); **71.M1** Mauritius Images, Mittenwald (Louise Bretten); **72.M1** Oser, Liliane, Hamburg; **73.M3** Jäckel, Diana, Erfurt; **74.M1** Picture-Alliance, Frankfurt/M. (dpa/EF/Afrimages/Maxppp); **74.M2** Mauritius Images, Mittenwald (Jake Lyell / Alamy Stock Photo); **75.M3** EIRENE Internationaler Christlicher Friedensdienst, Neuwied; **75.M4** Brot für die Welt, Berlin (Christof Krackhardt); **76.M1** MEV Verlag GmbH, Augsburg; **76.M2** juniors@wildlife, Hamburg (Harvey, M. / Wildlife); **76.M3** ShutterStock.com RF, New York (Vladimir Wrangel); **76.M4** juniors@wildlife, Hamburg (J.-L. Klein & M.-L. Hubert); **77.M5** Ernst Klett Verlag GmbH, Stuttgart; **78.M1** Ernst Klett Verlag GmbH, Stuttgart; **78.M2** iStockphoto, Calgary, Alberta (TT); **79.Bilderrätsel** Jähde, Steffen, Sundhagen; **79.Bilderrätsel** Jähde, Steffen, Sundhagen; **79.M3** Schaar, Wolfgang, Grafing; **79.M4** Jäckel, Diana, Erfurt; **79.M4** Jäckel, Diana, Erfurt; **79.M6** Hungreder, Rudolf, Leinfelden-Echterdingen; **79.M6** Jäckel, Diana, Erfurt; **80.M1** stock.adobe.com, Dublin (robnaw); **81.M2** ShutterStock.com RF, New York (Rasto SK); **81.M3** Ernst Klett Verlag GmbH, Stuttgart; **82.M1** Schaar, Wolfgang, Grafing; **82.M2** Jäckel, Diana, Erfurt; **82.M3** ddp media GmbH, Hamburg (Andrew Michael); **83.M5** ShutterStock.com RF, New York (hermitis); **83.M6** Schaar, Wolfgang, Grafing; **83.M7** Alamy stock photo, Abingdon (Avraham Kushnirov); **83.M8** Getty Images Plus, München (hadynyah); **84.M1** Ernst Klett Verlag GmbH, Stuttgart; **84.M2** stock.adobe.com, Dublin (Mieszko9); **84.M3** ShutterStock.com RF, New York (jivacore); **84.M4** ShutterStock.com RF, New York (Smelov); **85.M10** Jäckel, Diana, Erfurt; **85.M5** Jäckel, Diana, Erfurt; **85.M6** Schaar, Wolfgang, Grafing; **85.M7** Schaar, Wolfgang, Grafing; **85.M8** Jäckel, Diana, Erfurt; **85.M9** Schaar, Wolfgang, Grafing; **86.M1** stock.adobe.com, Dublin (Noradoa); **86.M2** Alamy stock photo, Abingdon (frans lemmens); **87.M3** Hungreder, Rudolf, Leinfelden-Echterdingen; **87.M4** Schaar, Wolfgang, Grafing; **88.M1** Alamy stock photo, Abingdon (Eye Ubiquitous); **88.M2** Lenz, Thomas, Waldstetten; **89.M3** Lenz, Thomas, Waldstetten; **90.M1** Schaar, Wolfgang, Grafing; **90.M2** F1online digitale Bildagentur, Frankfurt (Prisma); **91.M3** Mauritius Images, Mittenwald (Hackenberg-Photo-Cologne / Alamy); **91.M4** dreamstime.com, Brentwood, TN (David Burke); **91.M5** ShutterStock.com RF, New York (Captured Blinks); **92.M1** Schaar, Wolfgang, Grafing; **92.M2** ShutterStock.com RF, New York (travelwild); **93.M3** ShutterStock.com RF, New York (Delpixel); **93.M4** Picture-Alliance, Frankfurt/M. (epa / Stefan Zaklin); **93.M5** stock.adobe.com, Dublin (creativefamily); **94.M1** Alamy stock photo, Abingdon; **94.M2** Alamy stock photo, Abingdon (Bill Bachman); **94.M3** Alamy stock photo, Abingdon (Marica van der Meer); **94.M4** Getty Images Plus, München (AndriiSlonchak); **95.M5** Ernst Klett Verlag GmbH, Stuttgart; **96.M1** Ernst Klett Verlag GmbH, Stuttgart; **97.M2.A** Getty Images, München (Josef F. Stuefer / Moment Open); **97.M2.B** Mauritius RF, Mittenwald (Corbis); **97.M2.C** iStockphoto, Calgary, Alberta (Jan Rihak); **97.M3** Hungreder, Rudolf, Leinfelden-Echterdingen; **97.M4** Jäckel, Diana, Erfurt; **98.M1** iStockphoto, Calgary, Alberta (Mlenny Photography); **98.M2** iStockphoto, Calgary, Alberta (Kenneth Canning); **99.M3** iStockphoto, Calgary, Alberta (alefbet); **99.M4** Alamy stock photo, Abingdon (FLPA); **99.M5** Alamy stock photo, Abingdon (Bob Gibbons); **99.M6** ShutterStock.com RF, New York (Alta Oosthuizen); **100.M1** Alamy stock photo, Abingdon (agefotostock / Herbert Hopfensperger); **100.M2** Ernst Klett Verlag GmbH, Stuttgart; **101.M3** Picture-Alliance, Frankfurt/M. (AP Images/Ludek Perina); **102.M1** stock.adobe.com, Dublin (Zbigniew Wu); **103.M2** ShutterStock.com RF, New York (Vladimir Zhoga); **103.M3** Ernst Klett Verlag GmbH, Stuttgart; **104.M1** Schaar, Wolfgang, Grafing; **104.M2** Ernst Klett Verlag GmbH, Stuttgart; **104.M3** Jäckel, Diana, Erfurt; **105.M4** Schaar, Wolfgang, Grafing; **105.M5** Jäckel, Diana, Erfurt; **105.M7** Ernst Klett Verlag GmbH, Stuttgart; **106.M1** Schaar, Wolfgang, Grafing; **106.M2** Schaar, Wolfgang, Grafing; **106.M3.A** Mauritius Images, Mittenwald (Crister Haug / Alamy); **106.M3.B** Alamy stock photo, Abingdon (Crister Haug); **107.M4** Kai Zimmermann, Xanten; **107.M5** stock.adobe.com, Dublin (abel); **108.M1.1** ShutterStock.com RF, New York (Andrey Shcherbukhin); **108.M1.2** ShutterStock.com RF, New York (Umomos); **109.M2** Schaar, Wolfgang, Grafing; **110.M1** Ernst Klett Verlag GmbH, Stuttgart; **111.M2.1** Schaar, Wolfgang, Grafing; **111.M2.2** Schaar, Wolfgang, Grafing; **111.M2.3** Mair, Jörg, München; **111.M2.4** stock.adobe.com, Dublin (Yuliia); **111.M2.5** Ernst Klett Verlag GmbH, Stuttgart; **112.M1** ddp media GmbH, Hamburg (Malcolm Schuyl / FLPA); **112.M2** Alamy stock photo, Abingdon (FLPA); **112.M3** F1online digitale Bildagentur, Frankfurt (Johnny Stockshooter); **112.M4** Jäckel, Diana, Erfurt; **113.M5** Ernst Klett Verlag GmbH, Stuttgart; **114.M1** ShutterStock.com RF, New York (Roop_Dey); **114.M2** ShutterStock.com RF, New York (Vicky Ivanova); **114.M3** Ernst Klett Verlag GmbH, Stuttgart; **115.3** Ernst Klett Verlag GmbH, Stuttgart; **116.Bilderrätsel** Jähde, Steffen, Sundhagen; **116.Bilderrätsel** Jähde, Steffen, Sundhagen; **116.M1** Ernst Klett Verlag GmbH, Stuttgart; **116.M2** Hungreder, Rudolf, Leinfelden-Echterdingen; **117.M3** Alamy stock photo, Abingdon (Robert McGouey); **117.M4** Jäckel, Diana, Erfurt; **117.M5** Hungreder, Rudolf, Leinfelden-Echterdingen; **117.M6** Picture-Alliance, Frankfurt/M. (ZUMA Press); **118.M1** Schaar, Wolfgang, Grafing; **118.M2** Schaar, Wolfgang, Grafing; **118.M3** laif, Köln (Arcticphoto / B. & C. Alexander); **118.M5** laif, Köln (Arcticphoto/Bryan & Cherry Alexander); **119.M6** Okapia, Frankfurt (imagebroker / Olaf Krüger); **119.M8** iStockphoto, Calgary, Alberta (JamesPearsell); **121.M4** Picture-Alliance, Frankfurt/M. (dpa-infografik); **122.A** juniors@wildlife, Hamburg (Minden Pictures); **122.B** ShutterStock.com RF, New York (alfotokunst); **123.C** ShutterStock.com RF, New York (bear_productions); **123.D** Alamy stock photo, Abingdon (Peter Schatz); **124.M1** ShutterStock.com RF, New York (Thampitakkull Jakkree); **124.M3** Mauritius Images, Mittenwald (Photri); **124.M4** Jäckel, Diana, Erfurt; **125.M5** Schaar, Wolfgang, Grafing; **126.M1** NASA Earth Observatory image by Joshua Stevens, using GOES 16 imagery courtesy of NOAA and the National Environmental Satellite, Data, and Information Service (NESDIS).; **126.M2** Schaar, Wolfgang, Grafing; **127.M4.links** Getty Images, München (Satellite image (c) 2022 Maxar Technologies.); **127.M4.rechts** Getty Images, München (Satellite image (c) 2022 Maxar Technologies.); **127.M5** Schaar, Wolfgang, Grafing; **128.M1** Jäckel, Diana, Erfurt; Datenquelle: NOAA National Centers for Environmental information, Climate at a Glance: Global Time Series, published September 2023, retrieved on October 5, 2023 from https://www.ncei.noaa.gov/access/monitoring/climate-at-a-glance/global/time-series; **129.M2** Schaar, Wolfgang, Grafing; **130.M1** creanovo – motion & media design GmbH, Axel Kempf, Hannover; **130.M2** creanovo – motion & media design GmbH, Axel Kempf, Hannover; **131.M3** Schaar, Wolfgang, Grafing, Zahlen nach: Umweltbundesamt, Treibhausgaspotentiale IPCC AR5; **131.M4** Jähde, Steffen, Sundhagen; **132.M1** Schaar, Wolfgang, Grafing; **132.M2** NASA, Washington, D.C. (Joshua Stevens, using Landsat data from the USGS); **133.M4** NASA, Washington, D.C. (Joshua Stevens, using Landsat data from the USGS); **134.M1** Interfoto, München (Danita Delimont / Paul Souders); **134.M2.oben** NASA/Goddard Space Flight Center Scientific Visualization Studio/The Blue Marble data is courtesy of Reto Stockli (NASA/GSFC).; **134.M2.unten** NASA/Goddard Space Flight Center Scientific Visualization Studio/The Blue Marble data is courtesy of Reto Stockli (NASA/GSFC).; **135.M3** Schaar, Wolfgang, Grafing; **135.M4** ShutterStock.com RF, New York (Gaearon Tolon); **135.M5** Getty Images Plus, München (iStock/pilipenkoD); **136.M1** Getty Images Plus, München (iStock/Rob Fletcher); **136.M2** Jäckel, Diana, Erfurt; **137.M3** action press international gmbh, Hamburg (Sipa Press); **137.M4** Picture-Alliance, Frankfurt/M. (Basilio Sepe/ZUMA Press Wire); **138.M1** iStockphoto, Calgary, Alberta (David Sucsy); **138.M2** iStockphoto, Calgary, Alberta (KingWu); **138.M3** iStockphoto, Calgary, Alberta (Orbon Alija); **138.M4** Alamy stock photo, Abingdon (Arterra Picture Library); **139.5** Ernst Klett Verlag GmbH, Stuttgart; **140.M1** Mauritius Images, Mittenwald (Frank Schultze / Alamy Stock Foto); **140.M2** stock.adobe.com, Dublin (Petra Schueller); **140.M3** stock.adobe.com, Dublin (M.Franke); **140.M4** Getty Images Plus, München (iStock/rsester); **141.M6** Deutscher Wetterdienst, Offenbach; **142.M1** Schaar, Wolfgang, Grafing, nach BMUB; **142.M2** Eckenfelder, Bettina, Eisenach, nach Umweltbundesamt: Nationale Trendtabellen für die deutsche Berichterstattung atmosphärischer Emissionen 1990-2015; **143.M3.1** Schaar, Wolfgang, Grafing; **143.M3.2** Schaar, Wolfgang, Grafing; **143.M3.3** Schaar, Wolfgang, Grafing; **143.M3.4** Schaar, Wolfgang, Grafing. (Biosiegel: Bundesministerium für Ernährung und Landwirtschaft); **143.M3.5** Schaar, Wolfgang, Grafing; **144.Bilderrätsel** Jähde, Steffen, Sundhagen; **144.M1** creanovo – motion & media design GmbH, Axel Kempf, Hannover; **145.M** Jäckel, Diana, Erfurt; **145.M3** Schaar, Wolfgang, Grafing; **145.M4** Mester, Gerhard, Wiesbaden; **145.M5** MEV Verlag GmbH, Augsburg; **145.M6** laif, Köln; **145.M7** Image Professionals, München (Science Photo Library/West, Jim); **146.M1** ShutterStock.com RF, New York (Huntstyle); **147.M4** Schaar, Wolfgang, Grafing; **147.M5** Mauritius Images, Mittenwald (Alamy Stock Photos); **148.M1** Schaar, Wolfgang, Grafing; **148.M2** Picture-Alliance, Frankfurt/M. (Esther Horvath / AWI via ZUMA); **148.M3** IMAGO, Berlin (ZUMA Wire/StefanxHendricks); **149.M4** CC-BY-4.0 Creative Commons Namensnennung, Mountain View; CC-BY-4.0 Lizenzbestimmungen: http://creativecommons.org/licenses/by/4.0/legalcode; Grafik: AWI, siehe *1; **150.M1** ShutterStock.com RF, New York (Berkan4kardes); **151.M2** ShutterStock.com RF, New York (Marco Specht); **151.M3** Picture-Alliance, Frankfurt/M. (Kyodo/dpa-mag); **152.M1** ShutterStock.com RF, New York (Alberto Masnovo); **152.M2** Schaar, Wolfgang, Grafing; **152.M3** Schaar, Wolfgang, Grafing; **153.M5** ShutterStock.com RF, New York (CO Leong); **153.M7** Schaar, Wolfgang, Grafing; **153.M8** Schaar, Wolfgang, Grafing; **154.M1** Schaar, Wolfgang, Grafing; **154.M2** ShutterStock.com RF, New York (rayints); **154.M3** ShutterStock.com RF, New York (Stastny_Pavel); **155.M4** YOUR PHOTO TODAY, Ottobrunn (Your_Photo_Today); **155.M5** Ernst Klett Verlag GmbH, Stuttgart; **156.M1** Picture-Alliance, Frankfurt/M. (Christine Koenig); **157.M2** Schaar, Wolfgang, Grafing; **158.M1** Ernst Klett Verlag GmbH, Stuttgart; **158.M2** Thinkstock, München (Photos.com); **158.M4** Ernst Klett Verlag GmbH, Stuttgart; **159.M5** Ernst Klett Verlag GmbH, Stuttgart; **160.M1** Ernst Klett Verlag GmbH, Stuttgart; **161.M2** ShutterStock.com RF, New York (VisualProduction); **161.M3** creanovo – motion & media design GmbH, Axel Kempf, Hannover; **162.M1** creanovo – motion & media design GmbH, Axel Kempf, Hannover; **162.M2** stock.adobe.com, Dublin (anjali04); **163.M3** Mauritius Images, Mittenwald (Kevin Schafer / Alamy); **163.M4** creanovo – motion & media design GmbH, Axel Kempf, Hannover; **163.M5** creanovo – motion & media design GmbH, Axel Kempf, Hannover; **164.M1** Schaar, Wolfgang, Grafing; **164.M2** ShutterStock.com RF, New York (Eray Kapan); **165.M3** Schaar, Wolfgang, Grafing; **165.M4** Jäckel, Diana, Erfurt; **166.M1** Schaar, Wolfgang, Grafing; **166.M2** Picture-Alliance, Frankfurt/M. (dpa/Aflo/Mainichi Newspaper); **167.M4** Jäckel, Diana, Erfurt; **167.M5** Picture-Alliance, Frankfurt/M. (dpa/Asahi Shimbun); **167.M6** ShutterStock.com RF, New York (Picture Partners); **168.M1** Getty Images Plus, München (Hill Street Studios); **169.M2** ShutterStock.com RF, New York (Fly_and_Dive); **170.M1** Schaar, Wolfgang, Grafing; **170.M2** ShutterStock.com RF, New York (Stanislav Simonyan); **170.M3** ShutterStock.com RF, New York (Fotos593); **171.M4** Ernst Klett Verlag GmbH, Stuttgart; **172.M1** Mauritius Images, Mittenwald (imageBROKER); **173.M2** Schaar, Wolfgang, Grafing; **173.M3** Schaar, Wolfgang, Grafing; **173.M4** Ernst Klett Verlag GmbH, Stuttgart; **174.M1** Schaar, Wolfgang, Grafing; **174.M2** NASA, Washington, D.C. (Jacques Descloitres, MODIS Land Rapid Response Team); **174.M3** Schaar, Wolfgang, Grafing; **175.M4** ShutterStock.com RF, New York (Claudio Soldi); **176.M1** Ernst Klett Verlag GmbH, Stuttgart; **177.M2** Schaar, Wolfgang, Grafing; **177.M3** Schaar, Wolfgang, Grafing; **178.M1** Stötefeld, Laura, Karwitz; **179.M2** Stötefeld, Laura, Karwitz; **180.M1** Schaar, Wolfgang, Grafing; **181.M2.1** stock.adobe.com, Dublin (bercikns); **181.M2.2** stock.adobe.com, Dublin (siimsepp); **181.M2.3** Rausch, Marion, Linsenhofen; **181.M2.4** Rausch, Marion, Linsenhofen; **181.M2.5** Rausch, Marion, Linsenhofen; **181.M2.6** ShutterStock.com RF, New York (Aleksandr Pobedimskiy); **181.M3** Jäckel, Diana, Erfurt; **182** Getty Images Plus, München (iStock/Irina Kashaeva); **220** Getty Images Plus, München (iStock/demaerre); **221** Ernst Klett Verlag GmbH, Stuttgart; **221** Ernst Klett Verlag GmbH, Stuttgart; **222** Ernst Klett Verlag GmbH, Stuttgart; **223** Ernst Klett Verlag GmbH, Stuttgart; **224** Ernst Klett Verlag GmbH, Stuttgart; **226** Ernst Klett Verlag GmbH, Stuttgart; **228** Ernst Klett Verlag GmbH, Stuttgart; **229.oben** Ernst Klett Verlag GmbH, Stuttgart; **229.unten** Ernst Klett Verlag GmbH, Stuttgart; **230** Ernst Klett Verlag GmbH, Stuttgart; **231** Ernst Klett Verlag GmbH, Stuttgart; **232** Ernst Klett Verlag GmbH, Stuttgart; **234** Ernst Klett Verlag GmbH, Stuttgart; **hinterer Vorsatz** Oser, Liliane, Hamburg;

*1 Lizenzbestimmungen zu CC-BY-4.0 siehe: http://creativecommons.org/licenses/by/4.0/legalcode

Textquellenverzeichnis

113.M3 eigene Zusammenfassung nach: Fairtrade Deutschland e.V., unter: https://www.fairtrade-schools.de/aktuelles (Zugriff: 26.10.2023); **15.M4** Nach Georg Krämer; Michael Lesemann (Welthaus Bielefeld e.V. u.a.): 17 Ziele für eine zukunftsfähige Welt. Bielefeld: Welthaus 2016, S. 20, auch unter: http://www.lernplattform-nachhaltige-entwicklungsziele.de/fileadmin/user_upload/LNE/pdf-eigene-Materialien/Magazin-Schuelerheft-Ansicht.pdf; **15.M4** Nach Georg Krämer; Michael Lesemann (Welthaus Bielefeld e.V. u.a.): 17 Ziele für eine zukunftsfähige Welt. Bielefeld: Welthaus 2016, S. 20, auch unter: http://www.lernplattform-nachhaltige-entwicklungsziele.de/fileadmin/user_upload/LNE/pdf-eigene-Materialien/Magazin-Schuelerheft-Ansicht.pdf; **69.M1** nach: https://www.fao.org/faostat/en/#compare; **71.M2** nach: www.fao.org; statista und destatis; **101.T2** eigene Darstellung nach: https://de.wikipedia.org/wiki/Tamikrest und https://www.tamikrest.net/index.html#bio; **108.T2** nach: Stephan Schuler: Problemlösen durch Planen und Entscheiden im Geographieunterricht, in: Geographie aktuell & Schule. Heft 225/ 39. Jahrgang 2017, S. 25; **141.M5** Umweltbundesamt: Neue Analyse zeigt Risiken der Erderhitzung für Deutschland, Pressemitteilung v. 14.06.2021 (Nr. 28/2021), unter: https://www.umweltbundesamt.de/presse/pressemitteilungen/neue-analyse-zeigt-risiken-der-erderhitzung-fuer (Zugriff: 04.10.2023); Zur besseren altersgemäßen Verständlichkeit wurde der Originaltext verändert, ohne den Inhalt und/oder Sinn zu verändern.; **146.M2** n-tv Kurznachrichten, Unwetter fordern zwei Todesopfer Tornados rasen durch Oklahoma, v. 10.05.2016, unter: https://www.n-tv.de/ticker/Tornados-rasen-durch-Oklahoma-article17655611.html (Zugriff: 19.09.2023);

10 Haack-Kartenteil

Die folgenden Karten bieten dir eine schnelle Orientierung. Sie zeigen einen Überblick über die Räume, die im Unterricht behandelt werden. Mit dem Register kannst du geographische Objekte suchen, ganz so, wie du es von der Arbeit mit dem Atlas gewohnt bist.
Für alle physischen Karten gilt die Kartenlegende auf dieser Seite. Interessierst du dich für Einzelheiten oder Karten mit bestimmten thematischen Inhalten, so schlage in deinem Haack Weltatlas nach.

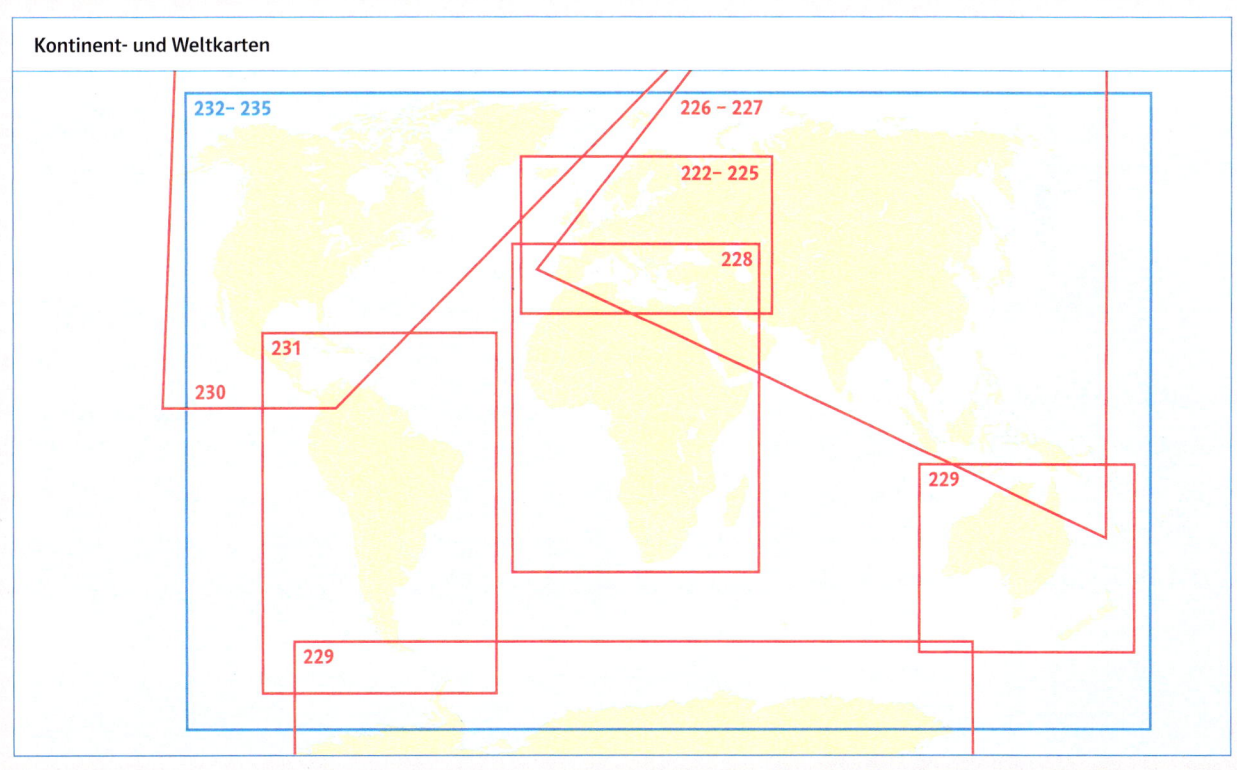

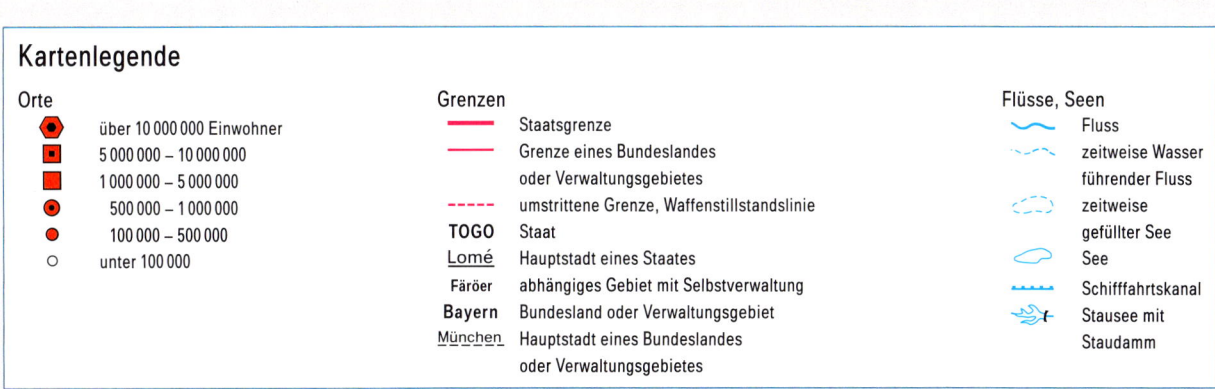

Kontinent- und Weltkarten

Kartenlegende

Orte
- über 10 000 000 Einwohner
- 5 000 000 – 10 000 000
- 1 000 000 – 5 000 000
- 500 000 – 1 000 000
- 100 000 – 500 000
- unter 100 000

Grenzen
- Staatsgrenze
- Grenze eines Bundeslandes oder Verwaltungsgebietes
- umstrittene Grenze, Waffenstillstandslinie
- **TOGO** Staat
- <u>Lomé</u> Hauptstadt eines Staates
- Färöer abhängiges Gebiet mit Selbstverwaltung
- **Bayern** Bundesland oder Verwaltungsgebiet
- <u>München</u> Hauptstadt eines Bundeslandes oder Verwaltungsgebietes

Flüsse, Seen
- Fluss
- zeitweise Wasser führender Fluss
- zeitweise gefüllter See
- See
- Schifffahrtskanal
- Stausee mit Staudamm

Baden-Württemberg

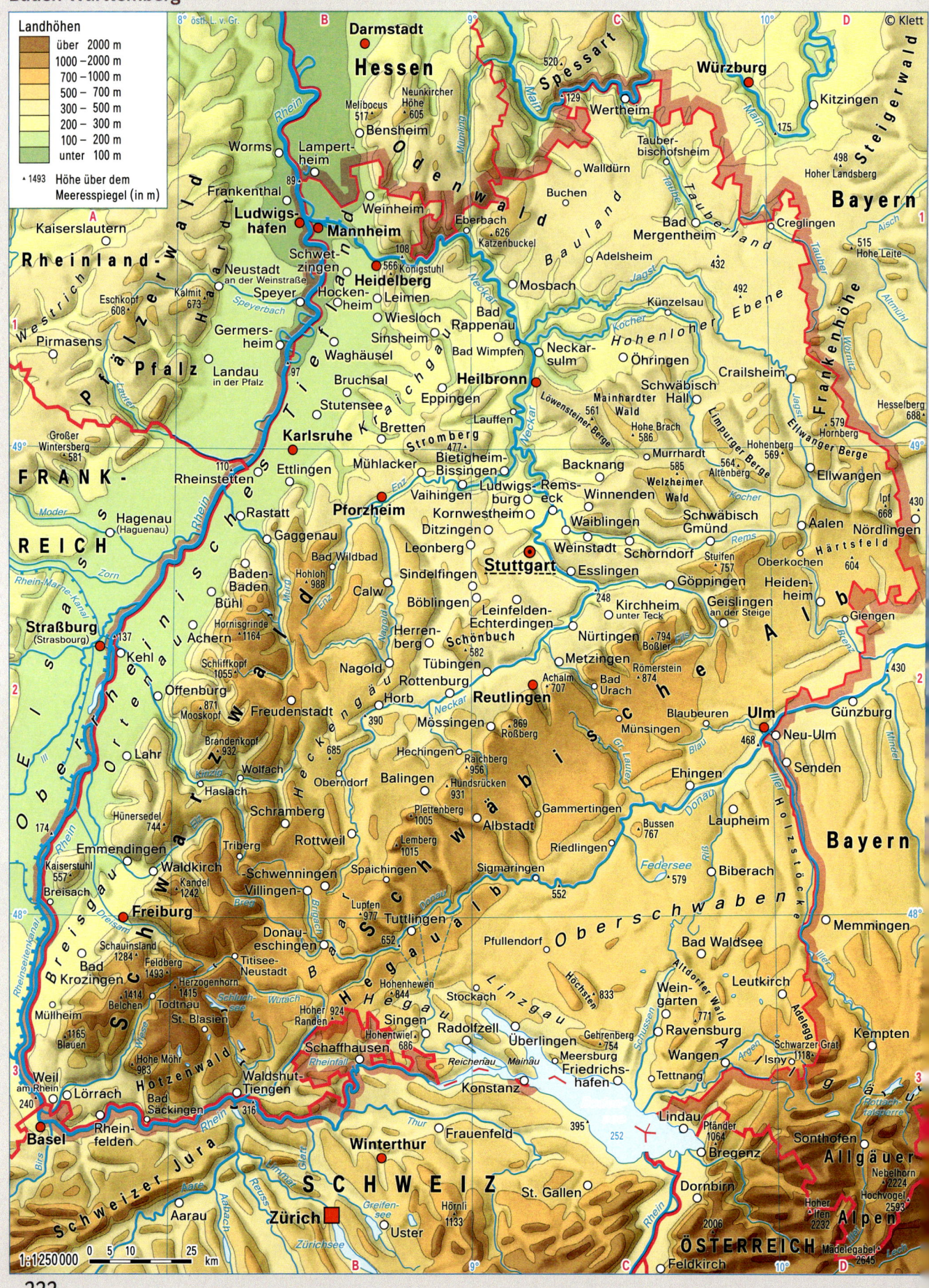

Deutschland

Europa

Landhöhen
- über 5000 m
- 2000 – 5000 m
- 1000 – 2000 m
- 500 – 1000 m
- 200 – 500 m
- 100 – 200 m
- 0 – 100 m
- unter 0 m

Inlandeis, Gletscher

•4810 Höhe über dem Meeresspiegel (in m)

ABKÜRZUNGEN:
BOS. U. HERZ.	BOSNIEN UND HERZEGOWINA
KOS.	KOSOVO
LIE.	LIECHTENSTEIN
LUX.	LUXEMBURG
NORDM.	NORDMAZEDONIEN
SLOW.	SLOWENIEN
S.M.	SAN MARINO
V.A.E.	VEREINIGTE ARABISCHE EMIRATE

1 : 20 000 000
0 100 200 500 km

ATLANTISCHER OZEAN

Europäisches Nordmeer

nördl. Polarkreis

Färöer (dän.)

ISLAND
Reykjavík
Hvannadalshnúkur 2119

Shetlandinseln

NORWEGEN
Trondheim
Galdhøpiggen 2469
Bergen
Oslo

Skagerrak
Göteborg
DÄNEMARK
Kopenhagen

Hebriden
Orkneyinseln
Nordsee

1343
Glasgow
Belfast
IRLAND
Slea Head
Dublin
Cork
VEREINIGTES KÖNIGREICH
Newcastle upon Tyne
Manchester
Sheffield
Nottingham
Birmingham
Land's End
Bristol
London
Southampton
Kanalinseln (brit.)
Der Kanal
Brest
Bretagne
Normandie
Nantes
Loire
Tours
Paris
Seine
FRANKREICH
Limoges
Golf von Biscaya
Bordeaux
Zentralmassiv
Lyon
Vogesen
Bern
SCHWEIZ
Mont Blanc 4810
LIE.
Alpen
Mailand
Turin
Marseille
Genua
MONACO
Nizza
Korsika
S.M.
VATIKANSTADT
Rom
Apennin
Neapel
ITALIEN
Sardinien
Cagliari

NIEDERLANDE
Amsterdam
Rotterdam
Brüssel
BELGIEN
Köln
Dortmund
LUX.
Luxemburg
Frankfurt
DEUTSCHLAND
Hamburg
Elbe
Berlin
Rhein
München
Zürich
Donau

La Coruña
Kap Finisterre
Galicien
Kantabrisches Gebirge
Bilbao
Porto
Duero
PORTUGAL
Lissabon
Tejo
Madrid
SPANIEN
Zaragoza
Ebro
Pyrenäen 3404
ANDORRA
Toulouse
Barcelona
Valencia
Balearen
Palma Mallorca

Sevilla
Málaga 3478
Straße von Gibraltar
Gibraltar (brit.)
Ceuta (span.)
Murcia

Azoren (port.)
Ponta Delgada
São Miguel

Funchal
Madeira (port.)

Kanarische Inseln
Teneriffa (span.)
Pico de Teide 3718
Gran Canaria
Las Palmas
Fuerteventura

Rabat
Casablanca
Fès
MAROKKO
Marrakesch
Mittlerer Atlas
4165
Hoher Atlas
Agadir
Antiatlas

Melilla (span.)
Oran
Algier
Tellatlas
Maghreb
Saharaatlas
2328
TUNESIEN
Tunis
Valletta
MALTA
Sfax
Sizilien
Palermo
Catania

Laayoune
WESTSAHARA (marokkanische Verwaltung)

Hamada des Draa
Béchar
Westlicher Großer Erg
Östlicher Großer Erg
Ouargla
ALGERIEN
Tripolis
Tripolitanien
Kleine Syrte

Sahara

MAURETANIEN
MALI

nördl. Wendekreis

westl. L. 0° östl. L. v. Gr.

© Klett
Barentssee
Nordkap
Hammerfest
Murmansk
Halbinsel Kola
Lappland
Karelien
Weißes Meer
Archangelsk
Nördliche Dwina
Petschora
Narodnaja 1894
Uralgebirge
Sibirien
Surgut
Ob
Chanty-Mansijsk
Westsibirisches Tiefland
Irtysch
Omsk
Tobol
Tjumen
Petropawl
Jekaterinburg
Tscheljabinsk
Astana
Perm
Kirow
Ischewsk
Kasan
Kama
Nabereschnyje Tschelny
Ufa
1640
Magnitogorsk
Rudny
RUSSISCHE FÖDERATION
Onegasee
Ladogasee
Oulu
FINNLAND
Finnische Seenplatte
Bottnischer Meerbusen
SCHWEDEN
Helsinki
Uppsala
Åland (finn.)
Stockholm
Gotland
Tallinn
ESTLAND
St. Petersburg
Peipussee
Jaroslawl
Nischni Nowgorod
Uljanowsk
Samara
Orenburg
Aqtöbe
LETTLAND
Riga
Waldaihöhe
323
Wolga
Moskau
Rjasan
Pensa
Ostsee
LITAUEN
Königsberg (zu Russ. Föd.)
Wilna
Danzig
Masuren
Minsk
BELARUS
Duna
Lipezk
Saratow
Woronesch
Kasachensteppe
Ural
KASACHSTAN
Syr-Darja
Aralsee
Warschau
Weichsel
POLEN
Homel
Wolgograd
Don
Kaspische Senke
USBEKISTAN
Wolynien
Kiew
Charkiw
Luhansk
-28
Astrachan
Amu-Darja
Nukus
Daşoguz
Schlesien
Krakau
Lemberg
UKRAINE
Dnipro
Donezk
Rostow
Manytschniederung
Aqtau
Kaspisches Meer
TSCHECHIEN
2655
SLOWAKEI
Bratislava
Karpaten
Chisinau
MOLDAU
Budapest
UNGARN
Odessa
Krasnodar
TURKMENISTAN
Aschgabat
Siebenbürgen
RUMÄNIEN
2543
Halbinsel Krim
1545
Sewastopol
Kaukasus
Elbrus 5642
Sotschi
Zagreb
Belgrad
Südkarpaten
Bukarest
Walachei
Constanța
GEORGIEN
Tiflis
ASERBAIDSCHAN
Baku
Sarajewo
SERBIEN
Donau
Schwarzes Meer
ARMENIEN
Eriwan
Ararat 5165
MONTENEGRO
Pristina
KOS.
BULGARIEN
Balkan
Sofia
Varna
Samsun
Trabzon
Armenisches Hochland
4821
Ardabil
Podgorica
Skopje
NORDM.
Rhodopen
Saloniki
Istanbul
Bosporus
Pontisches Gebirge
Kizilirmak
Ostanatolien
Täbris
Rascht
Elburs
5604 Demawend
Teheran
Tirana
ALBANIEN
2911
Bursa
Ankara
Vansee
Urmiasee
Urmia
GRIECHENLAND
Westanatolien
Anatolien
Kayseri
Diyarbakır
İzmir
Konya
TÜRKEI
Mosul
Qom
Ägäisches Meer
3585
Adana
Assad-Stausee
Kirkuk
IRAN
Athen
Taurus
Tigris
Isfahan
Peloponnes
Kykladen
Antalya
Aleppo
Zagrosgebirge
SYRIEN
Bagdad
4548
Nikosia
ZYPERN
Homs
Euphrat
Mesopotamien
Kreta
LIBANON
An-Nadschaf
Ahwas
Beirut
Damaskus
IRAK
Schiras
Mittelmeer
ISRAEL
Al-Basra
Tel Aviv-Jaffa
Amman
KUWAIT
Kuwait
Jerusalem
-422
Persischer Golf
Bengasi
Port Said
Alexandria
JORDANIEN
Große Syrte
Cyrenaika
Nil
Kairo
Akaba
Manama
BAHRAIN
Gizeh
Halbinsel Sinai
2637
SAUDI-ARABIEN
KATAR
Doha
LIBYEN
-133
ÄGYPTEN
V.A.E.

Asien

226

Landhöhen

- über 5000 m
- 2000 – 5000 m
- 1000 – 2000 m
- 500 – 1000 m
- 200 – 500 m
- 0 – 200 m
- unter 0 m

Inlandeis, Gletscher

• 8846 Höhe über dem Meeresspiegel (in m)

ABKÜRZUNGEN:

AL.	ALBANIEN	MO.	MONTENEGRO
AND.	ANDORRA	MOL.	MOLDAU
ARM.	ARMENIEN	NL.	NIEDERLANDE
AS.	ASERBAIDSCHAN	NM.	NORDMAZEDONIEN
BAHR.	BAHRAIN	ÖST.	ÖSTERREICH
B.	BELGIEN	P.	PORTUGAL
BO.	BOSNIEN UND HERZEGOWINA	RUM.	RUMÄNIEN
BUL.	BULGARIEN	S.	SCHWEIZ
DÄN.	DÄNEMARK	SER.	SERBIEN
EST.	ESTLAND	SL.	SLOWENIEN
KO.	KOSOVO	TSCH.	TSCHECHIEN
KR.	KROATIEN	UNG.	UNGARN
L.	LUXEMBURG	V.A.E.	VEREINIGTE ARABISCHE EMIRATE
LET.	LETTLAND		
LIT.	LITAUEN		

1 : 40 000 000

0 500 1000 km

227

Afrika

Map of Africa and surrounding regions (physical/political map, scale 1:40 000 000, © Klett)

Landhöhen:
- über 5000 m
- 2000–5000 m
- 1000–2000 m
- 500–1000 m
- 200–500 m
- 0–200 m
- unter 0 m

▲ 5895 Höhe über dem Meeresspiegel (in m)

ABKÜRZUNGEN:
- AL. ALBANIEN
- ARM. ARMENIEN
- AS. ASERBAIDSCHAN
- BO. BOSNIEN UND HERZEGOWINA
- BUL. BULGARIEN
- KO. KOSOVO
- KR. KROATIEN
- LIB. LIBANON
- MO. MONTENEGRO
- MOL. MOLDAU
- NM. NORDMAZEDONIEN
- ÖST. ÖSTERREICH
- RUSS. FÖD. RUSSISCHE FÖDERATION
- SER. SERBIEN
- UNG. UNGARN
- V.A.E. VEREINIGTE ARABISCHE EMIRATE

228

Australien / Antarktis

Nordamerika

Südamerika

Erde

Landhöhen

Farbe	Höhe
	über 5000 m
	2000 – 5000 m
	1000 – 2000 m
	500 – 1000 m
	200 – 500 m
	0 – 200 m
	unter 0 m
	Innlandeis, Gletscher

▲ 8846 Höhe über dem Meeresspiegel (in m)

Ozeane und Meere: Nordpolarmeer, Beaufortsee, Baffin Bay, Labradorsee, Europäisches Nordmeer, Dänemarkstraße, Hudsonstraße, Hudson Bay, Golf von Alaska, Sargassosee, Atlantischer Ozean, Golf von Mexiko, Karibisches Meer, Pazifischer Ozean, Drakestraße, Südpolarmeer, Weddellmeer

Kontinente/Regionen: Nordamerika, Südamerika, Grönland, Kanadisch-arktischer Archipel, Ellesmereland, Island, Spitzbergen, Färöer, Britische Inseln, EU, Afrika, Sahara

Inseln: Victoria-Insel, Baffininsel, Ungava-Halbinsel, Neufundland, Vancouverinsel, Kodiak, Alexander-archipel, Bermuda-Inseln, Hispaniola, Jamaika, Große Antillen, Kleine Antillen, Azoren, Kanarische Inseln, Madeira, Kapverdische Inseln, Galápagosinseln, Osterinsel, St. Helena, Ascension, Tristan da Cunha, Falklandinseln, Südgeorgien, Südsandwichinseln, Südorkneyinseln, Südshetlandinseln, Palmer-Archipel, Alexanderinsel, Antarktische Halbinsel, Feuerland, Kap Hoorn, Jan Mayen, Shetlandinseln

Gebirge: Brookskette (2749), Alaskakette, Denali (6168), Küstengebirge (4042), Kaskadenkette (4392), Sierra Nevada (4418), Rocky Mountains (4399), Großes Becken, Hochland v. Mexiko (3658), Appalachen (2037), Anden, Nordkordillere, Atacama, Patagonien, Aconcagua (6959), Kordilleren, Brasilianisches Bergland (893), Bergland von Guayana (3014), Alpen (4810), Mont Blanc, Pyrenäen (3404), Atlasgebirge (4165), Ahaggar (2918)

Flüsse: Yukon, Mackenzie, Missouri, Mississippi, Ohio, Rio Grande, Orinoco, Rio Negro, Amazonas, Madeira, Tocantins, São Francisco, Paraná, Uruguay, Paraguay, Niger

Städte Nordamerika: Anchorage, Whitehorse, Vancouver, Seattle, Portland, Edmonton, Winnipeg, Churchill, Goose Bay, St. John's, Halifax, Montreal, Ottawa, Toronto, Detroit, Chicago, Boston, New York, Philadelphia, Washington, Pittsburgh, Cincinnati, St. Louis, Kansas City, Denver, San Francisco, Los Angeles, San Diego, Phoenix, Dallas, Houston, New Orleans, Atlanta, Orlando, Miami, Havanna, Mérida, Monterrey, Guadalajara, León, Mexiko (5700), Puebla (4217), Guatemala, San Salvador, Managua, Panama (3820), Nuuk, Reykjavik

Städte Südamerika: Santo Domingo, Barranquilla, Caracas, Maracaibo (4978, 5493), Georgetown, Medellín, Cali, Bogotá (5750), Quito (6272), Guayaquil, Iquitos, Manaus, Belém, Fortaleza, Teresina, Natal, Recife, Salvador, Lima (6768), Arequipa (6613), La Paz (6421), Santa Cruz (6520), Brasília, Goiânia, Belo Horizonte (2890), São Paulo, Rio de Janeiro, Curitiba, Asunción, San Miguel de Tucumán (6880), Córdoba, Santiago de Chile (4708), Rosario, Montevideo, Buenos Aires, Mar del Plata (3776), Comodoro Rivadavia (4058), Punta Arenas, Gran Chaco, Pampa, Amazonastiefland

Städte Europa/Afrika: Glasgow, Dublin, London, Amsterdam, Brüssel, Paris, Hamburg, Kopenhagen, Oslo, Prag, Wien, Mailand, Rom, Madrid, Barcelona, Lissabon, Casablanca, Rabat, Algier, Oran, Tunis, Tripoli, Nouakchott, Dakar, Bamako, Niamey, N'Djamena, Conakry, Monrovia, Abidjan, Accra, Lomé, Lagos, Douala, Jaunde, Libreville, Luanda, Kapstadt, In Salah, Oberguinea, Hochland Adamaoua (4070), Niederguinea, Namib

232

Maßstab ca. 1 : 75 000 000

Erde (Staaten)

Maßstab ca. 1 : 75 000 000

Nordpolarmeer

RUSSISCHE FÖDERATION

Moskau · Astana · Ulan-Bator
KASACHSTAN · MONGOLEI
GEO. Tiflis · USBEKISTAN · Bischkek · D. VR. KOREA
AR. AS. · Taschkent · KIRGISISTAN · Peking · Pjöngjang
Ankara · Baku · TURKMENISTAN · Duschanbe · Seoul
TÜRKEI · Aschgabat · TADSCHIKISTAN · REP. KOREA · Tokyo
SYRIEN · Teheran · Kabul · CHINA · JAPAN
LIB. Bei. · Bagdad · AFGHANISTAN · Islamabad
ISR. JORD. Dam. · IRAK · IRAN
Amman · KUWAIT · PAKISTAN · New Delhi · NEPAL · Thimphu
SAUDI- · Kuwait · Kathmandu · BHUTAN · Taipeh
BAHRAIN · Manama · KATAR · Dhaka
ARABIEN · Riad · Doha · Abu Dhabi · BANGLADESCH · Taiwan
V.A.E. · Maskat · INDIEN · MYANMAR
ERITREA · OMAN · Naypyidaw · Hanoi
Asmara · JEMEN · LAOS
DSCHIBUTI · Sanaa · Andamanen · Vientiane · VIETNAM
Dschibuti · (ind.) · THAI- · Manila
SUDAN · LAND · PHILIPPINEN
Addis Abeba · Bangkok · KAMBODSCHA
ÄTHIOPIEN · SOMALIA · Phnom Penh
UGANDA · Colombo · Bandar Seri Begawan · BRUNEI
Kampala · SRI LANKA · Kuala Lumpur · DARUSSALAM
KENIA · MALEDIVEN · Male · MALAYSIA · SINGAPUR
Nairobi
BURUNDI · Kigali · Gitega
TANSANIA · Dodoma · Victoria · INDONESIEN · PAPUA-NEUGUINEA
MALAWI · SEYCHELLEN · Jakarta · Dili
Lilongwe · KOMOREN · TIMOR-LESTE · Port Moresby
MOSAMBIK · Moroni · MAURITIUS · SALOMONEN · Honiara
MADAGASKAR · Port Louis
Antananarivo · VANUATU
Maputo · Neukaledonien (franz.)
ESWATINI
Maseru · SOTHO

Nördliche Marianen (USA) · **MARSHALL-INSELN**
Guam (USA)
OZEAN
Ngerulmud · Palikir
PALAU · MIKRONESIEN

PAZIFISCHER OZEAN

INDISCHER OZEAN

AUSTRALIEN
Canberra

NEUSEELAND
Wellington

Südpolarmeer

LIECHTENSTEIN	RUM.	RUMÄNIEN	TSCH.	TSCHECHIEN	
LIBANON	S.	SCHWEIZ	Pg.	Prag	
Beirut	Be.	Bern	U.	UNGARN	
LITAUEN	SER.	SERBIEN	Bud.	Budapest	
MONTENEGRO	Bel.	Belgrad	V.A.E.	VEREINIGTE ARABISCHE EMIRATE	
MOLDAU	SK.	SLOWAKEI			
MONACO	Brat.	Bratislava			
NIEDERLANDE	SL.	SLOWENIEN	VAT.	VATIKANSTADT	
Amsterdam	Ljub.	Ljubljana	Dam.	Damaskus	
NORDMAZEDONIEN	SM.	SAN MARINO	Nik.	Nikosia	
ÖSTERREICH	ST. K.	ST. KITTS UND NEVIS			
Wien					

Kartenregister

A

Aachen 223 B3
Aalen 222 D2
Aare 223 B5
Abidjan 228 B4
Abu Dhabi 226/227 E5, 234/235 H3
Abuja 228 C4, 234/235 G3
Accra 228 B4, 234/235 F3
Achalm 222 C2
Achern 222 B2
Aconcagua 231 C5
Adana 224/225 H5
Addis Abeba 228 E4, 234/235 H3
Adelaide 229 C3
Adelaide-Insel 229 C35-C36
Adelegg 222 D3
Adélieland 229 B21-C20
Adelsheim 222 C1
Aden 226/227 E6
Adriatisches Meer 224/225 F4
Afghanistan 226/227 F4, 234/235 I3
Afrika 232/233 F3-H3
Agadez 228 C3
Agadir 228 B2
Ägäisches Meer 224/225 G5
Agra 226/227 G5
Ägypten 228 D3-E3, 234/235 G3-H3
Ahaggar 228 C3
Ahmadabad 226/227 F5
Ahwas 224/225 I5
Aïr 228 C3
Akaba 224/225 H6
Åland 224/225 G2
Alaska; Bundesstaat 234/235 A1-B1
Alaska; Landschaft 230 C2-D2
Alaskakette 230 C2-D2
Albanien 224/225 F4-G4, 234/235 G2
Al-Basra 224/225 I5
Albstadt 222 C2
Aldabra-Inseln 226/227 D7-E7
Aldan 226/227 J3
Aleppo 226/227 D4
Aleuten 226/227 M3-N3
Alexanderarchipel 230 D3-E3
Alexanderinsel 229 C35
Alexandria 228 D2
Algerien 228 B3-C3, 234/235 F3-G3
Algier 228 C2, 234/235 G2
Alice Springs 229 B2
Aller 223 C2
Allgäu 222 C3-D3
Almaty 226/227 G4
Almere 223 A2
Alpen 224/225 E4-F4
Alpenvorland 223 D5-E4
Alsen 223 C1
Altai 226/227 G3
Altdorfer Wald 222 C3
Altenberg 222 C2
Altiplano 231 C4
Altun Shan 226/227 G4-H4
Amazonas 231 D3
Amazonastiefland 231 C3-D3
Ambon 226/227 J7
American Highland 229 B14-B15
Amery-Schelfeis 229 B14-C14
Amiranteninseln 226/227 E7
Amman 226/227 D4, 234/235 H2
Amsterdam 224/225 E3, 234/235 G2
Amsterdaminsel 232/233 I5

Amu-Darja 226/227 F4
Amundsengolf 230 D2-E2
Amundsensee 229 C32-B31
Amur 226/227 J3
Anadyr 226/227 M2
Anadyrgebirge 226/227 M2
Anatolien 224/225 H4-I5
Anchorage 230 D2
Andamanen 226/227 G6-H6
Anden 231 B3-C3
Andorra 224/225 E4, 234/235 F2-G2
Angara 226/227 H3
Angola 228 D5, 234/235 G4
Anguilla 231 C1
Ankara 224/225 H4-H5, 234/235 H2
An-Nadschaf 224/225 I5
Annobón 228 C5
Anshan 226/227 J4
Antalya 224/225 H5
Antananarivo 228 F6, 234/235 H4
Antarktis 232/233 F6-K6
Antarktische Halbinsel 229 C1-B1
Antiatlas 224/225 D6-D5
Antigua und Barbuda 231 D1, 234/235 D3-E3
Antofagasta 231 C4
Apenninen 224/225 F4
Appalachen 230 H4-I3
Aqtau 224/225 J4
Aqtöbe 224/225 J3
Äquatorialguinea 228 C4, 234/235 G3
Arabien 228 E3-F3
Arabisches Meer 226/227 E5-F5
Arafurasee 226/227 J7-K7
Aralsee 226/227 E4
Ararat 224/225 I5
Archangelsk 224/225 I2
Ardabil 224/225 I5
Ardennen 223 A4-B3
Arequipa 231 C4
Argen 222 C3
Argentinien 231 C4-D4, 234/235 D4-D5
Argonnen 223 A4
Arkansas 230 G4
Arktisches Kap 232/233 I1-J1
Armenien 226/227 D4, 234/235 H2
Armenisches Hochland 224/225 I4-I5
Arnheim 223 A3
Arnhemland 229 B1-B2
Aruba 231 C2
Aru-Inseln 226/227 J7-K7
Asansol 226/227 G5
Ascension; Insel 232/233 F4
Ascension; Verwaltungseinheit 228 B5, 234/235 F4
Aschgabat 226/227 E4, 234/235 H2
Aserbaidschan 226/227 E4, 234/235 H2
Asien 232/233 I2-J2
Asmara 228 E3, 234/235 H3
Assad-Stausee 224/225 H5
Assuan 228 E3
Astana 226/227 F3, 234/235 I2
Astrachan 224/225 I4
Asunción 231 D4, 234/235 E4
Asyut 226/227 D5
Atacama 231 C4
Athen 224/225 G5, 234/235 G2
Äthiopien 228 E4, 234/235 H3
Atlanta 230 H4

Atlantischer Ozean 232/233 D3-F4
Atlasgebirge 228 B3-C2
Ätna 224/225 F5
Auckland 229 E3
Augsburg 223 D4
Aurangabad 226/227 G5
Aussig 223 E3-F3
Austin 230 G4-G5
Australien; Staat 229 B2-C2, 234/235 K4
Australien; Kontinent 232/233 J4-K4
Azoren 224/225 B5

B

Baar 222 B3-B2
Backnang 222 C2
Baden-Baden 222 B2
Baden-Württemberg 223 C4-C5
Bad Krozingen 222 A3
Bad Mergentheim 222 C1
Bad Rappenau 222 C1
Bad Säckingen 222 A3
Bad Urach 222 C2
Bad Waldsee 222 C3
Bad Wildbad 222 B2
Bad Wimpfen 222 C1
Baffin Bay 230 I2
Baffininsel 230 H2-I2
Bagdad 226/227 D4-E4
Bahamas 230 H5-I5, 234/235 D3
Bahía Blanca 231 C5
Bahrain 226/227 E5, 234/235 H3
Baikalsee 226/227 I3
Bairiki 226/227 M6
Baku 226/227 E4, 234/235 H2
Balearen 224/225 E5-E4
Balikpapan 226/227 I7
Balingen 222 B2
Balkan 224/225 G4
Balleny-Inseln 232/233 L6
Balqaschsee 226/227 F3-G3
Baltimore 230 H4
Bamako 228 B4, 234/235 F3
Bandar Seri Begawan 226/227 I6, 234/235 J3-K3
Bandung 226/227 I7
Bangkok 226/227 H6, 234/235 J3
Bangladesch 226/227 G5-H5, 234/235 I3
Bangui 228 D4, 234/235 G3
Banjul 228 A4, 234/235 F3
Banksinseln 230 E2-F2
Baotou 226/227 I4
Barbados 231 D2, 234/235 E3
Barcelona 224/225 E4
Barentssee 224/225 H1-I2
Barranquilla 231 B2
Barren Grounds 230 F2-G2
Basel 223 B5
Bassstraße 229 C3
Bauland 222 C1
Bayerische Alpen 223 D5-E5
Bayerischer Wald 223 E4
Bayern 223 D4-E4
Bayreuth 223 D4
Beaufortsee 230 D2-E1
Béchar 224/225 D5
Beira 228 E6
Beirut 226/227 D4, 234/235 H2
Belarus 224/225 G3, 234/235 G2-H2
Belchen 222 A3
Belém 231 D3
Belfast 224/225 D3
Belgien 224/225 E3, 234/235 G2

Belgrad 224/225 G4, 234/235 G2
Belize 230 H5, 234/235 D3
Bellingshausensee 229 C34-B34
Belmopan 230 H5, 234/235 D3
Belo Horizonte 231 E4
Bengaluru 226/227 G6
Bengasi 228 D2
Benin 228 C4, 234/235 G3
Bergen 224/225 E2
Bergland von Guayana 231 C2-D2
Beringmeer 226/227 N2-M3
Beringstraße 230 B2
Berknerinsel 229 B1-B2
Berlin; Stadt 223 E2, 234/235 G2
Berlin; Bundesland 223 E2
Bermuda 230 I4
Bermuda-Inseln 232/233 D2
Bern 224/225 E4, 234/235 G2
Bhopal 226/227 G5
Bhubaneswar 226/227 G5
Bhutan 226/227 G5-H5, 234/235 I3-J3
Biberach a. d. Riß 222 C2
Bielefeld 223 C2-C3
Bietigheim-Bissingen 222 C2
Bilbao 224/225 D4
Bioko 228 C4
Birmingham 224/225 D3
Birs 222 A3
Bischkek 226/227 F4-G4, 234/235 I2
Bismarck-Archipel 226/227 K7-L7
Bissau 234/235 F3
Blau 222 C2
Blaubeuren 222 C2
Blauen 222 A3
Blauer Nil 228 E3-E4
Böblingen 222 C2
Bochum 223 B3
Bodensee 222 C3
Bogotá 231 C2, 234/235 D3
Böhmen 223 E3-F3
Böhmerwald 223 E4
Bolivien 231 C4, 234/235 D4
Bonaire 231 C2
Bonininseln 226/227 K5
Bonn 223 B3
Bordeaux 224/225 D4
Borneo 226/227 I6
Bosnien und Herzegowina 224/225 F4, 234/235 G2
Bosporus 224/225 G4-H4
Boßler 222 C2
Boston 230 I4
Botsuana 228 D6, 234/235 G4
Bottnischer Meerbusen 224/225 F2-G2
Bougainville 226/227 L7
Brandenburg 223 E2-F3
Brandenkopf 222 B2
Brasilia 231 D4, 234/235 E4
Brasilianisches Bergland 231 D4-E3
Brasilien 231 C3-D3, 234/235 D4-E4
Bratislava 224/225 F4, 234/235 G2
Bratsk 226/227 I3
Braunschweig 223 D2
Brazzaville 228 D5, 234/235 G4
Breg 222 B2
Breisach a. Rhein 222 A2
Breisgau 222 A3-A2
Bremen; Stadt 223 C2
Bremen; Bundesland 223 C2
Bremerhaven 223 C2
Brenner 223 D5

Brenz 222 D2
Brest 224/225 D4
Bretagne 224/225 D4
Bretten 222 B1
Brigach 222 B2-B3
Brisbane 229 D2
Bristol 224/225 D3
Britische Inseln 232/233 F2
Brocken 223 D3
Brookskette 230 C2-D2
Bruchsal 222 B1
Brunei Darussalam 226/227 I6, 234/235 J3
Brüssel 224/225 E3, 234/235 G2
Bucaramanga 231 C2
Buchen 222 C1
Budapest 224/225 F4, 234/235 G2
Budweis 223 F4
Buenos Aires 231 D5, 234/235 E5
Bühl 222 B2
Bujumbura 228 D5
Bukarest 224/225 G4, 234/235 G2
Bulawayo 228 D6
Bulgarien 224/225 G4, 234/235 G2
Burkina Faso 228 B4-C4, 234/235 F3
Bursa 224/225 G4-G5
Burundi 228 E5, 234/235 G4-H4
Busan 226/227 J4
Bussen 222 C2

C

Caatinga 231 E3
Cabo Verde 234/235 F3
Cagliari 224/225 E5
Cairns 229 C2
Calgary 230 F3
Cali 231 B2
Calw 222 B2
Campinas 231 D4
Campo Grande 231 D4
Campos 231 D3-E3
Canberra 229 C3, 234/235 K5
Caracas 231 C2, 234/235 D3
Carpentariagolf 229 C1-C2
Casablanca 228 B2
Catania 224/225 F5
Cayenne 231 D2
Caymaninseln 230 H5
Cebu 226/227 J6
Ceuta 228 B2
Chabarowsk 226/227 K3
Changchun 226/227 J4
Changsha 226/227 I5
Chanty-Mansijsk 224/225 K2
Chari 228 D4
Charkiw 224/225 H3-H4
Charleston 230 H4
Charlotte 230 H4
Chathaminseln 229 F3
Chemnitz 223 E3
Chengdu 226/227 H4
Chiang Mai 226/227 H5
Chicago 230 H4
Chihuahua 230 F5
Chile 231 C4, 234/235 D4-D5
China 226/227 H4-I4, 234/235 I3-J3
Chisinau 224/225 G4, 234/235 G
Chittagong 226/227 H5
Chongqing 226/227 I5
Christchurch 229 E3
Chur 223 C5
Churchill 230 G3
Chuukinseln 226/227 K6-L6
Cincinnati 230 H4

Ciudad Guayana 231 C 2
Cleveland 230 H 4
Clippertoninsel 230 F 6
Colombo 226/227 G 6, 234/235 I 3
Colorado 230 F 4
Comodoro Rivadavia 231 C 6
Conakry 228 B 4, 234/235 F 3
Concepción 231 C 5
Constanța 224/225 G 4
Córdoba 231 C 5
Cork 224/225 D 3
Costa Rica 230 H 6, 234/235 C 3-D 3
Côte d'Ivoire 228 B 4, 234/235 F 3
Cotonou 228 C 4
Cottbus / Chóśebuz 223 F 3
Crailsheim 222 D 1
Creglingen 222 D 1
Crozetinseln 232/233 H 5
Cuiabá 231 D 4
Curaçao 231 C 2
Curitiba 231 D 4
Cuxhaven 223 C 2
Cyrenaika 224/225 G 5

D

Dakar 228 A 3-A 4, 234/235 F 3
Dalian 226/227 J 4
Dallas 230 G 4
Dalmatien 224/225 F 4
Damaskus 226/227 D 4, 234/235 H 2
Da Nang 226/227 I 5
Dänemark 224/225 E 3-F 3, 234/235 G 2
Dänemarkstraße 230 L 2-K 2
Danzig 224/225 F 3
Daressalam 228 E 5
Darling 229 C 3
Darmstadt 223 C 4
Darwin 229 B 1
Daşoguz 224/225 J 4
Davao 226/227 J 6
Davissee 229 C 15-C 16
Davisstraße 230 J 2
Dekkan 226/227 G 5
Delhi 226/227 G 5
Demokratische Republik Kongo 228 D 5, 234/235 G 3-H 4
Demokratische Volksrepublik Korea 226/227 J 4, 234/235 K 2
Denali 230 C 2
Denver 230 F 4-G 4
Derby 229 B 2
Der Kanal 224/225 D 4-E 3
Desventuradasinseln 231 B 4
Detroit 230 H 4
Deutschland 224/225 E 3-F 3, 234/235 G 2
Dhaka 226/227 H 5, 234/235 J 3
Diedenhofen 223 B 4
Diego Garcia 232/233 I 4
Dikson 226/227 G 2
Dili 226/227 J 7, 234/235 K 4
Ditzingen 222 C 2
Diyarbakır 224/225 H 5-I 5
Dnipro; Stadt 224/225 H 4
Dnipro; Fluss 224/225 H 4
Dnjepr 232/233 H 2
Dodoma 228 E 5, 234/235 H 4
Doha 226/227 E 5, 234/235 H 3
Dominica 231 D 1, 234/235 D 3-E 3
Dominikanische Republik 230 I 5, 234/235 D 3
Don 224/225 I 4
Donau 222 C 2
Donaueschingen 222 B 3

Donezk 224/225 H 4
Dortmund 223 B 3
Douala 228 C 4
Drakensberge 228 D 7-E 6
Drakestraße 229 D 35-D 1
Drau 223 E 5
Dreisam 222 A 2-A 3
Dresden 223 F 3
Dschibuti; Stadt 228 E 4, 234/235 H 3
Dschibuti; Staat 228 E 4, 234/235 H 3
Dschidda 226/227 D 5
Dschuba 234/235 H 3
Dsungarei 226/227 G 3-G 4
Dubai 226/227 E 5
Dublin 224/225 D 3, 234/235 F 2
Duero 224/225 D 4
Duisburg 223 B 3
Düna 224/225 G 3
Dunedin 229 E 4
Durban 228 E 6
D'Urville-See 229 C 21-C 20
Duschanbe 226/227 F 4, 234/235 I 2
Düsseldorf 223 B 3

E

East London 228 D 7
Eberbach 222 B 1
Ebro 224/225 D 4
Ecuador 231 B 3, 234/235 D 4
Edmonton 230 F 3
Eger; Fluss 223 E 3
Eger; Stadt 223 E 3
Ehingen 222 C 2
Eifel 223 B 3
Eindhoven 223 A 3
Eisenach 223 D 3
Elbe 224/225 F 3
Elbrus 224/225 I 4
Elburs 224/225 I 5-J 5
Ellesmereland 230 H 1-I 1
Ellice-Inseln 229 E 1
Ellsworthland 229 B 33-B 35
Ellwangen 222 D 2
Ellwanger Berge 222 D 1-D 2
El Salvador 230 G 6-H 6, 234/235 C 3-D 3
Elsass 223 B 5-B 4
Elz 222 B 2
Emden 223 B 2
Emmendingen 222 A 2
Ems 223 B 2
Enderbyland 229 B 11-C 12
Enschede 223 B 2
Enz 222 B 2
Eppingen 222 B 1
Erfurt 223 D 3
Eritrea 228 E 3, 234/235 H 3
Eriwan 226/227 D 4-E 4, 234/235 H 2
Erlangen 223 D 4
Erzgebirge 223 E 3
Esperance 229 B 3
Essen 223 B 3
Esslingen 222 C 2
Estland 224/225 G 3, 234/235 G 2
Eswatini 228 E 6, 234/235 H 4
Ettlingen 222 B 2
Euphrat 226/227 D 4-E 4
Europa 232/233 G 2-H 2
Europäisches Nordmeer 224/225 D 2-E 2

F

Falklandinseln; Inseln 229 D 1
Falklandinseln; Verwaltungseinheit 231 C 6-D 6, 234/235 E 5
Falster 223 D 1-E 1
Färöer; Inseln 232/233 F 1
Färöer; Verwaltungseinheit 224/225 D 2
Federsee 222 C 2
Fehmarn; Insel 223 D 1
Fehmarn; Stadt 223 D 1
Feldberg 222 A 3
Fès 224/225 D 5
Feuerland 231 C 6-D 6
Fidschi 229 E 1
Filchner-Schelfeis 229 B 1-A 3
Fils 222 C 2
Finnische Seenplatte 224/225 G 2
Finnland 224/225 G 2, 234/235 G 1
Flensburg 223 C 1
Fortaleza 231 E 3
Foshan 226/227 I 5
Frankenhöhe 222 D 1
Frankfurt a. Main 223 C 3
Frankreich 224/225 E 4, 234/235 F 2-G 2
Franz-Josef-Land 232/233 H 1-I 1
Französisch-Guayana 231 D 2, 234/235 E 3
Freetown 228 B 4, 234/235 F 3
Freiburg 222 A 2-A 3
Freiburg i. Breisgau 223 B 4-B 5
Freudenstadt 222 B 2
Friedrichshafen 222 C 3
Fudschijama 232/233 K 2
Fuerteventura 224/225 C 6
Fukuoka 232/233 K 2
Fulda; Stadt 223 C 3
Fulda; Fluss 223 C 3
Funchal 224/225 C 5
Fünen 223 D 1
Fürth 223 D 4
Fushun 226/227 J 4
Fuzhou 226/227 I 5

G

Gaborone 228 D 6, 234/235 G 4
Gabun 228 C 5, 234/235 G 4
Gaggenau 222 B 2
Galápagosinseln 231 A 2-B 2
Galdhøpiggen 224/225 E 2
Galicien 224/225 D 4
Gambia 228 A 4-B 4, 234/235 F 3
Gammertingen 222 C 2
Ganges 226/227 G 5
Gedser 223 D 1
Geelong 229 C 3
Gehrenberg 222 C 3
Geislingen a. d. Steige 222 C 2
Gelbes Meer 226/227 J 4
Genua 224/225 E 4
Georgetown 231 D 2, 234/235 E 3
George Town 226/227 H 6
Georgien 226/227 D 4, 234/235 H 2
Gera 223 E 3
Geraldton 229 A 2
Ghana 228 B 4-C 4, 234/235 F 3
Ghardaïa 228 C 2
Gibraltar 224/225 D 5
Giengen 222 D 2
Gießen 223 C 3
Gilbertinseln 226/227 M 6
Gitega 228 D 5, 234/235 G 4
Gizeh 228 D 3-E 3
Glasgow 224/225 D 3

Gobi 226/227 H 4-I 4
Goiânia 231 D 4
Golf von Aden 226/227 E 6
Golf von Alaska 230 D 3
Golf von Bengalen 226/227 G 5-H 5
Golf von Biscaya 224/225 D 4
Golf von Guinea 228 C 4
Golf von Mexiko 230 G 5-H 5
Golf von Oman 226/227 E 5-F 5
Goose Bay 230 I 3
Göppingen 222 C 2
Görlitz 223 F 3
Göteborg 224/225 F 3
Gotland 224/225 F 3-G 3
Göttingen 223 C 3
Gqeberha 228 D 7
Grahamland 229 C 1-C 36
Gran Canaria 224/225 C 6
Gran Chaco 231 C 4-D 4
Grenada 231 C 2, 234/235 D 3
Great Dividing Range 229 C 2-D 3
Great Plains 232/233 C 2
Greifswald 223 E 1
Griechenland 224/225 G 5, 234/235 G 2
Groningen 223 B 2
Grönland 230 J 2-K 2
Große Antillen 230 H 5-I 5
Große Arabische Wüste 226/227 E 5
Große Australische Bucht 229 B 3
Große Ebene 232/233 J 2
Große Lauter 222 C 2
Großer Arber 223 E 4
Großer Bärensee 230 E 2-F 2
Großer Hinggan 226/227 I 4-J 3
Großer Sklavensee 230 F 2
Große Sandwüste 229 B 2
Großes Artesisches Becken 229 C 3
Großes Barriereriff 229 C 1-D 2
Großes Becken 230 F 4
Große Seen 232/233 C 2
Große Sunda-Inseln 226/227 H 7-I 7
Große Syrte 224/225 F 5
Große Victoriawüste 229 B 2
Großglockner 223 E 5
Guadalajara 230 G 5
Guadalupe 230 E 5-F 5
Guadeloupe 231 D 1
Guam 226/227 K 6
Guatemala; Staat 230 G 6, 234/235 C 3-D 3
Guatemala; Stadt 230 G 6, 234/235 C 3
Guayaquil 231 B 3
Guinea 228 B 4, 234/235 F 3
Guinea-Bissau 228 A 4-B 4, 234/235 F 3
Guiyang 226/227 I 5
Gütersloh 223 C 3
Guyana 231 D 2-D 2, 234/235 D 3-E 3

H

Haarlem 223 A 2
Hagåtña 226/227 K 6
Hagendingen 223 B 4
Haida Gwaii 230 D 3-E 3
Haikou 226/227 I 5
Hainan 226/227 I 5
Haiphong 226/227 I 5
Haiti 230 I 5, 234/235 D 3
Halbinsel Florida 230 H 4-H 5

Halbinsel Kola 224/225 H 2
Halbinsel Krim 224/225 H 4
Halbinsel Malakka 226/227 H 6
Halbinsel Niederkalifornien 230 F 5
Halbinsel Sinai 224/225 H 6
Halbinsel Taimyr 226/227 H 2-H 1
Halbinsel Yucatán 230 G 5-H 5
Halifax 230 I 4
Halle 223 D 3
Halmahera 226/227 J 6-J 7
Hamada des Draa 224/225 D 6-D 5
Hamburg 223 D 2
Hamersleykette 229 A 2-B 2
Hamilton 229 E 3
Hamm 223 B 3
Hammerfest 224/225 G 1
Hangzhou 226/227 J 4
Hannover 223 C 2
Hanoi 226/227 I 5, 234/235 J 3
Harare 228 E 6, 234/235 H 4
Harbin 226/227 J 3
Hargeysa 228 E 4
Härtsfeld 222 D 2
Harz 223 D 3
Haslach i. Kinzigtal 222 B 2
Havanna 230 H 5, 234/235 D 3
Havel 223 E 2
Hawaii 226/227 O 5
Hebriden 224/225 D 3
Hechingen 222 B 2
Heckengäu 222 B 2
Hefei 226/227 I 4
Hegau 222 B 3
Hegaualb 222 B 3-C 2
Heidelberg 222 B 1
Heidenheim 222 D 2
Heilbronn 222 C 1
Helgoland 223 B 1
Helgoländer Bucht 223 B 1-C 2
Helsinki 224/225 G 2, 234/235 G 1
Herat 226/227 F 4
Hermosillo 230 F 5
Herrenberg 222 B 2
Herzogenhorn 222 B 3
Hessen 223 C 3
Himalaya 226/227 G 4-H 5
Hindukusch 226/227 F 4
Hindustan 226/227 G 5
Hiroshima 226/227 J 4
Hispaniola 232/233 D 3
Hobart 229 C 3
Ho-Chi-Minh-Stadt 226/227 I 6
Hochland von Adamaoua 228 C 4-D 4
Hochland von Äthiopien 228 E 4
Hochland von Mexiko 230 F 5-G 5
Höchsten 222 C 3
Hockenheim 222 B 1
Hof 223 D 3
Hohe Brach 222 C 1
Hohe Möhr 222 A 3
Hohenberg 222 D 2
Hohenhewen 222 B 3
Hohenlohner Ebene 222 C 1-D 1
Hohentwiel 222 B 3
Hoher Atlas 224/225 D 5
Hoher Dachstein 223 E 5
Hoher Randen 222 B 3
Hohe Tauern 223 E 5
Hohloh 222 B 2
Hokkaido 226/227 K 4
Holzstöcke 222 D 2-D 3
Homel 224/225 H 3
Homs 224/225 H 5
Honduras 230 H 5, 234/235 D 3
Hongkong 226/227 I 5
Honiara 226/227 L 7, 234/235 L 4
Honshu 226/227 K 4

237

Horb 222 B 2
Hornberg 222 D 1
Hornisgrinde 222 B 2
Hotzenwald 222 A 3-B 3
Houston 230 G 4-G 5
Huang He 226/227 I 4
Huascarán 231 B 3
Hubballi-Dharwad 226/227 G 5
Hudson Bay 230 G 2-H 3
Hudsonstraße 230 H 2-I 2
Hundsrücken 222 B 2
Hünersedel 222 A 2
Hunsrück 223 B 4
Hvannadalshnúkur 224/225 C 2
Hyderabad; Stadt in Indien 226/227 G 5
Hyderabad; Stadt in Pakistan 226/227 G 4

I

Ibadan 228 C 4
IJsselmeer 223 A 2
Iloilo 226/227 J 6
Incheon 226/227 J 4
Indien 226/227 G 5, 234/235 I 3
Indischer Ozean 232/233 I 4-J 4
Indonesien 226/227 H 7-K 7, 234/235 J 4-K 4
Indore 226/227 G 5
Indus 226/227 F 4
Ingolstadt 223 D 4
Inn 223 E 4
Innsbruck 223 D 5
In Salah 228 C 3
Inuvik 230 E 2
Ipf 222 D 2
Iquitos 231 C 3
Irak 226/227 D 4, 234/235 H 2
Iran 224/225 I 5-J 5, 234/235 H 2
Irawadi 226/227 H 5
Irkutsk 226/227 I 3
Irland 224/225 D 3, 234/235 F 2
Irtysch 226/227 F 3
Isar 223 E 4
Ischewsk 224/225 J 3
Isfahan 226/227 E 4
Islamabad 226/227 F 4, 234/235 I 2
Island; Insel 232/233 F 1
Island; Staat 224/225 C 2, 234/235 F 1
Isny i. Allgäu 222 D 3
Israel 226/227 D 5-D 4, 234/235 H 2
İstanbul 224/225 G 4
Italien 224/225 E 4-F 4, 234/235 G 2
İzmir 224/225 G 5

J

Jablonowygebirge 226/227 I 3
Jagst 222 C 1
Jaipur 226/227 G 5
Jakarta 226/227 I 7, 234/235 J 4
Jakutsk 226/227 J 2
Jamaika; Staat 230 H 5, 234/235 D 3
Jamaika; Insel 232/233 D 3
James-Ross-Insel 229 C 1-C 2
Jangtsekiang 226/227 I 4
Jan Mayen 230 M 1-M 2
Japan 226/227 K 4, 234/235 K 2
Japanisches Meer 226/227 J 4-K 4
Jaroslawl 224/225 H 3
Jaunde 228 C 4, 234/235 G 3
Java 226/227 I 7
Jayapura 226/227 K 7

Jekaterinburg 224/225 K 3
Jemen 226/227 E 5, 234/235 H 3
Jena 223 D 3
Jenissei 226/227 G 2
Jerusalem 226/227 D 4
Jilin 226/227 J 4
Jinan 226/227 I 4
Johannesburg 228 D 6
Joinville-Insel 229 C 1-C 2
Jordanien 226/227 D 5-D 4, 234/235 H 3-H 2
Juan-Fernández-Inseln 231 B 5
Juárez 230 F 4
Juneau 230 E 3
Jungferninseln 231 C 1

K

Kabul 226/227 F 4, 234/235 I 2
Kaduna 228 C 4
Kairo 228 E 2-E 3, 234/235 H 3
Kaiserslautern 223 B 4
Kaiserstuhl 222 A 2
Kalaallit Nunaat 230 J 1-K 2, 234/235 E 1-F 1
Kalahari 228 D 6
Kaliningrad [Königsberg] 224/225 G 3
Kama 224/225 J 3
Kambodscha 226/227 I 6, 234/235 J 3
Kamerun 228 C 4-D 4, 234/235 G 3
Kampala 228 E 4, 234/235 H 3
Kamtschatka 226/227 L 3
Kanada 230 F 3-H 3, 234/235 B 2-D 2
Kanadischer-arktischer Archipel 230 F 2-H 2
Kanalinseln 224/225 D 4
Kananga 228 D 5
Kanarische Inseln 224/225 C 6
Kandahar 226/227 F 4
Kandel 222 B 2
Kano 228 C 4
Kansas City 230 G 4
Kantabrisches Gebirge 224/225 D 4
Kanton 226/227 I 5
Kaohsiung 226/227 J 5
Kap Adare 229 B 23
Kap Arkona 223 E 1
Kap Barrow 230 C 2
Kap Batterbee 229 C 12
Kap Ca Mau 226/227 H 6
Kap Canaveral 230 H 5
Kap Cod 230 I 4
Kap Colbeck 229 B 27
Kap Comorin 226/227 G 6
Kap Dart 229 B 30
Kap Delgado 226/227 D 7
Kap der Guten Hoffnung 228 D 7
Kap Finisterre 224/225 D 4
Kap Frio 228 C 6
Kap Gallinas 230 I 6
Kap Guardafui 226/227 E 6
Kap Hoorn 231 C 6
Kap Mendocino 230 E 4
Kap Norvegia 229 B 5
Kap Poinsett 229 C 18
Kap Prince of Wales 230 B 2
Kap Race 230 J 3
Kapstadt 228 D 7
Kap Tscheljuskin 226/227 H 1
Kapverdische Inseln 232/233 E 3
Kap York 229 C 1
Kap-York-Halbinsel 229 C 1-C 2
Karachi 226/227 F 5

Karakorum 226/227 G 4
Karakum 226/227 E 4-F 4
Karasee 226/227 F 1-G 1
Karelien 224/225 G 2-H 2
Karibisches Meer 230 H 5-I 6
Karlsruhe 222 B 1-B 2
Karolinen 226/227 K 6-L 6
Karpaten 224/225 G 4
Kasachensteppe 224/225 I 3-H 4
Kasachstan 226/227 F 3-G 3, 234/235 H 3-I 3
Kasai 228 D 5
Kasan 224/225 I 3
Kaskadenkette 230 E 4-E 3
Kaspische Senke 232/233 H 2
Kaspisches Meer 226/227 E 4
Kassel 223 C 3
Katar 226/227 E 5, 234/235 H 3
Kathmandu 226/227 G 5, 234/235 I 3
Kattegat 224/225 F 3
Katzenbuckel 222 C 1
Kaukasus 226/227 D 3-E 4
Kayseri 224/225 H 5
Kehl 222 A 2
Kenia 228 E 4, 234/235 H 3-H 4
Kerguelen 232/233 I 5
Kermadecinseln 229 E 3-F 3
Khartum 228 E 3, 234/235 H 3
Kiel 223 D 1
Kieler Bucht 223 D 1
Kiew [Kyїv] 224/225 G 3-H 3, 234/235 G 2
Kigali 228 D 5, 234/235 G 4-H 4
Kilimandscharo 228 E 5
Kimberleyplateau 229 B 2
Kingston 230 H 5, 234/235 D 3
Kinshasa 228 D 5, 234/235 G 4
Kinzig 222 B 2
Kirchheim u. Teck 222 C 2
Kirgisistan 226/227 F 4-G 4, 234/235 I 3
Kiribati 226/227 M 6-M 7
Kirkuk 224/225 I 5
Kirow 224/225 I 3
Kisangani 228 D 4
Kitakyushu 226/227 J 4
Kitwe 228 D 5
Kızılırmak 224/225 H 5-H 4
Klagenfurt a. Wörthersee 223 F 5
Kleine Antillen 231 C 2-C 1
Kleine Sunda-Inseln 226/227 I 7-J 7
Kleine Syrte 224/225 F 5
Kljutschewskaja Sopka 226/227 L 3
Kobe 226/227 J 4-K 4
Koblenz 223 B 3
Kocher 222 C 1
Kochi 226/227 G 6
Kodiak 230 C 3-D 3
Kokosinsel 231 A 2-B 2
Kolkata 226/227 G 5
Köln 223 B 3
Kolumbien 231 B 2-C 2, 234/235 D 3
Kolwezi 228 D 5
Kolyma 226/227 L 2
Kolymagebirge 226/227 M 2-L 2
Kommandeurinseln 226/227 M 3
Komoren; Staat 228 E 5-F 5, 234/235 H 4
Komoren; Inseln 232/233 H 4
Kongo 228 D 4
Kongobecken 228 D 4-D 5
Königin-Elisabeth-Inseln 230 E 1-I 1
Königin-Maud-Land 229 B 6-B 10

Königsberg [Kaliningrad] 224/225 G 3
Königstuhl 222 B 1
Konstanz 222 C 3
Konya 224/225 H 5
Kopenhagen 224/225 F 3, 234/235 G 2
Korallensee 229 D 1-D 2
Korea 232/233 K 2
Korjakengebirge 226/227 M 2
Kornwestheim 222 C 2
Korsika 224/225 E 4
Kosovo 224/225 F 4-G 4, 234/235 G 2
Kota Kinabalu 226/227 I 6
Kozhikode 226/227 G 6
Kraichgau 222 B 1
Krakau [Kraków] 224/225 G 3-G 4
Kraków [Krakau] 224/225 G 3-G 4
Krasnodar 224/225 H 4
Krasnojarsk 226/227 I 3
Kreta 224/225 G 5
Kroatien 224/225 F 4, 234/235 G 2
Kuala Lumpur 226/227 H 6, 234/235 J 3
Kuba 230 H 5, 234/235 D 3
Kuching 226/227 I 6
Kunlun Shan 226/227 G 4-H 4
Kunming 226/227 H 5
Künzelsau 222 C 1
Kurilen 226/227 K 3-L 3
Küstengebirge 230 E 3
Küstenkette 230 F 4-E 4
Kuwait; Staat 226/227 D 5-E 5, 234/235 H 3
Kuwait; Stadt 226/227 E 5, 234/235 H 3-H 2
Kyїv [Kiew] 224/225 G 3-H 3
Kykladen 224/225 G 5
Kyoto 226/227 K 4
Kysylkum 226/227 F 4

L

Laayoune 228 B 3, 234/235 F 3
Labrador 230 I 3
Labradorsee 230 J 3-J 4
Ladogasee 224/225 G 2-H 2
Lagos 228 C 4
Lahore 226/227 F 4
Lahr 222 A 2
Lakhnau 226/227 G 5
Lakshadweepinseln 226/227 F 6
Landsberg 223 F 2
Landshut 223 E 4
Lanzhou 226/227 H 4
Laos 226/227 H 5, 234/235 J 3
La Paz 231 C 4
La-Plata-Tiefland 231 C 4-D 5
Lappland 224/225 G 2
Laptewsee 226/227 I 1-J 2
Larsen-Schelfeis 229 C 36-C 1
Las Palmas 224/225 C 6
Las Vegas 230 F 4
Lauffen 222 C 1
Laupheim 222 C 2
Lech 223 D 5-D 4
Leeuwarden 223 A 2
Leimen 222 B 1
Leine 223 C 3
Leinfelden-Echterdingen 222 C 2
Leipzig 223 E 3
Lemberg; Stadt 224/225 G 4
Lemberg; Berg 222 B 2
Lena 226/227 J 2
León 230 G 5
Leonberg 222 B 2-C 2
Leonora 229 B 2

Lesotho 228 D 7-E 7, 234/235 G 4-H 5
Lettland 224/225 G 3, 234/225 G 2
Leutkirch 222 D 3
Libanon 226/227 D 4, 234/235 H 2
Liberia 228 B 4, 234/235 F 3
Libreville 228 C 4, 234/235 G 3
Libyen 228 C 3-D 3, 234/235 G 3
Libysche Wüste 228 D 3
Liechtenstein 224/225 E 4-F 4, 234/235 G 2
Lilongwe 228 E 5, 234/235 H 4
Lima 231 B 3, 234/235 D 4
Limoges 224/225 E 4
Limpurger Berge 222 C 1-C 2
Linz 223 F 4
Linzgau 222 C 3
Lipezk 224/225 H 3
Lissabon 224/225 D 5, 234/235 F 2
Litauen 224/225 G 3, 234/235 G 2
Ljubljana 224/225 F 4, 234/235 G 2
Llanos de Orinoco 231 C 2
Lofoten 224/225 F 2
Loire 224/225 E 4
Lolland 223 D 1
Lomé 228 C 4, 234/235 G 3
London 224/225 D 3, 234/235 F 2-G 2
Lord-Howe-Insel 229 D 3
Lörrach 222 A 3
Los Angeles 230 F 4
Lothringen 223 A 4-B 4
Löwensteiner Berge 222 C 1
Luanda 228 C 5, 234/235 G 4
Lubango 228 C 5-C 6
Lübeck 223 D 2
Lübecker Bucht 223 D 1
Lubumbashi 228 D 5
Ludwigsburg 222 C 2
Ludwigshafen a. Rhein 223 C 4
Luhansk 224/225 H 4
Lüneburg 223 D 2
Lupfen 222 B 2
Lusaka 228 D 5-D 6, 234/235 G 4
Lüttich 223 A 3
Luxemburg; Staat 224/225 E 4, 234/235 G 2
Luxemburg; Stadt 224/225 E 4, 234/235 G 2
Luzern 223 C 5
Luzon 226/227 I 5-J 5
Lyon 224/225 E 4

M

Maas 223 A 4-B 4
Maastricht 223 A 3
Macdonnellkette 229 B 2-C 2
Maceió 231 E 3
Mackenzie 230 E 2
Mackenziegebirge 230 D 2-E 2
Madagaskar; Staat 228 E 6-F 6, 234/235 H 4
Madagaskar; Insel 232/233 H 4
Madeira; Insel 224/225 C 5
Madeira; Fluss 231 C 3
Madras 226/227 G 6
Madrid 224/225 D 4, 234/235 F 2
Madurai 226/227 G 6
Magadan 226/227 L 2
Magdeburg 223 D 2
Magellanstraße 231 C 6
Maghreb 224/225 D 5-E 5
Magnitogorsk 224/225 J 3
Maiduguri 228 C 4
Mailand 224/225 E 4
Main 223 D 3-D 4
Mainau 222 C 3

238

Mainhardter Wald 222 C 1
Mainz 223 C 3-C 4
Majuro 226/227 M 6
Makassar 226/227 I 7
Malabo 234/235 G 3
Málaga 224/225 D 5
Malawi 228 D 5-E 5, 234/235 H 4
Malawisee 228 E 5
Malaysia 226/227 H 6-I 6, 234/235 J 3
Male 226/227 F 6, 234/235 I 3
Malediven; Staat 226/227 F 6, 234/235 I 3
Malediven; Inseln 232/233 I 3
Mali 228 B 3-C 3, 234/235 F 3-G 3
Mallorca 224/225 E 5
Malpelo-Insel 231 B 2
Malta 224/225 F 5, 234/235 G 2
Mamoré 231 C 3
Manado 226/227 J 6
Managua 230 H 6, 234/235 D 3
Manama 226/227 E 5, 234/235 H 3
Manaus 231 D 3
Manchester 224/225 D 3
Mandalay 226/227 H 5
Mandschurei 226/227 J 4-J 3
Manila 226/227 J 5-J 6, 234/235 K 3
Mannheim 222 B 1
Manytschniederung 224/225 I 4
Maputo 228 E 6, 234/235 H 4
Maracaibo 231 C 2
Marañón 231 B 3-C 3
Marcusinsel 226/227 L 5
Mar del Plata 231 D 5
Marianen 226/227 K 5
Marie-Byrd-Land 229 B 32-A 28
Marokko 228 B 2, 234/235 F 2
Marrakesch 228 B 2
Marseille 224/225 E 4
Marshallinseln 226/227 L 6-M 6, 234/235 L 3
Martinique 231 C 2-D 2
Maseru 228 D 6, 234/235 G 4
Maskat 226/227 E 5, 234/235 H 3
Masuren 224/225 G 3
Mauretanien 228 A 3-B 3, 234/235 F 3
Mauritius 234/235 H 4-I 4
Mayotte 228 E 5-F 5
Mbabane 228 E 6, 234/235 H 4
Mbuji-Mayi 228 D 5
M'Clure-Straße 230 E 1-F 2
Mecklenburg-Vorpommern 223 D 2-E 2
Medan 226/227 H 6
Medellín 231 B 2
Medina 232/233 H 3
Meersburg 222 C 3
Mekka 226/227 D 5
Mekong 226/227 I 5-I 6
Melbourne 229 C 3
Melilla 228 B 2
Melville-Halbinsel 230 H 2
Memphis 230 H 4
Mendoza 231 C 5
Merauke 226/227 K 7
Mérida 230 H 5
Meschhed 226/227 E 4
Mesopotamien 224/225 I 5
Metz 223 B 4
Metzingen 222 C 2
Mexiko; Stadt 230 G 5, 234/235 C 3
Mexiko; Staat 230 F 5-G 5, 234/235 C 3
Miami 230 H 5
Midway-Inseln 226/227 M 4-N 5
Mikronesien 226/227 K 6-L 6, 234/235 K 3-L 3

Mill-Insel 229 C 17
Milwaukee 230 H 4
Mindanao 226/227 J 6
Mindoro 226/227 I 6-J 6
Minneapolis 230 G 3
Minsk 224/225 G 3, 234/235 G 2
Mississippi 230 G 4
Missouri 230 G 3
Mittelgebirgsland 223 B 3-C 4
Mittellandkanal 223 B 2-C 2
Mittelmeer 224/225 E 5-H 5
Mittelsibirisches Bergland 226/227 I 2-I 3
Mittlerer Atlas 224/225 D 5
Mogadischu 228 F 4, 234/235 H 3
Moldau; Staat 224/225 G 4, 234/235 G 2-H 2
Moldau; Fluss 223 F 4
Molukken 226/227 J 7-J 6
Mombasa 228 E 5
Møn 223 E 1
Monaco 224/225 E 4, 234/235 G 2
Mönchengladbach 223 B 3
Mongolei 226/227 H 3-I 3, 234/235 J 3
Monrovia 228 B 4, 234/235 F 3
Mont Blanc 224/225 E 4
Montenegro 224/225 F 4, 234/235 G 2
Monterrey 230 G 5
Montevideo 231 D 5, 234/235 E 5
Montréal 230 I 3
Montserrat 231 C 1
Moody Point 231 D 7
Mooskopf 222 B 2
Moosonee 230 H 3
Moroni 228 E 5, 234/235 H 4
Mosambik 228 E 6-E 5, 234/235 H 4
Mosbach 222 C 1
Mosel 223 B 4
Moskau 224/225 H 3, 234/235 H 2
Mössingen 222 C 2
Mosul 226/227 D 4
Mount Erebus 229 B 23
Mount Everest 226/227 G 5
Mount Hope 229 C 36
Mount Isa 229 C 2
Mount Kenia 228 E 5
Mount Kirkpatrick 229 A 23
Mount Kosciuszko 229 C 3
Mount Menzies 232/233 I 6
Mount Vinson 229 B 33-A 33
Mühlacker 222 B 2
Mulde 223 E 3
Mülhausen 223 B 5
Müllheim 222 A 3
Multan 226/227 F 4-F 5
Mumbai 226/227 F 5
München 223 D 4
Münsingen 222 C 2
Münster 223 B 3
Murcia 224/225 D 5
Murg 222 B 2
Müritz 223 E 2
Murmansk 224/225 H 2
Murray 229 C 3
Murrhardt 222 C 2
Myanmar 226/227 H 5, 234/235 J 3
Myitkyina 226/227 H 5

N

Nabereschnyje Tschelny 224/225 J 3
Nagold; Stadt 222 B 2
Nagold; Fluss 222 B 2
Nagoya 226/227 K 4

Nagpur 226/227 G 5
Nairobi 228 E 5, 234/235 H 4
Namib 228 C 6-D 6
Namibia 228 C 6-D 6, 234/235 G 4
Nampula 228 E 5-E 6
Nanchang 226/227 I 5
Nancy 223 B 4
Nanjing 226/227 I 4
Nanning 226/227 I 5
Nan Shan 226/227 H 4
Nantes 224/225 D 4
Narodnaja 224/225 K 2
Nashville 230 H 4
Nassau; Stadt auf den Bahamas 234/235 D 3
Nassau; Stadt in Rheinland-Pfalz 230 H 5
Natal 231 E 3
Nauru 226/227 M 7
Naypyidaw 226/227 H 4, 234/235 J 3
N'Djamena 228 D 4, 234/235 G 3
Neapel 224/225 F 4
Neckar 222 C 1
Neckarsulm 222 C 1
Neiße 223 F 3
Nepal 226/227 G 4-G 5, 234/235 I 3
Neubrandenburg 223 E 2
Neubritannien 226/227 K 7-L 7
Neue Hebriden 229 D 1-E 2
Neufundland 230 J 3
Neuguinea 226/227 K 7
Neuirland 226/227 K 7-L 7
Neukaledonien; Insel 232/233 L 4
Neukaledonien; Verwaltungseinheit 229 D 2
Neuseeland; Staat 229 D 3-E 3, 234/235 L 5
Neuseeland; Inseln 232/233 L 5
Neusibirische Inseln 226/227 J 1-K 1
Newcastle 229 D 3
Newcastle upon Tyne 224/225 D 3
New Delhi 226/227 G 5, 234/235 I 3
New Orleans 230 G 4-H 4
New York 230 I 4
Ngerulmud 226/227 J 6
Niamey 228 C 4, 234/235 G 3
Nicaragua 230 H 6, 234/235 D 3
Niederguinea 228 C 5
Niederlande 223 A 2-B 3, 234/235 G 2
Niedersachsen 223 B 2-D 2
Niger; Staat 228 C 3
Niger; Fluss 228 C 4, 234/235 G 3
Nigeria 228 C 4, 234/235 G 3
Nikobaren 226/227 G 6-H 6
Nikosia 224/225 H 5, 234/235 H 2
Nil 228 E 3
Nimwegen 223 A 3
Nischni Nowgorod 224/225 I 3
Nizza 224/225 E 4
Nome 230 B 2-C 2
Nordamerika 232/233 C 2-D 2
Norddeutsches Tiefland 223 C 2-E 2
Nordfriesische Inseln 223 C 1
Nordinsel 229 E 3
Nordkap 224/225 G 1
Nördliche Dwina 224/225 I 2
Nördliche Marianen 226/227 K 5-L 5
Nordmazedonien 224/225 G 4, 234/235 G 2
Nord-Ostsee-Kanal 223 C 1
Nordpolarmeer 232/233 K 1-M 1, 234/235 K 1-L 1
Nordrhein-Westfalen 223 B 3-C 3

Nordsee 224/225 E 3
Norfolkinsel 229 E 2
Norilsk 226/227 G 2
Normandie 224/225 D 4-E 4
Norwegen 224/225 E 2, 234/235 G 1
Nottingham 224/225 D 3
Nouakchott 228 A 3, 234/235 F 3
Nouméa 229 E 2
Nowaja Semlja 226/227 E 2-F 2
Nowosibirsk 226/227 G 3
Nukus 224/225 J 4
Nullarborebene 229 B 3
Nürnberg 223 D 4
Nürtingen 222 C 2
Nuuk 230 J 2

O

Ob 224/225 K 2
Obbusen 232/233 I 1
Oberer See 230 G 3-H 3
Oberguinea 228 B 4-C 4
Oberkochen 222 D 2
Oberndorf a. Neckar 222 B 2
Oberrheinisches Tiefland 222 A 2-B 1
Ochotskisches Meer 226/227 K 3-L 3
Odenwald 222 B 1-C 1
Oder 224/225 F 3
Odessa 224/225 H 4
Offenburg 222 A 2
Ohio 230 H 4
Öhringen 222 C 1
Okavango 228 D 6
Oklahoma City 230 G 4
Oldenburg 223 C 2
Oman 226/227 E 5, 234/235 H 3
Omsk 226/227 F 3
Onegasee 224/225 H 2
Oran 228 B 2
Oranje 228 D 6
Orenburg 226/227 J 3
Orinoco 231 C 2
Orkney-Inseln 224/225 D 3-E 3
Orlando 230 H 5
Ortenau 222 A 2-B 2
Osaka 226/227 K 4
Oslo 224/225 F 2-F 3, 234/235 G 2
Osnabrück 223 B 2-C 2
Ostalpen 223 D 5-F 5
Ostanatolien 224/225 H 5-I 5
Ostchinesisches Meer 226/227 J 4
Osterinsel 232/233 C 4
Österreich 224/225 F 4, 234/235 G 2
Osteuropäisches Flachland 226/227 D 3-E 3
Ostfriesische Inseln 223 B 2
Ostghats 226/227 G 6-G 5
Östlicher Großer Erg 224/225 E 6-E 5
Östliches Andenvorland 231 B 2-C 3
Östliche Sierra Madre 230 G 5
Ostsee 223 E 1-F 1
Ostsibirische See 226/227 L 2
Ottawa 230 H 3, 234/235 D 2
Ouagadougou 228 B 4, 234/235 F 3
Ouargla 224/225 E 5
Oubangui 228 D 5-D 4
Oulu 224/225 G 2

P

Paderborn 223 C 3
Pakistan 226/227 F 5, 234/235 I 3
Palau 226/227 K 6, 234/235 K 3
Palawan 226/227 I 6
Palembang 226/227 H 7
Palermo 224/225 F 5
Palikir 226/227 L 6, 234/235 L 3
Palma 224/225 E 5
Palmerarchipel 229 C 36
Palmerland 229 C 36-B 36
Pamir 226/227 F 4
Pampa 231 C 5
Panama; Stadt 230 H 6, 234/235 D 3
Panama; Staat 230 H 6, 234/235 D 3
Pantanal 231 D 4
Papua-Neuguinea 226/227 K 7-L 7, 234/235 K 4-L 4
Paraguay; Fluss 231 D 4
Paraguay; Staat 231 C 4-D 4, 234/235 E 4
Paramaribo 231 D 2, 234/235 E 3
Paraná 231 D 5
Paris 224/225 E 4, 234/235 G 2
Parry-Inseln 230 F 1-G 1
Passau 223 E 4
Patagonien 231 C 6-C 5
Patna 226/227 G 5
Pazifischer Ozean 231 A 4-B 5
Peace River 230 F 3
Peipussee 224/225 G 3-H 3
Pekanbaru 226/227 H 6
Peking 226/227 I 4, 234/235 J 2
Peloponnes 224/225 F 5-G 5
Pensa 224/225 I 3
Perm 224/225 J 3
Persischer Golf 226/227 E 5
Perth 229 A 3
Peru 231 B 3-C 3, 234/235 D 4
Peter-I.-Insel 229 C 33
Petropawl 224/225 K 3
Petropawlowsk-Kamtschatski 226/227 L 3
Petschora 224/225 J 2
Pforzheim 222 B 2
Pfullendorf 222 C 3
Philadelphia 230 H 4
Philippinen; Staat 226/227 J 5-J 6, 234/235 K 3
Philippinen; Inseln 232/233 K 3
Phnom Penh 226/227 H 6, 234/235 J 3
Phoenix 230 F 4
Pico de Teide 224/225 C 6
Pilcomayo 231 C 4
Pilsen 223 E 4
Pitcairn 234/235 B 4
Pittsburgh 230 H 4
Pjöngjang 226/227 J 4, 234/235 K 2
Plettenberg 222 B 2
Po 224/225 F 4
Pobeda 226/227 K 2
Podgorica 224/225 F 4, 234/235 G 2
Pohnpei 226/227 L 6
Pointe-Noire 228 C 5
Polen 224/225 F 3-G 3, 234/235 G 2
Pommern 223 E 2-F 2
Pommersche Bucht 223 E 1-F 1
Ponta Delgada 224/225 B 5
Pontianak 226/227 I 6
Pontisches Gebirge 224/225 H 4-I 4
Port Augusta 229 C 3

239

Port-au-Prince 230 I5, 234/235 D 3
Port Hedland 229 A 2
Portland 230 E 3
Port Louis 234/235 H 4
Port Moresby 226/227 K 7, 234/235 K 4
Porto 224/225 D 4
Porto Alegre 231 D 4
Port-of-Spain 234/235 D 3
Porto Novo 228 C 4, 234/235 G 3
Porto Velho 231 C 3
Port Said 224/225 H 5
Portugal 224/225 D 4, 234/235 F 2
Port Vila 229 E 2
Posen [Poznań] 224/225 F 3
Potsdam 223 E 2
Poznań [Posen] 224/225 F 3
Prag [Praha] 224/225 F 3-F 4
Praha [Prag] 224/225 F 3-F 4
Praia 234/235 F 3
Prärien 230 F 3-G 4
Prayagraj 226/227 G 5
Pretoria 228 D 6, 234/235 G 4
Prinz-Eduard-Inseln 232/233 H 5
Pristina 224/225 G 4
Puebla 230 G 5
Puerto Rico 230 I5
Puerto Santa Cruz 231 C 4
Pune 226/227 F 5
Punjab 226/227 F 4-F 5
Punta Arenas 231 C 6
Pyrenäen 224/225 D 4-E 4

Q

Qingdao 226/227 J 4
Qin Ling 232/233 J 2
Qiqihar 226/227 J 3
Qom 224/225 J 5
Qostanai 224/225 K 3
Quebec 230 I3
Queen-Elizabeth-Land 229 A 34-A 4
Quetta 226/227 F 4
Quito 231 B 3, 234/235 D 4

R

Rabat 228 B 2, 234/235 F 2
Radolfzell a. Bodensee 222 B 3
Raichberg 222 B 2
Rajkot 226/227 F 5
Raleigh 230 H 4
Rangun 226/227 H 5
Ras al-Hadd 226/227 E 5
Rascht 224/225 I5
Rastatt 222 B 2
Ravensburg 222 C 3
Recife 231 E 3
Regensburg 223 E 4
Reichenau 222 B 3-C 3
Reichenberg 223 F 3
Rems 222 C 2
Remseck 222 C 2
Republik Kongo 228 C 4-D 4, 234/235 G 4-G 3
Republik Korea 226/227 J 4, 234/235 K 2
Réunion 232/233 H 4-I4
Reutlingen 222 C 2
Revilla-Gigedo-Inseln 230 F 5
Reykjavik 224/225 B 2, 234/235 F 1
Rhein 224/225 E 4
Rheinfelden 222 A 3
Rheinland-Pfalz 223 B 4
Rheinseitenkanal 222 A 3

Rheinstetten 222 B 2
Rhodopen 224/225 G 4
Rhön 223 C 3-D 3
Rhône 224/225 E 4
Riad 226/227 E 5, 234/235 H 3
Riedlingen 222 C 2
Riga 224/225 G 3, 234/235 G 2
Rio de Janeiro 231 E 4
Río de la Plata 231 D 5
Río Gallegos 231 C 6
Rio Grande 230 G 5
Rio Negro; Fluss zum Amazonas, Brasilien 231 C 3
Río Negro; Fluss zum San-Matías-Golf, Argentinien 231 C 5
Riß 222 C 2
Rjasan 224/225 H 3
Rockhampton 229 D 2
Rocky Mountains 230 E 3-G 4
Rødbyhavn 223 D 1
Rom 224/225 F 4, 234/235 G 2
Römerstein 222 C 2
Ronne- Schelfeis 229 B 36-B 1
Rooseveltinsel 229 B 26-B 24
Rosario 231 C 5
Rosenheim 223 D 5
Roßberg 222 C 2
Rossinsel 229 B 24-B 23
Rossmeer 229 B 26-B 24
Ross-Schelfeis 229 A 26-A 24
Rostock 223 E 1
Rostow 224/225 H 4
Rotes Becken 226/227 H 4
Rotes Meer 228 E 3
Rothaargebirge 223 C 3
Rottenburg 222 B 2
Rotterdam 224/225 E 3
Rottweil 222 B 2
Rotuma 229 E 1
Ruanda 228 D 5, 234/235 G 4
Rügen 223 E 1
Ruhr 223 C 3
Rumänien 224/225 G 4, 234/235 G 2
Russische Föderation 224/225 I3-J 3, 234/235 H 1-K 1
Ryukyu-Inseln 226/227 J 5

S

Saale 223 D 3
Saar 223 B 4
Saarbrücken 223 B 4
Saarland 223 B 4
Sabha 228 C 3
Sachalin 226/227 K 3
Sachsen 223 E 3
Sachsen-Anhalt 223 D 2-E 3
Sacramento 230 E 4
Sahara 228 B 3-D 3
Saharaatlas 224/225 D 5-E 5
Sahel 228 B 2-D 3
Saint John's 230 J 3
Saint Kitts und Nevis 231 C 1, 234/235 D 3
Saint Louis 230 G 4-H 4
Saint Lucia 231 D 2, 234/235 D 3
Saint-Martin 231 C 1-D 1
Saint-Paul-Insel 232/233 I5
Saint-Pierre und Miquelon 230 J 3-J 4
Saint Vincent und die Grenadinen 231 D 2, 234/235 D 3-E 3
Saitama 226/227 K 4
Sajan 226/227 H 3
Salomonen 226/227 L 7-M 7, 234/235 L 4

Salomoninseln 232/233 L 4
Saloniki 224/225 G 4
Salt Lake City 230 F 4
Salvador 231 E 3
Salzburg 223 E 5
Salzgitter 223 D 2
Samara 224/225 J 3
Sambesi 228 E 5-E 6
Sambia 228 D 6, 234/235 G 4
Samsun 224/225 H 4
Sanaa 226/227 D 5, 234/235 H 3
San Antonio 230 G 5
San Diego 230 F 4
San Francisco 230 E 4
San José; Stadt in Costa Rica 230 H 6, 234/235 D 3
San José; Stadt in den USA 230 E 4
Sankt Blasien 222 B 3
Sankt Helena 228 B 6
Sankt-Lorenz-Golf 230 I3
Sankt-Lorenz-Insel 232/233 M 1
Sankt Petersburg 224/225 G 3-H 3
San Marino 224/225 F 4, 234/235 G 2
San Miguel de Tucumán 231 C 4
San Pedro Sula 230 H 5
San Salvador 230 H 6, 234/235 D 3
Sansibar 228 E 5
Santa Cruz 232/233 D 4
Santa-Cruz-Inseln 229 E 1
Santiago de Chile 231 C 5, 234/235 D 5
Santo Domingo 230 I5, 234/235 D 3
São Francisco 231 E 4-E 3
São Luis 231 E 3
São Miguel 224/225 B 5
São Paulo 231 D 4
São Tomé 228 C 4, 234/235 G 3
São Tomé und Príncipe 228 B 4-C 4, 234/235 F 3-G 3
Sapporo 226/227 K 4
Sarajewo 224/225 F 4, 234/235 G 2
Saratow 224/225 I3
Sardinien 224/225 E 5-F 5
Sargassosee 232/233 D 2
Sassnitz 223 E 1
Saudi-Arabien 226/227 D 5-E 5, 234/235 H 3
Schauinsland 222 A 3
Schiras 226/227 E 5
Schlesien 224/225 F 3
Schleswig-Holstein 223 C 1-D 1
Schliffkopf 222 B 2
Schluchsee 222 B 3
Schönbuch 222 B 2-C 2
Schorndorf 222 C 2
Schramberg 222 B 2
Schussen 222 C 3
Schwäbische Alb 222 B 3-D 2
Schwäbisch Gmünd 222 C 2
Schwäbisch Hall 222 C 1
Schwarzer Grat 222 D 3
Schwarzes Meer 224/225 H 4
Schwarzwald 222 A 3-B 2
Schweden 224/225 F 2, 234/235 G 2-G 1
Schwedt 223 F 2
Schweinfurt 223 D 3
Schweiz 224/225 E 4, 234/235 G 2
Schweizer Mittelland 223 B 5-C 5
Schwerin 223 D 2
Schwetzingen 222 B 1
Seattle 230 E 3
Seine 224/225 E 4
Semarang 226/227 I7
Sendai 226/227 K 4
Senegal; Fluss 228 B 3

Senegal; Staat 228 B 4-B 3, 234/235 F 3
Seoul 226/227 J 4, 234/235 K 2
Seram 226/227 J 7
Serbien 224/225 F 4-G 4, 234/235 G 2
Sevilla 224/225 D 5
Sewastopol 224/225 H 4
Sewernaja Semlja 226/227 H 1-J 1
Seychellen; Inseln 232/233 H 4-I4
Seychellen; Staat 228 F 5, 234/235 H 4
Shanghai 226/227 J 4
Shantou 226/227 I5
Sheffield 224/225 D 3
Shenyang 226/227 J 4
Shetlandinseln 224/225 D 2-E 2
Sibirien 226/227 F 2-J 2
Sichote-Alin 226/227 K 3-J 4
Siebenbürgen 224/225 G 4
Siegen 223 C 3
Sierra Leone 228 B 4, 234/235 F 3
Sierra Nevada 230 E 4-F 4
Sigmaringen 222 C 2
Simbabwe 228 D 6-E 6, 234/235 G 4-H 4
Sindelfingen 222 B 2-C 2
Singapur 226/227 H 6-I7, 234/235 J 3
Singen 222 B 3
Sinsheim 222 B 1
Sint Maarten 231 C 1-D 1
Sizilien 224/225 F 5
Skagerrak 224/225 E 3-F 3
Skandinavisches Gebirge 224/225 E 3-F 2
Skopje 224/225 G 4
Slea Head 224/225 C 3
Slowakei 224/225 F 4-G 4, 234/235 G 2
Slowenien 224/225 F 4, 234/235 G 2
Sofia 224/225 G 4, 234/235 G 2
Sokotra 226/227 E 6
Somalia 228 E 4-F 4, 234/235 H 3
Somali-Halbinsel 228 F 4
Sorong 226/227 J 7
Sotschi 224/225 H 4
Southampton 224/225 D 3
South Tarawa 226/227 M 6
Spaichingen 222 B 2
Spanien 224/225 D 5, 234/235 F 2
Spessart 223 C 4-C 3
Spitzbergen 232/233 G 1
Spree 223 F 3
Sri Lanka; Staat 226/227 G 6, 234/235 I3
Sri Lanka; Insel 226/227 G 6
Stanowoigebirge 226/227 J 3
Stettin 223 F 2
Stewartinsel 229 D 4-E 4
Stockach 222 C 3
Stockholm 224/225 F 3, 234/235 G 2
Stralsund 223 E 1
Straßburg 223 B 4
Straße von Gibraltar 224/225 C 5-D 5
Straße von Mosambik 228 E 6-E 5
Straße von Yucatán 230 H 5
Stromberg 222 B 2-C 1
Stuifen 222 C 2
Stutensee 222 B 1
Stuttgart 222 C 2
Sucre 231 C 4, 234/235 D 4
Südafrika 228 D 6-D 7, 234/235 G 4-G 5
Südamerika 232/233 D 4-E 4

Sudan 228 D 4-E 4, 234/235 G 3-H 3
Südchinesisches Bergland 226/227 I5
Südchinesisches Meer 226/227 I5-I6
Sudd 228 D 4-E 4
Südgeorgien 231 E 6
Südinsel 229 E 3
Südkarpaten 224/225 G 4
Südorkney-Inseln 229 C 2
Südpol 229 A 1-A 36
Südpolarmeer 229 C 12-C 17
Südsandwichinseln 231 F 6
Südshetlandinseln 229 D 36-C 36
Südsudan 228 D 4-E 4, 234/235 G 3-H 3
Sulawesi 226/227 I7-J 7
Sulu-Inseln 226/227 I6-J 6
Sumatra 226/227 H 6
Sumba 229 A 1-B 1
Surabaya 226/227 I7
Surat 226/227 F 5
Surgut 224/225 L 2
Suriname 231 D 2, 234/235 E 3
Suva 229 E 2
Suzhou 226/227 J 4
Sverdrupinseln 230 F
Sydney 229 D 3
Syr-Darja 226/227 F 3-F 4
Syrien 226/227 D 4, 234/235 H 2

T

Täbris 226/227 E 4
Tadschikistan 226/227 F 4, 234/235 I3
Taipeh 226/227 J 5, 234/235 K 3
Taiwan 226/227 J 5, 234/235 K 3
Taiyuan 226/227 I4
Tallinn 224/225 G 3, 234/235 G 2
Tamanrasset 228 C 3
Tanganjikasee 228 E 5
Tangshan 226/227 I4
Tansania 228 E 5, 234/235 H 4
Tarimbecken 226/227 G 4
Taschkent 226/227 F 4, 234/235 I2
Tasmanien 229 C 3
Tasmansee 229 D 3-E 3
Tauber 222 C 1
Tauberbischofsheim 222 C 1
Tauberland 222 C 1-D 1
Taunus 223 C 3
Taurus 224/225 H 5
Tegucigalpa 234/235 D 3
Teheran 226/227 E 4, 234/235 H 2
Tejo (Tajo) 224/225 D 5
Tel Aviv-Jaffa 226/227 D 4
Tellatlas 224/225 D 5-E 5
Teneriffa 224/225 C 6
Teresina 231 E 3
Tettnang 222 C 3
Thailand 226/227 H 5, 234/235 J 3
Thimphu 226/227 G 5, 234/235 I3
Thüringen 223 D 3-E 3
Thüringer Wald 223 D 3
Thurstoninsel 229 C 33-B 33
Tianjin 226/227 I4
Tian Shan 226/227 G 4-H 4
Tibesti 228 D 3
Tibet 226/227 G 4
Tiefland von Turan 232/233 H 2-I2
Tiflis 226/227 E 4, 234/235 H 2
Tigris 226/227 D 4
Tijuana 230 F 4
Tilburg 223 A 3
Timor 229 B 1

Timor-Leste 226/227 J 7, 234/235 K 4
Timorsee 226/227 J 7
Tirana 224/225 F 4
Titicacasee 231 C 3-C 4
Titisee-Neustadt 222 B 3
Tjumen 224/225 K 3
Tobol 224/225 K 3
Tocantins 231 D 3
Todtnau 222 A 3
Togo 228 C 4, 234/235 G 3
Tokyo 226/227 K 4, 234/235 K 2
Toronto 230 H 4
Torreón 230 G 5
Toulouse 224/225 E 4
Tours 224/225 E 4
Townsville 229 C 2
Trabzon 224/225 H 4
Transantarktisches Gebirge 229 A 31-B 22
Transhimalaya 226/227 G 4-H 4
Triberg i. Schwarzwald 222 B 2
Trier 223 B 4
Trinidade 231 E 4-F 4
Trinidad und Tobago 231 C 2-D 2, 234/235 D 3-E 3
Tripolis 228 C 2, 234/235 G 2
Tripolitanien 224/225 F 5
Tristan da Cunha; Insel 232/233 F 5
Tristan da Cunha; Verwaltungseinheit 234/235 F 5
Trujillo 231 B 3
Tschad; See 228 C 4-D 4
Tschad; Staat 228 D 3, 234/235 G 3
Tschagosinseln 226/227 F 7
Tschechien 224/225 F 4, 234/235 G 2
Tscheljabinsk 224/225 K 3
Tübingen 222 C 2
Tunesien 228 C 2, 234/235 G 2
Tunis 232/233 G 2, 234/235 G 2
Turin 224/225 E 4
Turkanasee 228 E 4
Türkei 224/225 H 5, 234/235 H 2
Turkmenistan 226/227 E 4-F 4, 234/235 H 3-I 3

Turks- und Caicosinseln 230 I 5
Tuttlingen 222 B 3
Tuvalu 229 E 1

U

Überlingen 222 C 3
Ucayali 231 C 3
Ufa 224/225 J 3
Uganda 228 E 4, 234/235 H 3
Ukraine 224/225 G 4-H 4, 234/235 G 2-H 2
Ulan-Bator 226/227 I 3, 234/235 J 2
Uljanowsk 224/225 I 3
Ulm 222 C 2
Ungarn 224/225 F 4-G 4, 234/235 G 2
Ungava-Halbinsel 230 H 2-I 3
Untere Tunguska 226/227 H 2
Uppsala 224/225 F 3
Ural 224/225 J 3
Uralgebirge 224/225 J 2-J 3
Urmia 224/225 I 5
Urmiasee 224/225 I 5
Uruguay; Fluss 231 D 5-D 4
Uruguay; Staat 231 D 5, 234/235 E 5
Ürümqi 226/227 G 4
Usbekistan 226/227 E 4-F 4, 234/235 H 3-I 3
Utrecht 223 A 2
Uummannarsuaq 230 K 3

V

Vaduz 223 C 5
Vaihingen a. d. Enz 222 B 2
Valdivia 231 C 5
Valencia 224/225 D 5
Valletta 224/225 F 5, 234/235 G 2
Valparaíso 231 C 5
Vancouver 230 E 3
Vancouverinsel 230 E 3
Vansee 224/225 I 5
Vanua Levu 229 E 2
Vanuatu 229 D 2-E 2, 234/235 L 4

Varna 224/225 G 4
Vatikanstadt 224/225 F 4, 234/235 G 2
Venezuela 231 C 2, 234/235 D 3
Vereinigte Arabische Emirate 226/227 E 5, 234/235 H 3
Vereinigtes Königreich 224/225 D 3-E 3, 234/235 F 2-G 2
Vereinigte Staaten 230 F 4-H 4, 234/235 C 2-D 2
Victoria 234/235 H 4
Victoria-Insel 230 F 2
Victorialand 229 B 23-B 22
Victoriasee 228 E 5
Vientiane 226/227 H 5
Vietnam 226/227 I 5-I 6, 234/235 J 3
Vijayawada 226/227 G 5-H 5
Villach 223 E 5
Villingen-Schwenningen 222 B 2
Vilnius [Wilna] 224/225 G 3
Virginia Beach 230 H 4
Vishakhapatnam 226/227 G 5-H 5
Viti Levu 229 E 2
Vogesen 224/225 E 4
Vulkaninseln 226/227 K 5

W

Waghäusel 222 B 1
Waiblingen 222 C 2
Wake-Insel 226/227 L 5-K 5
Walachei 224/225 G 4
Waldaihöhe 224/225 H 3
Waldkirch 222 A 2
Waldshut-Tiengen 222 B 3
Walldürn 222 C 1
Wangen 222 C 3
Warschau [Warszawa] 224/225 G 3, 234/235 G 2
Warszawa [Warschau] 224/225 G 3
Warthe 223 F 2
Washington, D.C. 230 H 4, 234/235 D 2
Weddellmeer 229 C 2-B 3
Weichsel 224/225 F 3

Weil a. Rhein 222 A 3
Weingarten (Württemberg) 222 C 3
Weinheim 222 B 1
Weinstadt 222 C 2
Weißer Nil 228 E 4
Weißes Meer 224/225 H 2
Wellington 229 E 3, 234/235 L 5
Welzheimer Wald 222 C 2
Wenzhou 226/227 J 5
Werchojansk 226/227 J 2
Werchojansker Gebirge 226/227 J 2-K 2
Wertheim 222 C 1
Weser 223 C 2
Westanatolien 224/225 G 5
Westfriesische Inseln 223 A 2
Westghats 226/227 F 5-G 6
Westlicher Großer Erg 224/225 D 6-E 5
Westliche Sierra Madre 230 F 3-G 4
Westsahara 228 A 3-B 3, 234/235 F 3
Westsibirisches Tiefland 224/225 K 2-K 3
Whitehorse 230 D 2
Wien 224/225 F 4, 234/235 G 2
Wiesbaden 223 C 3
Wiese 222 A 3
Wiesloch 222 B 1
Wildspitze 223 D 5
Wilhelmshaven 223 C 2
Wilkesland 229 C 20-C 17
Wilna [Vilnius] 224/225 G 3, 234/235 G 2
Windhuk 228 D 6, 234/235 G 4
Winnenden 222 C 2
Winnipeg 230 G 3
Wladiwostok 226/227 J 4
Wolfach 222 B 2
Wolfsburg 223 D 2
Wolga 224/225 I 4
Wolgograd 224/225 I 4
Wolynien 224/225 G 3
Workuta 224/225 K 2
Woronesch 224/225 H 3
Wrangelinsel 230 B 2

Wuhan 226/227 I 4
Wuppertal 223 B 3
Würzburg 223 C 4
Wüste Lut 226/227 E 4-E 5
Wüste Taklamakan 226/227 G 4
Wüste Tharr 226/227 F 5
Wutach 222 B 3

X

Xi'an 226/227 I 4
Xingu 231 D 3
Xuzhou 226/227 I 4

Y

Yamoussoukro 228 B 4, 234/235 F 3
Yapinseln 226/227 K 6
Yaren 226/227 M 7
Yellowknife 230 F 2
Yokohama 226/227 K 4
Yukon 230 C 2-D 2
Yunnanplateau 232/233 J 3

Z

Zagreb 224/225 F 4, 234/235 G 2
Zagrosgebirge 224/225 I 5-J 5
Zamboanga 226/227 J 6
Zaragoza 224/225 D 4
Zentralafrikanische Republik 228 D 4, 234/235 G 3
Zentralmassiv 224/225 E 4
Zhengzhou 226/227 I 4
Zibo 226/227 I 4
Zugspitze 223 D 5
Zürich 224/225 E 4
Zwickau 223 E 3
Zypern; Staat 224/225 H 5, 234/235 H 2
Zypern; Insel 232/233 G 2-H 2

SP Mit Operatoren arbeiten

Operatoren sind Verben, die dir signalisieren, wie du eine Aufgabe bearbeiten sollst.
Achte auf inhaltliche und sprachliche Anforderungen.
Die Operatoren sind in drei Anforderungsbereiche gegliedert.

Anforderungsbereich I
Informationen erfassen, Inhalte wiedergeben
(Wissen und Reproduktion)

Informationen erfassen und richtig benennen

zähle auf, liste auf, nenne, benenne
- Entnimm aus dem Material (z. B. Bild, Karte, Tabelle) die gesuchten Begriffe oder Informationen.
- Führe sie nacheinander auf.
- Verwende, wenn möglich, Fachbegriffe.
- *Folgende Punkte kann ich nennen: …*
- *… heißt …*
- *… wird … genannt.*

definiere, bezeichne
- Formuliere kurz und genau (ohne Beispiele), was der Begriff bedeutet.
- *Mit … bezeichnet man …*
- *… bedeutet: …*

Prozesse, Ereignisse und Sachverhalte widerspiegeln

beschreibe
- Gib wieder, was du auf dem Bild oder im Text wahrnimmst.
- Achte auf wesentliche Merkmale (d. h., erfasse den Kern einer Sache).
- Verwende, wenn möglich, Fachbegriffe.
- Beachte bei Vorgängen die zeitliche Reihenfolge.
- *Ich sehe/erkenne …*
- *Das Material/Bild zeigt …*
- *Im Vordergrund befindet sich …*
- *Dahinter/davor/neben …*
- *Zuerst …, dann …, danach …*

arbeite heraus
- Lies den Text oder betrachte das Material unter einer bestimmten Fragestellung.
- Gib die wichtigsten Gedanken dazu mit deinen Worten wieder.
- *In dem Text/Bild geht es um …*
- *Der Zeichner stellt dar, wie …*
- *Die Autorin ist der Ansicht, dass …*

verorte/ lokalisiere
- Sage/schreibe auf, wo der Ort liegt.
- Nutze dazu eine Karte.
- Verwende Bezugspunkte wie Himmelsrichtungen, die Lage im Gradnetz der Erde, Großlandschaften, Staaten, Flüsse oder Gebirge.
- *… befindet sich in/bei …*
- *… liegt in der Nähe von …*
- *… im Norden/Westen/östlich/südlich von …*
- *… grenzt an …*

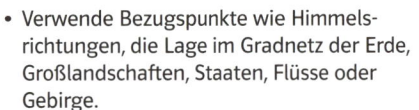

Anforderungsbereich II
Wissen verarbeiten und anwenden
(Reorganisation und Transfer)

Prozesse, Ereignisse oder Strukturen erklären und erläutern

erkläre
- Setze dich vertieft mit den Einzelheiten einer Sache auseinander.
- Formuliere Ursachen bzw. Gründe, Folgen und Gesetzmäßigkeiten.
- Stelle die Sache so dar, dass ein anderer sie versteht.
- *Dies kann man erklären mit …*
- *Es bedeutet, dass … / Das heißt, …*
- *Da/weil/aufgrund …*
- *Infolgedessen …*

charakterisiere
- Beschreibe Sachverhalte und Vorgänge mit typischen Merkmalen.

begründe
- Gib den Grund/die Ursache für etwas an.
- Stütze eigene oder fremde Aussagen durch Argumente (das sind stichhaltige und plausible Belege).
- *Da … / weil … / denn …*
- *Deshalb … / dadurch …*
- *Aufgrund … / Aus diesem Grund …*

erläutere, charakterisiere
- Stelle Prozesse oder Ereignisse ausführlich dar.
- Wie beim Erklären sollst du Ursachen, Folgen und Gesetzmäßigkeiten deutlich machen.
- Gib zusätzliche Informationen, Belege und Beispiele an.
- *Aufgrund von …*
- *Das ist darauf zurückzuführen, dass …*
- *Infolge von …, sodass …*
- *Deshalb/dadurch …*
- *Zum Beispiel …*

analysiere/ untersuche, arbeite heraus
- Werte ein Material (z. B. eine Abbildung oder einen Text) gezielt aus.
- Stelle (in Gedanken) Fragen an das Material nach festgelegten oder eigenen Kriterien.
- Suche nach wichtigen Merkmalen bzw. Antworten.
- Stelle diese Merkmale strukturiert bzw. übersichtlich dar.
- *Betrachtet man …, dann …*
- *Folgende Merkmale kann ich ablesen: …*
- *Daraus geht hervor, dass …*
- *Besonders wichtig ist …*

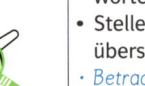